Александр БУШКОВ

Распутин. Выстрелы из прошлого

ОЛМА
МЕДИА ГРУПП

Москва
2009

ББК 84 (2Рос-Рус)6
Б90

Бушков А.
Б90   Распутин. Выстрелы из прошлого: – М.: ЗАО «ОЛМА Медиа
Групп», 2009. – 576 с.
ISBN 978-5-373-00949-2

Все интриги, войны, честолюбивые мечтания, планируемые перевороты, бездарность правящего режима, действия союзников и врагов за последние полвека царской России – все это, без малейших преувеличений, оказалось завязано в одной точке пространства-времени. В той самой, которая
звалась Григорий Распутин. Все, о чем рассказывает А. Бушков в этой книге,
уперлось в самую одиозную фигуру XX века, как упирается могучий поток в
неожиданно возникшее препятствие.

Борьба шла не за истину или справедливость, а за штурвал корабля по
имени «Российская империя»...

ББК 84 (2Рос-Рус)6

В действительности все обстоит совсем не так, как на самом деле.

Станислав Ежи Лец

ВМЕСТО ПРОЛОГА

Всего через год с небольшим исполнится девяносто лет с той морозной ночи, когда в Петрограде (уже не Санкт-Петербурге), во дворе Юсуповского дворца сухо затрещали пистолетные выстрелы и к воротам бросились встревоженные городовые, и очень быстро оказалось, что это убивали Григория Распутина.

Несмотря на прошедшие девяносто лет, полной ясности в этом деле нет до сих пор. Так случается довольно часто, и не только в России. До сих пор продолжаются жаркие споры о самом Распутине. Святой? Шпион? Примитивный авантюрист? Сексуальный маньяк? Оклеветанный праведник? До сих пор нельзя быть уверенным, что в ту ночь в Юсуповском дворце все обстояло именно так, как рассказывали участники убийства – более того, как читатель увидит впоследствии, нет даже уверенности в том, что именно эти люди были убийцами...

Особых сенсаций и поражающих впечатление разоблачений я читателю не обещаю – хотя, смею заверить, кое-какие весьма интересные вещи по своему обыкновению старательно извлек из забвения.

Дело в том, что эта книга – не только о Распутине. После долгого изучения исторических трудов, мемуаров и прочего я пришел к твердому убеждению, что убийство Григория Распутина вовсе не было, так сказать, *единичной* акцией, оторванной от исторического процесса, от политических и дипломатических интриг. Вовсе даже наоборот...

3

Оказалось – и, думается мне, читателя удастся убедить в этом – что смерть Распутина стала, собственно говоря, завершением продолжавшегося более пятидесяти лет процесса, который для Российской империи, безусловно, стал путем к пропасти...

Во-первых, начиная с середины 70-х годов XIX века российские монархи, военные, дипломаты, государственные деятели вполне сознательно и целеустремленно (хотя и не всегда отдавая себе отчет, к чему приведут их действия) вели страну к ухудшению отношений с Германией. Ухудшение ширилось, превращалось во враждебность, вражда вылилась в прямые военные действия с трагическим финалом для обеих империй. Хотя существовала реальная возможность именно такого финала избежать, верх взяли сторонники союза с Англией и Францией – старыми историческими соперниками России, всегда использовавшими нашу страну в своих практических целях.

Во-вторых, после смерти Николая I, последнего российского императора, в своих отношениях с Европой руководствовавшегося исключительно рационализмом и государственной выгодой, в нашей стране зародилось, оформилось, окрепло и овладело умами этакое романтически-идеалистическое направление. Речь идет о так называемом «славянском единстве»: совершенно ложной, хотя и чертовски красивой теории, по которой Россия, наплевав на реальную политику, стратегию и тактику, должна была руководствоваться в первую очередь «защитой братьев-славян». Которые, согласно той же теории, якобы только и мечтают о том, чтобы слиться в единое государство под главенством России. Или, по крайней мере, питают к России столь же пылкую беззаветную любовь, что и она к «братушкам».

Это была совершеннейшая иллюзия, мираж, призрак, не имевший ничего общего с реальным положением дел. Но в России очень долго мало того, что верили в эту оторванную от жизни теорию, выдуманную безответственной интеллигенцией, – еще и старательно строили свою политику в соответствии с ней. Что в конце концов и привело к краху. Слившись воедино, обе вышеназванных тенденции – безоглядная романтическая любовь к «братьям-славянам» и целеустремленное разжигание вражды с Германией – и привели к самой что ни на есть масштабнейшей трагедии.

На этом пути, задолго до выстрелов в Распутина, случались и другие убийства, людей гораздо более знатных, высокопоставленных, уже не простых мужиков, а государственных деятелей, политиков, наследников трона. Рассматривать их следует не каждое в отдельности, а как эпизоды процесса, о котором я только что говорил – и гибель двух австралийских эрцгерцогов, и загадочное убийство Столыпина, и смерть французского вождя социал-демократов Жореса. Что я и постараюсь сделать обстоятельно и подробно.

Я вовсе не собираюсь ставить историю предшествовавших Первой мировой войне пятидесяти лет с ног на голову. Простонапросто попытаюсь доказать, что в России, как и в других странах, будущих активных участницах бойни, шла точно такая же борьба меж «голубями» и «ястребами» – о чем у нас предпочитают стыдливо не упоминать. Попытаюсь доказать, что иные «славянские братья» на деле оказались еще более страшными врагами России, чем «коварные тевтоны» и «неблагоприятные австрияки». Наконец, постараюсь убедить читателя, что *иной* путь развития событий все же существовал.

Между прочим, Распутина убили еще и за попытку *переломить* ход событий в сторону мира и покоя. Безусловно, сам он – как и многие другие участники событий – и не подозревал, что оказался вовлечен в интригу, начавшуюся задолго до его рождения. Что убившие его пули, фигурально выражаясь, были отлиты за много лет до выстрелов в подвале Юсуповского дворца.

Но именно так все и обстояло. Григория Распутина – как и кое-кого другого – настигли именно выстрелы из прошлого...

А потому начнем мы издалека. От времен Николая I.

Глава первая

«КАТОРЖНИК ЗИМНЕГО ДВОРЦА»

1. Его Величество, самодержец всероссийский

Николаю I не везло не то что на добрые слова, но даже на беспристрастную и объективную оценку его деятельности. И дело тут, разумеется, вовсе не в «светских пропагандистах». Задолго до самого их появления на свет – и еще при жизни Николая – его с превеликим пылом принялись поносить всевозможные «передовые» и «прогрессивные» виртуозы пера. Именно в те времена как раз и народились на свет «певцы прогресса и либерализма», и всяк из них считал, что на свете существует только два мнения: его и неправильное. Вроде небезызвестного господина Герцена: жил-был на свете юноша, не отмеченный, прямо скажем, особенными талантами, как ни бился, не смог себя приспособить ни к чему путному. Но поскольку с младых лет почитывал умственные книжки и витийствовал в кругу таких же бездельников, то в конце концов *сдернул* за границу – и там, в эмиграции, долгие годы увлеченно критиковал, критиковал и критиковал все, что в России ни делалось. Как это обычно бывает с такого рода публикой, собственных рецептов не предлагал – это малость потруднее, чем брюзжать. К нему присоединился столь же никчемный тип по фамилии Огарев, и эта парочка (по некоторым источникам, связанная не только «борьбой против тирании», но и гомосексуальными отношениями), стала главными закоперщиками кампании по очернению императора Николая. Впрочем, последователей хватало...

Как только государя Николая Павловича не честили! Он представал и тираном, каких свет не видывал, и сатрапом покруче персидских, и «жандармом Европы», дня не способным прожить без того, чтобы не затоптать сапогами проклюнувшийся где-то в Европе росток свободомыслия и демократии...

Олицетворение реакции, душитель всего передового и прекрасного, тупой солдафон! А в завершение выдумали, будто при жизни государя подданные именовали «Николаем Палкиным» – хотя ничего подобного не замечалось, эту идиотскую кличку выдумали уже при следующем царствовании лохматые нигилисты и их страхолюдные девицы в синих очках (тогда в знак приобщенности к прогрессу и либерализму принято было носить лохмы и синие очки). Чтобы прохожие издали узнавали и плевались потихоньку.

На самом деле реальный государь император Николай Павлович бесконечно далек от этого карикатурного образа. Человек был незаурядный.

Что он блестяще доказал 14 декабря 1825 года – к общему несказанному удивлению. Поскольку до смерти Александра I никто и предположить не мог, что трон достанется Николаю, все окружающие простодушно полагали, что наследником числится Константин – не знали о тайном завещании, где все было изложено как раз наоборот. А потому Николая *никогда* не учили чему бы то ни было относящемуся к государственным делам и управлению державой. Никогда и ничему. Единственное, что ему отвели – пост командира лейб-гвардии саперного батальона (из которого, кстати, Николай сделал первоклассную воинскую часть, и именно этот батальон сорвал попытку мятежников захватить Зимний дворец, где находилась семья Николая).

Однако в решающий момент, когда все, казалось, рассыпается и рушится, великий князь, которому едва исполнилось двадцать девять лет, проявил неожиданную решимость, энергию и волю. Что было очень и очень непросто: обстановка была сложнейшая, дело не ограничивалось сгрудившимися вокруг «Медного всадника» тремя взбунтовавшимися полками: генералы и высокие сановники вели себя предельно странно, играли какие-то свои, до сих пор неразгаданные игры. Иные (вроде графа Милорадовича) шантажировали Николая практически открыто: мол, не отойти ли вам от трона подалее, ваше высочество, гвардия вас не хочет, и вообще у нас, знаете ли, шестьдесят тысяч штыков под командой...

Николай в этой грязной и кровавой каше *выстоял*. Мятежников смели картечью, и моментально отодвинулся куда-то очень далеко призрак всеобщей смуты, способной, пожалуй, уничтожить государство начисто...

Урок был хороший, и молодой император его запомнил. Очень и очень многие исследователи, пытаясь охарактеризовать его тридцатилетнее царствование в нескольких словах, не сговариваясь, находили одну и ту же формулу: «любовь к порядку».

В самом деле, всю свою жизнь Николай I стремился внести как можно больше организованности во все области бытия и устроить максимальный *порядок*. У него были, конечно же, перехлесты, но «маниакальным» это стремление называть глупо. В первую очередь оттого, что государству Российскому если и необходимо что более всего, так это порядок. За двести лет, прошедших к моменту воцарения Николая, в стране приключилось слишком много беспорядков, конфликтов, мятежей и бунтов... Смутное время, церковный раскол, бунт Стеньки Разина, напоминавшее фильм ужасов правление Петра I – все эти события никак не способствовали воспитанию у жителей государства Российского уважения к закону и порядку. Скорее уж наоборот. А если добавить, что существовало в русской истории еще и Гвардейское столетие (те, кто читал мои прежние книги, прекрасно поймут, о чем я)...

Одним словом, Николай пытался навести в стране порядок – что страна, приученная двухвековым бардаком к совершеннейшей расхлябанности и наплевательскому отношению к писаным законам, порой и в самом деле воспринимала как тиранство.

А что было делать, господа мои? Мы давненько привыкли восторгаться законопослушанием западноевропейцев, их доходящим до немыслимых пределов уважением к законам и установлениям, их честности. Вот только не даем себе труда проштудировать пыльные фолианты, чтобы вспомнить, как это было достигнуто. Какими средствами.

В Германии, к примеру, лесов неизмеримо меньше, чем в нашем Отечестве, и оттого их берегли строго. С тем, кто срубил дерево (или хотя бы был пойман при попытке такового свершения) поступали незамысловато и жутко: разрезали живот, вытягивали кишку, а потом гоняли порубщика вокруг дерева, пока все не размотается. Естественно, после такого порицания он очень быстро отдавал богу душу.

Там же, в Германии (да и в некоторых других странах), фальшивомонетчиков варили в котле с кипящим маслом – причем не сразу туда запихивали целиком, а подвешивали над сосудом и очень медленно, очень аккуратно опускали понемножку: сначала пятки, потом по колено... Чтобы прожил как можно дольше, и зрители сделали для себя выводы. Как он при этом орал, лично мне и представить жутко...

Бывавших в Финляндии русских несказанно удивляли иные местные обычаи: стоит на дороге пустой бидон, а на нем лежат денежки. Подъезжает молочник, забирает деньги, наполняет бидон – хозяева потом придут и заберут. И никто не трогает ни денег, ни бидона. На русских это производило большое впечатление.

И никто им, ручаться можно, не уточнял, что предшествующие двести–триста лет в этой милой, чистенькой Финляндии любому изловленному вору без затей рубили руку – пусть даже спер он самую малость...

Вот *такими* методами за несколько столетий из западных европейцев и воспитали-таки законопослушных ангелочков. Загнав в кровь, в подсознание генетический страх: руку оттяпают, падла, кишки вынут, ежели... А вы что же, решили, что они сами по себе, благородным движением души такими стали? Держите карман шире!

Шведский пример настолько хорош, что о нем нельзя не рассказать подробно.

Дело было уже через много лет после смерти Николая I, во второй половине XIX столетия. Портовые города Европы тогда горючими слезами заливались от буйных шведских матросов. Даже пословицы завелись многозначительные: «Пьет, как швед», «Буянит, как швед». В некоторых немецких портах даже завели прообраз нынешнего спецназа: специальные полицейские отряды, которые занимались исключительно шведами. Эти верзилы сидели в караульном помещении, попивали кофеек и травили анекдоты, не отвлекаясь на отечественных мазуриков. Но, едва прибегал запыхавшийся посыльный с криком «Шведский корабль причалил!», они хватали дубинки и, наспех перекрестившись, бежали в порт, заранее зная, что работы будет выше крыши...

В общем, шведский имидж, говоря современным языком, упал ниже плинтуса. Что было оскорбительно для добропорядочных шведских жителей. Которых к тому же всерьез задевало то, что и дома у них неблагополучно: разгул криминала наступил такой, что хоть из Швеции беги открывать какие-нибудь новые земли для устройства приличного государства.

Когда всех такое положение окончательно достало, парламент собрался на специальное заседание. Начальник полиции встал и произнес вошедшие в историю слова:

– Везде, где есть *один* перекресток, на нем должны стоять *двое* полицейских!

И началось. Огромные ассигнования на расширение штатов полиции. Максимальное ужесточение законов – теперь могли повесить (и вешали) за участие в уличной пьяной драке, не говоря уж о более серьезных прегрешениях. Матросов, нагрешивших в загранкомандировках, на родине брали в оборот так, что небо им с овчинку казалось. Седоусые полицейские волки учили молодых:

— Ты дубинку-то о нарушителя не боись сломать, салага, — новую дадут...

В общем, гайки закручивали так, что из-под них с хрустом ползла металлическая стружка. Лет через пятнадцать, на очередном заседании парламента, тогдашний начальник полиции произнес очередную историческую фразу:

— Могу вас заверить, господа: если пьяный иностранный турист заснет на тротуаре в самом что ни на есть трущобном квартале, то, когда проснется, и кошелек останется при нем, и часы золотые будут на пузе, и брильянтовое кольцо на пальце.

И он, знаете ли, не преувеличивал. *Теперь* так и обстояло — поскольку у всех безответственных элементов жесточайшим прессингом выбили из головы, что можно водку пьянствовать и безобразия нарушать...

А потому, оглядываясь на многочисленные исторические примеры, никак нельзя порицать Николая I за стремление навести максимальный порядок. России это было жизненно необходимо.

Люди с образованием, вполне возможно, припомнят, как их учили возмущаться николаевской тиранией на примере стихов великого поэта Некрасова:

> *Вчерашний день, часу в шестом,*
> *Зашел я на Сенную.*
> *Там били женщину кнутом,*
> *Крестьянку молодую.*
> *Ни звука из ее груди,*
> *Лишь бич свистал, играя...*

И далее великий поэт, впадая в умиление, сравнивает эту бедолажку аж с Музой, ясно давая понять, что лично он подобного зверства не одобряет. Вот только прогрессивный поэт (по совместительству добывавший средства к жизни мастерской карточной игрой, из-за чего значился во всех полицейских досье) лукаво забыл уточнить кое-какие детали. Чтобы эту молодую представительницу крестьянского сословия принародно волтузили кнутом на площади, она должна была совершить нечто исключительно уголовное, весьма тяжкое – например, умышленное убийство. За *меньшее* кнутом прилюдно не били...

Но поскольку человеческая натура, увы, не меняется, то и при суровом Николае I воровали с размахом (как, я уверен, и в той же Германии все же продолжали, перекрестясь, рубить деревья в глуши, морщась от воплей пойманного коллеги по ремеслу). Воровали на гражданской службе – чего стоит знаменитое дело Политковского, растратившего миллионные казенные капиталы. Воровали в армии – главным образом старшие командиры, имевшие возможность мухлевать с казной. Один такой, командир бригады, выдавая дочь замуж, так и заявил открыто: мол, в приданое он дает не деньги, а «половину того, что будет отныне *отначивать* из сумм, отпускаемых на продовольствие солдатам». Присутствующие не удивились и не возмутились – дело житейское. Воровали господа инженеры: выяснилось в свое время, что при постройке крепостей заинтересованные лица сперли столько, что на эти деньги рядом можно было построить вторую такую же крепость, и это каждой касалось. Интенданты... Ну, об этой публике и говорить ничего не нужно. Достаточно упомянуть, что черный воротник интендантского мундира по-свойски именовали «воровским воротником». А когда вводили новую форму и кто-то неосмотрительно предложил присобачить к саперному мундиру черный же воротник, саперы, прослышав об этом, чуть ли не бунт подняли, протестуя против этакого новшества. Аргумент был один, зато железный: «Нас же теперь с интендантами могут спутать издали!» Цвет воротника пришлось срочно менять: в самом деле, доводы весомые, несказанный позор для офицера, если его с интендантом перепутают.

Но это все цветочки. Берлинский художник Франц Крюгер написал портрет самодержца, который императору крайне понравился – и Николай велел подарить мастеру кисти золотые часы с бриллиантами. Чиновники дворцового ведомства принесли пруссаку часы, и точно золотые – но без единого бриллианта, полагая, должно быть, что обойдется немчура и так. Рассерженный Николай заставил бриллианты вернуть (их уже по карманам распихать успели) и с философской грустью признался живописцу:

– Если всех воров в моей империи наказать должным образом, Сибири мало будет, а Россия опустеет...

Ну как с таким народом удержаться в рамках законности? Порой и произвол допускать приходится...

Как было, например, со знаменитым делом князя Шаховского. К казнокрадству оно не имеет отношения, но история интереснейшая...

Жил-был в Петербурге блестящий гвардеец князь Шаховской. Его законная супруга давно уже обитала от него отдельно – поскольку князь ее допек многочисленными изменами и рукоприкладством. Развод в те времена был делом практически нереальным, но князю, должно быть, чертовски хотелось стать вольной пташкой...

В общем, 14 сентября 1834 года в подвале под кабинетом княгини рванул немаленький пороховой заряд – так, что паркет вздыбило, дверь с петель снесло, все перекорежило. Но княгинин ангел-хранитель определенно бдил не отлучаясь: хотя в кабинете она проводила большую часть времени, в момент взрыва куда-то вышла...

Началось следствие. И следочки моментально потянулись к его сиятельству князю. Дворовые собаки отчего-то на сей раз не лаяли – значит, приходил некто свой. Быстро нашелся свидетель, незадолго до взрыва встретивший на дороге офицера с дрожками – вылитый князь Шаховской. Да и порох в артиллерийской лаборатории, как оказалось, доставал человек, простодушно назвавшийся «дворовым князя Шаховского» (фамилия, правда, оказалась вымышленной).

И так далее... Улики, насколько можно судить, были серьезные. Но *прямых* не имелось – и князь, приложив немало трудов, *врубив* все свои нешуточные связи, начал помаленечку выскальзывать из лап закона. А там дело решено было и вовсе прекратить.

Но Николай, ознакомившись со всеми материалами, поступил по-своему...

«Хотя его императорское величество и не находит в произведенном следствии юридических доказательств к обвинению полковника князя Шаховского, не менее того по предшествовавшей зазорной супружеской его жизни и по многократным враждебным противу жены своей поступкам, его величество признает необходимым принять меры к ограждению ее от оных на будущее время и вследствие того повелеть соизволил полковника князя Шаховского перевесть на службу в один из полков Кавказского отдельного корпуса, выслав его немедленно из Санкт-Петербурга».

Можно, конечно, именовать это «произволом». А можно и вспомнить изречение Екатерины II: «Кроме закона, должна быть еще и справедливость». В самом деле, как прикажете поступить, если несомненный преступник может отвертеться исключительно благодаря юридическим уловкам?

Но перейдем от криминала к делам гораздо более приглядным.

Даже враги и недоброжелатели не в состоянии были отрицать того факта, что император Николай по праву считался олицетворением невероятного трудолюбия. «Каторжником Зимнего дворца» он в шутку называл себя сам. А поэт А. Н. Майков именовал его «первым тружеником народа своего». И совершенно справедливо. По работоспособности Николая можно сравнить только со Сталиным: рабочий день императора начинался в восемь утра (при необходимости и раньше), а заканчивался в два-три часа ночи. Как и Сталин, в своей феноменальной памяти Николай держал массу фамилий, цифр, документов, статистических данных. Да и в быту оба были одинаково просты. Великая княжна Ольга Николаевна вспоминала об отце: «Он любил спартанскую жизнь, спал на походной постели с тюфяком из соломы, не знал ни халатов, ни ночных туфель». Кстати, сплошь и рядом и суббота, и воскресенье были для Николая не выходными, а рабочими днями.

Начинать рассказ о николаевской России, думается мне, нужно с упоминания о странном противоречии. С одной стороны, это период нашей истории принято клеймить как ярчайший пример застоя, отсталости решительно во всем, удушливой атмосферы «полицейского государства». Началось все, повторяю, задолго до появления большевиков не то что на политической арене, но и вообще в реальности. Дошло до того, что, когда при Александре II стали проектировать памятник «Тысячелетие России», где планировалось изобразить многих выдающихся людей, сначала Николая I решено было в их число не включать. Потом, правда, одумались...

Так вот, есть и другая сторона. Чего ни коснись, выясняется, что при Николае I Россия могла похвастать целым созвездием, целой плеядой выдающихся людей – во всех буквально областях жизни. Литература: Пушкин, Лермонтов, Гоголь, Тургенев, Лев Толстой, Гончаров, Панаев, Вяземский, Сухово-Кобылин, Достоевский. Живопись: Брюллов, Александр Иванов. Математика: Лобачевский. Химия: Зинин. Металлургия: Аносов. Электротехника: В. В. Петров и Якоби. Биология: Бэр и Рулье. Театр: Щепкин, Каратыгин, Садовский, Мочалов. А ведь я называю далеко не все имена, лишь самые _звонкие_. В этот список можно включить и медика Пирогова, и механиков Черепановых, и военного инженера Шильдера, как раз при Николае испытавшего опередившее свое время на сто с лишним лет изобретение – подводную лодку, стрелявшую ракетами из-под воды (совершенно реальный аппарат, в отличие от «воздухоплавателя Крякутного» и «самолета Можайского»).

Только не нужно говорить, будто все эти люди – и множество других – сумели развить свои таланты и добиться успеха «вопреки» николаевскому времени. Так попросту не бывает. В последующие времена и всяческих свобод вкупе с разгулом либерализма было поболее, а вот поди ж ты – подобного созвездия талантов Россия уже не знала. Стоит, между прочим, учитывать и тех, кто главные свои высоты одолел уже после смерти Николая, но сознательную взрослую жизнь начал при нем. Как, например, наш великий химик Д. И. Менделеев – в год смерти Николая ему было уже двадцать, он уже изучал науки...

Выходит, было что-то в «удушливой реакционной атмосфере» николаевского времени, что позволило многим и многим выбиться, говоря современным языком, в суперзвезды? А раз так, напрашивается вывод: и реакционности в том времени было неизмеримо меньше, чем нам пытаются представить, и атмосфера была не такой уж удушливой...

Между прочим, при Николае I число гимназий увеличилось вдвое, а уездных училищ (начальных учебных заведений) – более чем втрое. И были открыты Киевский университет, Петербургский технологический институт, Московское техническое училище, Артиллерийская академия, Санкт-Петербургский главный педагогический институт, Межевой институт, Училище правоведения. И были втрое увеличены средства на содержание Академии наук. И созданы около десяти академических музеев. Кстати, Пулковская обсерватория построена как раз при Николае (архитектором ее был старший брат знаменитого художника А. П. Брюллов, а телескоп, лучший для своего времени, куплен в Мюнхене).

Гуляла в советские времена выдумка, что Николай I «преследовал» Пушкина и якобы даже его дуэль с Дантесом организовал самолично. Вздор, конечно. Но кое-какие детали той истории заслуживают пристального рассмотрения.

Вообще-то Николай имел все основания на Пушкина гневаться – Александр Сергеевич (о чем почти забыли) давал ему честное дворянское слово, что драться на дуэли с Дантесом ни под каким предлогом не будет. И – нарушил.

И тем не менее... Вот подробный список денежных средств, выделенных императором после кончины Пушкина.

1. Заложенное имение отца Пушкина освобождено от долга.
2. Заплачены частные долги Пушкина: 135 000 рублей.
3. Пенсия вдвое: 5000 в год.

4. Двум дочерям – по 1500 ежегодно до замужества.

5. Двум сыновьям – по 1500 на воспитание до поступления в Пажеский корпус (элитнейшее учебное заведение).

6. Единовременное пособие в 10 000 рублей.

7. Издание собрания сочинений за казенный счет (50 000 р) с передачей вырученных от продажи денег вдове и детям.

Как вам «сатрап»?

Это, кстати, не единственный пример. После смерти Карамзина Николай выдал его вдове и детям 50 000 рублей пенсии (до замужества дочерей, поступления на службу сыновей, ну а вдове – пожизненно). Вдова и сестра Грибоедова получили 60 000 рублей единовременно и 5000 рублей пенсии. Даже вдова декабриста Рылеева получала от императора ежегодную пенсию в 3000 рублей.

Касаемо Лермонтова тоже имели хождение в советские времена всевозможные дурацкие версии: и дуэль-то с Мартыновым спровоцирована по приказу Николая, и Мартынов был чуть ли не агентом III отделения (отчего же иначе он выстрелил на поражение, когда стрелявший первым Лермонтов благородно выпалил в воздух?) Писали даже на полном серьезе «красные профессора», что в кустах прятался то ли казак-снайпер, то ли, бери выше, целый ротмистр жандармов, и этот-то затаившийся супостат как раз и послал в поэта смертельную пулю (удивляюсь, как еще не присочинили для комплекта, что пуля была мечена инициалами графа Бенкендорфа).

И это – чушь собачья. Поскольку дуэль, будем уж откровенны, если кто и спровоцировал, так сам Михаил Юрьевич. Увы, и великие люди в частной жизни бывают порой крайне неприятными субъектами, которых окружающим всерьез хочется отхлестать по физиономии. Истина, к сожалению, в том, что поручик Лермонтов неустанно допекал поручика Мартынова злыми шутками, карикатурами и эпиграммами, вот и не выдержал тот в конце концов, позвал к барьеру. А поскольку тогдашний дуэльный кодекс был уставу строгим, то *вызвавшему* (в данном случае

Мартынову) просто-напросто не полагалось стрелять в воздух. Как бы ни повел себя другой дуэлянт. Это нам, сегодняшним, поступок Мартынова кажется подлостью. А современники прекрасно понимали, что другого выхода у него и не было: либо стрелять на поражение, либо оказаться изгнанным из общества как нарушитель кодекса...

Между прочим, Тараса Шевченко (довольно гнусную фигуру российской словесности) Николай велел сдать в солдаты отнюдь не за абстрактные «идеи свободы», а за вполне конкретные прегрешения: призыв к независимости Украины и прямое оскорбление в стихах императрицы Александры Федоровны. По этому поводу один известный тогда критик писал следующее: «Здравый смысл в Шевченке должен видеть осла, дурака и пошлеца, а сверх того горького пьяницу... Мне не жаль его, будь я судьею, я сделал бы не меньше. Я питаю личного рода вражду к такого рода либералам. Это враги всякого успеха. Своими дерзкими глупостями они раздражают правительство, делают его подозрительным, готовым видеть бунт там, где нет ничего ровно... Ох, эти мне хохлы! Ведь бараны – а либеральничают во имя галушек и вареников со свиным салом... А, с другой стороны, как же жаловаться на правительство? Какое же правительство позволит печатно проповедовать отторжение от него области?»

Угодно знать автора? В. Г. Белинский...

Что до экономики, то во времена Николая ею занимались настоящие государственники, умевшие отстаивать интересы страны. Нет смысла вдаваться в детали, достаточно лишь упомянуть, что Россия тогда вела умелую таможенную политику – в отличие от бестолковых годочков Александра I. Этот болван в свое время попросту взял да и отменил все таможенные пошлины, любое регулирование импорта: вези в Россию кто хочешь и что хочешь, продавай по своим ценам и вывози прибыль... Не то было при Николае – те самые интересы отечественного производителя, о которых сегодня так много шумят без всякого толку, император защищать умел.

А еще он умел подбирать себе сотрудников.

2. Кадры решают все

Среди министров Николая I есть двое, которые на наших национал-патриотов действуют как красная тряпка на быка. Егор Францевич Канкрин, вот ужас, немчура проклятая. Даже по-русски до конца жизни говорил коряво. Карл Нессельроде и того жутче – сын немецкого католика и крещеной еврейки, заграничный уроженец... Жидомасон, ясное дело! Особенно неистовствовал по поводу Нессельроде в свое время покойный Валентин Савич Пикуль, старательно нанизывая самые оскорбительные эпитеты – в его романе «Карлушка» только тем и занят, что без устали предает Россию. Вот только примеров Пикуль отчего-то не приводил, ни единого, полагая, что наличие мамы-еврейки само по себе – убойный компромат...

На деле все обстояло чуточку иначе. Совсем даже иначе. Поскольку эти два человека с немецкими фамилиями сделали для России больше, чем батальон иных чистокровных славян...

Егор Канкрин, между прочим, незаурядный военный инженер, герой 1812 года, архитектор, экономист, литератор. Но главное его свершение – финансовая реформа, которую он провел, будучи министром финансов.

До него денежная система страны, не будем выбирать выражений, носила признаки явственной шизофрении. В обращении тогда находилась и серебряная монета, и «ассигнации» – бумажные деньги. Друг другу они вовсе не были равны, существовало две параллельных системы цен: «серебром» и «ассигнациями». А курс «бумаг» к серебру мало того что постоянно колебался – таких курсов было *несколько*. Вексельный – по которому ассигнации принимались государственными учреждениями. Наконец, «простонародный» – для всевозможных сделок частных лиц меж собой внутри страны. Именно этот «простонародный» курс и был «плавающим» – в разных частях империи разный. В Одессе, скажем, за рубль серебром дают 3.50 ассигнациями, а в Курске – 4.20. Легко догадаться, что это давало великолепные возможности для всевозможного плутовства и грязных сделок – примерно так, как у нас обстояло в девяностые с наличным и безналичным рублем, всевозможными взаимозачетами и прочими несообразностями.

Чтобы как-то навести порядок, торговая публика начала использовать в сделках иностранную золотую монету – что прибавило хаоса и мошенничества...

Канкрин со всем этим бардаком покончил в несколько лет посредством несложных мер. Сначала он с одобрения императора издал закон, покончивший с многообразием курсов. Отныне был установлен один-единственный – рубль серебром равен тремя с половиной рублям ассигнациями, а кто будет этот курс нарушать и мухлевать, того посадят. Моментально прекратилось всевозможное жульничество (от которого страдали главным образом крестьяне, не разбиравшиеся в хитросплетениях «плавающих курсов» и прочих шулерских тонкостях).

Вслед за тем Канкрин ввел «твердую валюту», так называемые «депозитки», бумаги двадцатипятирублевого достоинства. Суть опять-таки проста: всякий желающий, внеся в государственное казначейство золотую или серебряную монету (либо золотые или серебряные слитки), получал на всю сумму эти самые «депозитки» – причем монеты или слитки оставались собственностью вкладчика и возвращались по первому требованию.

На счет «три» министерство финансов постепенно выкупило у населения ассигнации и выпустило новые бумажные деньги, кредитные билеты – обеспеченные тем самым многомиллионным фондом в звонкой монете и слитках благородных металлов. Возвращавшиеся в казну «депозитки» потихоньку изымались из обращения – и в результате страна получила устойчивый рубль, а со спекуляциями и всевозможными «внутренними курсами» было покончено. Вообще-то есть над чем подумать и нынешним экономистам, озабоченным устойчивостью рубля...

Карл Нессельроде много лет был министром иностранных дел. И эти дела, что характерно, находились в совершеннейшем порядке, а интересы России, как-то само собой так складывалось, не то что не несли урона – наоборот, стояли на первом месте.

Поскольку с примерами «предательской деятельности» Нессельроде, как уже говорилось выше, всегда обстояло дохлым образом, а обвинить его в чем-то все же следовало, немало было пролито чернил и истрачено перьев, доказывая «несамостоятельность» министра. Он, изволите ли видеть, «не имел своего лица», а всего-навсего исправно и в точности выполнял приказы Николая I.

Так в этом-то и достоинство хорошего министра, господа мои, особенно ведающего иностранными делами – не умничать и не своевольничать, а скрупулезно выполнять инструкции главы государства! Для сравнения: был у нас не так давно министр дел иностранных, безусловно имевший «свое лицо», самостоятельный по самое не могу, независимая, творческая личность...

Шеварднадзе его фамилия. Тот самый, что единоличным волевым решением передал США богатые рыбой морские районы, до того законнейшим образом числившиеся за Советским Союзом...

Нессельроде в подобном вредительстве никогда не был замечен. Дипломат умный, тонкий и гибкий, он много лет служил этаким «амортизатором», умевшим придавать дипломатическую форму резким и прямым порою шагам Николая. Не мешал и не препятствовал, боже упаси – просто-напросто *изящно* проводил в жизнь все намеченное Николаем. А потому до самой Крымской войны российская дипломатия поражений не знала – и умела отстаивать государственные интересы. При Николае I и Нессельроде с Россией считались так, как никогда более в XIX столетии.

Колоритный пример. В Париже как-то объявили к постановке посредственную пьеску «из русской жизни», где обстоятельства кончины Павла I излагались в оскорбительной для России и Николая лично форме...

Николай вызвал Нессельроде. Нессельроде задачу понял. Вскоре в парижских коридорах власти объявился русский дипломат и с благожелательной улыбкой на лице, самым что ни на есть светским тоном сообщил:

– Господа, вам тут просили передать... Если эта пьеска все же пойдет на театре, мой император пришлет в Париж миллион зрителей в серых шинелях, которые ее старательно освищут...

Это не анекдот – быль из времен Нессельроде. Афиши исчезли моментально, пьеска провалилась в небытие...

Толковая внешняя политика как раз в том и заключается, чтобы, во-первых, оборачивать дела к своей выгоде, во-вторых, не допускать поражений, утеснений и проигрышей военного характера. С этой точки зрения политика канцлера Нессельроде, что бы ни плели потом, была исключительно толковой.

И отличалась она в первую голову откровенным прагматизмом. Без всяких романтическо-эмоциональных заморочек, на которые оказались богаты последующие царствования. Английский премьер-министр Пальмерстон, прожженная бестия, пробы негде ставить, однажды огласил прямо-таки гениальную формулу касательно внешней политики своей империи: «У Англии нет ни постоянных друзей, ни постоянных врагов. У Англии есть лишь постоянные интересы».

Николаевская внешняя политика этой идее как нельзя более соответствовала. Взять хотя бы отношения с Турцией.

В конце 20-х годов XIX столетия российские интересы потребовали как раз *войны* – и русский флот совместно с английским и французским *расчесал* турок под Наварином – а потом русская армия заняла княжества Молдовию и Валахию (турецкие протектораты), перешла Дунай и овладела крепостью Варна. В результате после нескольких побед султана вынудили (дипломаты Нессельроде, разумеется) передать России восточное побережье Черного моря, признать российское покровительство над Сербией, Молдавией и Валахией (из которых чуть позже образовалась независимая Румыния), открыть русским судам свободное плавание по Дунаю (что было крайне необходимо для русской экспортной торговли) и Дарданеллам.

В то же время Николай избегал явной и серьезной поддержки восставших против султана греков – греки, конечно, были православными, но хитросплетения европейской политики требовали не эмоций, а голого (ладно, что уж там – циничного) расчета.

Буквально через несколько лет Россия выступила прямой *защитницей* «басурманской» Турции. Обстоятельства требовали. В 1832 году египетский паша поднял мятеж против султана – но задумки его шли гораздо дальше примитивного сепаратизма. «Незалежным Египтом» он не ограничился – двинул войска на Стамбул.

Турецкая армия находилась тогда в удручающем состоянии – но в *тот* момент распад и расчленение Турции интересам Николая как раз противоречили. А потому для защиты Стамбула с моря на рейд встали русские фрегаты, на берег высадился десятитысячный русский корпус и, примкнув штыки, стал дожидаться египтян.

Свои намерения Николай выразил четко: «Надо защитить Константинополь от нападения Мухаммеда Али. Эта война вызвана духом возмущения, который овладел сейчас Европой, и особенно Францией. Если Константинополь сдастся, у нас под боком окажутся люди без пристанища и родины, отвергнутые обществом: такие люди не могут жить спокойно... Я должен в зародыше ликвидировать этот новый источник зла и беспорядков и повлиять на развитие событий на Востоке».

В самом деле, египетский паша Мухаммед Али поигрывал в либерализм, водя *шашни* с «европейскими прогрессистами». Но, услышав о прибытии в Турцию русских, он моментально остановил свой «дранг нах Стамбул», прекрасно понимая, что с его воинством сделают русские: это вам не облениться янычар гонять по Синайскому полуострову...

Тут только всполошились Англия с Францией, видя, что Россия в одночасье становится единственной спасительницей и покровительницей султана. Тоже подогнали флоты, начали стращать мятежного пашу...

Тот в конце концов отступил и смирно сидел в своем Египте в обмен на титул «пожизненного правителя». А русские войска – первый и единственный, думается, случай в истории – церемониальным маршем прошли пред султаном, каковой наградил их турецкой медалью, все десять тысяч (опять-таки единственный случай в истории).

Ну а позже, когда российские интересы опять-таки потребовали выступить на стороне Турции, Николай преспокойным образом *осадил* православных румын, требовавших окончательной и ничем не стесненной независимости – и русские войска совместно с турецкими вступили в помянутые княжества, наведя там порядок.

Еще через несколько лет, когда ситуация вновь изменилась, Николай стал добиваться как раз расчленения Турции. Начавшаяся из-за этого война оказалась для России неудачной, но об этом подробнее – чуть позже.

В общем, как мы видим, Россия действовала исключительно по Пальмерстону: ни постоянных друзей, ни постоянных врагов, только постоянные интересы.

Что интересно, даже ссыльный декабрист Лунин, последовательный и упрямый критикан Николая, о его внешней политике писал с пониманием и уважением: «Внешняя политика составляет единственную светлую точку, успокаивающую разум, усталый от обнаруженных во мраке злоупотреблений и ошибок. Император Николай, избегая вмешиваться по примеру своего предшественника в дела, не касающиеся непосредственно России, почти всегда предписывает свою волю в случаях, касающихся России. Он неизменно соблюдал правило вести одновременно лишь одну войну, за исключением Кавказской войны, завещанную ему и которую он не мог ни прервать, ни прекратить».

К слову, «жандармом Европы» безответственные болтуны Николая прозвали за одну-единственную акцию: подавление русскими венгерского мятежа по просьбе австрийского императора. Мера была вынужденная и самая что ни на есть полезная: в 1848 г. по Европе там и сям полыхало множество «революций», и была нешуточная опасность, что Европа *обвалится* в кровавый хаос с самыми что ни на есть непредсказуемыми последствиями. Не говоря уже о том, что против бунтующих мадьяр бок о бок с русскими воевали и другие славяне, «австрийскоподанные» – хорваты, словенцы и словаки, отчего-то не соблазнившиеся на бунт, а оставшиеся верными императору Францу-Иосифу (впрочем, об этой истории я подробно писал в «Гвардейском столетии»).

Да, о революциях... В том самом 1848 г. по Европе как раз болтался товарищ Герцен – и прибыл во Францию, где намеревался всем и каждому рассказывать о деспотизме Николая I, повесившего пятерых декабристов (между прочим, согласно приговору суда). И надо же было такому случиться, чтобы именно в это время в Париже громыхнул один из тех многочисленных бунтов, которые французы привычно именуют «революциями». Власти его подавили без всякой жалости – после чего в несколько дней расстреляли по приговорам военно-полевых судов одиннадцать тысяч человек (не считая тех многих сотен, кого прикончили при подавлении заварушки без всякого намека на суд)...

Тот, кто решит, что товарища Герцена это чему-нибудь научило, крупно ошибается. Этот горлопан так ничего и не понял – и до самой смерти еще много лет таскался по Европе, уныло и многословно распространяясь насчет российской тирании и сатрапа Николая...

Николаевские времена не были ни раем, ни преисподней – просто-напросто у них были *свои* законы, присущие только этому историческому периоду (как случается сплошь и рядом, и не только в России). Свои порядки, установления, нравы и традиции...

Вспомним историю с князем Шаховским. К ней вплотную примыкает вторая – поручика Павлова. Некий молодой повеса соблазнил его сестру, но жениться отказался, а там и подыскал себе другую невесту. Поручик пришел к новобрачному и проткнул его кинжалом. До смерти. Его разжаловали и собирались отправить в ссылку – но, узнав все обстоятельства дела, император отменил приговор и вернул Павлову офицерские погоны. Кроме закона, должна быть еще и справедливость...

Сдается мне, читателю интересно будет узнать, как при Николае I полиция управлялась с *мелкими* делами. Человека, совершившего какое-то буйство, бесчинство, затеявшего уличную драку, городовой вел в участок. Там дело рассматривал квартальный (начальник полицейского участка) – и непременно в присутствии так называемого «добросовестного». «Добросовестный» этот специально избирался всеми жителями, обитавшими на территории полицейского участка, чтобы присутствовать на всех разбирательствах как по мелким, так и по крупным делам. Без его подписи протоколы полицейского расследования считались недействительными (между прочим, существование во времена Николая выборного с подобными правами как-то плохо сочетается с россказнями о «полицейском государстве»).

В общем, провинившегося доставляли в участок, и там его дело рассматривали квартальный или его помощник вместе с «добросовестным». Городовой докладывал, свидетели давали показания, виновник выдвигал свою версию. Если оправдания обвиняемого заслуживали уважения, или его проступок был вовсе уж малозначительным, судьи ограничивались то парочкой оплеух, то строгим внушением «впредь безобразиев не творить» – и отпускали на все четыре стороны. Но коли уж вина заслуживала более ощутимого возмездия, виновнику прописывали от 10 до 20 розог. Вели в пожарную часть, там он снимал штаны, получал свое, расписывался в особой ведомости и отправлялся восвояси.

С мелкими уличными кражами боролись устоявшимся способом – изловив на месте преступления карманника или мелкого воришку, городовой его в участок уже не тащил. Рисовал на спине вора мелом круг с крестом, давал метлу в руки и заставлял мести мостовую у места преступления. За день таких метельщиков набиралось немало. К вечеру их уводили в участок, запирали на ночь под замок, утром заставляли еще раз подмести улицу, возле полицейского участка, заносили в списки воров и прогоняли в шею.

Необходимо признать, что в этом был свой воспитательный эффект – вполне вероятно, некоторым хватало этого позорища на всю оставшуюся жизнь, и они вовремя завязывали, так и не покатившись по наклонной. Зрелище как-никак было публичное: вокруг обычно собиралась толпа, вышучивавшая незадачливых воришек на все лады...

Поскольку любители пролить слезу над горькой участью криминального элемента, а не над его жертвой, завелись не сегодня и не вчера, а полторы сотни лет назад, то жалостливая интеллигенция уже тогда рыдала в голос. Жила-была некогда Е. И. Козлинина, московская достопримечательность – одна из первых русских журналисток, проработавшая на этом поприще полвека, с 1862-го по 1912-й. Так вот, эта чувствительная особа писала по поводу «метельщиков» следующее: «Никому и в голову тогда не приходило, что это – позорнейшее из издевательств над человеческой личностью, а, наоборот, каждый полагал, что человек, покусившийся на чужое добро, должен пережить публичный срам за свое деяние».

Классический *сдвиг* расейского интеллигента, привыкшего сочувствовать не жертве, а преступнику. Рискну предположить, что и сегодня кто-нибудь со мной да согласится: неплохо бы в полном соответствии с николаевскими традициями заставить преступника именно что пережить публичный срам...

Но мы, кажется, отвлеклись. Вернемся к последним годам царствования Николая I и самому трагическому промаху, допущенному всеми вместе – и императором, и Нессельроде, и военными. Промах этот назывался потом Крымской кампанией...

3. Последняя война императора

О Крымской кампании (называемой также Восточной войной) до сих пор кружит множество устоявшихся мифов, имеющих мало общего с реальной историей.

Пишут, что якобы Николай I собирался захватить Босфор и Дарданеллы во исполнение заветов бабушки Екатерины.

Ничего похожего. И Николай, и Нессельроде такой глупости делать никогда не собирались. Это была бы именно глупость – поскольку, даже захватив проливы в полную и безраздельную собственность вместе с Константинополем, Россия не получила бы стратегической выгоды. Конечно, русский военный флот при таком положении дел мог бы плавать из Черного моря через проливы когда ему заблагорассудится – но не стоит забывать, что проливы, если кто помнит географию, вели из Черного моря в Средиземное, а выход из Средиземного моря накрепко контролировали англичане с помощью своей базы в Гибралтаре. Разница только в том, что раньше русский флот был заперт в Черном море как в тюремной камере, а при новом раскладе камера всего-навсего немного расширилась бы – до размеров Средиземного моря, и не более того. Вздумай англичане наглухо запереть Средиземное море, через Гибралтар было бы невозможно прорваться при любых чудесах героизма. Во Вторую мировую в этом наглядно убедились немцы, даже не пытавшиеся в Средиземное море проскочить на помощь итальянским союзникам... Одним словом, умные люди в России прекрасно понимали, что проливы России не принесут ни малейшей выгоды, да и Константинополь, впрочем, тоже – разве что сомнительное моральное удовлетворение.

Приходилось слышать, что Николай не верил во враждебную позицию Австрии оттого, что рассчитывал на «благодарность» императора Франца-Иосифа, которому помог справиться с венгерской революцией.

Это – опять-таки глупая лирика, Николаю совершенно не свойственная. В России просто-напросто недооценили австрийскую армию, а это совсем другое дело. Прекрасно помнили, что каких-то три-четыре года назад, во времена революционного пожара, охватившего и Вену, и Будапешт, австрийская армия показала крайнюю слабость – но и австрияки, хвостом их по голове, сумели в сжатые сроки наверстать упущенное. И всерьез стали готовиться к вторжению в Россию. Сорвала это предприятие Пруссия – сконцентрировав на австрийской границе немаленькую армию и не особенно скрывая, для чего эта армия в случае чего предназначена...

Наконец, до сих пор можно прочесть там и сям, что Николай развязал войну с Турцией, «защищая интересы православного населения Османской империи».

Снова романтический вздор, ситуацию с православными Николай использовал исключительно как *предлог.* Поскольку ни о каком таком «притеснении православных» и речи не шло. Все сводилось к таким смехотворным пустякам...

Христианских храмов в Стамбуле было множество – и православных, и католических, и принадлежавших представителям других направлений. Всеми их бытовыми вопросами ведало своеобразное административно-хозяйственное управление, выражаясь современным языком. Группа чиновников, выполнявших функции завхозов: распоряжались ключами от церквей, текущим ремонтом, прочими хозяйственными делами. До начала 50-х годов эти «завхозы» были исключительно из православных – но потом их под давлением французского императора Наполеона III заменили католики. И все дела. Ущерба православной вере это в общем не наносило ни малейшего, разве что по самолюбию легонько било: как же, не мы ключами распоряжаемся и сметы на ремонт визируем, а ватиканские ироды! Но предлог, цинично говоря, был вполне подходящий: случались поводы для войн и гораздо более легковесные, вовсе уж за уши притянутые...

Именно этот кухонный скандальчик с «завхозами» Николай и использовал – надо сказать, изящно – как повод для войны...

Подлинные ее причины были, конечно же, гораздо серьезнее. Все упиралось в экономику...

Что греха таить, в те времена русская промышленность стала уступать английской, и значительно. Русские промышленные товары сбыта в Европе находили из-за того, что не могли выдержать конкуренцию с английскими – но вот в Средней Азии и Персии неплохим спросом как раз пользовались.

Второе. Россия вывозила в Англию главным образом зерно – но к началу 50-х годов серьезную конкуренцию российскому зерну стало составлять турецкое. Да и английский экспорт в Турцию значительно превышал русский. Англичане вытесняли Россию с турецкого рынка – а через Турцию, пользуясь современными терминами, повели торговую экспансию и в Персию со Средней Азией...

Кстати, Россия так стремилась получить покровительство над Молдавией и Валахией отнюдь не из-за желания «помочь православным братьям». Снова правила бал чистейшей воды экономика: контролируя эти княжества, Россия контролировала и устье Дуная – а с ним города Браилов и Галац, где тогда размещались крупнейшие «зерновые биржи». Экономика, судари мои, экономика! Выстраивалась логическая цепочка: «дирижируя» ценами на зерно в Браилове и Галаце, Россия тем самым держала *высокие* цены на свое зерно в Одессе и направляла именно в Одессу иностранные корабли, перевозившие зерно, – а чтобы они по собственному хотению не лезли в помянутые города, русские частенько перекрывали устье Дуная – не военной силой, а старательно имитируя долгие работы по «очистке фарватера». Австрийские, к примеру, купцы жаловались на эти фокусы своему правительству, правительство посылало дипломатические ноты, но в Петербурге с невинным видом разводили руками: мол, ничего не можем поделать, землечерпалки старые, медленно работают, да и капитаны в запое, и в матросах некомплект... но, господа, что вам в том Дунае? Плывите в Одессу, мы вам всегда рады, и хлебушка продадим сколько вашей душе угодно... только, уж не серчайте, по *нашей* цене. Рынок, знаете ли, свободная конкуренция...

Кто тут будет всерьез толковать о «притеснениях православных»? Шла нормальная торговая война – а они порой плавно перетекают в войну настоящую. Цели перед Россией стояли насквозь житейские и практичные, бесконечно далекие от слюнявой романтики касаемо «угнетенных славянских братьев». Разбив Турцию и сделав ее своим вассалом, Россия, во-первых, ликвидировала бы конкуренцию турок в зерноторговле, во-вторых, напрочь перекрыла бы дорогу английским товарам в Персию и Среднюю Азию – да и турецкие рынки оттяпала бы у британцев. В Англии это прекрасно понимали. Не зря их газета «Таймс» откровенно писала в начале войны: дело следует довести до логического конца, то есть взять управление Турцией в свои руки полностью, посадив на султанский трон какого-нибудь европейского принца поговорчивее – их по Европе столько болтается бестронных и бескоронных, только свистни...

Ну, а для публики Англия и Франция в один голос орали, что благородно защищают бедную Турцию от агрессора Николая... А заодно защищают и тех самых «притесняемых христиан» от турецких супостатов. Благодетели, одни словом...

Интересно, что нашелся польский болван, который этому всерьез поверил. Был такой мелкий шляхтич Чайковский, участник польского восстания, после его подавления сбежавший в Турцию и обитавший там под именем Садык-паша. Воспрянув духом при известиях о начале войны и стремясь насолить москалям, он заявился в английское министерство иностранных дел с проектом создания в турецкой армии христианских батальонов...

Вежливо выпроводив прожектера, английский дипломат лорд Рэдклиф рявкнул собратьям по министерству вошедшие в историю слова:

– Этого не должно быть! Мы вовсе не для того заботимся о неприкосновенности Турецкой империи!

Яснее и не скажешь. Шла нормальная экономическая война. Ввязавшись в нее, Николай крупно просчитался – но, повторяю и особо подчеркиваю, вовсе не из-за каких-то романтических заблуждений. Промахи, если можно так выразиться, были насквозь *нормальными*. Так оплошать могло любое государство, любой лидер. Примеров в европейской истории предостаточно.

Доля вины лежит и на военных, и на разведке. Господа генералы виновны в том, что не рискнули должным образом объяснить императору всю степень военно-технической отсталости России, убаюкивая бодрыми заверениями: всех побьем, шапками закидаем. Тем более что русский флот только что одержал блестящую победу над турецким при Синопе. И это прибавило самоуверенности.

Крупно промахнулась и разведка...

В Париже на протяжении тридцати лет сидел резидентом Яков Толстой, секретный сотрудник III отделения, работавший под «крышей» атташе российского посольства. Человек был интересный – приятель Пушкина в молодости, участник декабристских кружков. 14 декабря застало его за границей, и возвращаться он побоялся, справедливо опасаясь угодить во глубину сибирских руд – ну а потом его вербанули люди Бенкендорфа и пристроили к делу. Занимался он тем, что нынче называется политической разведкой: организовывал во французской прессе нужные России статьи (и сам недурно пописывал). Налаживал контрпропаганду, *качал* информацию из политических кругов. Личность, как отмечают историки, безусловно, незаурядная. Парижских газетчиков покупал пачками – они и не противились, кстати.

Одна беда: Толстой сделал непростительную для настоящего разведчика промашку – со временем откровенно стал *подстраиваться* под начальство. Его донесения меняются *резко*. Когда III отделением заведовал Бенкендорф, Толстой *гнал* в Петербург серьезные, обстоятельные отчеты. Когда Бенкендорфа сменил Орлов, откровенный любитель светских сплетен «из самого Парижа», пикантных историек и прочих легкомысленных курьезов,

Толстой, моментально уловив текущий момент, начинает *набивать* нужным материалом свои обзоры – в ущерб серьезному делу, понятно. Чтение, конечно, интересное даже сегодня – чего стоит подробный рассказ о скандалах, устроенных в палате депутатов Александром Дюма (тем самым, папенькой д'Артаньяна) и его попытках драться на дуэли с родовитыми дворянами...

Знаменитый романист, можно признаться по секрету, всю жизнь гонялся за всевозможными орденами и знаками отличия – а также самозваным образом приписал себе титул маркиза де ля Пайетри. И однажды, поссорившись с неким де Мальвилем (настоящим дворянином, чуть ли не от крестоносцев ведущем родословную), отправил тому вызов на дуэль. Де Мальвиль ответил, что, к его великому прискорбию, вызова принять не может, поскольку дворянином не является. И подписался: *маркиз* де Мальвиль...

Интересно, кто ж спорит... Но разве для того человек сидит резидентом в Париже, чтобы посылать в Центр *такие* истории? Ну вот нравились они Орлову, что поделать...

Последствия такой деятельности оказались самыми печальными. Толстой, увлекшись сбором для начальства пикантных светских сплетен, совершает один промах за другим. Он шлет в Петербург подробнейшие донесения о многочисленных романах президента Луи-Наполеона – и ухитряется *проглядеть* подготовку к перевороту, которую означенный Луи ведет. Когда он все-таки этот переворот устраивает и провозглашает себя императором Наполеоном III, для русского резидента это станет громом с ясного неба...

Но и это еще не самое печальное. Уже летом 1853 года, когда война буквально на пороге, Толстой громоздит ошибку на ошибке. Шлет в Петербург «достоверные сведения», не имеющие ничего общего с реальностью. Пишет, что недовольство императором «распространяется по Франции с изумительной быстротой и охватывает все классы общества» – а оттого, мол, за границей уже действует некий могущественный «революционный комитет», который давным-давно подготовил восстание, и оно грянет по всей стране сразу после того, как Наполеон III объявит войну России...

Это совершеннейший вздор. Нет никакой подготовки восстания – а «революционный комитет» состоит из нескольких литераторов-эмигрантов с Виктором Гюго во главе, которые всего-навсего ругательски ругают Наполеона за бутылкой вина в кабачке...

Но в Петербурге Толстому верят – как же, резидент с тридцатилетним стажем, знает в Париже все и каждого, везде вхож! Самое печальное, что это чистая правда: у Толстого в Париже знакомства самые обширнейшие. Вплоть до того, что информацию ему поставляет личный секретарь Наполеона III. И тем не менее в своих донесениях бывший декабрист раз за разом попадает пальцем в небо. Пишет, что Франция накануне банкротства и всерьез воевать не сможет – а французские финансы стоят прочно. Докладывает, что иностранные банкиры отказывают Парижу в займах – а в действительности дело обстоит как раз наоборот. Но именно на «достойных доверия» рапортах Толстого в значительной степени строят политику и Николай, и его министры...

Эти донесения настолько последовательно расходятся с истиной, что у меня порой возникают нешуточные подозрения: что, если Толстого французы перевербовали? И начали гнать дезинформацию? Очень уж зловещую роль сыграли его донесения в принятии Петербургом серьезных решений. Как на заказ... Истину мы никогда уже не узнаем, конечно.

Как видим, у поражения России в Крымской войне немало причин, и они далеко не так примитивно-плакатны, как об этом порой можно прочесть. Но я повторяю снова и снова, что для основной идеи этой книги чертовски важно: поражения и промахи Николая I были, если можно так выразиться, «нормальными». Они не имели ничего общего с просчетами его преемников, проигравших по совершенно другим причинам – из-за того, что оказались в плену дурацких мифов и самых что ни на есть вредных иллюзий.

Об этом – дальнейшее повествование. Но напоследок – еще немного о Николае. Лично я категорически не верю в расхожую легенду о том, что он не умер своей смертью, а, потрясенный крымским крахом, принял яд. Есть веские причины думать именно так. Государь Николай Павлович был человеком по-настоящему верующим, а для христианина самоубийство – смертный, непростительный грех.

Точно так же напоминают скорее легенду якобы предсмертные слова, обращенные к сыну: «Прощай, Сашка. Сдаю тебе Россию в дурном порядке». Кто их пустил в обращение, толком неизвестно – но серьезных свидетельств нет.

Когда умер Николай, у кровати стояли поношенные, дырявые туфли. Как у Сталина...

Его смерть была концом целой эпохи. У этой эпохи много имен – но мне представляется, что, помимо всего прочего, это была еще и великая, прекрасная эпоха политического реализма. При Николае, несмотря на неизбежные ошибки и промахи, все же твердо придерживались _реализма_: не гнались за миражами, не тешились иллюзиями, во главу угла ставили не эмоции и «человеческие чувства», а исключительно интересы государства.

Потом все это рухнуло. Напрочь.

О том и книга.

Глава вторая

ЗЫБКАЯ ПРЕЛЕСТЬ МИРАЖЕЙ

1. О либеральных цигарках и заморских землях

Еще в мае 1837 года, отправив наследника Александра в «образовательное путешествие» по России, Николай писал сыну, призывая любить «матушку-Россию»: «Люби ее нежно; люби с гордостью, что ей принадлежен и родиной называть смеешь, ею править, когда Бог сие определит для ее славы, для ее счастья. Молю Бога всякий день в всяком случае, чтоб сподобил тебя на сие великое дело к пользе, чести и славе России».

Я не в силах отделаться от впечатления, что Бог Николая не услышал. От долгого царствования Александра II России не прибавилось ни пользы, ни славы, ни чести. Скорее наоборот.

После кончины Николая I в России пышным цветом расцвели либерализм и свобода. На городских улицах в одночасье объявилось столько либералов, что яблоку негде упасть. Куда ни глянь – узришь либерала...

Дело в том, что при Николае в числе прочих действовал запрет на ношение бород и на курение на улицах. Первое трудно оправдывать и защищать, очень уж нелепое запрещение. Во втором же, сдается мне, было рациональное зерно, что подтвердит любой пожарный: при русской привычке швырять куда попало непотушенные чинарики риск для деревянных в основном городов был довольно велик...

Именно эти запреты первым делом отменил новый император. А потому и объявилось на улицах превеликое множество либералов: буквально всякий «свободомыслящий» субъект быстренько отращивал бороду, а по улице шествовал, дымя как паровоз, с видом гордым и значительным, так, чтобы всем стало понятно с полувзгляда – человек не никотином себя травит вульгарно, а принародно осуждает деспотию прошлого царствования. Как уж там устраивались некурящие, неизвестно – определенно тоже старались изо всех сил, перхая и смахивая слезы... Главный выигрыш, как легко догадаться, сорвали табачные фабриканты, нежданно-негаданно оказавшиеся тоже чем-то вроде символов либерализма.

А если говорить о делах серьезных, то на Россию свалилась нешуточная напасть – Александр II решил проводить обширнейшие реформы. Быть может, иные со мной согласятся: как только в нашем Отечестве задумают реформировать все сверху донизу, жди самого худшего...

Для начала Александр выпроводил в отставку отцовских министров – людей деспотичных, чего уж там, а порой и казнокрадов, но тем не менее собаку съевших в делах управления государством, равно как и иностранных. Подробный рассказ о министрах *новых* лежит за пределами нашего повествования, скажу лишь, что чехарда смещений-назначений и бюрократическая грызня разных ведомств сохранится до самой смерти императора.

Очень быстро Россия получила чувствительный удар на Парижском конгрессе, созванном для выработки мирного договора после окончания Крымской войны. Единоличный протекторат над дунайскими княжествами у России отобрали – как и само устье Дуная, да вдобавок вынудили отдать означенным княжествам кусок российской Бессарабии. Держать военный флот и строить крепости на Черном море запретили. Привычно свалить эти печальные итоги на «злого гения Карлушку Нессельроде» уже было

невозможно по чисто техническим причинам: царь отправил Нессельроде в отставку. А министром иностранных дел назначил
князя Горчакова, ранее ничем абсолютно себя не проявившего
деятеля, чуть ли не до шестидесяти лет прозябавшего в МИД на
третьестепенных должностях и не имевшего никакого опыта в
крупных и серьезных делах. Славен он был главным образом
романами с молодыми красотками. Но, вот радость, был чисто-
кровнейшим русским, Рюриковичем, не то что крайне подозри-
тельный по пятому пункту Нессельроде. На многих это обстоятельство действовало убойно...

Вскоре император Александр затеял и осуществил освобождение крестьян из крепостной зависимости.

За это ему спето немало дифирамбов, выкликнуто немало
хвалы и даже присвоено пышное звание «Царя-Освободителя».
Беда в том, что эта акция – которую давным-давно следовало осуществить – была устроена так, что заложила под Российское государство мину, которая его и взорвала в семнадцатом году...

Дело в том, что российский крестьянин жаждал в первую очередь не абстрактной «свободы», а вполне конкретной, осязаемой
земли. Еще в XVIII веке в народе возникла неизвестно кем выду-
манная, но повсеместно распространившаяся формула, жизнен-
ная философия, присловье, обращенное к помещикам: «Мы –
ваши, а земля – наша». То есть крестьянин, пусть и с ворчанием,
признавал над собой власть барина – но вот землицу упорно считал собственностью не барской, а божьей, принадлежащей тем,
кто ее обрабатывает.

Еще при Александре I один из будущих декабристов, начитав-
шись умных иностранных книжек, решил освободить своих крестьян окончательно и бесповоротно. Крестьяне отказались категорически. Поскольку «реформатор» обещал им одну только свободу. А землю оставлял себе и намеревался сдавать ее освобожден-
ным землепашцам в аренду. А на кой черт им такая свобода?

В 1839 году автор интереснейших заметок о России француз
де Кюстин, откровенный недруг нашей страны, но наблюдатель

внимательный, подметил эту основу основ крестьянской философии: «Дать этим людям свободу внезапно – все равно что разжечь костер, пламя которого немедля охватит всю страну. Стоит этим крестьянам увидеть, что землю продают отдельно, что ее сдают внаем и обрабатывают без них, как они начинают бунтовать все разом, крича, что у них отнимают их добро».

То же самое прекрасно видел и Николай I, в свое время всерьез разрабатывавший проект освобождения крестьян, но вынужденный отступить перед неприкрытым, всеобщим, чугунно-твердолобым сопротивлением дворянства. Он-то как раз считал: крестьян следует освобождать непременно с землей. С достаточным количеством земли. Иначе, по его мнению, это получится не свобода, а словно бы увольнение солдата со службы...

Реформа Александра, знаменитый манифест 19 февраля 1861 г., имела для страны самые роковые последствия...

Начнем с того, что крестьяне *потеряли* землю. Наделы, которые они получили, были меньше тех, которыми они пользовались при крепостном праве – иногда на 40–50%. И это еще не все. За полученные участки нужно было платить помещику *выкуп*. И речь шла не о какой-то единовременной сумме – выкуп был таков, что выплачивать его предстояло десятки лет. Государство «благородно» взяло на себя 80% выкупных платежей – но считалось, что тем самым оно дало крестьянам *ссуду*, которую те должны были выплачивать казне 49 лет, да вдобавок – 6% годовых. Простейшие арифметические подсчеты показывают, что за 49 лет первоначальная сумма долга из-за процентов должна была увеличиться *втрое*...

И крестьяне эти деньги выплачивали – до 1907 года. Кроме того, *личной* собственности на землю они не получили. Вся земля принадлежала *общине* – своеобразному «колхозу». Той самой общине, которая в Европе перестала существовать еще в Средневековье – благодаря чему Европа и обогнала Россию в развитии.

Община – это, если откровенно, сплошное уродство. Судите сами. Раз в несколько лет общий сход (который так и тянет обозвать «собранием колхозников») устраивал жеребьевку участков – чтобы «по справедливости». И они переходили к новому хозяину. Толковый он или бездельник, умеет хозяйствовать на земле, или она зарастет бурьяном, пока «владелец» пьянствует, значения не имело. Главное, чтоб справедливость была... К тому же размер участка почти всегда зависел от чисто арифметических показателей – числа едоков на подворье либо количества работников.

Теперь, даже если вы скверно разбираетесь в землепашестве, подумайте сами: будет ли человек прикладывать все силы, удобрять землю на совесть, следить за ней, применять самые передовые технологии, если он прекрасно знает, что через пару-тройку лет при очередной «лотерее» его участок перейдет к кому-то другому? То-то и оно...

И еще. *Равноправными* со всем остальным населением крестьяне все равно не стали. Для них придумали свою, отдельную систему управления и законов, своих, специальных начальников, имевших полную власть над деревней. Это была всего-навсего новая форма крепостной независимости, только и всего.

А потому, прослушав этакий «манихвест», крестьяне вполне искренне стали считать, что их обманули. Моментально появились заводилы, кричавшие, что *настоящую* царскую грамоту о воле «баре спрятали», подменив филькиной грамотой, которую все только что выслушали. Следовательно... Бунтуй, ребята!

И началось... По всей России вспыхнули мятежи. Толпы крестьян форменным образом штурмовали официальные здания, требуя от облеченных властью лиц «выдать настоящую волю». Власть ответила воинскими командами и стрельбой залпами. Погибших считали сотнями...

Кое-как эту волну удалось сбить. Но все осталось по-прежнему. Примерно 50 000 помещиков разорились из-за таких нововведений начисто, их земли скупили около полутора сотен «олигархов» и стали сдавать общинам в аренду – естественно, за приличные денежки.

Ну а поскольку размер надела зависел от численности семьи, крестьяне отреагировали на это самым что ни на есть естественным образом – их жены рожали, рожали и рожали. Население деревни к 1914 году увеличилось *втрое* – при том, что земли осталось столько же... Отсюда – перенаселение, голод, эпидемии, дробление и без того крохотных наделов, нищета.

Да, вот еще что. В Европе холостой фермер имел абсолютно те же права, что и обремененный семейством. В общине все обстояло совершенно иначе. Неженатый крестьянин (каким бы он ни был работящим и тароватым) права голоса на крестьянском сходе не имел, надел получить не мог – а значит, не мог стать налогоплательщиком, полноценным и полноправным «субъектом хозяйственного права»...

И наконец, отпрыски разорившихся помещиков составили значительную часть всех и всяческих революционных организаций, поскольку, помимо пресловутого «свободомыслия», пылали еще и шкурной ненавистью к монарху, разрушившему привычный уклад жизни. Не зря среди народовольцев так высок процент лиц из «благородного сословия».

Вот такую бомбу заложил под государство Российское «Освободитель». И рванула она потом так, что мало никому не показалось...

Между прочим, поэт и государственный чиновник Федор Тютчев, далеко не самый глупый и бездарный человек своего времени, поначалу категорически отказался присягать новому государю Александру. Не нравился ему новоиспеченный самодержец, и все тут. Поэты частенько бывают пророками, и, не исключено, Тютчев предвидел, что сулит России новый царь...

Скандал в узком кругу заварился нешуточный. Империя, конечно, от такого решения Тютчева не рухнула бы, но все равно получалось как-то нескладно и, говоря современным языком, било по имиджу Александра – читающая и мыслящая Россия Тютчева любила и уважала, к нему прислушивались. Поэта долго уговаривала целая толпа дворцовых сановников, кое-как уломали, далеко не сразу...

Александр II на двенадцатом году своего царствования совершил деяние, ни прежде, ни после в истории России, слава богу, не отмеченное: по собственной инициативе, без военного проигрыша, без ультиматумов и угроз продал часть Российской империи...

Речь идет об Аляске. До сих пор приходилось сталкиваться и неизвестно откуда взявшимся мнением, будто она «сдана в аренду» на 99 лет, и, поскольку срок давно истек, не грех и потребовать назад «Землицу Алясочку».

Это, дамы и господа, не более чем слабое знание исторических реалий. Увы, согласно договору 1867 года Аляска именно что продана на вечные времена...

Без малейшего нажима со стороны США, совсем наоборот! У меня попросту нет цензурных слов для того, чтобы прокомментировать решение «Освободителя», *устроившего* эту негоцию по сговору с кучкой приближенных. Точнее говоря, этих козлов было пятеро: великий князь Константин Николаевич, военный министр Милютин, канцлер Горчаков и русский посланник в Вашингтоне Стекль – плюс Его Величество.

Продажа Аляски – столь позорная страница в нашей истории, что авторы иных апологетических книг об Александре II ухитряются о ней не упомянуть и словечком.

Другие, почестнее, этот прискорбный факт молчанием не обходят, но, дабы как-то реабилитировать *торгашей*, пытаются с грехом пополам выдвинуть нечто похожее на аргументы. Собственно, в качестве аргумента предлагается одно-единственное, насквозь сомнительное утверждение: мол, все равно Аляску было не удержать. И англичане ее отобрали бы у нас очень быстро, в два счета, и американцы...

Идиотизм подобной «аргументации» лежит за пределами любой критики. Все равно что представить себе сильного, здорового человека, который за копейки продает соседу неплохое пальто и дорогие часы, а свой поступок объясняет просто:

– Мне каждый день по улице ходить, а там хулиганы, того и гляди отнимут, лучше уж заранее избавиться...

Можете себе представить, чтобы так рассуждал человек нормальный? То-то... Настоящий *хозяин*, в особенности лидер государства, державник и патриот, ни клочка территории добровольно не уступит – исключительно под давлением непреодолимых обстоятельств.

Но попробуем все же рассмотреть «аргумент», хотя он и сомнителен.

Было ли у Англии реальное стремление *всерьез* воевать за Аляску? Позвольте усомниться. У нее хватало забот в других частях света, гораздо более благополучных в смысле климата и дававших устойчивую прибыль. Ни за что не стал бы Лондон ввязываться в *настоящую* войну из-за холодной земли у черта на куличках.

Во-первых, драться с Россией пришлось бы в гордом одиночестве. Это в Крымскую войну Британия без труда обзавелась союзниками, объединенными общим и могучим экономическим интересом – а в последующие годы и расклад сил на политической арене был другой, и возможности не те.

Давайте посмотрим, как обстояли дела в ту саму Крымскую кампанию и выясним, имели ли успех нападения англичан на *другие* русские земли.

Балтийское море. К Кронштадту англо-французская эскадра приблизилась, но напасть на него не решилась. Они выбрали место более удаленное и малозащищенное – крепость Бомарзунд на Аландских островах. Целый месяц полсотни (!) боевых кораблей бомбардировали это невеликое укрепление, потом высадили десант в 11 000 штыков (главным образом французов). 1600 русских солдат и матросов десять дней защищали форт, и враг его захватил, лишь превратив в совершеннейшие развалины. После чего убрался восвояси. (В скобках: лично мне совершенно непонятно: а куда же смотрел доблестный русский Балтийский флот? Медяшку драил?)

Английская же газета «Дейли Ньюс» охарактеризовала эту «победу» довольно уныло: «Великолепный флот, какой когда-либо появлялся в море, не только не подвинул вперед войны, но возвратился, не одержав ни одной победы, без трофеев, с офицерами, упавшими духом и обманутыми в надежде приобрести славу, с моряками, недовольными тем, что они не были в деле и не приобрели никакой добычи...»

Соловецкие острова. Там объявились два английских парохода – британцев привлекли слухи, согласно которым в подземельях Соловецкого монастыря таились несметные сокровища. Однако и тут произошел облом. Англичане девять часов лупили по монастырю из современных орудий – но соловецкие монахи и местная инвалидная (то есть ветеранская) команда прапорщика Никоновича отвечала, как могла, из древних пушек. Англичане убрались восвояси. Чтобы создать хотя бы видимость победы и взятия трофеев, они высадились на необитаемом Заячьем острове, разорили тамошнюю деревянную церквушку, сперли церковную кружку с пожертвованиями проплывающих мореходов, три маленьких колокола, два распятия...

Петропавловск-Камчатский. Туда подошла эскадра (5 вымпелов, 218 орудий), обстреляла укрепления, дважды высаживала десант, но русский небольшой гарнизон вместе с вооруженными жителями оба раза сбрасывал интервентов в море. Третьего штурма они предпринимать не стали и убрались бесславно.

Так что же путного могло получиться у англичан на Аляске? Могут сказать, что там не было ни укреплений, ни пушек, а русских обитало всего-то человек восемьсот.

Вот и отлично! Не было «столицы», которую можно захватить, не было укреплений, которые можно разрушить бортовой артиллерией. Аляскинские русские (народ поголовно боевой и решительный) преспокойно рассыпались бы по лесам и подстреливали оттуда англичан, как зайчиков. Рано или поздно те уплыли бы, потому что глупо в таких условиях «осваивать» территорию.

Одним словом, нет никаких сомнений, что у англичан ни черта не получилось бы. Много говорено-переговорено о том, что русский флот безнадежно отставал от английского: у нас были парусные корабли, а у англичан – пароходы. Все так. Это и в самом деле работало против нас, но исключительно в Черном море. Когда во время гражданской войны в США Россия отправила две *парусные* эскадры к атлантическому и тихоокеанскому побережью США, чтобы удержать английский и французский военные флоты от действий против северян, помянутые флоты смирнехонько отступили, не ввязываясь в бой... Было это в 1863 году.

Короче, всерьез говорить о том, что «англичане и так отобрали бы у нас Аляску», не стоит.

Равным образом не смогли бы проделать того же и американцы. Во-первых, в конце 60-х годов XIX столетия США были по горло заняты сугубо внутренними проблемами. Только что закончилась длившаяся четыре года гражданская война. Убитых насчитывалось несколько сотен тысяч. Экономика пострадала несказанно – целые города и сельские районы (главным образом на юге) были разрушены, сожжены, разорены. Добрая половина нынешних США, западная ее часть была абсолютно неосвоенным «диким полем» с минимумом населения и полным отсутствием какой бы то ни было промышленности, инфраструктуры. *Серьезной* армии у США не было, как и военного флота. Чтобы получить представление о том, какой *целиной* была тогда западная часть США, нужно перечитать великолепную книгу Марка Твена «Налегке».

В общем, американцам было не до Аляски. Они восстанавливали разрушенное войной, Север налаживал отношения с Югом, и все вместе с превеликим пылом-жаром искали золото в Калифорнии – именно туда были устремлены все усилия. Никто не согласился бы вставать под ружье и тащиться за тридевять земель к Полярному кругу, чтобы неведомо с какого перепугу отбивать у русских Аляску...

Во-вторых, американцы по первости и не высказывали ни малейшего желания прирасти Аляской. Американские газеты и, что серьезнее, сенат США были против планировавшейся сделки, искренне полагая ее насквозь для себя убыточной. Аляску называли «ящиком со льдом», и не без оснований – русские зарабатывали неплохие деньги, возя полными трюмами колотый лед в Сан-Франциско. Никакой *другой* экономической выгоды в США от Аляски не видели.

Не американцы настаивали на продаже, а русские им форменным образом *навязывали* покупку! Форменным образом *впаривали*! Чтобы продавить сделку, поминавшийся посланник Стекль роздал огромные взятки газетчикам и политикам – по одним данным, сто тысяч долларов, по другим – все двести. Вот уж образец великолепной коммерции!

То, что американцы понятия не имели, куда им Аляску приспособить, подтверждает железный исторический факт: добрых *тридцать* лет после покупки США Аляску, строго говоря, не осваивали вовсе. Так, порядка ради послали туда шерифа, парочку чиновников из тех, кто на свою беду оказался под рукой не вовремя, роту-другую солдат, построили невеликий городок – и этим ограничились. Только в начале XX века вспыхнула «золотая лихорадка» (см. Джека Лондона), и народ туда повалил тысячами.

И, кстати, продали наши умники Аляску за 7 200 000 долларов (из которых безусловно следует вычесть расходы на взятки), а золота янкесы там добыли на сумму, в две с половиной *тысячи* раз превышающую уплаченные денежки. Возьмите бумажку, карандаш и подсчитайте. Это будут *наши* убытки. Далеко не исчерпывающиеся доходами от золотишка...

Пишут еще, что Аляска была «экономически невыгодна» для России. Доля правды в этом есть, но только доля... В самом деле, промысел пушного зверя к тому времени – и по причине естественной убыли зверья (добыча шла хищническая, тут все хороши, и наши охотники, и зарубежные), и по причине оголтелого браконьерства (и американцы старались, и подданные прочих держав) был невыгоден.

Но с браконьерами можно было справиться, заведя на Аляске пару-тройку военных судов, и вовсе не обязательно – больших фрегатов.

Примечательный факт, вот кстати: на всем протяжении Крымской войны на Аляску англичане ни разу не покусились. Потому что Российско-Американская компания просто-напросто договорилась с английской Компанией Гудзонова залива по-хорошему: мол, война войной, а деловые люди страдать не должны. Подписали соответствующую бумагу, английские негоцианты *давану-ли* на свое правительство (бизнес превыше политики!), и все прекрасно обошлось к полному удовлетворению обеих сторон. Да вдобавок русские дипломаты припугнули английских: нападете на Аляску, мы ее американцам вмиг продадим... Это был чистейшей воды блеф, но британцы на него купились: дипломаты школы Нессельроде, в отличие от своих бездарных преемников, работать умели...

И, наконец, не кто иной, как Николай I, прекрасно понимал, что Аляска – неплохой задел на будущее. В 1850 году, когда широко разошлись известия об открытии в Калифорнии золота, он специальным указом распорядился «объявить Российско-Американской компании, что полезно бы оной заняться по примеру других частных лиц добыванием золота» – и в Калифорнии, и на Аляске. К сожалению, прямое поручение императора выполнили спустя рукава – поковырялись на Аляске немного, отыскали «блестки», как выражались герои Джека Лондона, да на этом и закончили дело.

Российско-Американская компания, вопреки некоторым утверждениям, вовсе не была банкротом. Добыча пушного зверя и в самом деле переживала упадок, но, помимо нее, компания занималась еще обширной и выгодной торговлей с Дальним Востоком – в частности, завозила в Россию китайский чай, что давало нешуточную прибыль.

Так что хоронить Аляску было безусловно рано. Ее следовало оставить на будущее – именно так толковый хозяин и поступает. Но толкового хозяина, увы, в тот момент в Петербурге уже не имелось...

Когда-нибудь я обязательно напишу отдельную большую книгу о Русской Америке – тема интереснейшая, таит материал на десятки авантюрных романов...

2. Умники

Для стройного развития нашего повествования (напоминаю, к убийству Распутина мы движемся неспешно, издалека, от самых истоков) нужно более-менее обстоятельно рассказать о всевозможных, пышно выражаясь, течениях общественной мысли, расцветших во времена Александра II, – иные из них как раз и привели к той ситуации, которая закончилась вступлением России в Первую мировую войну и ночными выстрелами во дворе Юсуповского дворца.

Начнем с предшественника иных нынешних интеллигентов, которые до сих пор на своих ободранных кухоньках, презрительно оттопыря губу, поносят «эту страну» (где все же вынуждены обитать, поскольку никакой другой стране и даром не нужны по причине собственной полной никчемности).

Жил-был еще при Николае I прародитель всех этих сегодняшних болтунов – Петр Яковлевич Чаадаев, которого иные восторженные борзописцы и сегодня именуют мыслителем без всяких кавычек.

Однако кавычки в данном случае совершенно необходимы.

Означенный Чаадаев вообще-то храбро воевал в двенадцатом году, будучи офицером гвардейской кавалерии, дослужился до ротмистра, но вышел в отставку – и тут-то его обуял писательский зуд. Хотя понятия «интеллигент» тогда еще не существовало, Чаадаев был истинным интеллигентом – во-первых, он брался судить решительно обо всех мировых вопросах, во-вторых, отличался полнейшей неспособностью сам зарабатывать себе на приличное существование. Была у него сестра, владелица невеликого имения, она-то как раз хозяйствовала неплохо, вот с нее Петр Яковлевич всю жизнь деньги и тянул, а она, дуреха, давала, радуясь, что братец у нее такой умственный и образованный...

Чаадаев, как я уже говорил, писал обо всем, что только приходило ему в голову – но, в отличие от иных графоманов, не складывал написанное под стол, а надоедал своими высокоумными рассуждениями и редакциям журналов, и коронованным особам. Именно так. Зачем-то отправил в Париж королю Луи-Филиппу прочувствованное письмо: «Безвестный художник из далекой и малоизвестной в вашей прекрасной Франции страны, я осмеливаюсь предложить вашему величеству первые страницы произведения, в котором излагаю план воссоздания главных памятников древней архитектуры моей страны».

На кой черт французскому императору этот «план воссоздания»? Император невежливо промолчал и в переписку не вступил – как и многие другие высокопоставленные адресаты из нескольких стран, которым Чаадаев рассылал подобные эпистоляры.

Что любопытно, родному брату Чаадаев писал другие послания, гораздо более приземленные:

«Ты хочешь, чтобы я обстоятельно тебе сказал, зачем мне нужны деньги. Я слишком учтив, чтобы с тобой спорить и потому соглашаюсь, что ты туп, но есть мера на все и на тупость. Неужели ты не знал, что 15 000 мне мало? Неужели ты не видел, что я издерживал всегда более? Неужели ты не знал, что это происходит оттого, что я живу в трактире для того, что не в состоянии нарядиться на квартире?»

О чем речь? Да просто-напросто Чаадаев привык жить хорошо, а денег у него нету. Вот брат и должен занять где-нибудь для него тысяч десять–пятнадцать–двадцать (и отдавать, естественно, будет не Чаадаев, а брат). Брат, судя по всему, в толк не возьмет, почему он должен заниматься такими вещами – вот «мыслитель» его и честит тупицей...

Читать Чаадаева тяжело – сплошной «поток сознания» с постоянно ускользающим смыслом. То же самое, надо полагать, чувствовали те, кому он свои творения рассылал пачками. Потому и ответов не писали. Чтобы утешиться, Чаадаев строчил *сам себе* ответы от имени реально существовавших людей – якобы они с превеликим интересом творения Чаадаева прочли и до глубины души восхищены глубиной мысли и смелостью идей...

Я не шучу! Подобные письма сохранились и даже давным-давно опубликованы в академических изданиях...

Потом Чаадаева *понесло*, и он принялся с превеликим пылом *хоронить* Россию. Именно так. Напечатал статью, где было, в частности, такое: «Прошлое ее (России. – *А. Б.*) бесполезно, настоящее – тщетно, а будущего никакого нет». По Чаадаеву, «историческое ничтожество» «незаконнорожденной» России сомнению не подлежало, и не имела она никакого права на «нравственное бытие».

Это уж было чересчур. Пушкин, в юности смотревший на Чаадаева снизу вверх и часами слушавший его философствование, сейчас, в свои зрелые годы, резко выступил против подобных закидонов и буквально отхлестал «мыслителя» в своем знаменитом письме:

«Положа руку на сердце, не находите ли Вы и в нынешней России нечто, что поразит будущего историка? Неужели Вы думаете, что он поместит нас вне Европы? Я всем сердцем привязан к Государю, но все-таки я далеко не всем, что творится вокруг, восхищаюсь. Как писателю, мне бывает горько. Как человек, у которого есть свои предрассудки, я бываю задет – но, клянусь честью, ни за что на свете не хотел бы я переменить родину, отказаться от истории наших предков, от такой, какую нам Бог послал...»

Николай I (должно быть, решив не создавать без особой нужды «мучеников»), поступил проще и гуманнее – объявил Чаадаева сумасшедшим и отдал под надзор полицейских врачей. Осилив пухлый том чаадаевского словоблудия, я с императором согласен целиком и полностью...

И еще одно любопытное свидетельство из времен уже Крымской войны, касающееся историка Пекарского (еще не ставшего в те годы академиком).

«Когда в Петербурге сделалось известно, что нас разбили под Черной (неудачное для русских войск сражение на Черной речке в Крыму. – *А. Б.*), я встретил Пекарского. Тогда он еще не был академиком. Пекарский шел, опустив голову, выглядывая исподлобья и с подавленным и плохо скрытым довольством. Вообще он имел вид заговорщика, уверенного в успехе, но в глазах его светилась худо скрытая радость. Заметив меня, Пекарский зашагал крупнее, пожал мне руку и шепнул таинственно в самое ухо: "Нас разбили!"»

Вот откуда ноги растут и корешки тянутся! Гораздо позже, уже в XX веке, духовные последователи Пекарского будут посылать поздравительные телеграммы японскому императору по случаю его очередной победы над русскими...

Существовали еще два относительно безобидных течения: западники и славянофилы. Суть ясна из названия: первые полагали, что России следует старательно перенимать опыт Запада, только им и руководствуясь, а вторые упирали на самобытность Святой Руси и ее особый, отличающийся от всех прочих путь. В общем, и тех, и других можно смело считать тихими городскими сумасшедшими, и не более того. Когда-то меж ними кипели яростные битвы с привлечением лучших умов, перьев и средств массовой информации, кипели дискуссии, которыми увлекалась «вся Россия». Но в том-то и глубинная суть, что ни те, ни другие в общем не оказали никакого мало-мальски заметного влияния на жизнь страны, на ее политику, экономику, культуру. А следовательно, все их интеллектуальные упражнения пропали впустую, весь пар ушел в свисток, и представляют они теперь чисто энтомологический интерес...

Да, комический штришок к портрету. Славянофилы, одержимые исконностью и посконностью, в свое время решили перейти от слов к делу и заняться наглядной агитацией. Боже упаси, никаких листовок, митингов и бомб! Они просто-напросто, потратив немаленькие денежки, пошили себе старинные одежды (века шестнадцатого, а то и ранее) и, облачившись в них, принялись важно разгуливать по улицам Москвы и Петербурга – отчего-то полагая, что простой народ тут же умилится, восхитится и воздаст им хвалу за духовную близость к корням и истокам...

Увы, разочарование оказалось жестоким... «Простой народ» ухитрился не опознать в господах славянофилах... славян! Простодушно полагал ряженых господ иностранцами среднеазиатского происхождения – персиянами, бухарцами, а то и индусами!

Я не шучу, господа мои! Именно так и обстояло, остались иронические воспоминания современников. Простонародье, лишенное высокой духовности, цинично глазело на диковинных пришельцев, собравшись толпой, и восклицало что-то вроде:

– Глянь, Мишка, персюки! Поди фокус-покус казать зачнут!

– Да нет, Вань, это точно казанские татары, шурум-бурум на продажу привезли...

Таков печальный итог славянофильской наглядной агитации за возвращение к пресловутым истокам...

Увы, далее смеяться уже не придется. Самая пора хмуриться.

Времена Александра II вдобавок ко всему печально славны еще и тем, что общественным сознанием все сильнее стали овладевать разнообразнейшие мифы, сплошь и рядом подменявшие в глазах людей картину реального мира.

Скажем, миф о русском крестьянстве как коллективном потенциальном революционере. Получившие некоторое образование молодые люди и девицы (сделавшие своим идолом «народ-богоносец») отчего-то всерьез поверили, что русский мужик только и мечтает, как бы свергнуть царя и зажить после этого своеобразной коммуной – с песнями трудиться на общественном поле, учредить деревенское царство всеобщего братства, где нет понятия «личная собственность»... И так далее.

Большая часть этих теоретиков реального мужичка в жизни не видела, разве что издали. Это они дурацких книжек начитались – и на основе чисто теоретических рассуждений судили о реальности.

Один такой теоретик построил в своем имении этакое общежитие, домину для совместного проживания полусотни семей – и попытались поселить там крестьян. Крестьяне, вслух не прекословя, выбрали ночку потемнее и запалили это общежитие к чертовой матери со всех четырех концов. Одни головешки остались.

Эти придурки так и именовались – «народники». Устроили знаменитое «хождение в народ» – переодевшись мужичками и прихватив кучу ими же сочиненных убогих брошюрок, пошли по деревням, искренне веря, что найдут там практическое подтверждение своих теорий.

Кончилось все печально, и очень быстро. Мужички охотно брали брошюрки – каковые, увы, употребляли на цигарки и в качестве туалетной бумаги. А послушав поучения о том, что царя нужно сбросить и зажить всем коммуною в общем доме, начали хватать товарищей народников и сдавать в полицию...

Казалось бы, если практика с теорией решительно не согласуется, следует от теории отказаться? Держите карман шире! На смену безобидным в общем бредням о том, что «темный народ» следует просвещать агитацией и книжками, пришли гораздо более кровавые идеи: если народ настолько тупой, что не понимает своего счастья, нужно его, питекантропоса, загнать в светлое будущее силой...

Обращаю особое внимание: большевиков как таковых еще не существовало вовсе. Будущие большевистские вожди безмятежно агукали в пеленках или, в лучшем случае, ходить учились...

И загремели динамитные взрывы. И началась револьверная стрельба – в том числе и по государю императору. Самое страшное даже не то, что никто не задумывался о случайных жертвах и нисколечко их не жалел (при взрыве в Зимнем дворце, устроенном Степаном Халтуриным, не пострадал ни один «тиран», зато погибло несколько десятков солдат и слуг). Самое страшное – что в массовом сознании, в «образованном обществе» эти бомбисты стали считаться *героями*...

Александр Герцен в своих мемуарах вспоминал старого француза, который, пообщавшись со странствующим по Европе революционером, сказал примечательные слова:

– Вы, русские, или совершеннейшие рабы, царские, или, простите мне это слово, анархисты. А из этого следствие того, что вы еще долго не будете свободными.

Герцен ничего не пишет о своей реакции, но ручаться можно – в глубине души он если не вознегодовал, то как минимум посмеялся. А ведь француз, чье имя осталось Истории неведомым, был, никакого сомнения, человеком большого ума...

И четко подметил свойство русского ума: шарахаться из крайности в крайность. Так, что зашкаливает...

Так уж случилось, что и год, и день, когда произошло, без преувеличений, эпохальное событие в истории России, известны достовернейшим образом – 31 марта 1878 г. Именно в этот день суд присяжных заседателей оправдал Веру Ивановну Засулич...

Предыстория такова. Точнее, не предыстория, а искаженное, вполне мифологическое описание предшествующих событий, которое намертво закрепилось в памяти людской...

Градоначальник Санкт-Петербурга (лицо, по тогдашним правилам выполнявшее и обязанности начальника полиции) генерал Трепов посетил тюрьму. Там он, совершив акт грубейшего произвола, приказал высечь политического заключенного Боголюбова, что и было моментально исполнено. Известие об этой гнусной расправе моментально разнеслось среди всех прогрессивно мыслящих, либерально настроенных людей и наполнило их сердца отвращением к царским сатрапам. Не в силах терпеть, юная девушка Вера Засулич записалась на прием к генералу Трепову и выстрелила в него из револьвера. Ее арестовали и судили...

Это *почти что* правда – но далеко не вся. Однако не будем забегать вперед...

«Царские сатрапы» дошли в своей тупой злобе до того, что устами прокурора обвинили Веру Засулич в покушении на убийство с заранее обдуманным намерением. Они в убогости ума своего полагали, что стрелять из револьвера в человека – это и есть заранее обдуманное покушение на убийство. Им и невдомек было, что означенный выстрел – «выражение протеста против действий генерала Трепова со стороны прогрессивной общественности».

Известный адвокат Александров, защищавший Засулич, разливался соловьем и проявлял чудеса словесной эквилибристики. По его глубокому убеждению, никакого покушения на убийство не было. Почему? Потому что генерал остался жив. Вот если бы он от выстрелов умер, это было бы убийством – но он-то остался жив, а значит, Засулич, стреляя практически в упор, вовсе и не собиралась убивать, а хотела ранить...

Я ничего не преувеличиваю и не искажаю – любознательный читатель может сам проверить по указанному в библиографии сборнику речей известных русских юристов...

А далее началось откровенное выжимание слезы из присяжных:

«Она была и осталась беззаветной рабой той идеи, во имя которой подняла она кровавое оружие. Она пришла сложить пред нами все бремя наболевшей души, открыть скорбный лист своей жизни, честно и откровенно изложить все то, что она пережила, передумала, перечувствовала... В первый раз является здесь женщина, для которой в преступлении не было личных интересов, личной мести – женщина, которая со своим преступлением связала борьбу за идею...»

Адвокату не уступал прогрессивный журналист: «Головка ее упала на сложенные на пюпитре руки, и, пряча лицо в скомканном платке, старается девушка заглушить и скрыть свои рыдания, но худенькие вздрагивающие плечи ее рыдают. Слышатся всхлипывания и кое-где в зале. Я тоже вытираю набегающие на глаза слезы, оглядываюсь назад на ряды публики и вижу такие же слезы на глазах у многих...»

В этой умиленной атмосфере всеобщего хлюпанья присяжные вынесли оправдательный приговор...

Этот случай – не просто недоразумение. Это – некий рубеж, этап, за которым кончилась одна жизнь и началась другая. Отныне все жили в *другом* государстве, по *другим* правилам. Потому что впервые (да притом под рукоплескания прогрессивной общественности) была словно бы выдана индульгенция, было постановлено: убивать из личных интересов или личной мести – очень плохо. Стрелять в людей ради идеи – не преступление, а доблесть.

К тому времени революционерами уже было убито немало людей. Но впервые убийцу оправдали официально по причине того, что он стрелял ради идеи...

Не будет большим преувеличением заявить, что именно 31 марта 1878 года, а вовсе не в феврале 1917-го наступил крах государства по имени Российская империя. Когда случается такое – это конец...

А теперь – гораздо подробнее обо всей этой поганой истории и ее главных действующих лицах.

Начнем с того, что «хрупкой девушке с худенькими плечами» в то время было уже двадцать девять годочков. Возраст далеко не юношеский, тем более во второй половине XIX столетия. Иные сверстницы Засулич в такие годы уже имели не одного ребенка, мужа и дом – но наша героиня стояла выше таких пошлостей, ее сжигал огонь идеи... Двадцать девять лет – но ни дома, ни семьи, ни места в жизни, ни даже, кажется, любовника (хотя сексуальная свобода среди революционеров царила полная, совокуплялись, как кролики). Классический портрет совершеннейшей неудачницы-экстремистки...

Строго говоря, никакого Боголюбова на свете не существовало. Был Алексей Емельянов, сын священника. Закончил духовную семинарию, но «работы по специальности» не искал – подался в народники, был членом организации «Земля и воля», не раз арестовывался, даже был осужден, но отец-священник упросил отдать ему сына на поруки. И «сатрапы» отдали! Но Емельянов двинул по старой дорожке, отчего вновь угодил в тюрьму. «Боголюбов» – это была его кличка (возможно, из-за семинарского прошлого).

Генерал Трепов приказал Боголюбова высечь, как нарушителя внутреннего распорядка. Заключенным в той тюрьме разрешалось выходить на прогулку во двор всем вместе и гулять сколько захочется (начальник тюрьмы – естественно, сатрап!), но при одном условии: «не скопляться», прогуливаться каждый сам по себе, не разговаривая с другими.

Емельянов-Боголюбов как раз собирал вокруг себя собратьев по нарам и вел оживленный разговор. Тут и случился во дворе генерал Трепов, прибывший с какой-то инспекцией. Указал Боголюбову на нарушения правил. Тот стал грубить...

Однако, обратите внимание, Боголюбова высекли не сразу, а только через три часа. Причина? Она проста: Трепов был не свирепым садистом, а ревностным служакой, и не более того. Он помнил, что за нарушения внутреннего распорядка можно сечь тех, кто уже следует по этапу к месту заключения – но распространяется ли это правило и на тех, кто пока что сидит в «предварилке»?

Писаных параграфов под рукой не оказалось. Трепов поехал в министерство внутренних дел. Министра тогда на посту не имелось, был только управляющий министерством князь Лобанов-Ростовский. Но и его не оказалось на месте. Трепов отправился к начальнику III отделения Шульцу, объяснил ему ситуацию и попросил разъяснений: законно будет этого типа высечь или нет?

Шульц пожал плечами: это, батенька, вопрос юридический, а мы больше по розыскной части... Вам, генерал, в министерство юстиции обращаться следует...

Трепов поблагодарил – и поехал к министру юстиции...

Положа руку на сердце: похоже это на поведение опричника, зверя и сатрапа? Да ни капельки! Перед нами – не палач, находящий удовольствие в воплях наказуемых, а попросту исправный педантичный чиновник, озабоченный законным решением казуса. Палач велел бы выдрать бедолагу тут же, не медля – а Трепов часами мотается по Петербургу, ища юридической правды на самом верху...

Министр юстиции Пален, выслушав суть дела, заявил Трепову: «Высечь не только можно, но и нужно, я вам, как министр юстиции, разрешаю». Тогда только вызвал полицмейстера и велел выписать грубияну розог.

Сам Трепов так и говорил потом известному юристу А. Ф. Кони, крестясь на образа в знак искренности: «Клянусь вам, что если бы Пален сказал мне половину того, что вы сейчас говорите, я бы призадумался, я бы приостановился, я бы иначе взыскал с Боголюбова... Но, помилуйте, когда министр юстиции не только советует, но почти просит, могу ли я сомневаться? Я – солдат, я человек неученый, юридических тонкостей не понимаю... Я спрашивал совета у министра юстиции. Он разрешил...»

А потом к Трепову на прием явилась Засулич – с прошением, где ходатайствовала о выдаче ей свидетельства домашней учительницы. Представилась она и прошение подписала вымышленным именем. Трепов, ничего не подозревая, прошение принял, поставил резолюцию «Дозволяю» и обернулся к следующей просительнице. Тогда Засулич, выхватив револьвер «Бульдог», выстрелила ему *в спину*. Пуля попала в верхнюю часть таза и раздробила кость.

Кстати, адвокат Александров заявлял, что его подзащитная не стреляла в грудь или в лицо оттого, что «чувствовала некоторое смущение». В спину, надо полагать, стреляла без смущения...

Обвинение не зря уточняло, что «револьвер выбран из самых опасных». В самом деле, Трепову невероятно повезло, что все обошлось именно так, и *дерганая* баба целилась плохо, да и стреляла только раз, нервы не выдержали – истерически визжа что-то, отбросила револьвер, тут на нее и навалились опамятовавшиеся свидетели...

Английский «Бульдог» – оружие крайне серьезное, несмотря на малые размеры. Какой именно его разновидностью пользовалась Засулич, нет особенной нужды выяснять. Достаточно упомянуть, что выпускавшиеся тогда модификации «Бульдога» имели калибр от 11,5 миллиметра до 14,7. Убойная штучка...

Сдается мне, даже «натура экзальтированная, нервная, болезненная, впечатлительная», как обрисовал ее защитник, могла бы в свои двадцать девять лет предвидеть, что, стреляя в упор из крупнокалиберного револьвера даже один-единственный раз, запросто можно убить...

А вообще, что это за особа, откуда взялась и как докатилась до такой жизни?

Вот тут-то и начинается самое интересное. «Девушка с худенькими плечами» не со стороны пришла, не поддалась минутному порыву. Это – настоящая профессионалка...

В свои двадцать девять «мечтательная девушка» имела уже ни много ни мало – двенадцать лет революционного стажа. Два года просидела в тюрьме, несколько лет провела в ссылке под надзором полиции (боже упаси, не в Сибири – в европейской части России, тогда с этой шатией либеральничали вовсю, как, впрочем, до самого краха монархии).

Но дело даже не в этом. Засулич была одной из ближайших «сотрудниц» Сергея Нечаева – а Нечаев, знаете ли, та еще персона. Без преувеличения можно сказать: самая жуткая, красиво выражаясь, инфернальная фигура не только российского, но и всего европейского революционного движения XX столетия. Хватало по всей Европе революционеров, террористов, политических убийц и прочего мятежного элемента, но *такой* – один...

Сергей Геннадьевич Нечаев (по происхождению – из мещан города Шуи) родился в 1847 году. В восемнадцать лет стал членом так называемых «ишутинского» и «каракозовского» кружков. Ишутин основал в 1867 году так называемый «Московский революционный кружок», а Каракозов, стрелявший в царя, был его двоюродным братом.

Внешность, разумеется, обманчива, и только по ней судить о человеке никак нельзя. Ишутин и Каракозов на снимках производят угнетающее впечатление – физиономии обоих как две капли воды похожи на изображения неандертальцев: дебиловатые, словно из твердого полена ржавым тесаком кое-как вырезанные.

Совсем не то – Сергей Нечаев. Симпатичное, умное, открытое лицо. Некоторые (я для эксперимента показывал его фотографию разным людям, не сообщая заранее, кто это) даже принимали его за «какого-то киноактера», которого видели не в одном фильме, вот только фамилию запамятовали. Были отзывы и другого плана: «какой-то политик... фамилия на языке вертится», «военный, точно, где-то я его видел...»

Словом, крайне располагающее к себе лицо. Никак не заподозришь монстра. Но это был как раз *монстр* почище любого серийного убийцы: те занимаются чистой уголовщиной, а Нечаев разработал целый комплекс людоедских идей и пытался их проводить в жизнь, насколько удавалось...

Нахватавшись в указанных кружках «азбучных истин», Нечаев не просто пустился в самостоятельное плавание – возжелал стать не рядовым борцом за человеческое счастье, а *вождем*. Так и подмывает написать «фюрером» – поскольку Нечаева можно сравнивать исключительно с Гитлером...

Человек, в общем, был незаурядный – железной воли, бешеной энергии, прекрасно разбирался в человеческой психологии и умел подчинять себе людей. Одна беда: чтобы пробиться в вожди, нужно было совершить что-нибудь в высшей степени славное – а что мог *наворотить* скромный вольнослушатель Петербургского университета и преподаватель захудалого Сергиевского училища? Драл глотку на сходках? Так все дерут... Запрещенные книжки читал? Так все читают...

И вот однажды, в конце января 1869-го, Нечаев исчез. А чуть погодя объявилось юное создание по имени Верочка Засулич и предъявила революционной молодежи два письма, якобы полученных ею по городской почте. В одном некий «сочувствующий революционерам студент» сообщал, что мимо него проехала арестантская карета, и из нее выбросили записку, каковую он считает своим долгом передать «по принадлежности». Второе письмо как раз и было собственноручной запиской Нечаева на клочке оберточной бумаги: «Меня везут в крепость, не теряйте энергии, друзья-товарищи, хлопочите обо мне! Даст Бог – свидимся».

Эх и взвилась «прогрессивная молодежь», словно уколотая шилом в известное место! Столько громокипящих речей о тирании, сатрапах и произволе сотрясало воздух...

И никому из этих придурков не пришло в голову подумать здраво и рассудить логически... При перевозке арестованных в казенной карете их сажали меж двух жандармов, а напротив помещался еще и третий – о чем многие из этой публики, не раз соприкасавшиеся с законом, обязаны были знать по личному опыту. Ни написать записку, ни выбросить ее за окна (стекла подняты, окна наглухо задернуты шторами) было решительно невозможно.

Это была чистейшей воды афера. Сестра Нечаева Анна, прекрасно знавшая о проделке братца, ради подкрепления легенды принялась демонстративно *бродить* по всем полицейским частям и тюрьмам, громко требуя сообщить ей о судьбе несчастного. Ей, разумеется, отвечали чистую правду: что никакого такого Нечаева у них не числится. Девица не унималась, заявилась даже к обер-полицмейстеру с той же песней... Есть сильные подозрения, что и Вера Засулич была в курсе – целая «группа поддержки», кроме Анны, была посвящена в истинное положение дел, старательно пудря мозги окружающим...

Вскоре объявился и сам Нечаев и рассказал восторженным слушателям, как он, распропагандировав охрану, сбежал не откуда-нибудь, а из грозной Петропавловской крепости. Его сажали в промерзший каземат Петропавловской крепости, он до того окоченел в этих стенах, покрытых льдом, что ему ножом разжимали зубы, чтобы впустить несколько капель спирта; он ушел, надев шинель какого-то генерала и очутился в Москве.

Представляете, с каким восторгом и обожанием взирала молодежь на «героя»? В узких кругах Нечаев прославился моментально, в одночасье став фигурой легендарной.

Скептики, конечно, нашлись тут же. Видный народник Ткачев сам в свое время сидел в Петропавловской крепости и прекрасно знал, что сбежать оттуда невозможно. Однако как-то так сложилось, что «молодежное подполье» к нему абсолютно не прислушалось. Поскольку Нечаеву «невозможно было теперь оставаться в России», он «нелегально бежал» за границу. На самом деле выехал из российских пределов законнейшим образом – поскольку, как легко догадаться, никто его не искал и не ловил. Не за что было.

За границей Нечаев принялся обходить «авторитетов», идолов тогдашнего «прогрессивного движения» – Герцена, Огарева, «отца анархизма» Бакунина. Последний был тоже личностью страшненькой: сочинил программу «Альянс социалистической демократии», где предлагал насильственно ввести атеизм, а землю, капиталы и все орудия производства передать в коллективную собственность пролетариев и крестьян (Ленина еще на свете не было!) А чтобы добиться этой святой цели, Бакунин советовал не чураться никакого насилия, использовать невежество народа, а также широко привлекать разбойников и прочий уголовный элемент, как олицетворение протеста против государства...

Герцен к «беглому» отнесся без всякой симпатии – чем-то ему Нечаев не глянулся. Зато Огарев моментально накатал стихотворение, посвященное Нечаеву, – и в конце концов убедил Герцена подкинуть студенту деньжат на революцию. Пытались ли они вовлечь юного симпатягу в свои гомосексуальные забавы, осталось неизвестным.

Точно так же и Бакунин Нечаевым очаровался. Вдвоем они состряпали «Катехизис революционера» – штуку посильнее, чем книжка под названием «Майн кампф». В «Катехизисе» говорилось, что революционер обязан подавить в себе все человеческие чувства, не соблюдать ни законов, ни приличий, забыть о нравственности (нравственно только то, что служит успеху революции) пускать в ход любые средства – от шантажа до провокаций.

Последнее Нечаев тут же принялся осуществлять на деле: стал посылать знакомым в Россию поджигательские письма и прокламации. Он прекрасно знал, что поступавшая из-за рубежа (особенно из Женевы, где революционных гадюшников было в достатке) почта вскрывается III отделением – но на это и был расчет. Адресатов тягали в полицию, они озлоблялись, а это-то как раз и делало из них необходимые Нечаеву кадры...

Между прочим, болтаясь по квартирам русских эмигрантов, Нечаев вульгарным образом украл из прихожей одного из них пальто, сюртук и плед, чего лично я решительно не могу понять: человек вроде бы серьезный, но *польты* тырил как мелкий жулик...

Потом Нечаев (снова без всяких препятствий со стороны III отделения) вернулся в Россию, опять-таки овеянный славой – благословлен «авторитетами», даже в стихах ими воспет... И принялся создавать тайную организацию под названием «Народная расправа».

По замыслу вождя состоять она должна была из кружков-пятерок, где «пятерки» друг друга не знали. Вербуемых Нечаев уверял, что его «Народная расправа» насчитывает уже тысячи членов, охватывает всю Россию и не сегодня-завтра овладеет страной путем всеобщего бунта. Причем действовал он не от своего имени, а от лица таинственного, суперзасекреченного «комитета», который-де всем и заправляет. Комитет этот, вкручивал Нечаев новичкам, делая страшные глаза, вездесущ, всезнающ и всемогущ, имеет даже свою полицию, которая следит за каждым членом организации и в случае измены или идейных шатаний прикончит без всякой жалости.

Какое-то время Нечаеву верили, как ни пытались вразумить товарищей скептики: и Ткачев, и Негрескул, тот самый, у которого Нечаев в Женеве спер пальто. И «вождь» резвился, как хотел: например, чтобы запугать одного из своих соперников в борьбе за умы потенциальных кадров, переодел сообщников жандармами и инсценировал «арест с допросом»...

Вот в этой-то компании и вращалась Верочка Засулич, одна из ближайших помощниц Нечаева, который еще ее, по некоторым данным, и трахал со всем усердием. Не случайно после разгрома «Народной расправы» ее держали в тюрьме целых два года – для столь долгого срока, да еще в отношении молодой девицы нужны были веские основания... Но *подробности* и сама Верочка, и ее защитники отчего-то упорно обходили молчанием. А ведь что-то серьезное просто обязано было быть...

Нечаев в конце концов *заигрался*. Нашла коса на камень. Подавляющее большинство вовлекаемых в «Народную расправу» Нечаеву верили слепо и ходили перед диктатором на цыпочках. Но однажды студент Иванов стал всерьез сомневаться в существовании грозного всепроникающего «комитета» – причем свои сомнения высказывал во всеуслышание, пообещал даже: если Нечаев в ближайшее же время не докажет, что «комитет» реален, он, Иванов, выйдет из «Расправы» и создаст собственную. А поскольку среди «прогрессивной молодежи» Иванов был известен и популярен, угроза смотрелась вовсе не надуманной...

Нечаев, не теряя времени, собрал свою «пятерку» и заявил: Иванов – агент III отделения, вот-вот заложит всю «Народную расправу», а потому «комитет» настрого приказал изменника ликвидировать...

И – убили. Заманили ночью в парк возле Земледельческой академии, били камнем, душили, потом дострелили из револьвера и бросили труп в прорубь...

Вот тут уже Нечаева стали ловить не понарошку, а всерьез. Он сумел-таки *сдернуть* за границу, но через какое-то время швейцарские власти, справедливо рассудив, что речь идет не о политике, а о чистейшей воды уголовщине, помогли присланным в Женеву сотрудникам III отделения арестовать Нечаева и согласились на депортацию. В России несостоявшегося «вождя» опять-таки судили не за политику, а как натурального уголовника – за умышленное убийство. Именно эта история послужила Ф. М. Достоевскому материалом для создания романа «Бесы»...

Таково было гнездышко, откуда выпорхнула белая птичка Засулич...

Вообще ее история изобилует загадками и темными местами, которые до сих пор нет никакой возможности прояснить. Предельно странно вели себя как раз те, кому, собственно, и полагалось стоять на страже закона и порядка. Те, кто вел следствие, *ни словечком* не упомянули о двенадцатилетнем революционном стаже Верочки, и впервые это прозвучало лишь на судебном заседании. Немаловажный вопрос о сообщниках вообще не поднимали на следствии. А ведь сообщники, несомненно, были. Кто-то доставал револьвер – и потом раздобыл другой, гораздо убойнее. Но следователи этой темы не коснулись вообще.

Одесский прокурор – человек гораздо более деловой, чем его петербургские коллеги, – прислал крайне интересную информацию, собственно, позволившую установить личность стрелявшей в генерала. Поначалу она назвалась «учительницей Козловой» (этой фамилией и было подписано прошение). Петербургские «компетентные органы», которые должны были прекрасно знать Засулич по прошлым делам, отчего-то долго не могли определить, кто же перед ними. «Вразумить» их смог лишь прокурор из далекой Одессы. Он сообщал, что, во-первых, «Козлова» и есть Засулич, а во-вторых, по данным подчиненной ему агентуры, о предстоящем покушении на Трепова заранее прекрасно знали одесские революционные кружки – и речь, таким образом, идет не о террористе-одиночке, а о хорошо организованной группой лиц акции.

Петербургский прокурор Лопухин... *скрыл* эту информацию от следствия по причине ее якобы «бесполезности»: мол, задержанная и сама уже созналась, что она – Засулич. Но ведь оставался еще «одесский след»! Однако следствие его отрабатывать не стало, поскольку трудами Лопухина вообще о нем не узнало.

И Лопухин, и чины из министерства юстиции отчего-то с самого начала сделали все, чтобы *вычистить* из дела всякие признаки политического преступления. Упор делался именно на ту версию, что со слезой в голосе оглашал на суде адвокат-либерал: юная особа с хрупкими плечами разнервничалась настолько, что сгоряча пальнула «в сторону» генерала. Пожалейте бедного ребеночка, господа присяжные заседатели! Кто-то оперативно распустил – не в студенческой среде, а в среде «высшего общества», в прокуратуре и министерстве юстиции – слух, что Засулич была любовницей Боголюбова, а значит, нет тут никакой политики, нету, нету!

Одним словом, дело тут было отнюдь не в одном лишь либерализме присяжных, клюнувших на краснобайство адвоката с хорошо подвешенным языком. В первую очередь дело Засулич старательно развалили как раз те, кто обеспечивал следствие, обвинение...

Мотивы лично я понять не в состоянии. Вроде бы в столичных коридорах власти откровенно недолюбливали Трепова, «держиморду и взяточника». Если так, то слепота власть имущих – поразительная! Своими руками они старательно заложили мину под собственное государство, систему правления, монархию...

Многозначительный нюанс: гораздо позже, уже в начале XX столетия, именно сын прокурора Лопухина, будучи директором Департамента полиции, выдал эсерам хорошо законспирированных агентов Охранного отделения. Яблочко от яблони...

Вообще стоит уточнить, что семейка Засулич – тот еще гадючник. Обе ее сестры, Екатерина и Александра, точно так же принимали самое живейшее участие в «работе» нечаевской организации. Екатерина вышла замуж опять-таки за нечаевца (впоследствии эсера) Никифорова. Мужем Александры стал один из учредителей «Народной расправы» Петр Успенский, участник убийства Иванова. За это он *огреб* пятнадцать лет каторги, но умер вовсе не в результате «произвола царских сатрапов». Свои же приступкнули. Там, на каторге, получился какой-то мелкий скандальчик, после чего собратья по революции заподозрили Петрушу в сотрудничестве с жандармами. И, не церемонясь особенно, тут же повесили в темном уголке, представив все как самоубийство. Очень скоро выяснилось, что стукачом был вовсе не Петруша. На короткое время всем стало чуточку неловко – и не более того. Такие уж незатейливые были у «прогрессистов» порядки, своих мочили по малейшему подозрению, не говоря уж о посторонних...

Разве что Верочкин брат Михаил каким-то чудом уклонился от следования семейным традициям и, вместо того чтобы уйти в революцию, стал офицером. В турецкой кампании, будучи в небольших чинах, проявил себя неплохо. Но потом, дослужившись до полного генерала... Именно он в русско-японскую командовал Вторым сибирским корпусом в бою под Тюренченом – командовал так бездарно, что в результате получила поражение и беспорядочно отступила вся армия. После войны генерала без особого шума выпроводили в отставку. Злой рок какой-то. Полное впечатление – *меченая* семейка, и не было ей в жизни счастья...

Но это все – дела внутренние, а мы собрались говорить о внешней политике. Об очередном погибельном мифе, неимоверно навредившем России уже на международной арене...

3. Славяне всех стран, соединяйтесь!

Миф этот именовался «панславизм». Означенные панслависты, они же славянофилы, создали довольно стройную, хорошо проработанную теорию об объединении всех славянских народов под верховным командованием и покровительством России. Во-первых, следовало освободить братьев-славян, стенающих под гнетом Австрийской империи, во-вторых – освободить других, угнетенных турками братьев, и в-третьих, доведя дело до логического конца, образовать некий Всеславянский союз, то ли единое государство, то ли федерацию братских стран.

Самое печальное, что это были не упражнения кучки маргиналов, а мощное, пользовавшееся большой популярностью в России движение, представленное весьма известными именами – вроде писателей Достоевского и Аксакова. Теория была проработана крайне тщательно.

Но воздвигли ее на крайне зыбком фундаменте. Подобно народникам, славянофилы с самого начала совершили принципиальнейшую – и роковую для будущего России – ошибку; они ни с того ни с сего, на пустом месте вбили себе в голову, что многочисленные славянские народы как раз и мечтают слиться с Россией в единое государство или хотя бы в «федеративный союз».

Это не имело ничего общего с реальностью. Но идея уже овладела просвещенными российскими умами. И они приложили поистине нечеловеческие усилия, вбивая ее в голову соотечественникам...

Понемногу сформировалась теория, впоследствии принесшая России кучу бед и невзгод: о том, что в своей внешней политике страна должна руководствоваться не реальными политическими интересами, а «нравственным характером поддержки слабейшего, угнетенного». У России, мол, «особая политическая судьба» – не щадя сил и жизней, защищать «угнетенных славянских братьев» (замечу в скобках, независимо от их хотения и реальных побуждений).

Ф. М. Достоевский: «В чем выгода России? Выгода России, именно, коли надо, пойти даже и на явную невыгоду, на явную жертву, лишь бы не нарушить справедливости. Не может Россия изменить великой идее, завещанной ей рядом веков и которой следовала до сих пор неуклонно. Эта идея есть, между прочим, и всеединение славян... В этом самоотверженном бескорыстии России – вся ее сила, так сказать, вся ее личность и все будущее русского назначения».

И. Аксаков: «Призвание России – осуществить на земле славянское братство и призвать всех братьев к свободе и жизни».

А. В. Васильев: «Наше дело поддержать и воскресить славянскую народность, честно послужить делу всестороннего славянского освобождения».

Эти и подобные высказывания нашли логическое завершение в обширном труде Н. Данилевского «Россия и Европа». Данилевский категорически утверждал: «Запад гниет» (как видим, вовсе не брежневские пропагандисты впервые заговорили о «загнивающем Западе»), европейская цивилизация вот-вот обрушится в окончательный крах – и на смену ей придет новая, великая, самобытная славянская цивилизация. Разумеется, со святой Русью во главе...

Славянофилы стремились предстать белыми и пушистыми: «Панславизм далек от каких бы то ни было завоевательных стремлений и целей. Россия не оттачивает меча ни на славян, ни на иноплеменников».

Но буквально тут же Данилевский открыто объявлял: «Главная цель русской государственной политики, от которой она не должна никогда отказываться, заключается в освобождении славян от турецкого ига, в разрушении оттоманского могущества и самого турецкого государства».

Ему вторил Аксаков: «Братья наши в Турции должны быть освобождены: сама Турция должна прекратить существование; Россия имеет право занять Константинополь, так как свобода проливов для нее – вопрос жизненной важности».

Другие метили дальше: «Национальные вопросы вызовут в недалеком будущем войну России с Австрией, а может быть, и с Германией». «Из-за славянских дел час столкновения с латинством и германством столь же неизбежен, как день смерти для каждого». «Европа, представляемая германскими и романскими племенами, отживает свой век, сказала свое последнее слово, сделала свое дело и теперь судьбы мира должны перейти к славянству, с Россией во главе».

Если называть вещи своими именами, это все мало чем отличалось от *германских* теоретических упражнений более позднего времени – касаемо высшей арийской расы, «отживших свое» низших рас и безусловного права арийцев навести новый мировой порядок. Разве что, разумеется, «загнивающие персонажи» и «светлые крестоносцы» назывались иначе. Но в принципе то же самое – разве что с обратным знаком...

У Данилевского все было проработано. Его «Всеславянский союз» должен был состоять из следующих государств:

«Русской империи с присоединением к ней всей Галиции и Угорской Руси (Закарпатской Руси. – *А. Б.*); королевства чехо-мораво-словацкого; королевства сербо-хорвато-словенского (куда должны были войти Сербия, Черногория, северная Албания, Босния, Герцеговина и все земли Австрии, населенные сербами и хорватами); королевства болгарского; королевства румынского; королевства эллинского; королевства мадьярского и Царьградского округа».

Неслабый размах... Почему Данилевский включил в число «славянских братьев» эллинов, то бишь греков, в принципе, понятно – тогда имела самое широкое хождение теория, что греки на самом деле потомки вовсе не древних эллинов, а древних славян. Но вот с какого перепугу у него в числе славян оказались албанцы, румыны и венгры – тайна сия велика есть.

Идею Данилевского подхватили с превеликой охотой, тут же принялись развивать, прорабатывать и детализировать: «Историческая необходимость указывает, что у всех освобожденных славян должно быть одно общее внешнее представительство, в котором голос России будет, в силу естественного порядка вещей, первенствовать... Дружелюбное руководительство не есть иго, как братская преданность не есть покорность подчиненного». «Необходимо, чтобы у всего освобожденного славянства было только одно общее внешнее правительство и от лица всего славянского мира велась одна общая международная политика. А так как вопросы международные решаются в конце концов силой, то голос русского народа, как голос сильнейшего во всеславянском правительстве, естественно, будет преобладать».

Повторяю, все это было крайне серьезно. Идея панславизма в короткие сроки приобрела массу сторонников – и не только среди штатских мыслителей, но и среди военных, в том числе в немалых чинах...

Это была программа – четкая, убедительная, многим представлявшаяся заманчивой и вполне претворимой в жизнь...

А теперь представьте, как на эти планы – вовсе не державшиеся в тайне, наоборот, широко пропагандируемые – должны были смотреть соседи России? Та же Австро-Венгрия?

Да в точности так, как мы *сегодня* смотрим на пропагандистов «Великого Турана», которые во всеуслышание объявляют о намерениях оторвать от России население мусульманами области и создать «великую тюркскую державу» от Стамбула до Волги и Уфы... Скверно мы относимся к таким упражнениям мысли – а как же иначе?

И австрийцев, и немцев, и многие другие европейские народы подобные идеи пугали *всерьез*. В европейской печати тогда же появились первые осторожные статьи, в которых панславистам пытались объяснить, что весь остальной мир смотрит на их упражнения вовсе не так восторженно, как они сами. Вот что писала в 1867 году венгерская «Пешти напло»: «Такое движение не только не найдет себе сочувствия среди цивилизованных наций мира, но создаст великую лигу, которая станет плотиной против новых вторжений варварства».

Оставим на совести автора выражения «цивилизованные нации» и «варварство». Но суть-то ухвачена верно: «Панслависты ошибаются, если думают, что мир посмотрит на их движение такими же глазами, какими смотрит на стремление к единству итальянцев и немцев; из их движения может произойти лишь один результат – сосредоточение колоссальной физической силы в руках царя».

Данилевский на подобные высказывания отвечал не моргнув глазом: «Европа боится нас как нового и высшего культурно-исторического типа, призванного сменить дряхлеющий мир романо-германской цивилизации».

И мало кто понимал, что подобные планы, как справедливо писал бывший военный министр Куропаткин уже в XX столетии, «несомненно создавали существующую еще и поныне недоверчивую и враждебную по отношению к России обстановку в Европе».

Где там... Это было так маняще, так красиво и завлекательно даже для умных людей: огромное славянское государство, на периферии которого уныло догнивает отжившая свое романо-германская Европа...

Данилевский чеканил, как топором рубил: «Для всякого славянина: русского, чеха, серба, хорвата, словенца, словака (желал бы прибавить: "и поляка") после Бога и Его святой церкви идея славянства должна быть высшей идеей, выше свободы, выше науки, выше просвещения, выше всякого земного блага».

И никто не озабочивался примитивно поинтересоваться у отдельного взятого «всякого славянина» – а разделяет ли он эти идеи? А намерен ли он вообще сливаться в братском единении с Россией? Этим вопросом никто попросту не задавался. Панслависты руководствовались не реальностью, а мифом, который сами выдумали, да сами же в него и поверили: братья-славяне ночами не спят, думая о «всеславянском союзе», ворочаются с боку на бок, ожидая, когда же придут русские братушки и устроят «всеславянскую федерацию» под русским скипетром...

Это был миф, иллюзия, заблуждение – но идея панславизма, повторяю вновь и вновь, получила большое распространение, и даже умные люди всерьез в нее верили...

Никто отчего-то не вспомнил о событиях не столь уж древних – Прутском походе Петра I, состоявшемся в 1711 году и оказавшимся для России позорным поражением еще и оттого, что царь принял всерьез байки про «братушек»...

Зачастившие в Петербург представители православных балканских народов, находившихся под властью турок, дурили голову императору, расписывая, что возмущение турецким господством на Балканах повсеместное и всеобщее, и при одном появлении русских войск поднимутся все поголовно. Наслушавшись этих сказочек, Петр написал фельдмаршалу Шереметеву: «Господари пишут, что как скоро наши войска вступят в их земли, то они сейчас же с ними соединятся и весь свой многочисленный народ побудят к восстанию против турок; на что глядя и сербы (от которых мы такое же прошение и обещание имеем) также болгары и другие христианские народы встанут против турок, и одни присоединятся к нашим войскам, другие поднимут восстание внутри турецких областей; в таких обстоятельствах визирь не посмеет перейти за Дунай, большая часть его войска разбежится, а может быть, и бунт подымут».

И русское войско под личным командованием Петра в июне 1711 года вступило в Молдавию. Единственной «подмогой», которую дождались реально, оказался приезд молдавского господаря Кантемира с кучкой даже не солдат, а придворных. Сербы не объявились вообще, даже в символическом количестве – как и болгары, и прочие. Ни один «христианский народ» не устроил хотя бы микроскопического бунта против турок. Обещанных «братушками» складов с провиантом не оказалось. Великий визирь все же перешел Дунай с войском, в несколько раз превышавшим по численности русское, и его солдаты не то что не разбежались, но ни разу не взбунтовались. Русская армия вместе с Петром попала в окружение, из которого чудом выбралась лишь посредством крупной взятки означенному визирю...

Какое-то время этот печальный пример в России прекрасно помнили – никто из преемников и преемниц Петра на троне больше не слушал посланцев православных балканских народов, какие бы завлекательные сказки они ни плели. Россия посылала на Балканы разведчиков, дипломатические миссии (как это было с Черногорией), но ни в какие крупные авантюры более не ввязывалась...

Вообще-то зачатки того, что впоследствии получило название «панславизм», образовались еще при Николае I. Поэт Тютчев – а ведь умнейший человек был! – начал поговаривать, что однажды, вот ужо погодите, русский царь падет ниц, молясь Богу в храме Святой Софии, очищенной от мусульманской скверны, и встанет, как «всеславянский царь».

Какие-то мечтания и разговоры оживились уже при Николае. Начали поговаривать и о кресте над Святой Софией, и о проливах, и об освобождении славянских братушек. Перед Крымской войной Николай отправил Нессельроде записку, в которой излагал план провозгласить независимость «молдаво-валахов, сербов, болгар и греков, с тем чтобы каждый из этих народов вступил в обладание страною, в которой живет уже целые века, и управлялся человеком, по собственному выбору избранным ими самими из среды своих же соотечественников».

Нессельроде, человек умный и проницательный, отговорил императора от увлечения подобными фантазиями – за что впоследствии, уже в наше время, получил от публицистов определенного пошиба немалую порцию яростных поношений, как масон и сионист, препятствовавший великому делу освобождения славян. Однако если подходить непредвзято, окажется, что Нессельроде был совершенно прав. И подтвердила его правоту история независимых балканских стран: став «незалежными», они главным образом воевали и грызлись меж собой, обостряя обстановку в Европе настолько, что Балканы не называли иначе, кроме как «пороховым погребом Европы». И название оказалось пророческим – Первая мировая вспыхнула еще и в результате усилий балканских стран, в первую очередь Сербии...

Пока еще до Первой мировой было еще далеко. Но миф панславизма уже начал убивать...

4. Крест против полумесяца

Признаюсь по совести: иногда я откровенно недолюбливаю свои исторические расследования. Потому что, когда начинаешь копать вглубь, сплошь и рядом натыкаешься на факты, которые переворачивают с ног на голову кое-какие устоявшиеся представления, с которыми жил десятки лет. А я живой человек, и, как многим, мне тяжело без внутреннего сопротивления расставаться с накрепко вбитыми в подсознание «истинами».

Но ничего тут не поделаешь, взялись за гуж...

Причины русско-турецкой войны 1877–1878 гг. обычно излагаются кратко: турки, звери этакие, вдруг ни с того ни с сего начали массовый террор против стенающего под игом славянского населения, вот благородная русская душа и не выдержала – и потянулись колонны пехоты, и грянуло «Соловей-соловей, пташечка!», и возликовали освобожденные братья...

К превеликому сожалению, все обстояло не так. Весьма даже не так...

Турецкие «притеснения» сплошь и рядом, оказывается... сводились к запрещению звонить в колокола на христианских церквах. *И только.* Не могу сказать, что мне, как христианину, такой запрет по вкусу – но если только *в этом* заключалось «страшное иго»... Как-то это маловато для вспышки благородной ярости, охватившей россиян...

Для начала следует привести обширную цитату из книги *русского* историка (вряд ли находившегося на содержании у турецкой разведки), вышедшей в 1911 году (когда, кстати, в Турции последнего султана уже свергли, а новое руководство отнюдь не горело желанием обелять султанские времена, наоборот).

«Все, кому приходится близко знакомиться с турками, выносят обыкновенно убеждение, что мнение о фанатизме турок сильно преувеличено; турок-суннит не фанатичен, и в этом отношении его никак нельзя сравнить с персом-шиитом, который христиан, евреев и даже мусульман, не принадлежащих к его шиитскому толку, считает нечистыми. Турок же, по существу, веротерпим и вовсе не склонен к религиозным преследованиям христиан. Но наряду с этим, однако, следуя учению Корана, он всегда ставит себя, правоверного мусульманина, выше христианина, и относится к нему как милостивый победитель к побежденному.

Пока христиане выполняли все обязанности верноподданных султана, турки даже старого режима относились к ним снисходительно, мягко и без особых притеснений; но как только какая-либо из христианских народностей, как армяне или балканские славяне, проявляли стремление добиться самостоятельности или равенства с мусульманами, турецкое правительство не останавливалось перед самой жестокой расправой...»

Между прочим, правоту этих слов подтверждает само существование христианских церквей – ведь турки их не закрывали, не сносили, не оскверняли. Когда в конце концов все до одного подвластные Турции славянские народы оказались независимыми, все они сохранили и религию, и культуру, и язык, и прочие признаки национальной самобытности. Какую-то *часть* этих самых народов действительно обратили в мусульманство – но сами-то народы сохранились в целости и неприкосновенности; выходит, что «турецкое иго» все же не было адом на земле...

А потом всплывают и более поразительные вещи...

Вся балканская кровавая заварушка началась с того, что Сербия и Черногория начали раздувать мятеж славянского населения в Боснии, Герцеговине и Болгарии. Мятежи, действительно, были, но вспыхнули они не сами по себе, а запылали в результате воздействия извне: тайные эмиссары, оружие и золото, обещали оказать всю возможную помощь...

Турки, естественно, эти мятежи стали подавлять... впрочем, не сами турки. Для этого было использовано нерегулярное войско, вполне официально именовавшееся «башибузуки» (это было первоначально вовсе не ругательство, а всего лишь обозначение рода войск вроде «кирасир» или «саперов») – бывшие жители Кавказа, перебравшиеся в Турцию после Крымской войны. Они и правда зверствовали – из песни слов не выкинешь. А впрочем, разве русские войска, подавлявшие восстания где-нибудь в Польше, воевали в белых перчатках? Кстати, к истории с запретом колокольного звона: интересно, как в этом свете выглядят действия русского царя, приказавшего воздвигнуть в Варшаве с ее чуть ли не стопроцентно католическим населением, преогромный православный храм? Это иго или не совсем? Вообще, как это называется, кто бы подсказал?

Тогда, в 1876 г., Сербия и Черногория объявили войну Турции, первыми объявили и первыми начали – чего не скрывали те же русские дореволюционные историки.

Турки их, как без прикрас пишется в серьезных энциклопедиях по военной истории, разбили едва ли не мгновенно.

Вот тогда-то в России и началась форменная истерия. Все панслависты моментально возопили во всю глотку: спасай братушек, ребята!

И заклубилась пыль над марширующими пехотными колоннами.

У русско-турецкой войны не было экономических, политических, геостратегических причин. Их вообще не было, причин. Кроме одной-единственной: «Помочь славянским братьям». Для отдельного человека (едущего добровольцем к сербам или жертвующего деньги в пользу болгар) такая причина выглядит крайне веской и вполне уважительной. Но для державы в целом – чисто шизофренической. Поскольку держава обязана в серьезных делах руководствоваться чем-то более весомым, нежели эмоции и детское желание «заступиться за приятеля». Это не цинизм, а суровая реальность...

Некий уже современный наследник панславистов объясняет правильность принятого Александром II решения так: в случае, если бы Россия не вмешалась, это грозило «падением ее престижа среди славян». Что лишний раз убеждает: панславизм – это все же диагноз...

Трезвых людей вроде министра финансов Рейтерна, справедливо опасавшегося, что война приведет к государственному банкротству России (как оно вскорости и произошло, так что спасаться пришлось иностранными займами), слушать не стали: что может субъект с немецкой фамилией понимать в пафосных движениях благородной русской души...

Войну с турками назвать успешной для России никак нельзя. Во-первых, затянули с мобилизацией и провели ее только осенью 1876 года. Зимой воевать на Балканах было невозможно – и отмобилизованная армия до весны бездействовала, находясь на полном государственном обеспечении, что втравило казну в немалые расходы.

Во-вторых... Военный министр Милютин уверял царя, что армия находится в наилучшем виде: «Коренные преобразования в устройстве наших сил, начатые с 1862 г., привели всю нашу армию и всю нашу военную систему на такую ступень силы и стройности, которая вполне соответствовала высшим государственным задачам».

Врал его высокопревосходительство генерал Милютин, как сивый мерин. Армия таковым задачам ничуть не соответствовала.

Турецкая армия и ее подготовка к войне были, как деликатно выразились потом военные спецы, «недостаточно известны». Проще говоря, турецкую армию недооценили – и уже в ходе войны пришлось удваивать русские силы в Болгарии. По пехотному и артиллерийскому вооружению русские отставали от турок – а вдобавок отставали саперные войска, осадная артиллерия, совершенно неудовлетворительным было положение с шанцевым инструментом, минами, проволокой, понтонами. Пехота, конница и артиллерия не могли наладить меж собой должного взаимодействия. Общая подготовка войск оказалась неудачной – русские плохо умели вести наступательные бои, даже при несомненном превосходстве (с обороной обстояло гораздо лучше). Несмотря на уроки Крымской войны, в России почти не строили железных дорог на юге страны – и, как в Крымскую войну, солдаты шли в Болгарию пешком.

Обо всем этом писал не какой-то штатский критикан, отроду не служивший в армии, а генерал Куропаткин в своем классическом труде «Русская армия».

Увы, именно так все и обстояло. Как и в Крымскую кампанию, Кавказский корпус действовал гораздо успешнее, чем войска других театров военных действий. Если в Болгарии крепость Плевна так и не удалось взять штурмом после трех кровопролитнейших приступов (пришлось установить блокаду и одолеть через несколько месяцев исключительно измором), то «кавказцы» одним лихим ночным ударом взяли Карс – крепость гораздо более укрепленную, чем Плевна.

А потому нет ничего удивительного в том, что русские потери распределились следующим образом: в боях погибли только семьдесят девять тысяч человек, а *сто восемьдесят* тысяч умерли не столько от ран, сколько от болезней...

Изучение боевых действий в ходе русско-турецкой войны было исключено из программы обучения Николаевской Академии Генерального штаба. «Больно много в ней было грубых и преступных ошибок командования», – комментировал один из слушателей Академии. *Нечему* было учить генштабистов.

О фантастическом воровстве интендантов и прочей тыловой сволочи и говорить не приходится – с превеликим размахом, а как же... Что до наград, то сам Милютин писал в дневнике: «Вчера и сегодня роздано множество крестов и золотых сабель, в том числе большей части флигель-адъютантов, которых вся заслуга ограничивается тем, что им случалось проскакать в сфере неприятельских выстрелов».

Да, безусловно, русские офицеры и солдаты в турецкой войне проявили чудеса героизма. К превеликому сожалению, это одна из традиционных бед России: беззаветный героизм рядового исполнителя и общий провальный итог. Это сочетание прямо-таки нас преследует из века в век...

Но трагическое противоречие между героизмом солдат и бездарностью высокого командования – еще не самое печальное в турецкой кампании...

Для очень многих стало форменным шоком то, что открывшаяся им реальность ничего общего не имела с байками панславистов.

Ничего общего!

Слово исключительно современникам событий.

А. Ф. Кони: «Явился скептицизм, к которому так склонно наше общество, скептицизм даже и относительно самой войны, которую еще так недавно приветствовали люди самых различных направлений. "Братушки" оказывались, по общему единодушному мнению, "подлецами", а турки, напротив, "добрыми, честными малыми", которые дрались как львы, в то время как освобождаемых "братьев" приходилось извлекать из кукурузы».

Под последними словами имеется в виду то, что болгарские «братья», как очень быстро выяснилось, вовсе не горели желанием сражаться за свободу своей родины. Русских к началу войны было на Балканах 185 тысяч человек. Турок – 160 тысяч. Хваленое болгарское ополчение, о котором как о великом примере «русско-болгарского братства по оружию» любят вспоминать все патриотически настроенные историки, составляло... 5 тысяч человек. За всю войну в него с превеликим трудом удалось набрать еще 7 тысяч человек – при том, что болгар было несколько миллионов.

Душевные русские люди, ожидавшие увидеть изможденных, исхудавших, угнетенных немыслимыми басурманскими зверствами православных браточков, таковых попросту... не нашли!

А. Ф. Кони: «...мрачной иронией дышало пролитие крови русского солдата, оторванного от далекой курной избы, лаптей и мякины для обеспечения благосостояния "братушки", ходящего в сапогах, раздобревшего на мясе и кукурузе и тщательно запрятывающего от взоров своего "спасителя" плотно набитую кубышку в подполье своего прочного дома с печами и хозяйственными приспособлениями».

А ежели въедливый критикан из недовымерших панславистов заявит, что Кони собственно на театре военных действий не был и свидетелем считаться не может, – извольте свидетельство генерала Э. И. Тотлебена, с апреля 1878 г. главнокомандующего на Балканах: «Мы вовлечены в войну мечтаниями наших панславистов и интригами англичан. Освобождение христиан из-под ига ислама – химера. Болгары живут здесь зажиточнее и счастливее, чем русские крестьяне; их задушевное желание – чтобы их освободители по возможности скорее покинули страну. Они платят турецкому правительству незначительную подать, несоразмерную с их доходами, и совершенно освобождены от воинской повинности. Турки вовсе не так дурны, как об этом умышленно прокричали: они народ честный, умеренный и трудолюбивый».

А вот как восточную политику России оценивал генерального штаба генерал-майор Мартынов: «Екатерина на пользу национальным интересам эксплуатировала симпатии христиан, а политика позднейшего времени жертвовала кровью и деньгами русского народа для того, чтобы за счет его возможно более комфортабельнее устроить греков, болгар, сербов и других, будто бы преданных нам единоплеменников и единоверцев».

Генерал Тотлебен подобрал удачное слово – химера. Турецкая кампания была *первой* «химерической» войной России, затеянной не ради каких-то государственных целей (пусть ошибочных, пусть преступных!), а исключительно в угоду дурацким мифам, ничего общего не имевшим с реальностью. Первая, но не последняя. И Сербия своими дурацкими амбициями втравила Россию в войну не в последний раз...

Все же печальный пример Петра I и Прутского похода – из какой-то другой оперы. *Тогда* еще не было панславизма и всеобщего забалдения умов на почве совершеннейшего миража. Петр просто-напросто совершил *просчет*. Аналогичный сделал и шведский король Карл XII практически в те же годы: украинский гетман Мазепа *насвистел* ему, что в случае прихода шведов вся Украина поднимается против «москалей», а он, гетман, приведет королю армию в сорок тысяч сабель. Карл поверил – и приперся с невеликой армией. Украина шведов проигнорировала и восставать не собиралась, а с Мазепой приехали всего две тысячи казачишек (чтобы отличать их в бою от «чужих», шведы им присобачили на пики желто-голубые, под цвет своего флага, вымпелы –

от тех вымпелов и берет начало нынешний украинский державный «жовто-блакытный» штандарт...) Последствия для шведов общеизвестны.

Химера панславизма впервые попробовала крови – и вернулась пока что в свою могилу, пережидать светлое время суток, как и полагается всякому уважающему себя вампиру. Этот вампир еще будет не раз вылезать на поверхность земли – и будет находить жертвы, и сосать кровь...

А чтобы не заканчивать рассказ о турецкой кампании на трагической ноте, расскажу реальный случай, в некотором роде комический.

Государь император Александр II покидает румынский город Яссы. Немаленькая толпа народа, военная музыка, русская и румынская, хор певчих, митрополит, местные власти, иностранные консулы, министры незалежной Румынии с опереточными именами – Братиано, Сланчиано и Флореско. Одним словом, пышность и благолепие.

Уже поднимаясь в вагон, государь оглядывается – и кого же он видит? В толпе – да еще в первом ряду! – как ни в чем не бывало торчит бывший полковник Кузминский, личность в некотором роде легендарная, хотя и сугубо отрицательного имиджа. Несколько раз его за всевозможные «беспутные проделки» отдавали под военный суд и разжаловали в солдаты, но он всякий раз ухитрялся выслужиться обратно в офицеры. Вроде бы уже и покончил с предосудительным образом жизни – в туркестанской кампании получил Георгиевский крест. Но вот поди ж ты, снова угодил под суд – только на сей раз сбежал в Сербию искать приключений. Его, как дезертира, ищут по всем Балканам, а он, изволите ли видеть, под самым носом обретается, военную музыку слушает...

«Ар-рестовать мерзавца!» – взревел государь император.

Но беспутный Кузминский, не дожидаясь, когда его повяжут, выхватил из-за пазухи кинжал и моментально зарезался до смерти. Было, господа, было... Случались и такие типажи.

И столько тишины
Под вечными снегами,
Где спят в обнимку – камень
И – нижние чины...

5. Тень, знай свое место!

С историей России второй половины XIX века накрепко связан очередной миф, до сих пор имеющий хождение, – о якобы «блистательном» дипломате князе Горчакове, который обессмертил себя многочисленными победами на внешнеполитическом поприще, принесшими стране нешуточные выгоды.

Увы, истине это нисколько не соответствует. Потому что Горчаков – не более чем блистательный *пустоцвет*, за благообразной личиной скрывавший полную бездарность...

О нем, к сожалению, судят в первую очередь по историческому роману В. С. Пикуля «Битва железных канцлеров», где многословно и красочно расписано, как «наш» канцлер, прямо-таки резвясь и шутя, то и дело побеждал канцлера «ихнего» – немца-перца-колбасу Бисмарка. Крайне усладительная для патриотического самолюбия книжка.

Лично я Пикуля безмерно уважаю, высоко ценю большую часть его творческого наследия – но есть пара-тройка романов, которые, увы, полностью противоречат исторической правде...

Дипломата и политика судят не по изяществу речей, остроумию, и уж тем более не по процентному составу текущей в его жилах крови – по *результатам*. Если подойти к паре Бисмарк–Горчаков с *этой* точки зрения, очень быстро выясняется, что Бисмарк-то как раз добился всего, чего хотел, решил практически все стратегические, геополитические задачи, которые перед собой ставил. Намеревался создать из мозаичной россыпи кукольных государств могучую Германскую империю – и создал. Вознамерился «пристегнуть» к данной империи в качестве послушного союзника еще недавно воевавшую с Пруссией Австрию – и пристегнул. И так далее, и тому подобное. Все серьезные начинания Бисмарка закончились успехом.

Горчаков – другое дело. Он не добился ничего мало-мальски серьезного, а в тех редких случаях, когда он оказывался в выигрыше, ситуация складывалась такая, что проиграть мог разве что совершеннейший дебил и растяпа...

Два года назад в почтенной серии «Жизнь замечательных людей» появилась и биографическая книга о Горчакове. Вот только после вдумчивого с ней знакомства первое, что испытываешь – несказанное удивление.

О чем только не повествуется на трехстах с лишним страницах! О русских дипломатах XVII и XVIII веков. Об учебе Горчакова в Царскосельском лицее в одном «потоке» с Пушкиным. О дипломатических интригах времен Александра I и Николая I, к которым Горчаков не имеет ни малейшего отношения. О внутренних реформах Александра II – опять-таки никаким боком не касавшихся деятельности Горчакова. О наиболее знаменитых великих князьях и княгинях Александровской эпохи. О народном просвещении и военном деле во второй половине XIX столетия. О народовольцах и поэте Тютчеве, о литературных журналах, объединении Италии и императоре Наполеоне III...

И вовсе уж ничтожное место отведено персонажу, именем которого книга и названа, чей портрет красуется на обложке – Горчакову. Дай бог, десятая часть «биографической» книги.

Отчего так? Да попросту *нечего* рассказывать...

Вот *современники* как раз с самого начала относились к Горчакову весьма даже неоднозначно. Русский посланник в Берлине Будберг, из письма Нессельроде-младшему: «Назначение Горчакова меня не удивило бы два года назад. Оно меня чрезвычайно удивляет теперь, после того, что случилось в Вене... Но, может быть, ему больше повезет во главе министерства, ЧЕМ ВО ВСЕХ ТЕХ МИССИЯХ, КОТОРЫЕ ЕМУ ПОРУЧАЛИСЬ. Конечно, ума в нем достаточно...»

Я специально выделил часть текста крупно. Как видим, с самого начала у шестидесятилетнего почти Горчакова, до того тянувшего лямку на третьестепенных постах, была репутация человека, которому прежде упорно не везло с выполнением поручавшихся ему дипломатических миссий...

Крайне интересные вещи таятся за словами «после всего, что случилось в Вене». История в свое время нашумевшая. Проще говоря, назначенный послом в Вену Горчаков повел себя как инфантильный мальчишка.

Была в Вене старая, устоявшаяся традиция, имевшая форму дипломатического этикета: первый министр австрийского императора принимает с визитами иностранных послов, но сам ответных визитов не наносит. Этикет такой, что поделаешь.

Свежеиспеченный посол Горчаков, должно быть, захмелевший от неожиданного карьерного взлета, категорически потребовал, чтобы австрийский премьер-министр все же нанес ему ответный визит. Мол, желаю, и точка! Я вам не кто-нибудь, а посланник великой Российской империи! Почти требую!

Австрийские дипломаты и члены иностранного дипломатического корпуса мозоли на языке заработали, объясняя упрямцу: в Вене такой этикет, и касается он всех без исключения, это вовсе не направлено персонально против русских, ну что поделать, раз традиция такая...

Горчаков *дураковал*: ну, раз так, я и в здание русского посольства официально не перееду, и верительные грамоты вручать не буду! Засел в каком-то отеле и брюзжал. Кое-как дело уладили, подыскав какой-то компромисс – но легко представить, какая после этого в Вене у Горчакова сложилась репутация и с каким «радушием» к нему хозяева относились...

К сожалению, именно эти черты характера нового министра иностранных дел заставили иных в России захлебываться от радости: «Политика наша наконец вверена человеку русскому, причем родовитому, потомку Рюрика, сумевшему поддержать достоинство России перед вероломной и двуличной Австрией».

Ну что тут скажешь? Если достоинства министра измеряются по национальному составу крови – ничего путного не выйдет.

И ведь не вышло... В заслугу Горчакову ставят твердость, проявленную им в известном скандале вокруг польского бунта в 1863 году.

Напомню, как было дело. Польских мятежников открыто поддерживали из-за рубежа, в первую очередь Франция, на территории которой в открытую шла вербовка добровольцев. Англия, Франция и Австрия потребовали создания в русской части Польши национального правительства, назначения поляков на государственные должности. Наполеон III стал даже болтать о воссоздании «великой Польши в прежних границах».

На западные ноты Горчаков ответил твердо: всем указанным державам не стоит вмешиваться во внутренние дела России, ни одно их требование рассматриваться не будет вообще.

Это правда. Точнее – полуправда.

Потому что твердая позиция Горчакова объясняется тем, что его спину и в прямом, и в переносном смысле прикрывала Пруссия в лице Бисмарка. Ее эти события задевали вплотную: во-первых, и Пруссия владела частью бывшей Польши, а во-вторых, проект Наполеона III о создании «великой Польши» предусматривал отобрание ее земель не только у России, но и у Пруссии. Так что Бисмарк недвусмысленно заявил, что готов поддержать Россию всеми средствами, вплоть до войны. И сделал России довольно редкое в мировой практике предложение: если возникнет такая надобность, русские войска могут без всяких церемоний преследовать мятежников на территории Пруссии и добивать их там. Пруссия отнесется с полным пониманием и шуметь о нарушении границ ни за что не будет.

Так что твердость Горчакова проистекала еще и от блестевших за его спиной прусских штыков...

Иные ставят Горчакову в заслугу и его поступок в 1871 г. – когда он объявил, что Россия в одностороннем порядке разрывает Парижский договор 1855 г., запрещавший ей иметь на Черном море военный флот и строить на тамошних берегах укрепления.

Увы, тут опять-таки нет ни подвига, ни решимости. Всего-то навсего удобный момент подвернулся. Ни малейшего сопротивления решение Горчакова не встретило бы по чисто техническим причинам: времена на дворе стояли другие, государства, бывшие противники России, были по уши в собственных проблемах – а Франция вообще только что разбита Пруссией, оккупировавшей Париж. Легко быть героем, выступая с мечом наголо против страшного огнедышащего дракона, если прекрасно знаешь, что дракон давно сдох, и из его берлоги несет падалью...

Безусловно, стоит привести мнение о Горчакове его долголетнего партнера в европейских политических делах, Бисмарка: «С моей стороны едва ли будет несправедливостью по отношению к князю Горчакову, если я скажу, основываясь на наших с ним отношениях, продолжавшихся несколько десятков лет, что его личное соперничество со мной имело в его глазах большее значение, нежели интересы России: его тщеславие и его зависть по отношению ко мне были сильнее его патриотизма».

Характеристика убийственная. А что думали о Горчакове в России? Вот что писал о Горчакове в своих мемуарах его бывший подчиненный, русский посол в Константинополе Н. П. Игнатьев: «Он верил в Европу, в "европейский концерт", жаждал конференций и конгрессов, предпочитая громкие фразы и блестящие дипломатические беллетристические произведения – настоящему практическому действию, не столь эффектному, но упорному, настойчивому и основательному».

Иными словами, Горчаков вместо серьезной работы предпочитал эффектные фразы и пышные меморандумы...

Но многие в России его, повторяю, любили: потомок Рюрика, светский остроумец, немчуру терпеть не может, зато с «культурными» Англией и Францией готов дружить, да и к панславизму относится с симпатией...

Кроме министерства иностранных дел, Горчаков получил еще и пост канцлера – первый по значению в «Табели о рангах».

Но старичок уже впадал в откровенный маразм. Примеры оставил в своем дневнике военный министр Милютин.

Совещание у императора, где решается, быть или нет войне с турками. Горчаков, шамкая, выступает с оригинальнейшей идеей: если европейские державы откажутся совместно с Россией вразумить Турцию и заставить ее прекратить преследования славян, Россия должна объявить в манифесте, что намерена действовать на Балканах единолично... и *распустить* мобилизованную армию!

Совещание естественным образом прервалось. После того, что предложил Горчаков, ни у кого попросту не нашлось слов, чтобы этот маразм цензурно прокомментировать. Император заседание прекратил, и все тихонько разошлись...

Второй случай. Снова совещание у императора – на сей раз по вопросу о мерах, которые следует принять для противодействия революционной пропаганде. Когда дошла очередь до Горчакова... «Князь Горчаков попробовал поднять вопрос в высшую сферу политическую, но, так как он по-русски говорить не умеет, то речь его не была понятна». Наверняка эта обтекаемая фраза означает, что выживающий из ума старичок опять мямлил что-то несуразное – какой еще может быть смысл?

Но вот Россия одерживает победу над Турцией – несмотря на все недочеты и промахи, которые я выше обрисовал подробно. Есть у России такое достойное уважения качество: в самой безнадежной ситуации простые русские люди превеликим напряжением сил совершают невозможное...

Для выработки мирного договора собрался Берлинский конгресс. И Горчаков, находившийся уже в откровенном маразме, рвется возглавлять русскую делегацию. Милютин: «У нашего престарелого канцлера преобладает давнишняя мечта о конгрессе и что он даже во сне видит, какую роль будет он сам играть на этом конгрессе, чтобы закончить с блеском свое дипломатическое поприще. Такое предположение оправдывается вполне безграничным тщеславием и эгоизмом нашего канцлера».

Если Горчаков собирался блеснуть, получалось как раз наоборот – Берлинский конгресс стал сильнейшим ударом по самолюбию и национальной гордости России. Выиграв войну, она получила такой мизер, что это и в самом деле чертовски унизительно.

И главная причина – совершеннейшее бессилие русской дипломатии. Пользуясь футбольной терминологией, она продула Берлинский конгресс с разгромным счетом.

Единственный, кто был еще на что-то способен, – упоминавшийся уже Игнатьев. Толковый был человек, не без ума и способностей. Но он занимал подчиненное положение. Первую скрипку в русской делегации на конгрессе играл Петр Шувалов – бывший начальник корпуса жандармов (и неплохой!), назначенный «в дипломаты» лишь пару лет назад и потому не обладавший нужным опытом.

Ну а над ними стоял Горчаков, дошедший до крайней степени маразма. Встретившись с премьер-министром Англии Дизраэли, Горчаков уже настолько себя не контролировал, что *вывалил* на стол секретнейшую карту, на которой были обозначены минимальные и максимальные территориальные уступки, на которые Россия могла пойти при определении границ с Турцией. То есть выдал «противнику» секретнейшую информацию. Дизраэли карту рассмотрел с превеликим удовольствием, да вдобавок не стал держать эту историю в секрете, она попала в европейские газеты, репортеры долго изощрялись в остроумии, на все лады растолковывая читателям, кто руководит российской внешней политикой.

Горчаков в отчете о конгрессе (он сохранился) нацарапал трясущейся рукой: «Берлинский конгресс есть самая черная страница в моей служебной карьере». Можно подумать, в ней были и светлые страницы...

Наилучшее представление о том, что собой представляет руководимая старым маразматиком политика России, дает обширный отрывок из книги историка С. Татищева «Дипломатические беседы о внешней политике России»: «Прямая обязанность дипломатии – обратить на благо России беспримерное торжество русского оружия. Что же делала, как поступала она? Глубокая скорбь проникает в душу, сердце обливается кровью при одном воспоминании о том смятении, о той неурядице, что в эту знаменательную эпоху царила в наших дипломатических рядах... Дипломаты окончательно растерялись. Не было более единства в руководстве и направлении; каждый из местных представителей России в иностранных столицах действовал на свой страх и на свою голову, не только не ища согласования своих поступков с действиями товарищей, но во всем переча один другому. Так, в Лондоне разделывалось то, что было улажено в Вене, Вена пререкалась с Берлином, переговоры в Сан-Стефано велись в полном разногласии с Петербургом. Венцом всего явился Берлинский конгресс, на котором уполномоченные наши отложили всякое попечение о нуждах и пользах России, чтобы отстоять независимость Румынии и Сербии, свободу и самостоятельность болгар. Этой цели они достигли, хотя и дорого заплатили за нее предоставлением всем прочим участникам конгресса разных преимуществ, от коих заранее отреклась Россия... Первый долг государства – промышлять о самом себе. Призвание наше освобождать наших восточных единомышленников и единоверцев было бы просто бессмысленным, если бы не могло осуществиться иначе, как нам во вред. От нас зависело предотвратить зло, заручившись надежными гарантиями. Мы этого не сделали...»

И Татищев делает мудрый вывод – который следовало бы сделать гораздо раньше (его книга написана в 1890 году): «ПОЛИТИКА ЧУВСТВА, А ТЕМ БОЛЕЕ ЧУВСТВИТЕЛЬНОСТИ, НЕ ВЕДЕТ К ДОБРУ».

Горчакова в конце концов вытолкнули в отставку – возмущение было всеобщее, первыми взвыли панслависты. Но вся беда в том, что последующие поколения российских политиков выводов для себя не сделали: продолжали холить и лелеять миф о «братушках», интересы которых Россия должна защищать, невзирая на то, что при этом страдают ее собственные государственные интересы... «Чувствительная политика» продолжалась.

Да, и еще одно немаловажное уточнение – точнее, рассказ об одном из забытых эпизодов Берлинского конгресса.

Только ленивый патриот (или последователь панславистов), когда писал об итогах русско-турецкой войны, не возмущался корыстолюбием и вероломством Австро-Венгерской империи – не участвуя в войне и пальцем не шевельнув, Вена все же оказалась в нешуточном выигрыше, поскольку в 1878 году оккупировала славянские Боснию и Герцеговину. Мы, значит, кровь проливали, а она захапала...

Я и сам, признаться, негодовал, не питая особой любви к австриякам. Но буквально пару дней назад открыл малотиражную книгу по истории дипломатии – и форменным образом ошалел. Как всякий, думается, на моем месте.

Оказывается, Австрия заняла Боснию и Герцеговину... с согласия и дозволения России!

Оказывается, 15 января 1877 года между Россией и Австрией была заключена секретная Будапештская конвенция: Австрия обязуется соблюдать совершеннейший нейтралитет в грядущей русско-турецкой войне. А Россия за это предоставляет ей право занять Боснию и Герцеговину. Более того, высокие договаривающиеся стороны решили, что Болгария будет разделена на две части. Одна станет независимым государством, а другая войдет в сферу влияния Австрии.

А теперь – внимание!

В 1878 году русские дипломаты – в частности, Игнатьев, – вдруг запротестовали против занятия австрийцами Боснии и Герцеговины, а Болгарию, заявили они, желают видеть единой. То есть отказались соблюдать официально заключенный меж двумя державами договор, что выглядит, мягко говоря, не вполне этично.

«Позвольте! – в совершеннейшем изумлении возопили австрияки, как любой на их месте. – Вы ж сами в Будапеште конвенцию подписывали!»

На что русские не моргнув глазом отвечали: они обязаны заботиться о братьях-славянах...

Интересно, какие бы громы и молнии метали у *нас*, если бы в роли нарушителя международных договоров оказалась Австрия?

В общем, история получилась грязная. Боснию и Герцеговину австрийцы все же заняли, но на Россию за такие фокусы разобиделись прочно и надолго. Именно тогда и началось сближение Вены с Берлином, которого вполне можно было избежать, будь наши дипломаты горчаковской школы честнее и умнее.

Буквально в последний момент мне под руку попалась книга, в которой очередной восхвалитель маразматика Горчакова ухитрился все же найти в его «работе» на Берлинском конгрессе и положительный момент: Горчаков, изволите ли видеть, «добился того, что союзником России стала Румыния».

Вот тут уж, братцы, нет слов. Это, конечно, великое достижение – добиться, чтобы Румыния стала нашим союзником. Тот, кто помнит историю, согласится: с таким союзником никакие враги не нужны...

Ох, не зря В. С. Пикуль благоразумно оборвал роман о Горчакове буквально на полуслове, ни разу не упомянув о Берлинском конгрессе. Правду писать определенно не хотелось – не вписывалась в творческую концепцию. А лгать Валентин Савич не стал, не тот человек был.

К сожалению, до сих пор миф о «великом дипломате» Горчакове всплывает там и сям. А это печально. Следовало бы воскликнуть вслед за героем пьесы Шварца: «Тень, знай свое место!» Мало того, что *реальный* Горчаков был пустой, самовлюбленной бездарью, ничего путного не сделавшей для России – он еще и немало сделал, чтобы укрепить сыгравшие роковую роль для России мифы: о «братьях-славянах» и о «злокозненной немчуре», которой Россия должна противостоять с помощью Англии и Франции...

Но самое зловещее – это то, что начиная с определенного момента германофобия и панславизм перестали быть стыдной болезнью исключительно штатских людей. Она начала заражать и тех, кто носил золотые эполеты.

И над страной после нескольких десятилетий забвения вновь замаячили распространявшие холод тени персонажей Гвардейского столетия...

Да какие там тени – они были из плоти и крови!

6. Всадник на бледном коне

Николай I, стремившийся превратить страну чуть ли не в исправно тикающий часовой механизм, возможно, в чем-то и перехлестывал (ошибается лишь тот, кто ничего не делает!). Но вот что касаемо господ военных, император своей цели достиг: за период его тридцатилетнего царствования генералы и офицеры накрепко усвоили: с бунтарскими традициями Гвардейского столетия при *этом* императоре придется расстаться. Обладатели пышных эполет при Николае и в мыслях не держали проявлять какое бы то ни было самовольство, изображать из себя самостоятельные фигуры, «суждения иметь». Не говоря уж о попытках совершить переворот. 14 декабря 1825 года многим вправило мозги. И военные прекрасно заняли свое место.

После смерти Николая подули новые ветры и появились новые люди, воспитанные уже другим временем. В год смерти императора будущему генералу от инфантерии (то есть полному генералу) Михаилу Дмитриевичу Скобелеву исполнилось всего двенадцать лет. Как личность он формировался уже при другом царствовании.

Семья не могла похвастаться знатностью рода, но была, если можно так выразиться, незаурядной. Прадед Михаила, отставной сержант Никита Скобелев, именуется «крестьянином-однодворцем», а это термин достаточно расплывчатый: оный Никита мог быть и вольным крестьянином, и захудалым дворянином, настолько убогим, что давным-давно *выпал* из всех родословных книг (такое случалось, и не только в России).

Как бы там ни было, его сын Иван в начале XIX столетия начал с самых что ни на есть армейских низов, а стал генералом от инфантерии, комендантом Петропавловской крепости. Его сын Дмитрий генеральских эполет не обрел, но, смело можно сказать, взлетел еще выше – служил в лейб-гвардии Кавалергардском полку (элита элиты, полк номер один российской гвардии), состоял одно время в свите императрицы, откуда попросился добровольцем на Крымскую войну.

В стране (я говорю уже о царствовании Александра II) прямо-таки *буйствовали* реформы – половинчатые, непоследовательные. Власти шарахались из крайности в крайность: то всерьез собирались объявить конституцию и созвать подобие парламента, то закручивали гайки так, что железо хрустело. Как грибы после дождя плодились вольнодумцы, нигилисты, революционеры всех мастей, расцветок и направлений. Не исключено, что выросший в этой шалой, суматошной атмосфере, где абсолютно все было зыбким, непонятным, готовым измениться, юный Мишенька Скобелев вдруг решительно нарушил семейные традиции, поступив в Петербургский университет на факультет математики.

Впрочем, довольно быстро он передумал и написал прошение императору о зачислении его юнкером в Кавалергардский полк. Император наложил утвердительную резолюцию: юноша не со стороны пришел, внук генерала, сын кавалергарда...

Дальнейшая биография внушает уважение: за 19 лет военной карьеры Скобелев участвовал в 70 сражениях: против польских повстанцев, против турок. Участвовал во взятии Хивы и Коканда, а также Геок-Тепе – центра туркменского сопротивления. За эти годы из поручика стал полным генералом, получил множество наград.

Но *одно* это еще нельзя считать полной и законченной характеристикой человека как положительного героя. Нравится это кому-то или нет, но факты вещь упрямая: ефрейтор баварских стрелков Адольф Гитлер не писарчуком в штабе отсиживался, а был на войне связным – то есть человеком, обязанным что ни день нырять в самое пекло. И вполне заслуженно получил Железный крест не только 2-й степени, но и 1-й (хотя солдатам и даже унтер-офицерам в германской армии первую степень давали крайне редко и неохотно, в случае вовсе уж выдающихся заслуг). Это говорит лишь о том, что молодой Гитлер был храбрым – и не более того...

Михаила Скобелева в России называли «белым генералом» за тщательно продуманный внешний облик: белоснежный китель, белая фуражка, белый конь. В стране он пользовался популярностью прямо-таки невероятной: олицетворение воинской доблести и славы.

Что до характера... Честолюбец высшей марки. Русский историк написал о нем примечательные строки: «Скобелева не любили генералы, мало любили офицеры и очень любили солдаты. Сам он никого не любил и никого не боялся».

Один из придворных называл Скобелева опасным сумасшедшим, который может наделать много бед, если обстоятельства были бы ему благоприятны. Другой, бывший, министр выражался еще яснее: «Это мог быть роковой для России человек – умный, хитрый и отважный до безумия, но совершенно без убеждений».

Оказывается, у генерала давным-давно сложилась репутация человека, который не хочет быть *обычным* военным и претендует на нечто большее – откровенно «глядит в Наполеоны». И вполне серьезно берется решать судьбы страны – теми способами, на которые, собственно говоря, «простой» генерал не имеет права, поскольку на казенном языке это именуется военным переворотом...

Начнем с того, что Скобелев (Аллах ведает почему) был ярым ненавистником Германии. И водил дружбу с публикой того же идеологического направления: тем самым Аксаковым, одним из лидеров панславизма, а также германофобом номер один России М. Н. Катковым, издателем официоза «Московские ведомости». Речи, с которыми Скобелев выступал перед избранными, ему помогал писать дипломат Игнатьев, тоже убежденный сторонник антигерманского курса.

Одним словом, откровенно и недвусмысленно сколачивался *блок* из штатских и военных – причем речь шла не об отставниках, тихо брюзжащих на покое, а о людях состоящих на службе, весьма даже влиятельных.

Тогда еще не существовало слова «пиар», но пиарить себя «белый генерал» умел качественно. Близко и хорошо его знавший барон Н. Врангель (отец одного из лидеров белогвардейцев) оставил интересные воспоминания: «В быстрой славе Скобелева играла значительную роль и та шумиха, на которую он был великий мастер. Для рекламы он ничего не жалел». (Вот слово «реклама» уже было тогда прекрасно известно и уже использовалось применительно не к одной коммерции.)

Качества «пиарщика» Скобелев проявил еще в начале военной карьеры, свежеиспеченным поручиком воюя против поляков: «Не прошло и полгода, когда все о нем заговорили как о герое даже не будущем, а уже настоящем. Как он этого добился, уже не знаю, но знаю, что причин к этому тогда еще никаких не было» (Врангель).

Перед отъездом на балканский театр военных действий Скобелев заказал типографщикам целый ворох клише – собственные изображения в разных живописных позах.

– Для твоей будущей биографии, Бонапарт? – поинтересовался увидевший эти клише барон Врангель.

Скобелев усмехнулся:

– Нет, для мыла, духов и шоколада...

Именно так и обстояло: «изображения в живописных позах» украсили папиросные коробки, обертки мыла, плитки шоколада. Что способствовало еще большей его популярности. Врангель писал: «Самолюбие у него было необычайное, и "хотеть" он умел, а стать великим было его мечтой чуть ли не с самого детства».

По достоверным данным, в компании подчиненных ему офицеров Скобелев не раз говорил о «ненормальности положения», при котором страной правит «немецкая династия» – и о том, что вполне возможно военной силой арестовать царя и заставить его подписать конституцию.

Одним словом, в России вновь стали возрождаться, казалось бы, старательно искорененные Николаем замашки прошлого, когда историю переписывали штыками... Анархист-эмигрант князь Кропоткин в своих воспоминаниях воспроизвел распространенный слух: «Когда Александр III вступил на престол и не решался созвать земских выборных, Скобелев предлагал даже Лорис-Меликову и графу Игнатьеву арестовать Александра III и заставить его подписать манифест о конституции».

Сплетни и клевета? Не похоже. Барон Врангель вспоминал, что Александра III Скобелев «презирал и ненавидел». И планы у него были наполеоновские – отнюдь не по чину. П. А. Валуев, в свое время занимавший разные министерские посты, записал в своем дневнике одно из высказываний Скобелева в узком кругу: генерал считал, что война с Германией способна «поправить наше экономическое и политическое положение. Даже династический вопрос».

От последней фразы веет вовсе уж жуткой многозначительностью... Какими методами русские гвардейцы решали «династический вопрос», известно прекрасно.

По крайней мере сам Скобелев выражался недвусмысленно: «Правительство отжило свой век, но, бессильное извне, оно также бессильно и внутри. Что может его низвергнуть? Конституционалисты? Они слишком слабы. Революционеры? Они также не имеют корней в широких массах. В России есть только одна организованная сила – армия, и в ее руках судьба России. Но армия не может подняться только как масса, а на это ее может двинуть лишь такая личность, которая известна каждому солдату, которая окружена славой сверхгероя. Но одной популярности мало, нужен лозунг, понятный не только в армии, но и широким массам. Таким лозунгом может быть только провозглашение войны немцам и объединение славян. Этот лозунг сделает популярной войну в обществе».

Другими словами, ради удовлетворения собственных амбиций «белый генерал» вполне серьезно собирался втянуть Россию в общеевропейскую бойню: смешно думать, что война ограничилась бы схваткой меж Россией и Германией – «объединение славян» неминуемо затрагивало интересы и Австро-Венгрии, и Турции, да и Англия с Францией, обеспокоенные усилением России, не остались бы наблюдателями... Не говоря уж о том, что вопросы, которые обсуждал Скобелев, мягко говоря, не входили в компетенцию командира корпуса – одного из многочисленных корпусов российской армии. Генерал откровенно зарывался...

И откровенно наглел. Когда его, обеспокоившись такой самодеятельностью, хотели отстранить от командования корпусом (располагавшимся на границе с Австрией, так что кто знает, что способен выкинуть новый Бонапарт) Скобелев говорил тому самому Лорис-Меликову, бывшему министру Александра II: «Я не сдам корпуса – а там все млеют, смотря на меня, и пойдут за мною всюду. Я ему (Александру III. – *А. Б.*) устрою так, что если он придет смотреть 4-й корпус, то на его "здорово, ребята!" будет ответом гробовое молчание. Я готов на всякие жертвы...»

Вскоре у генерала Дохтурова, в Петербурге, собралась большая компания – военные в немалых чинах. Говорили о многом, в конце концов настойчиво стали толковать о том, что «самодержавие роет себе могилу». Когда все разошлись, в беседе с хозяином Скобелев, имея в виду российскую монархию, высказался вовсе уж недвусмысленно:

– А все-таки в конце концов вся их лавочка полетит вверх тормашками.

– Полетит, полетит, – ответил Дохтуров (оставивший воспоминания об этой беседе). – Но радоваться этому едва ли приходится. Что мы с тобой полетим с ними, еще полбеды, а того и смотри Россия полетит...

– Вздор, – прервал Скобелев. – Династии меняются или исчезают, а нации бессмертны...

Все это ни в коей степени не было пустой болтовней. Во-первых, Скобелев старательно сколачивал *партию* (не в нынешнем сугубо политическом смысле, а на тогдашний манер – группу влиятельных единомышленников). Во-вторых, генерал не разражался от случая к случаю решительными речами, а планомерно разрабатывал серьезную программу: сначала – разгром Австро-Венгрии, угнетающей «братьев-славян», потом – «священная» война с Германией (по Скобелеву, конечно же, победоносная), и наконец – решение вопросов с Балканами. То есть то самое объединение всех славян под российским скипетром. Чтобы заручиться если не дружбой, то хотя бы нейтралитетом Англии, Скобелев предлагал отдать ей Среднюю Азию: «Всю Среднюю Азию можно было бы отдать за серьезный и прибыльный союз с Англией».

Невооруженным глазом видно, что эти планы, претворись они в реальность, обещали России нешуточные хлопоты: с одной стороны, при их реализации Россия получала вожделенные Босфор и Дарданеллы, но с другой – русско-английская граница (а значит, и английские войска) образовалась бы самую чуточку южнее Оренбурга, откуда чрезвычайно удобно было бы нанести удар, разрезающий Россию пополам. Ну не стратег Скобелев, не стратег! Рубака и лихой наездник, и не более того. Совершенно не думал о том, что владение Балканами и проливами ничем не поможет в случае наступления англичан от Оренбурга. И о том, что те же англичане, «обменяв» проливы на Среднюю Азию продолжали бы «запирать» Средиземное море, тоже не думал...

Именно тогда, в 1881 году, вокруг Скобелева начинают откровенно группироваться все недовольные продолжающимся курсом на мирные и добрососедские отношения с Германией. Именно тогда и начинают распространяться слухи о задуманном Скобелевым военном перевороте – упорные, неутихающие, повсеместные...

А Скобелев подливает масла в огонь. 12 января 1882 года, в первую годовщину взятия Геок-Тепе, на обеде, где собрались ветераны туркменской кампании (не рядовые и не унтер-офицеры, понятно) Скобелев выступает с хорошо подготовленной, определенно программной речью. Обрушивается на Германию и Австро-Венгрию как «нарушителей международного права и гонителей славянства». А также на отечественных «врагов народа», которые «потакают славянской травле» в силу своего иноплеменного происхождения (прямо об этом не говорилось, но критические стрелы были направлены в сторону российских немцев).

В кулуарах генерал выражался еще откровеннее: «Раз навсегда поставить на своем знамени "Россию для русских" и высоко поднять это знамя». Пикантная деталь: в авангарде наступающей на Германию армии, по Скобелеву, должны были двинуться не только казаки, но и туркмены, киргизы, кавказские горцы, среднеазиаты – «люд средней Азии, который с Аттилой и Тамерланом во главе еще памятен Западной Европе».

На этот раз скандал был нешуточный. Можно себе представить, что думали в соответствующих столицах тех государств, которые Скобелев наметил к разбитию, и как эти мысли отражались на отношении к России. Вообще, дело оборачивалось какой-то жутковатой стороной: «обычный» генерал, пусть даже невероятно популярный в стране, во всеуслышание призывает развернуть на сто восемьдесят градусов внешнюю политику Российской империи, да вдобавок учинить грандиозную перекройку государственных границ Европы... Не говоря уж о войне, опять-таки грозящей обернуться всеевропейской.

Войне, которая интересам России абсолютно противоречила. Еще и оттого, что Германия никаких таких славян не угнетала вовсе – разве что в ее владении находилась часть территории Польши. Россия и со своими-то поляками не знала, что делать – а если вдобавок отобрать у Германии еще и «тамошних», головная боль становилась бы вовсе уж невыносимой...

Скобелев заигрался. Александр III его пока что в отставку не отправил, но «высочайше рекомендовал» на некоторое время удалиться из столицы. И, должно быть, для того чтобы сгладить напряжение и «навести мосты», пригласил генерала на обед во дворец.

Скобелев демонстративно отказался от приглашения – и удалиться-то из Петербурга удалился, но не в родовое имение Спасское, как следовало бы ожидать, а прямехонько в Париж.

В Париже он с ходу окунулся в самую активную деятельность, не имевшую ничего общего с осмотром городских достопримечательностей, посещением лучших ресторанов и тех дам, про которых в приличном обществе вслух не говорят. Ничего подобного.

Сначала он пытался добиться встречи с обитавшим в Париже революционером П. П. Лавровым, теоретиком движения народников. Но тот от встречи уклонился, передав, что «с генералом Скобелевым ему говорить не о чем». Скорее всего, Лавров, давненько уже пребывая за пределами России, плохо знал тамошние настроения, взгляды Скобелева и его планы. А может, попросту испугался: как-никак царский генерал, сатрап! Еще прибьет, чего доброго...

Однако, что примечательно, почти в то же самое время в России иные единомышленники Лаврова вели себя совершенно иначе. Член «военного крыла» организации «Народная воля» майор Тихоцкий пришел к видному военному Драгомирову, начальнику Николаевской Академии Генерального штаба (и одному из ближайших единомышленников Скобелева) и вел какие-то крайне интересные и откровенные беседы на предмет возможного сотрудничества народовольцев и высших военных кругов... По заверениям одного из друзей и сподвижников Тихоцкого, Драгомиров тогда высказался вполне определенно: «Что же, господа! Если вы будете иметь успех – я ваш!»

В общем, если свести разрозненные данные в одно целое, не подлежит сомнению: начинала формироваться не то что партия – *хунта*. Почти не скрывавшая ни своих намерений, ни направлений ударов... Призрак Гвардейского столетия начинал понемногу обрастать плотью и кровью.

А Скобелев в Париже не унимался. Ему организовали выступление перед сербскими и болгарскими студентами. Пришли и те французские журналисты, что мечтали о войне с Германией и сближении ради этого с Россией. Скобелев, уже не стесняясь в выражениях, на чем свет стоит поносил российскую внешнюю политику добрососедских отношений с Германией. И целей своих не скрывал: война с тевтонами до победного конца! Объединение всех славян с Россией во главе!

И усердно искал «внутренних врагов». Ясно и доступно объяснил восторженным слушателям, почему Россия до сих пор уклонялась от решительной помощи «братьям-славянам»: всему, мол, виной «иностранное влияние».

«У себя мы не у себя! Да! Чужеземец проник всюду! Во всем его рука! Он одурачивает нас своей политикой, мы жертвы его интриг, рабы его могущества... рано или поздно мы освободимся от него — на что я надеюсь — мы сможем сделать это не иначе как с оружием в руках!»

Речь, разумеется, шла опять-таки о немцах — а заодно об одураченных ими врагах народа из истинно русских, преступно уклонявшихся от борьбы за святое дело объединения славянства.

На сей раз *бабахнул* уже общеевропейский скандал. Газеты Германии и Австрии, главных заинтересованных лиц, целых несколько *месяцев* поминали это выступление, и их можно понять — в истерике бился не какой-нибудь штатский панславист, а популярнейший в России генерал (не отставной!).

По единодушным отзывам современников, немногие верили и во Франции, и в Германии, что Скобелев говорил исключительно от своего лица. Европа, со *своим* гвардейским своеволием покончившая давненько, попросту не могла взять в толк, что не уполномоченный своим правительством генерал может *так* рассуждать о высшей политике...

Правда, германский канцлер Бисмарк, не один год проживший в России, выучивший русский, в отличие от многих других, прекрасно понимал, что такое исконно российский бардак. И высказался желчно: «Если Скобелев говорил только от себя, без разрешения — то этот инцидент очень интересен с симптоматической точки зрения, для характеристики состояния дисциплины в русской армии».

В общем, скандал получился грандиозный. Настолько шумный, что Скобелев начал *вилять* и писать друзьям в Петербург: «Что сказать вам про приписываемую мне речь сербским студентам. Ее я, собственно, не произносил. Пришла ко мне сербская молодежь на квартиру, говорили по душе, не для печати».

Однако все сказанное генералом опубликовала крупная газета «Франс», и Скобелев претензий к журналистам не выдвигал: «В конце концов, все там сказанное – сущая правда».

Между прочим, И. С. Тургенев, относившийся к Скобелеву без особого восторга, сразу после скобелевской речи написал из Парижа одному из друзей: «Скобелев оказался таким же безмозглым, как Карл XII, на которого он физически очень похож. А между тем его как будто поддерживают в наших высших сферах – и тем еще усугубляют царствующий там сумбур. Аминь, аминь, говорю Вам».

Дело в том, что Тургенев, как мы увидим позже, относился к французам опять-таки без всякой восторженности и никак не принадлежал к тем в России, кто стремился к союзу с Францией...

Скандал, одним словом, разгорелся. Мемуарных свидетельств вроде бы нет, но можно без малейшей натяжки догадаться, что меж собой в узком кругу российские дипломаты костерили Скобелева последними словами. Ясно понимали, как им теперь придется из кожи вон лезть, чтобы сгладить ситуацию. Ведь легко себе представить, какая буря поднялась бы в России, выступи перед рижскими студентами какой-нибудь германский генерал действительной службы фон дер Швайне и заяви он во всеуслышание, что Германия должна незамедлительно разгромить Россию, отобрать у нее населенную немцами Прибалтику, а также другие русские территории, где обитают немцы, вроде Поволжья...

Александр III велел Скобелеву немедленно вернуться в Россию – причем, во избежание дальнейших скандалов, объехать Берлин стороной. Плохо он знал Скобелева! Получив телеграмму монарха, генерал демонстративно заехал именно в Берлин, пообщаться с другом и единомышленником художником Верещагиным. Немцы – народ законопослушный, и пребывание Скобелева в их столице прошло без эксцессов...

В Петербурге военный министр для начала объявил Скобелеву выговор, но, что характерно, устно, без занесения в официальные бумаги. Вслед за тем последовала аудиенция у императора.

Скобелев в кабинет царя зашел не без тревоги, но дело и тут обошлось – генерал вышел «веселый и довольный», хотя и говорил потом, что государь «задал ему порядочную головомойку». Беседа с глазу на глаз длилась два часа, и все историки сходятся на том, что не мог император распекать строптивого генерала столько времени...

Скобелев остался в армии, на прежней должности командира корпуса. Правда, Александр III отклонил просьбу болгар отпустить генерала к ним на пост военного министра. Вероятнее всего, царь опасался, что Скобелев может на таком посту и в таком месте наломать столько дров, что вся российская дипломатия уже не поправит дела...

Генерал уехал в Белоруссию на маневры своего корпуса – и там вновь убедился в своей негаснущей популярности: толпы на улицах, торжественные встречи и молебны...

Вновь вернувшись в Москву, он неожиданно начинает хандрить, вслух бросая фразы вроде: «Я знаю, мне не позволят жить».

И вот тут-то начинается нечто загадочное, явственно отдающее мистикой. Генерал начинает вести себя как человек, заранее знающий дату своей смерти – или, по крайней мере, то, что она совсем рядом, «при дверях»...

Сорокадевятилетний Скобелев составляет завещание, по которому его родовое имение Спасское в случае его смерти отдается в распоряжение инвалидов последних войн. Распродает практически все имущество: недвижимость, золото, ценные бумаги. Набирается круглая сумма в миллион рублей, которую генерал передает своему управляющему (что Скобелев собирался с этими нешуточными деньгами делать, так и осталось неизвестным). А в обширной почте генерала появляются анонимные письма с угрозами – так и останется загадкой, кто именно их отправлял и по каким причинам сердился на Скобелева.

24 июня Скобелев принес Аксакову связку своих бумаг и отдал на сохранение, заявив: «В последнее время я стал подозрительным... Я всюду вижу грозу».

На другой день, к вечеру, генерал отправился в ресторан «Англия» в Столешниковом переулке. За столом сидел один, был мрачен. В соседнем кабинете веселилась компания, звучали и тосты в честь Скобелева; в конце концов оттуда вышел оставшийся неизвестным мужчина и поднес генералу бокал шампанского. Тот принял и выпил. После чего отправился «в номера» с некой Вандой, так называемой кокоткой, или, по сегодняшней терминологии, элитной проституткой.

Там он и умер посреди ночи. Вскрытие определило паралич сердца и легких.

Разумеется, тут же поползли слухи, что надежу-генерала злодейски отравили немецкие агенты – и, мало того, вдобавок выкрали из Спасского план войны, который Скобелев разработал против Германии.

Второе – просто дурацкая сказочка. Первое тоже вряд ли соответствует истине, кого бы молва ни называла в качестве виновника: канцлера Германии Бисмарка или русские дворцовые круги (имела хождение и такая версия).

Во-первых, агент с пузырьком яда в кармане – совершенно не в стиле Бисмарка. «Железный канцлер» в политике не брезговал самыми грязными методами, но в политических убийствах его ни разу не обвиняли и заклятые враги. И потом, Бисмарк и яд категорически не сочетаются. Как не сочетается «яд в шампанском» и с предположением, что Скобелева убрали *свои*. У всякой эпохи есть некий общий стиль решительно во всем. Яд в бокале – это скорее привычная деталь XVIII века – в конце XIX века подобной старомодной романтикой уже практически не баловались.

Речь, таким образом, идет о естественной смерти. Скобелев изрядно подточил здоровье тем, что его биографы деликатно именуют «многочисленными кутежами». А непосредственно перед сердечным приступом, любой кардиолог подтвердит, порой у больного наблюдается некоторое расстройство психики – возможно, отсюда и берут начало иные фразы и поступки Скобелева, отдающие манией преследования.

И наконец... Германию выпады Скобелева, конечно же, чертовски разозлили, но там должны были прекрасно отдавать себе отчет, что означенный генерал – чересчур *мелкая* фигура для того, чтобы развязать большую войну.

Кстати, именно по этим соображениям и российский самодержец, и его ближайшее окружение должны были не особенно опасаться слухов о грядущем скобелевском перевороте.

Это при Александре II подобное могло и *прокатить* – по крайней мере, могла быть предпринята попытка. При Александре III генерал, даже популярнейший, болтавший о перевороте и свержении династии, выглядел уже не грозно, а скорее смешно.

Александр III был суров и крут, не в пример своему отцу. Едва взойдя на престол, он быстро навел порядок. Революционеры засучили ножонками на виселице и зазвенели кандалами по большому Сибирскому тракту – а уцелевшие забились по углам и на протяжении всего царствования Александра сидели тихонько, как мышки. Точно так же и образованные господа из высшего общества, для которых либерализм был не более чем модой, при новом императоре моментально перестали дурковать и отныне вольнодумствовали только мысленно, начисто позабыв про то, как они еще недавно витийствовали о конституции и реформах, превосходящих даже французские. Перестали *умничать* и военные. С одной стороны, Александр III, подобно Скобелеву, немцев не любил так страстно, что в этом просматривается, право же, нечто патологическое. С другой – он четко и недвусмысленно взял курс на мир и воевать не собирался с кем бы то ни было, уж тем более ради химерической идеи объединения и вызволения славянских братьев. Известно его высказывание: «У России нет друзей, кроме ее армии и флота».

В *этих* условиях никакой переворот был невозможен. Еще и оттого, что 1882 год – не 1825-й. А впрочем, и в двадцать пятом получилась уже бледная пародия на гвардейские мятежи XVIII столетия. Это тогда достаточно было роты преображенцев и пары-тройки офицеров со шпагами наголо, чтобы на троне сменился монарх. В конце XIX века любой переворот мог иметь успех только в том случае, если его устроит большинство элиты – как, кстати, и произошло в феврале 17-го. Скобелев, даже в компании нескольких единомышленников в немалых штатских и военных чинах, ничего бы не добился. *Мечтать-то* он мог (и, судя по всему, не раз мечтал), но что до реальности... Нашлось бы слишком много обладателей еще более пышных эполет, которые неминуемо взревели бы некормлеными медведями: «Чего-о? Мишку Скобелева, крестьянского внука – в Бонапарты? А луну с неба ему не надобно?», и можно не сомневаться, что это скопище родовитых, знатных, высокопоставленных людей стеной встало бы на пути наполеоновских планов «белого генерала».

Одним словом, со смертью Скобелева все как-то устаканилось. Погоревали и забыли. В проигрыше оказалась одна только незадачливая Ванда, старательно объяснявшая всем и каждому, что не виноватая она, генерал сам пришел... Столичные остряки быстренько приклеили ей кличку «Могила Скобелева», и ущерб для профессиональной карьеры бедной девушки получился нешуточный.

А если серьезно, оказалось, что призрак Гвардейского столетия, на краткий миг воплотившийся в облике Скобелева, и в самом деле оказался не более чем призраком. В течение следующих тринадцати лет, вплоть до смерти в 1894 г. Александра III, притихли и генералы, уже не пытавшиеся своевольничать на скобелевский манер, и панслависты, твердо уяснившие, что никакой войны за освобождение «братушек» император развязывать не собирается.

Это были *последние* спокойные годы в истории царской России. В 1894-м, с восшествием на престол Николая II, вновь оживут тени и призраки, мифы станут наливаться плотью и кровью уже *всерьез.* Пышным цветом расцветет стремление той части военных, что заслуженно именуется «военщиной», играть самостоятельную роль и заправлять всем, чем только возможно. Укрепится панславизм, вновь начнутся истерические вопли о священной войне с тевтонами и басурманами ради освобождения стенающих славянских братьев – и станут надрывать глотки штатские и военные мечтатели, требующие овладеть Босфором и Дарданеллами, водрузить крест на Святой Софии...

А что же, собственно говоря, представляли собой эти самые славянские братья, действительно ли они стенали под игом, и хотели ли они слиться с Россией в единую славянскую супердержаву, где им, будем реалистами, отводилась бы подчиненная роль?

Давайте познакомимся с ними поближе. Давайте посмотрим на них трезвым, отстраненным, холодным взглядом исследователя, не замутненным романтическими сказками и цветистыми мифами.

И обнаружится немало интересного, более того, находящегося в решительном противоречии с той виртуальной реальностью, что родилась исключительно в мозгах наших панславистов...

Глава третья

ПУТЕВОДИТЕЛЬ ПО «БРАТСКИМ ЗЕМЛЯМ»

1. «Чертовы ляхи»

Начнем с поляков – ближайших соседей России. Увы, самим своим существованием они всегда представляли для панславистов досаднейшее недоразумение. Поскольку поляки – несомненные, патентованные славяне – ну никак не вписывались в красивую теорию о тотальном объединении славян. Не проявляли ни малейшего желания сливаться в экстазе с будущей «славянской федерацией». Это было настолько очевидно, что даже самые упертые славянофилы не пытались сделать вид, будто верят, что поляков удастся добровольно к этой федерации присовокупить. Не требующим лишних подтверждений фактом было: поляки русских не любят. Прямо-таки категорически.

Вообще, мало с кем русские резались на протяжении многих веков так ожесточенно и упорно, как с поляками. Различием в религии эту ожесточенность ни за что не объяснить: как-никак по соседству обитали и турки-мусульмане, и немцы-католики, и шведы-протестанты. Со всеми наши предки в то или иное время увлеченно хлестались, то редко, то часто – но польско-русская вражда все же представляет собой нечто особенное.

Суть проста. Сплошь и рядом государству и народу крайне необходим *супостат* – какой-то конкретный сосед или страна, которую делают «историческим врагом» и олицетворением всевозможных пороков. И тенденция это прямо-таки всеобщая. Между прочим, игра вовсе не шла в одни ворота: поляки столь же старательно выбрали своим супостатом Россию – и большей частью на нее списывали все свои неурядицы, неудачи и поражения. Так проще. И гораздо удобнее. Не нужно искать причины невзгод в самих себе, достаточно привычно напомнить о «кознях супостата» – и все вроде бы ясно.

Русские, к примеру, обвиняли поляков в поддержке первого самозванца в Смутное время – хотя войско Лжедмитрия Первого составили вовсе не поляки, а главным образом белорусы («литвины») и всевозможные казаки. Собственно поляки вступили в игру уже на втором этапе Смуты – а до того польский король прямо запрещал своим подданным участвовать в русской заварушке (на каковое запрещение подданные дружно чихали, поскольку королевская власть была чисто номинальной, и выполнять указы своего короля в Польше считалось прямо-таки дурным тоном).

С другой стороны, поляки винили во всех своих бедах не себя, а Россию. Которая-де злокозненным образом изничтожила польскую независимость – хотя к краху польское государство привел в первую очередь тот бардак, который сами поляки старательно поддерживали не одну сотню лет.

Точно так же обстоит и с 1939 годом. Поляки предпочитают не вспоминать, что поначалу весьма даже рассчитывали в союзе с Гитлером разгромить и поделить СССР – вот только Гитлер решил, что такие союзники ему совершенно ни к чему и гораздо проще будет не делиться с ними, а самих завоевать...

Кстати, совсем недавно вышли на русском языке прелюбопытнейшие мемуары бывшего польского офицера Стефана Газелла. И означенный Стефан подробно вспоминает, как в начале 30-х годов нелегально пробирался в СССР, чтобы раздобыть сведения о новом типе советской рации. И раздобыл, попутно убив без всяких церемоний красноармейца – не вовремя на дороге оказался, а у диверсантов приказ, они люди дисциплинированные...

А в общем в русско-польской затянувшейся вражде бессмысленно искать правого и виноватого – как невозможно теперь определить, кто же первым развязал многовековую вражду между англичанами и шотландцами или французами и испанцами. Супостатов испокон веков выбирали себе все до единого: французы эту роль отводили немцам, чехи – австрийцам, турки – персам. Даже сибирские эвенки, безобидный кочевой народец, давным-давно тоже *назначили* себе супостата. Якута. Существует большой пласт эвенкийского фольклора, где подробно расписывается, как пронырливый, жадный, коварный якут, стяжатель и проныра, обманщик и интриган, тем только и занят, что обводит вокруг пальца добрых, простодушных, живущих в гармонии с природой эвенков. Выполняет практически те же функции, что злой жидомасон в национал-патриотической мифологии великороссов. Тенденция, однако. Даже далекие от городской цивилизации почти первобытные народы самостоятельно доходят до мысли отыскать среди соседей супостата...

А впрочем, мы отклонились от темы. Так вот, существование поляков, их стойкая нелюбовь к России давали повод задать панславистам ехидный вопрос: если не получается наладить более-менее добросердечные отношения со славянами, живущими не за тридевять земель, а тут же, за березнячком, не означает ли это, что со славянами *отдаленными*, столетиями обитавшими вдали от России и никак с ней не связанными, все пройдет гладко?

Насколько мне известно, этот вопрос панславистам никто вроде бы не задавал. А жаль. Следовало бы, еще как следовало. Глядишь, и поубавилось бы оптимизма...

2. Чехи и словаки

Обычно и тех и других принято скопом относить к числу «угнетавшихся Австрийской империей». А это не вполне соответствует истине. Дело в том, что Австро-Венгерская империя делилась на две четко выраженные части, соответственно австрийскую и венгерскую. Чехи были «подотчетны» Австрии, а словаки – Венгрии. И словакам под властью мадьяр действительно приходилось несладко. В некоторых областях доходило до того, что словаки по причине жутчайшей нищеты обитали в пещерах. Не зря же в 1848 году (я об этом вспоминал не раз и буду повторять снова, если понадобится) все подвластные Вене славянские народы дружно выступили на стороне императора против взбунтовавшихся мадьяр (православные румыны, впрочем, тоже, хоть и не славяне – мадьяры всех достали).

Чехам жилось «под австрийцем» не в пример вольготнее – благо «притеснения» были чисто символическими: вроде обязанности для чехов-депутатов имперского парламента выступать в его стенах исключительно на немецком, а не на родном языке. А в остальном – вполне нормальная жизнь. И в армии чехи до генералов дослуживались, и в качестве чиновников немалых постов достигали, и орденами их не обходили.

Вот, кстати, об армии. Представления об австро-венгерской армии мы черпаем в основном из одного-единственного источника – «Похождений бравого солдата Швейка» Ярослава Гашека. Роман, бесспорно, талантливый, но в качестве пособия по изучению истории служить никак не может. Вот, скажем, одна из сцен: герои романа, Швейк с приятелями, сидят в полковой канцелярии и болтают, естественно, на родном языке. В дверь просовывается какое-то австрийское мурло и громогласно возмущается: мол, что за бардак? Стоит ему за дверь выйти, как начинается тарахтенье на чертовом славянском наречии...

Реальный австрийский офицер просто не мог так себя вести. Немецкий язык в имперской армии был «официальным» – на нем отдавались приказы в строю, на нем велась вся документация. Но кроме «официального» языка существовал еще и «полковой». Проще говоря, если в полку, скажем, большинство составляли чехи, то вне строя использовался исключительно чешский – и офицеры с унтер-офицерами, будь они чистокровнейшие немцы, *обязаны* были его знать. Полковых языков могло быть и два, и даже три – все зависело от национального состава части. Если в полку поровну чехов, поляков и закарпатских русинов – господа офицеры вкупе с унтерами, извольте владеть в совершенстве тремя языками, иначе получится неполное служебное соответствие...

Нельзя отрицать, что чехи испытывали к России определенную симпатию – но не более того. По их твердому убеждению, Россия должна была в первую очередь помочь им добиться независимости, а дальше они уж сами как-нибудь справятся, без всякой всеславянской федерации.

Во исполнение этого плана чехи во время Первой мировой сдавались в плен русским рядами и колоннами. Лично у меня это вызывает крайне двойственные чувства. С одной стороны, это вроде бы приятно – когда из рядов клятой австрийской армии массами перебегают братья-славяне. С другой... Есть в такой вот массовой сдаче, положа руку на сердце, что-то... Не знаю, как и выразиться, какие слова подобрать. Что-то неправильное и явственно попахивающее неблагородством.

Как-никак жизнь чехов в качестве подданных Австрийской империи вовсе не была беспросветным ужасом. Нормальная была жизнь, не считая мелких бытовых неудобств. И присягу чехи приносили по всем правилам. И абсолютно все права и привилегии австрийского военнослужащего и на них в полном объеме распространялись. Так что, как ни крути, а чехи... В общем, попахивает не самым благородным ароматом. Особенно если вспомнить, что все прочие славянские народности, призванные в ряды австрийской армии, не проявляли ничего даже отдаленно похожего на более-менее массовую сдачу в плен. И хорваты, и словенцы, и боснийцы исправно воевали под черно-желтым австрийским знаменем, к русским перебегали единицы. А ведь такие же «угнетенные» славяне (казалось бы...) Такие, да чуточку не такие.

В общем, чехи – народ *своеобразный*. Мягко говоря. Собравшись на русской стороне в чехословацкие легионы, они как-то не особенно рвались воевать с недавними «поработителями», наоборот, откровенно уклонялись и копили силы: легионы предназначались в первую очередь для борьбы за незалежную Чехословакию, а не для помощи русским против австрияков.

В конце концов Верховное командование Антанты решило использовать эти легионы на Западном фронте – но чехословаки и туда не спешили. Вместо этого они подняли мятеж, оккупировали большую часть сибирской территории и начали, деликатно выражаясь, промышлять насчет трофеев.

Если бы легионеры и в самом деле *хотели* добраться через Владивосток до Европы – они могли проделать это без труда, в сжатые сроки. Поскольку представляли собой нешуточную военную силу, которой не смогли бы противостоять красные отряды, вздумай эта сила рвануть без остановок до Тихого океана. Но в том-то и фокус, что чехословаки откровенно *притормозили* в Сибири – ну не хотелось им на фронт, и все тут, а хотелось им пересидеть в тылу, желательно – до конца войны.

Так оно и произошло. Пока «легионеры» торчали в тылу, набивая свои поезда награбленным добром, Первая мировая кончилась, и появилась независимая Чехословакия. Вот тогда-то «чехослованы» и рванули на восток со страшной силой – ради свободного проезда сговорившись с красными партизанами и сдав им адмирала Колчака. Да прихватив вдобавок часть российского золотого запаса – позже, когда Чехословакию займет вермахт, немцы найдут в банковских подвалах немало золотых слитков, клейменых российским орлом...

К слову, массовый уход венгров в Красную Армию объясняется отнюдь не их коммунистическими убеждениями. Все было гораздо проще, преобладали чисто житейские, бытовые, если можно так выразиться, причины. Венгры чехов терпеть не могли – в том числе и за массовую сдачу в плен. И когда оказалось, что на стороне белых выступили чехословацкие легионы, мадьяры сотнями двинули записываться в красноармейцы исключительно ради того, чтобы наподдать как следует ненавистным чехам... За что потом претерпели массу неприятностей от политической полиции уже независимой Венгрии: вернувшиеся на родину простодушно объясняли, что к большевикам пошли ради удовольствия накидать чехам, а жандармы не верили и били морды...

Независимая Чехословакия, надобно помнить, продержалась ровным счетом двадцать годочков. Без всякой борьбы подняла лапки перед вермахтом – хотя располагала могучими пограничными укреплениями, неплохой армией, развитой военной промышленностью. Немцы были форменным образом ошарашены: они готовились к долгим и кровопролитным сражениям, легкой победы не ждали – но чехи, напрочь лишенные государственных инстинктов, предпочли позорно капитулировать.

Вы не поверите, но нашелся один-единственный (!) офицер чехословацкой армии по фамилии Иозеф, который приказу о полной и безоговорочной капитуляции не подчинился. Взлетел на своем истребителе, высадил боекомплект по одной из немецких колонн и улетел в Польшу. Когда немцы добрались и туда, воевал с ними в сентябре 39-го, потом служил в британских ВВС.

Что любопытно – вы будете смеяться, но впоследствии, после войны, чехи учредили несколько орденов и медалей, которыми отмечали героев насквозь мифических битв. Вот, скажем, «Боевой крест» с мечами и датой – 1939 год. Те же даты «1939–1945» стоят на медали «За храбрость в борьбе с врагом». Хотя абсолютно никаких сражений с немцами, вообще с кем бы то ни было чехи не вели. И помянутый храбрец Иозеф, вернувшийся в Чехословакию после войны, увешанный *настоящими* боевыми наградами, откровенно косился на обладателей этих виртуальных регалий, вслух высказывая свое мнение о земляках. Ох и намучились с ним власть имущие! Поделать ничего нельзя – настоящий, неподдельный герой войны с Германией. Но язык за зубами держать не хочет, то и дело язвит...

Во время войны чехи как миленькие собирали танки для вермахта, делали артиллерийские орудия, грузовики и прочую военную технику. Потом они объясняли, что, добросовестно завинчивая гайки, испытывали нешуточные душевные муки, и даже в знак своего антифашистского образа мыслей выходили на работу в цехах военных заводов в черных рубашках. Но, в каких бы они там ни щеголяли рубахах, работали, стервецы, по-стахановски – немец ведь приказал...

Словаки, те особенно не притворялись. Они быстренько организовали свое государство (разумеется, кукольное, целиком зависевшее от Германии) и воевали против СССР в качестве союзников Третьего рейха. Всего среди военнопленных, взятых советскими войсками, оказалось семьдесят пять тысяч «братушек» – чехов и словаков. Все они в один голос твердили о славянском братстве – но исключительно после того, как оказывались в плену...

Никому не кажется, что «братушки» получаются какие-то неправильные?

3. Нестандартные братья

Речь пойдет о словенцах и хорватах. А нестандартными я их назвал потому, что они, с точки зрения панславистов, не вполне укладываются в благостный образ «братушек».

Прежде всего из-за религии. Словенцы к православным не относятся, часть исповедует католичество, часть – протестантство. Государственной самостоятельности они лишились давным-давно, более тысячи лет назад, и жили под властью австрийской короны. Именно словенцем, а вовсе не немцем, был, кстати, автор знаменитых «Записок о Московии» Сигизмунд Герберштейн.

К началу XX века словенцы сохранили себя как нацию – и жили в составе Австро-Венгерской империи не так уж плохо.

Промышленники, банкиры и торговцы данной национальности играли в экономике империи важную роль: крупные металлургические заводы, химические фабрики, угольные шахты, торговые дома, банки...

Вообще-то многие словенские интеллектуалы устанавливали культурные связи с Россией и подчеркивали в своих работах, что прекрасно помнят: словенцы – часть «великого славянского племени». Вот только они не проявляли никакого желания следовать за русскими панславистами. Вплоть до начала Первой мировой поддерживали не идею «единства всех славян», а теорию «триализма». Что это означало? Да попросту то, что словенцы хотели преобразовать Австро-Венгрию в Австро-Венгро-Славию, только и всего. Славянские земли империи должны были стать такой же автономной единицей, какими были Австрия и Венгрия. И никакого отделения от Вены...

Легко догадаться, что это шло вразрез с панславизмом – а потому панслависты на словенцев поглядывали косо: с одной стороны, вроде бы братушки, с другой – какие-то не такие, не укладывающиеся в теорию, более того, откровенно противившиеся светлой идее «всеславянской федерации»...

Категорически не укладывались в теорию и хорваты. Стопроцентные славяне – но, леший их побери, католики. С начала XII столетия входили в состав Венгрии. Позже, когда началась турецкая экспансия в Европу, именно хорваты (а не сербы, как отчего-то принято считать) как раз и остановили продвижение османов. После чего добровольно вошли в состав Австрийской империи.

Любопытно, что хорваты – единственный европейский народ, который можно... поставить рядом с казаками! Именно так и обстояло дело. Еще в конце XVI века, оберегая рубежи от турок, австрийские императоры создали в пограничье особую, автономную, военно-административную единицу. Называлась она Военная Граница. Жившие там хорваты – «граничары» по своему статусу весьма напоминали как раз казаков: Вена предоставляла им землю, жалованье и другие привилегии, а в обмен «граничары» пожизненно несли службу, защищая границу от турецких набегов.

Самое интересное – не русские, а именно хорват Ю. Крижанич (которого подчас неправильно называют сербом) и выдвинул первым идею «всеславянского государства», ориентированного против немцев. Для пропаганды своих идей он даже придумал «всеславянский язык» – смесь старославянского, русского и хорватского.

Но это было слишком давно... В XIX веке хорваты уже думали о другом. Королевский наместник Хорватии Елашич (один из усмирителей венгерского мятежа) высказывался о национальном самоопределении так: «Я бы предпочел видеть мой народ под турецким игом, чем под полным контролем образованных соседей... Просвещенные народы требуют от тех, кем они правят, их душу, то есть, говоря иначе, их национальную принадлежность». Под «просвещенными народами» имелась в виду и Россия...

Конечно, существовала в Хорватии «группа Штросмайера». Иосип Штросмайер, политик и просветитель, основатель Югославской академии в Загребе, ставил своей целью добиться на славянских землях духовного примирения католиков и православных, выступая против некоторых догматов католицизма, поддерживал контакты с Сербией и был сторонником как отделения Хорватии от Австрии, так и создания милого сердцу панславистов единого югославянского государства.

Неисповедимы пути славянского мышления! Штросмайер был вовсе не православным интеллигентом, как кто-то может подумать, ознакомившись с его программой, а католическим епископом, главой хорватской католической церкви...

Однако гораздо больше сторонников имели националисты, выступавшие за создание Великой Хорватии – но не самостоятельной, а той самой автономной третьей части Австрийской империи. Именно они и ввели в обиход само слово «Югославия». Под которой понимали Хорватию, Боснию, Герцеговину и часть Словении – повторяю, в составе империи. Без всякой Сербии!

4. Самые отважные братья

Речь идет о черногорцах – единственном славянском народе Балкан, сохранившем независимость. Вообще-то Черногория числилась вассалом Турции и платила какую-то дань, но турки так и не смогли вступить на территорию этой крохотной, затерянной в труднодоступных горах страны. Очень уж смелым и воинственным был тамошний народ. Достаточно упомянуть о крайне интересном обычае, заменявшем тюремную отсидку. Тюрем в Черногории не имелось, но, как и везде, попадались субъекты, которых следовало на какой-то срок изолировать от общества. У таких попросту отбирали оружие, и этого было достаточно – весь назначенный ему срок виновный сидел дома, поскольку выйти на улицу невооруженным для черногорца было таким позором, какой мы и представить себе не можем...

Добрые отношения с Россией Черногория поддерживала еще со времен Петра I. В 1806 году черногорцы вместе с русским экспедиционным корпусом разгромили вторгшиеся на Балканы наполеоновские войска.

Вот только очень уж маленьким было это православное государство для полноценного союзника России. Увы, в международных делах должен торжествовать именно такой расчетливый цинизм. И кроме того, черногорский митрополит выступал за создание не «всеславянской федерации», а сербско-черногорского царства – с самим собой во главе. С планами панславистов это расходилось, согласитесь, самым решительным образом...

5. Македония

Об этой области мало кто помнит и знает. А меж тем она существует (в настоящее время – в качестве независимого государства).

Во второй половине XIX века она представляла собой... честно говоря, я так до сих пор и не понял, что же представляла собой тогдашняя Македония. Население – православные, говорящие на болгарском, но именующие себя не болгарами, а македонцами. А также: турки, албанцы-мусульмане, болгары-мусульмане, православные сербы и греки. Картина...

Поскольку македонский язык крайне близок к болгарскому, независимая Болгария с первых дней своего существования претендовала на обладание Македонией как своей «исконной областью». Греки, наоборот, считали, что Македония (вместе с Албанией и западным побережьем Малой Азии) должна стать частью Великой Греции. Что шло вразрез с сербскими планами – сербы полагали, что Македония обязана присоединиться к Великой Сербии, и никак иначе.

Все вышеперечисленные государства по этому поводу конфликтовали меж собой, интриговали, посылали агентов, старались ужать «сферы влияния» конкурентов. Коренные македонцы примыкали кто к первым, кто ко вторым, кто к третьим – а некоторые шли в анархисты, чтобы всласть пошвыряться бомбами уже в кого попало, лишь бы это было против власти. Не зря одна из разновидностей ручных бомб, какими пользовались и русские террористы, называлась «македонка»...

6. Босния и Герцеговина

Занятые в 1878 году австрийскими войсками Боснию и Герцеговину тоже никак нельзя отнести к странам, где все ясно и просто. На Балканах такого понятия «ясно и просто» вообще не существует, хоть ты тресни. Куда ни глянь, все запутано до полной невероятности...

Боснийцы были почти стопроцентно мусульманами. Так уж обернулось – они, единственная славянская нация, практически поголовно принявшая ислам. Совершенно добровольно, замечу – как мы уже знаем, турки никогда не ставили перед собой задачу полностью сделать мусульманами все покоренные ими славянские народы.

Дело в том, что боснийцы, скажем прямо, никогда особенно и не были крепкими в христианской вере. Христианство там распространялось крайне медленно и туго, гораздо большее влияние имело язычество. Во второй половине XII века в Боснии самым широким образом распространилась богомильская ересь, сугубо антихристианское учение. Дошло до того, что образовалась так называемая «боснийская церковь», с которой, забыв разногласия, рука об руку боролись католическая церковь и православная – но без особенных успехов.

А потом пришли турки – и без труда завоевали Боснийское королевство. Боснийцы – чему до сих пор нет логического объяснения – за 8 дней сдали туркам 70 крепостей. А вскоре всем народом практически добровольно приняли мусульманство. Историки дружно возлагают вину на богомильство – ересь, разложившую народ. И нет причин им не верить.

В дальнейшем единоверная Босния доставляла туркам менее всего беспокойства. Наоборот, боснийские отряды воевали в турецкой армии, и неплохо, именно благодаря им в свое время турки одержали пару серьезных побед над христианскими европейскими войсками. Из Боснии вышло немало крупных военачальников и гражданских чиновников Османской империи.

Говорили боснийцы на сербском, письменность их была на основе латинского алфавита, религия – ислам. Ничего нет удивительного в том, что эти *славяне* не проявляли ни малейшего интереса ни к панславизму, ни к прочим разнообразным теориям всеславянского братства. Вообще, народ был чертовски невозмутимый. Сначала они без малейшего ропота жили-поживали в составе Османской империи, а оказавшись нежданно-негаданно под властью австрийской короны, пожали плечами и приняли перемены с олимпийским спокойствием.

Признаюсь честно: из всех балканских народов именно боснийцы вызывают у меня откровенную симпатию. Они не питали дурацких фантазий о создании Великой Боснии от моря до моря, не выдвигали к соседям территориальных претензий, не ввязывались в идейно-политические баталии, сотрясавшие Балканы ежегодно и повсеместно. Они просто жили, растили детей, строили дома, копали колодцы и пасли стада, плясали на свадьбах и прокладывали дороги. Замечательные люди! Побольше бы таких – и мир, полное впечатление, был бы избавлен от некоторых войн и дурацких политических теорий...

Герцеговина представляла собой качественно иную картину. Населяли ее католики-хорваты и православные сербы. Именно там чуть ли не двести лет шла вялотекущая повстанческая борьба против турок – не утихавшая главным образом оттого, что герцеговинцев поддерживали оружием и деньгами Сербия и Россия. Русское участие было довольно скромным – а вот Сербия, начиная с определенного времени, прямо-таки опутала Герцеговину своими тайными организациями, опиравшимися на тамошних сербов. Планировалось присоединить Герцеговину к Сербии – но эти планы, как уже известно, нарушила Австрия.

Остается добавить, что Герцеговина по своей незначительности *сама* не строила никаких грандиозных планов единения славянства. Всего-навсего двигалась в фарватере Сербии – но напряженности на Балканах это прибавляло...

7. Албания

Даже заправские оптимисты никогда не причисляли албанцев к славянам. Как утверждает историческая наука, албанцы – потомки иллирийцев, индоевропейского племени, поселившегося на побережье Адриатического моря еще в середине II тысячелетия до Рождества Христова. История Албании в общем стандартна для Балкан: тысячу лет назад приняли христианство, пытались создать свое государство, но как-то не сложилось, дело ограничилось несколькими крохотными княжествами. За албанские земли старательно воевали меж собой Сербия, Болгария, Византия и Венеция...

Потом пришли турки и поступили подобно леснику из известного анекдота.

К началу XX столетия примерно половина албанцев уже была мусульманами, а остальные почти поровну делились на католиков и православных. Не будучи славянами, албанцы никакого интереса к славянофильству в любых его видах не проявляли. Но о национальной независимости, разумеется, мечтали – каковую получили позже всех балканских народов, в 1912 году, а впрочем, не последними, а предпоследними – независимая Македония возникла только в самом конце XX века...

Будучи реалистами, албанцы ни о какой такой Великой Албании и не заикались, что характеризует их с лучшей стороны – люди трезво оценивали свои силы, а это не каждому дано.

8. Итоги и выводы

Надеюсь, читатель получил кое-какое представление о расстановке сил на Балканах, основных игроках и их стремлениях. О Сербии будет отдельная глава, а мы пока что подведем некоторые итоги.

Думаю, не будет преувеличением назвать Балканы сумасшедшим домом Европы – вряд ли это определение особенно отличается от «порохового погреба».

Главное, что мы увидели, – на Балканах, рассуждая беспристрастно, вовсе не существовало тех «славянских братьев», что рисовались лишь в воспаленном воображении русских панславистов. Мало кто, за исключением отдельных оригиналов, собирался следовать за идеей «всеславянской федерации». Одни славянские народы собирались добиться для себя больших прав, оставаясь в составе Австро-Венгерской империи. Другие всерьез мечтали сколотить собственную мини-империю – Великую Грецию, Великую Сербию, Великую Болгарию (что полностью противоречило идеям панславистов). Третьи, не питая наполеоновских планов, стремились для начала добиться независимости, а там, полагали они, видно будет. «Брата-славянина» в чистом, лабораторном виде, готового жизнь положить за великую всеславянскую державу с Россией во главе, попросту не существовало в реальности – за исключением отдельных экземпляров, не способных ни на что влиять. Однако панслависты никак не могли себе этого уяснить. Опыт Болгарии их ничему решительно не научил. Не научили и другие события – например, публичные выступления князя Черногории, заявлявшего, что лидером союза Балканских славян должна стать... Румыния!

А ведь хватало трезвых суждений, черт возьми! Вот что писал в 1913 году о ситуации на Балканах российский поверенный в делах Черногории Н. А. Обнорский: «Если балканские славяне и являются солидарными с Россией в основных чертах своей внешней политики, то в отдельных ее задачах они, как государства молодые и еще далеко не завершившие своего естественного развития, долго еще будут склонны ко всякого рода политическим авантюрам и, следовательно, уклонениям от твердого курса славянской политики, руководимой Россией. Вот почему всякие политические и в особенности военно-политические соглашения меж нашим великим уже давно сложившимся и ведущим мировую политику отечеством и еще развивающимися отдельными славянскими государствами на Балканах представляются, по моему скромному мнению, весьма для нас неудобными и едва ли целесообразными».

Не прислушались. Поступили с точностью до наоборот – и буквально через год ввязались в войну из-за миража «славянской солидарности»...

Генерал Куропаткин писал не менее толково: «За весь длинный исторический период пятнадцати столетий Россия не играет никакой роли на Балканском полуострове... В течение пятнадцати столетий до овладения Балканским полуостровом турками, как между славянами, жившими на полуострове, так и между ними и славянами Венгрии (словаками. – *А. Б.*), Польши и России не существовало сознания общности интересов, не сознавалось ни племенной, ни религиозной связи. Славяне на полуострове непрерывно сражались друг с другом... только рознь их была одной из главных причин победы над ними турок».

Действительно, «славянской общности» никогда не существовало, и верили в нее одни русские прекраснодушные романтики. Что до братушек... Они, собственно, не заслуживают клейма «плохих». Никакие они не плохие. Они просто-напросто (как в советские времена лидеры «избравших социалистическую ориентацию» африканских стран) преследовали свои насущные цели, и грех их за это упрекать. Беда только в том, что они очень быстро поняли: если поддакивать России касаемо славянского единства, Россия и денег даст, и войска пошлет, и поддержит всячески. Грех не доить вдумчиво такую коровку...

А ведь тот же Куропаткин за четыре года до Первой мировой писал толковые вещи, которые стоит цитировать и цитировать:

«У нас находились такие горячие славянофилы, которые готовы были признать более справедливым и более важным для России заниматься устройством судьбы западных славян, чем, например, таких латышей, финнов, мордовцев, немцев и других народностей, которые приняли наш язык, нашу веру, давно стали самыми близкими и даже кровным родными нашими.

Но и народности, обитающие в России, которые сохранили свой язык, свою религию и сотни лет живут с нами одной жизнью, создавали, хотя и в малой степени, с русскими славянами великую Россию, сражались бок о бок с нами – неужели они нам более чужие, чем, например, босняки и герцеговинцы, о существовании которых огромное большинство русского народа узнало только недавно?

Неужели бедная в своих средствах и некультурная Россия в XX веке, в ущерб коренному русскому населению и не заботясь о приобщении к русской государственности почти 40 млн живущего в России приграничного населения, снова будет расходовать кровь своих сынов и тратить кровные русские деньги на устройство отделенных от нас другими народностями западных славян?»

И к *этому* не прислушались. Господствовал любимый принцип русской интеллигенции: не обращая внимания на собственные неурядицы и насущные потребности, отдавать все силы очередной «мировой проблеме»: то борьбе за демократию, то распространению коммунизма, то защите славянских братьев...

Хотя... Главная трагедия в том, что прекраснодушные фантазии российских «мыслителей» прекрасно сочетались с гораздо более циничными расчетами военных и политиков, поглядывавших в сторону Балкан уже со *своим* интересом. Сочетание романтичных, напрочь оторванных от жизни прожектов с амбициями генералов и министров – штука взрывоопасная...

Я уже цитировал выше русских мемуаристов, к своему горькому разочарованию встретивших в Болгарии нечто решительно непохожее на славянофильские иллюзии. Теперь – свидетельство человека, столкнувшегося с тем же самым в Сербии.

Князь В. П. Мещерский некогда был известен на всю Россию – внук историка Карамзина, работодатель Достоевского, многолетний издатель журнала «Гражданин», камергер Александра II, личный друг Александра III. Правда, в советские годы его постарались погрузить в забвение, объявив реакционером и черносотенцем. На деле при жизни князь подвергался нападкам решительно со всех сторон – поскольку безжалостно критиковал не только революционеров и либералов, но и высшую государственную бюрократию, и светское общество.

«Одержимый бесом братушколюбия», как он сам позже с горечью вспоминал, Мещерский заделался яростным панславистом. «Я готов был в эти минуты объявить врагом России всякого, кто не хотел, как я, и войны, и освобождения всех славян, и заодно взятия Константинополя». И статьи писал соответствующие, придя в «воинственный и славянофильский азарт».

И вот князь, «чтобы девать куда-нибудь свой славянофильский пыл», отправляется в Сербию, на землю обетованную. И что же он там видит?

126

Прежде всего, еще по дороге выяснилось, что подавляющее большинство русских добровольцев, отправившихся на помощь сербам – никакие не «идейные» борцы, а «сволочь», «мазурики», искатели приключений, намеревавшиеся ловить рыбку в мутной воде. Но это еще не самое печальное. Мещерский прибывает в Белград...

«Познакомившись с главными действующими лицами, я сразу получил холодную ванну, ибо убедился по впечатлениям, которое они на меня произвели, что и князь Милан (правитель Сербии. – *А. Б.*) и митрополит Михаил, и знаменитый премьер Ристич – все это были более или менее искусные *актеры* (здесь и далее – выделено самим Мещерским. – *А. Б.*), разыгравшие сообща комедию восстания, и в особенности комедию эксплуатирования добродушной в своем энтузиазме России...

Доминантною нотою во всех троих было неудовольствие на Россию, что она слишком мало делает для Сербии и, не решаясь объявить войны, ограничивается только присылкою *сброда* добровольцев-скандалистов и деньгами, которых, кстати, прибавляют они, шлют слишком мало... И все это я услышал в ту минуту, когда, приехав в Белград, я думал застать всех от мала до велика в настроении умиления и благодарной любви к России... И, вспоминая, как иные русские несли в славянские комитеты свои кровные гроши, здесь сразу окунулся в мир, где между добровольцами шел разговор о том, сколько золотых проиграно или выиграно Миланом во время ночной оргии. В итоге Белград со всеми своими официальными лицами произвел на меня тяжелое впечатление. Я думал в нем найти патриотическую температуру на несколько градусов выше петербургской, которая была высока, но нашел совсем противоположное... Я не услышал здесь в сербских сферах ни одного сердечного тона, ни одной ноты чувств. Наоборот, везде я слышал только холодные отголоски расчета, самолюбия, честолюбия и мыслишек эгоистичного холодного ума».

Быть может, «внизу», в простом народе, царили иные настроения – неподдельная любовь, уважение и благодарность к русским братьям? Увы, увы... Мещерский достаточно пообщался и с самым что ни на есть простым народом...

«Я вступал с мирными поселянами в разговор, ожидая от них патриотических излияний. Но везде мои ожидания не сбылись. От каждого крестьянина я слышал все одну и ту же мысль: жилось им хорошо, никто их не обижал, о турках не было ни слуху ни духу, и вдруг наехали сюда русские, берут с них контрибуцию, разоряют подводами, а иные так даром возить заставляют и лошадей загоняют. И, глядя на повсеместные корыстные довольства и благополучия, на общие и повсеместные признаки такого благосостояния, в котором народ все имеет, ничего не желает и ни на что не жалуется, я начинал понимать, что эти действовавшие на меня, как холодный душ, народные речи были отголосками живой правды... Самое странное было то, что нигде я не слышал даже малейших проявлений той ненависти к туркам, которою мы на берегах Невы так кипели...»

Поневоле напрашивается вопрос: так где же пресловутое «турецкое иго»? Неужели исключительно в воспаленных мозгах «одержимых бесом братушколюбия» русских?

В это самое время миллионы русских крестьян пребывают за чертой бедности – нехватка земли, непосильные выкупные платежи. Школ и больниц катастрофически не хватает – грамотных лишь 20% населения, село практически оставлено без квалифицированной медицинской помощи. В богатейшей Сибири обитает не более девяти процентов населения, и ее природные богатства не используются должным образом, города немногочисленны, железных дорог нет, инфраструктуры нет. Но не обнаруживается у России цели важнее, чем осыпать золотом вполне сытых, самодостаточных «братушек». Да еще проливать за них кровь...

И ведь прекрасно видели, что это за публика! Достоевский писал в своих «Дневниках писателя»: «...в части славянской интеллигенции, в некоторых высших представителях и предводителях славян существует действительно затаенная недоверчивость к целям России, а потому даже враждебность к России и русским... Нечего скрывать нам от самих себя, что нас, русских, очень даже многие из образованных славян, может быть, даже и вовсе не любят. Они, например, все еще считают нас, сравнительно с собой, необразованными, чуть не варварами. Они далеко не очень интересуются нашими успехами гражданской жизни, нашим внутренним устройством, нашими реформами, нашей литературой. Разве уж очень ученые из них знают про Пушкина, но и из знающих вряд ли найдется уж очень много таких, которые согласятся признать его за великого славянского гения. Очень многие из образованных чехов уверены, например, что у них уже было сорок таких поэтов, как Пушкин. Кроме того, все эти славянские отдельности, в том виде, в каком они теперь – политически самолюбивы и раздражительны, как нации неопытные и жизни не знающие».

Достоевский прекрасно понимает, что православие – вовсе не залог братства: «Греческий и славянский элементы несоединимы: оба элемента эти с огромными, совсем несоизмеримыми и фальшивыми мечтами, каждый о предстоящей ему собственной славной политической будущности».

Казалось бы, *приговор* беспочвенным фантазиям панславистов? Не спешите... Написав все это, Федор Михайлович без малейшего перехода ударяется в романтическое словоблудие, не имеющее ничего общего с реальным развитием событий: «Поймут когда-нибудь даже и народы славянские всю правду русского бескорыстия, а к тому времени восполнится и духовное их единение с нами... На них подействует неотразимое обаяние великого и мощного русского духа как начала им родственного. Они почувствуют, что нельзя им развиваться духовно в мелких объединениях, сварах и завистях, а лишь всецело, всеславянски. Огромность и могущество русского единения не будут уже смущать и пугать их, а, напротив, привлекут их неотразимо...»

Ничего из этих прекраснодушных мечтаний не сбылось! Все проистекало как раз наоборот...

Обязательно нужно упомянуть и еще об одной славянской народности, которую мы упустили из виду: славянах Галицкой Руси и Закарпатья, «стенающих» под гнетом Австрии. Их тоже планировалось присоединить к гипотетической «всеславянской федерации» – поскольку они якобы именно этого ждут не дождутся. Увы, увы... Как и поляки, наши самые близкие соседи галичане и закарпатцы были, собственно, чужими России. В древние времена Галицкая Русь была частью Руси Киевской – но с тех пор прошло семьсот лет, в течение которых Галиция принадлежала то венграм, то полякам, а с XVIII века – австрийцам. А посему стала *чужой*. Куропаткин: «Вследствие большей близости к Западу, уже в XIV и XV столетиях галицкое население по образованию и развитию стояло выше москвичей. Н. Рожков указывает, что в библиотеках западнорусских дворян той эпохи, кроме книг литературного характера, уже находились труды научно-литературные, по философии, медицине и естествознанию. А в это время наши бояре не всегда умели подписать свою фамилию и преимущественно занимались охотой и пирами».

Согласен, звучит не особенно приятно для нашего национального самолюбия. Но ведь то, что я цитирую, писали не «тевтонские русофобы» и не «жидомасоны», а родовитые русские люди, безусловно болевшие душой за свою родину.

В 1908 г. Галицию посетил граф Бобринский, один из влиятельных членов Государственной Думы. И, оказавшись в «деревенской глуши», он, к нешуточному удивлению, увидел там не каких-то там оборванцев, а сытый, хорошо одетый, вполне благоприятный простой народ, превосходивший благосостоянием и общим развитием русского мужика. Граф, по его собственным признаниям, был потрясен – он допрежь того был правоверным славянофилом и искренне верил в побасенки о «стенающих братушках». Особенно его поразили *грамотные* галичанки из «деревенской глуши», как замужние женщины, так и девушки. Было от чего удивиться – в России деревенская баба и грамотность были понятиями несовместимыми.

Безусловно, некий элемент показухи вокруг визита графа все же присутствовал – так обстояло испокон веков. Но именно что *элемент*. Вряд ли «грамотные, образованные, развитые» галичанки, с которыми общался граф, были хорошо подготовленными австриячками из тайной полиции, которым *поставили* в Вене «чисто литературный язык», восхитивший Бобринского...

А вдобавок графа не на шутку изумило то, что во всей «русской» части Галиции крестьяне регулярно собирали «веча», на которых без всякого присмотра начальства и полиции обсуждали текущие дела – и состояние школьного образования, и многое другое.

Могли ли *эти* славяне, задрав штаны, бежать за миражом панславизма?

Ну разумеется нет. Они и не собирались. Именно в Галиции и находился центр украинского сепаратизма – теории, опять-таки противоречившей иллюзиям славянофильства...

Но все это – мелочи. Главная беда – существование Сербии и царивших там идей собственного величия, сыгравших роковую роль в судьбе Российской империи. Сербия заслуживает того, чтобы посвятить ей отдельную главу и рассмотреть ее историю за последние шестьсот с лишним лет. *Реальную* историю, а не укоренившиеся в русском сознании романтические бредни...

Глава четвертая

КРАТКИЙ КУРС ВАМПИРОЛОГИИ, ИЛИ ПОПУЛЯРНАЯ ИСТОРИЯ СЕРБИИ

Пожалуй, более всего мифов наворочено вокруг событий 28 июня 1389 года – сражения с турками на Косовом поле...

Начнем с самого начала. Зададимся закономерным вопросом: откуда вообще взялись в то время турки на Балканах?

Дело в том, что никакой «Османской империи» в те годы еще не существовало, не было *единого* турецкого государства – до его возникновения оставалось сто с лишним лет.

На территории Анатолии (азиатская часть современной Турции) относительно спокойно пребывал Османский *бейлик* (нечто вроде европейского княжества), основанный Османом. Занимал он примерно десятую часть Анатолии – а на остальной разместились еще два бейлика. Гораздо крупнее Османского, и с десяток мелких. Типичнейшая феодальная раздробленность, прекрасно нам знакомая и по Западной Европе, и по нашему богоспасаемому Отечеству.

Пикантность в том, что в Анатолии турки-османы даже не пытались совершать какие бы то ни было завоевания – поскольку были гораздо слабее единоверных соседей, и те в случае чего влепили бы им по первое число без малейших церемоний. Зато на Балканах...

На Балканах которое столетие царил кровавый бардак. Православные государства – Византия, Болгария, Сербия и боснийские княжества – дрались меж собой непрерывно и ожесточенно, словно мартовские коты. И каждое из них в разное время обращалось за подмогой к туркам. Как древнерусские князья когда-то во времена междоусобиц звали на помощь половцев.

Однако ситуация на Балканах кое в чем отличалась от древнерусской – половцы, в отличие от османов, частенько оказывали военную помощь бесплатно, потому что многие из них были крещеными. Да и родственные отношения играли немаловажную роль: русские князья женились на дочерях половецких ханов, и наоборот.

На Балканах все обстояло иначе, приземленнее. Османов, жителей не самого богатого княжества, христиане попросту нанимали за приличные деньги, чтобы басурмане – нехристи, конечно, но вояки отменные – помогали им колошматить других христиан. И османы, как заправские ландскнехты, денежки отрабатывали честно.

А лет через двадцать–тридцать турки *обвыклись* на Балканах. И, насмотревшись на тамошнюю неразбериху, задались логичным и естественным вопросом: не выгоднее ли, вместо того чтобы за деньги сражаться на стороне неверных, попробовать самим занять приличный кусок территории?

Попробовали – аллах Акбар, получается! И потомок Османа Мурад (уже султан, но один из полудюжины *других* правивших в Анатолии султанов) начал завоевывать Балканы методично и старательно – не ради набегов, как в прежние времена, а чтобы создать там свое государство.

Сербам это пришлось не по вкусу. И грянула битва на Косовом поле, случившаяся, как мы уже говорили, 28 июня 1389 года, в день святого Вида, «Видовдан» – по-сербски.

Лично я в свое время учил в шестом классе историю средних веков по учебнику, в котором была красивая картинка: сербский витязь Милош Обилич, «прорвавшийся к шатру султана», убивает Мурада. Судя по картинке, именно *так* и обстояло: благородный витязь Обилич, при кольчуге, шлеме, щите, протыкает султана *мечом*, ему сопутствует столь же богато вооруженный сподвижник, весь их вид не оставляет сомнений: эти бравые парни и в самом деле прорвались сквозь ожесточенную сечу к самому султанскому шатру, где героически прикончили предводителя агрессоров...

Оказалось, сказки все это. Чепуха на постном масле. Сочиненная гораздо позже сербами героическая легенда. Все, абсолютно все на Косовом поле обстояло иначе. Чего ни коснись!

Начнем с того, что не одни сербы (как они любили рассказывать) выступали против турок. В войске сербского короля Лазаря были не только его подданные, но и отряды независимого (тоже сербского) княжества Зета, а также боснийцы – хотя сербы до сих пор любят приврать, что с турками они схватились «в одиночку». А в войске султана Мурада... были и славянские дружины. На дворе, напоминаю, стоял чистейшей воды феодализм – и никакого религиозного характера происходящее не носило. Одни православные выступили против турок, а другие по каким-то своим соображениям предпочли примкнуть именно к туркам. В общем, сражение на Косовом поле нисколько не походило на «смертный бой православия с магометанством». Все было гораздо проще – очередная феодальная разборка...

Обилич вообще-то никакой не Обилич. Звали его то ли Кобилич, то ли даже Кобылич – но потом благозвучия ради первую буковку отбросили. Примерно из тех же соображений в советские времена авторы детских книжек об Александре Македонском старательно исправляли подлинное имя одного из полководцев Александра – которого, как на грех, в жизни звали Пердикка. Чтобы у советских школьников сохранялось серьезное отношение к истории и меньше было смешков, Пердикка повсюду именовался Фердикка... Так случилось и с Кобыличем.

Более того. Перед самой битвой в царском шатре состоялась какая-то свара, до сих пор остающаяся загадкой. Участники –

король Лазарь и два его зятя. Одного звали Вук Бранкович, а вторым был наш Милош Кобылич. Так и осталось неизвестным, что конкретно там произошло, но Лазарь обвинил Милоша в измене, в намерении передаться туркам, в попытке захватить сербский трон. И пригрозил после битвы разобраться с зятем отнюдь не по-родственному.

Наутро, еще до сражения, Милош приехал в турецкий лагерь и объявил, что переходит на сторону турок. Султан Мурад немедленно пригласил его в шатер – королевский зять как-никак! – где Милош, сделав вид, что собирается облобызать султанский сапог, выхватил из рукава *нож* и распорол Мураду горло. Поступок вообще-то довольно подлый — по рыцарским меркам того столетия...

Милоша опамятовавшаяся охрана тут же прикончила. Началась Косовская битва. Вот только православные потерпели поражение вовсе не оттого, что басурмане превосходили их числом и умением...

Сначала с поля боя по каким-то своим причинам отступил со всем войском союзник Лазаря, боснийский король с непроизносимым именем Твртко. Потом, в самый решительный момент оставшийся в живых зять Лазаря Вук Бранкович на полном галопе увел свой двенадцатитысячный отряд. Мотивы? Они лежали на поверхности: означенный Вук сам хотел занять королевский престол и, высмотрев подходящий момент, не колебался...

Увидя такое дело, турки воодушевились, поднажали и разбили оставшиеся войска. Лазаря взяли в плен и отрубили голову — чтобы не нарушал правила, подсылая убийц с ножом в рукаве...

Вообще-то еще примерно лет пятьдесят после этого Сербия сохраняла относительную независимость – поскольку балансировала меж Византией, турками и Священной Римской империей, присягая на верность то одним, то другим, то третьим. Буквально в последние годы вышла парочка национал-патриотических книг, где черным по белому написано, что якобы «сербы остановили продвижение турок в Европу».

Большую нелепость трудно себе представить. Прежде всего оттого, что сами турки даже не подозревали, что им, оказывается, «преградили путь в Европу» героические сербы. Они в течение последующих трех столетий все продвигались и продвигались на север по христианским землям, пытались даже взять штурмом Вену. Остановили турок, как я уже писал, *хорваты*. Исторический факт. А решающее поражение под Веной – после которого турки никогда уже не пытались идти дальше в Европу – нанес польский король Ян Собесский. Его войско и в самом деле большей частью состояло из славян – но это были поляки, литвины, чехи, русская шляхта, казаки...

Более того, прошу держаться за стулья, дамы и господа! Оказывается, наши героические сербы не то что не «преграждали» путь туркам в Европу, а... наоборот, *обеспечили* турецкий прорыв на Север! Именно так, никакой ошибки. Через восемь лет после Косова Сигизмунд, император Священной Римской империи, двинулся в крестовый поход, намереваясь потеснить турок с Балкан. В сражении под Никополем его войско было разбито и отступило – так вот, основную роль в этом сыграли как раз сербы, сражавшиеся на стороне турок...

Как видим, героические легенды, которые сами сербы о себе любили сочинять и распространять по белу свету, находятся в категорическом противоречии с реальной историей...

А теперь мы совершим скачок протяженностью в пятьсот лет – из времен Косовской битвы в последнюю четверть столетия девятнадцатого. Итак, Сербия обрела полную независимость...

Что получилось?

Получилась маленькая, лишенная промышленности страна, исключительно аграрная, жившая за счет того, что вывозила свинину, зерно и немного тканей, да еще фрукты и масло. Прямо скажем, не сверхдержава. Целиком зависевшая экономически от Австро-Венгрии, куда все и вывозилось – больше никто не выражал особенного желания покупать. Тот самый князь Милан Обренович, что лихо проигрывал в картишки русские деньги, стал королем. Но королевство, как мы видим, было скорее опереточное.

Должно быть, прекрасно это понимая, король Милан предложил австрийскому императору Францу-Иосифу... купить у него Сербию! Всю. Целиком. Вместе со свиньями, фруктами и подданными.

В Вене от этого предложения отказались моментально, практически не раздумывая. Дело было не в скупости. Собственные славяне Австрии хлопот не доставляли. Жители Боснии и Герцеговины, в 1878 году оказавшие австрийским войскам вооруженное сопротивление, понемногу успокоились и жили тихо, законопослушно. Но за свои же собственные денежки прикупать себе такую головную боль, как Сербия – нема дурных...

В утешение австрийцы заключили с Миланом секретную конвенцию, ставившую Сербию в положение сателлита. Без предварительных договоренностей с Веной король обязывался не вести каких бы то ни было переговоров и не заключать политических соглашений с какой бы то ни было иностранной державой. Кроме того, Милан отказывался от всяких притязаний на Боснию и Герцеговину (на которую и так не имел никаких прав, поскольку эти территории никогда Сербии не принадлежали).

Австрия стала строить на территории Сербии железные дороги, выдавать королю субсидии – отчего Сербии стало жить чуточку сытнее.

Однако именно такое положение дел крайне не нравилось сербским националистам, считавшим, что Милан предает «национальные интересы». Они-то как раз мечтали о Великой Сербии, куда собирались сгрести все окрестные славянские народы, до которых только удастся дотянуться. И, боже упаси, без России! Сербский премьер Пирочанац называл Россию «варварской страной» и опасался, как бы «копыто казачьего коня не затоптало современную цивилизацию», то бишь Сербию.

Тем временем король Милан возмечтал о славе Наполеона и обратил взор на соседнюю Болгарию, как раз присоединившую исконно болгарские территории (так называемую Восточную Румелию). Из Белграда ушла в Болгарию официальная бумага, где было написано примерно следующее: ребята, что-то слишком большая страна у вас получилась, нам завидно, не жирно ли будет? Чтоб по справедливости, передайте нам часть ваших земель.

Я нисколечко не шучу. Примерно так и было написано. Многовато у вас стало землицы, отдайте нам часть...

Естественно, Болгария ответила посланием, которое было составлено по всем правилам дипломатического этикета, но по сути содержало простой и логичный вопрос: «Мужики, а не полечиться ли вам у психиатра?»

Обращаться к врачу сербские сановники не стали. В ноябре 1885 г. сербская армия браво вторглась в Болгарию. Правда, сербское командование не вполне было уверено в боеспособности своего воинства и потому сначала втолковывало солдатам, что их поведут против Турции освобождать Косовский край (где, разумеется, стенают под игом единоверцы). Многие сербские вояки узнали, что воевать им предстоит как раз с единоверцами, только после объявления войны...

В общем, сербы браво вторглись в Болгарию, вопя что-то воинственное, надо полагать, типа «Все отымем!» Навстречу им выступили наспех собранные болгарские части – без особых воплей.

У болгарского села Сливницы состоялось сражение. Сербов было двадцать восемь тысяч. Болгар – только десять (лишь после битвы к ним подошли еще пять). И тем не менее почти втрое меньшая болгарская армия расколошматила сербов в хвост и гриву. Сербы начали, деликатно выражаясь, неорганизованное отступление со всей возможной скоростью...

Догнать героически удирающего серба – задача не из легких. Но болгарам это все же удалось, догнали они сербов уже на их территории и навязали сражение. С теми же для сербов последствиями. После этого в Сербии уже как-то не думали всерьез о возможности продолжать войну. Разозленные болгары намеревались продолжать...

Спасла наголову разбитую Сербию... Австро-Венгрия. Предъявив Болгарии ультиматум: если болгары не откажутся от наступления на Белград, на помощь неведомо куда подевавшейся сербской армии придут австрийские полки. Только тогда болгары отступили, не без ворчания и ругательств...

Знаете, что самое интересное? Именно такое развитие событий предвидел еще в 1809 г. главнокомандующий русской Дунайской армией князь Прозоровский. Он писал товарищу министра иностранных дел графу Салтыкову: «Какие от установления сербского царства родятся новые последствия? Для увеличения и распространения владычества своего, конечно, начали бы они тотчас возмущать соседних своих единоверцев, как-то: австрийских сербов (число коих до 2 миллионов простирается), герцеговинцев, черногорцев, боснийцевских христиан, далматинцев, албанцев, болгар и так далее, дабы отторгнуть возмущениями от настоящих их владельцев и присоединить к своему царству. Сие возродило бы паки новые и беспрерывные для России, принявшей на себя покровительство Сербии, ссоры и даже войны с соседями, и государь император в необходимости нашелся бы отрещись от того покровительства».

Умнейший был человек, право! Точно предсказал развитие событий на сотню лет вперед. С одним-единственным промахом: российский император, увы, вместо того чтобы «отрещись» от беспокойных «братушек», наоборот, пошел у них на поводу и погубил этим монархию...

Между прочим, к ультиматуму Вены присоединилась и Россия – чем никакой выгоды для себя не добилась, разве что настроила против себя болгар, вполне справедливо рассердившихся на тех, кто не дал им посчитаться с агрессором...

А в Сербии все сильнее и многочисленнее становились радикалы-националисты, по-прежнему мечтавшие о Великой Сербии. Начали то ли создаваться, то ли попросту действовать открыто тайные организации, состоявшие главным образом из офицеров. Король Милан к тому времени отрекся от престола и передал трон сыну Александру – но и Александр продолжал ту же политику дружбы с Австрией. А значит...

В деле впервые появляется «французский след» – офицеры-заговорщики установили связь с жившим во Франции принцем Петром Карагеоргиевичем, представителем одноименной династии, весьма уважаемой на Балканах. Недвусмысленно намекнули насчет короны. Принц, в общем, не возражал. Надо полагать, жить прихлебателем у французов ему наскучило...

Для начала тайная организация «Народная одбрана» («Народна защита») устроила покушение на Милана, который от престола-то отрекся, но оставался главнокомандующим сербской армией. Милан, правда, остался жив – но вскоре умер естественной смертью.

В ночь на 29 мая 1903 г. в королевский дворец ворвалась группа заговорщиков под предводительством поручика Драгутина Дмитриевича (Димитриевича) по кличке «Апис» (у них у всех там были клички, как у заправских гангстеров). Двадцатишестилетнего короля Александра и королеву Драгу убили, тела изрубили саблями на части и выбросили в окно, на площадь.

Шум по всей Европе поднялся страшный – такие вещи проделывать с королями давненько было не принято. Великие державы выражали неодобрение, вводили санкции...

Но тем, кто осуществил переворот, было наплевать. Они быстренько образовали Временное правительство, то созвало скупщину (парламент), а уж скупщина не медля избрала на сербский престол Петра Карагеоргиевича. После чего, по какому-то случайному совпадению, Франция в обход всех и всяческих санкций предоставила Сербии кредит в девяносто четыре с половиной миллиона франков, предназначавшийся до копеечки на закупку французского оружия. Верх взяли противники нормальных отношений с Веной.

И Сербию понесло, как пьяного по кочкам. В 1910 г. поручик Дмитриевич, ставший уже полковником, преобразовал «Народну одбрану» в тайное же общество «Черная рука». Печать у данного общественного объединения была примечательная: мускулистая черная рука держит знамя, а на знамени – череп со скрещенными костями, нож, бомба и флакон с ядом.

Это были не игрушки! Потому что Апис уже стал начальником военной разведки Генштаба. К 1914 г. в «Черную руку» входили две тысячи членов, в том числе 9 генералов. В Верховной центральной управе «Черной руки» состояли, кроме Дмитриевича, начальник сербского Генштаба воевода (нечто вроде маршала) Путник, шеф жандармерии Белграда полковник Радивоевич, помощник Путника полковник Милованович. Это уже не шутки...

Именно эта *мафия*, а не гражданское правительство с премьер-министром во главе реально правила страной. Русский историк-белоэмигрант в 1930 г. охарактеризовал ситуацию так: «Всюду, во всех областях государственной жизни, во всех винтиках государственного аппарата всем руководила тайная организация, направлявшая внешнюю и внутреннюю политику государства, не считаясь с конституцией и парламентом, в интересах избранных кругов военщины, находившейся в личной дружбе с сербским престолонаследником Александром».

Почти как на Сицилии – только гораздо круче, потому что сицилийская мафия ограничивалась своим островом и во внешнюю политику не лезла...

Гангстеры Аписа начали создавать в австрийской Боснии агентурную сеть, переправлять туда оружие, налаживать антиавстрийскую пропаганду и агитацию за «Великую Сербию». В Боснии была создана «дочерняя» организация «Черной руки» – тайное общество «Млада Босна» и несколько аналогичных. Вскоре их члены совершили несколько покушений на высших австрийских чиновников: генерал-губернатора Боснии и Герцеговины генерала Варешанина, министра финансов Австро-Венгрии Билинского, королевского комиссара в Хорватии Цуваля и его преемника Шкерлеца (между прочим, все четверо были чистокровнейшими славянами).

Уже в 1912 г. сербская газета «Пьемонт» (вроде бы независимая, а на деле – официоз «Черной руки») писала откровенно: «Война между Сербией и Австро-Венгрией неизбежна. Если Сербия желает сохранить свою честь, она может сделать это только через войну. Это война наших традиций и нашей культуры. Эта война происходит из долга нашего народа».

Что характерно: эти «поборники чести» прекрасно понимали, что супротив Австро-Венгерской империи они все равно что моська супротив слона. Но расчет был простой и шкурный: втянуть Россию. Любимый лозунг сволочи вроде Аписа и его подельников: «Нас с русскими двести миллионов!» К сожалению, расчеты эти основывались не на пустом месте: сербские мафиози в погонах прекрасно знали: в России предостаточно наивных романтиков, которым можно распрекрасно дурить голову сказочками о «славянском единстве» и «защите единоверцев» – чтобы означенные романтики (а проще – болваны) стали пушечным мясом в борьбе за Великую Сербию...

Временами, знакомясь с документами тех лет, испытываешь настоящую оторопь. Полное впечатление, что иными сербскими деятелями двигал не только циничный расчет, а еще и самая натуральная шизофрения в последней, третьей стадии. Вот вам великолепный образчик. В 1913 г. художники, сербы и хорваты, члены «Прогласа» («Комитета организации художественного дела Сербии и южного славянства») провозглашали публично: «Белград должен стать метрополией южнославянской художественной культуры. Южное славянство должно стать для современного человечества и славянской расы тем, чем был эллинский мир».

Ну, если уж *это* не шизофрения, то не знаю, какого рожна вам еще надо... Сербы в качестве Древних Афин для всего остального человечества – это, конечно, круто...

Между прочим, сербские шовинисты разевали *хлебало* еще и на Албанию, которая тоже в состав Сербии отроду не входила – да и народ тамошний к славянам не имел отношения. Но кого останавливают такие мелочи, если до дрожи в коленках хочется создать сверхдержаву? Сколько можно торговать свининой и постным маслом? Душа подвигов просит...

И некое подобие воинских подвигов все же случилось...

В октябре 1912 г. Сербия, Греция, Болгария и Черногория без объявления войны напали на Турцию. Первоначально в это предприятие планировалось втянуть и Россию – причем не только «обычной» дипломатией, но и методами, прямо скажем, экзотическими. Две дочери черногорского короля, Милица и Анастасия, были замужем за русскими великими князьями Петром Николаевичем и Николаем Николаевичем, дядей царя. Первый был так себе, слюнтяйчик, а вот Николай Николаевич – гораздо серьезнее. Субъект с патологическими амбициями, мечтавший сыграть когда-нибудь роль великого полководца.

Так вот, Милица и Анастасия, большие поклонницы, говоря современным языком, фанатки всей и всяческой мистики, стали устраивать во дворце Николая Николаевича спиритические сеансы, куда приглашали министров и генералов. В числе прочих «черногорки» вызывали и дух... Жанны д'Арк, а уж тот устами Милицы и Настеньки сулил России несказанные выгоды, если она вяжется в войну с Турцией...

Это *было*, господа мои! Это было... Вот только Россия твердо решила в Балканскую войну не вмешиваться, как ни неистовствовал мечтавший о лаврах полководца Николай Николаевич. Дух Жанны д'Арк, как ни надрывал призрачную глотку, помочь не смог...

Турция тогда переживала не самые лучшие времена, и четыре славянских государства чувствительно надавали ей по сусалам. В частности, болгарские войска вышли на Чаталджинские высоты, откуда до Стамбула было всего ничего. Болгарские офицеры рассматривали в бинокль купола стамбульских зданий, в том числе бывшую церковь Святой Софии. И, несомненно, рассуждали о том, что пора наконец водрузить на ней крест, благо у турок совершенно нет сил, чтобы защищать Стамбул в случае серьезного штурма...

Вот тут уж *Россия* взвилась, как кот, которому качественно прижали сапогом хвост! Поскольку ситуация создалась трагикомическая: не для того столько лет в России мечтали завладеть Босфором с Дарданеллами и вздеть крест на Святой Софии, чтобы сейчас к осуществлению этой мечты нежданно-негаданно подобрались какие-то болгары. Пусть они и единоверцы, и братушки – но такие планы им совершенно не по чину! Кто они вообще такие? Как смеют пачкать российскую хрустальную мечту своими грязными лапами? Это *наша* мечта, исключительно наша! Ведь если они, стервецы, захватят Стамбул с проливами, то себе оставят...

Одним словом, когда на защиту разбитой вдребезги Турции поспешили «великие державы», впереди всех, задрав галифе, не разбирая дороги, неслась Российская империя. Тут уж было не до единоверцев и прочих романтических теорий. Не нам – значит, и не болгарам! Осади назад, братушки!

Второй раз – после военной операции Николая I против мятежного Египта – Россия старательно спасала Османскую империю. С самого начала не рассчитывая ни на какую выгоду, исключительно ради того, чтобы проливы с Царьградом, не дай бог, не попали к болгарам. Такие вот прихотливые зигзаги порой выписывала русская политика на Балканах...

Короче говоря, соединенными усилиями великие державы, выкручивая руки державам помельче, кое-как отстояли Турцию, сохранившую и Стамбул, и проливы... Болгария, правда, снова обиделась на Россию – ведь в бинокли было видно царьградские купола!

Так закончилась Первая Балканская война. И практически тут же, без всякого перерыва, началась Вторая – но уже не с Турцией. Схватились меж собой недавние союзники по Первой. Болгария, недовольная итогом, вдруг напала на Сербию и Грецию. Те начали защищаться при посильной помощи Черногории. Чуть позже войну Болгарии объявила Румыния – и братья-славяне принялись колошматить друг друга, как пьяные мужики в престольный праздник.

Знаете, что самое смешное? Турки, опомнившись от этаких неожиданностей, взяли да и тоже вступили в войну – на стороне антиболгарской коалиции. Положительно, Балканы – не только пороховой погреб Европы, но и ее дурдом...

По моим впечатлениям, Россия тогда совершенно растерялась и не знала, что предпринять. Если первая балканская кампания еще как-то походила на крестовый поход православных против турецкого басурмана, то вторая не походила уже ни на что знакомое...

В общем, Болгарию разделали под орех (толпой, как известно, и батьку бить сподручнее). Она потеряла не только все завоеванное, но и часть исконной территории. И в очередной раз обиделась на Россию: почему не выручила? Хотя выручать болгар в такой ситуации было бы верхом идиотизма: в конце концов, каким местом думали, нападая на единоверцев по совершенно шкурным поводам?

Но вернемся к Сербии. Если ее войну с болгарами еще можно назвать справедливой и оборонительной, то это определение никак не подходит к тому, что сербы стали в том же 1913 г. творить в Албании.

Албания, как уже мельком упоминалось, в 1912 г. получила независимость. Однако это категорически не устраивало «Черную руку» – поскольку в планы ее членов входило захватить Албанию, чтобы получить выход к Адриатическому морю (какового в тогдашних своих границах Сербия была лишена).

И сербские войска мало того, что вторглись в Албанию, жаждая присоединить ее к планировавшейся Великой Сербии – начали откровенный *геноцид*. Стали хладнокровнейшим образом устрашения ради уничтожать мирное население без различия пола и возраста. В Люмской области только в одном, занятом сербами, селе в течение двух часов было убито около *пятисот* мирных жителей, в основном женщин и детей. Трупы своловли в дома, а дома подожгли, чтобы замести следы. Официальная сербская печать сообщила, что это якобы «албанские солдаты забаррикадировались в домах и начали стрелять» – вот и пришлось, мол, сжечь дома начисто.

Всего во время сербского вторжения в Албанию было начисто выжжено 35 сел и убито десятки тысяч мирных жителей. Эти сведения сообщила европейской общественности сербская социал-демократическая партия, стоявшая в оппозиции военной мафии. Так что ни о какой клевете и речи быть не может.

В Белград направили международную комиссию – правда, делегаты от Германии, Франции, Австро-Венгрии, России, Англии и США выступали в качестве не официальных лиц, а людей, «способных обращаться к общественному мнению». Половина членов комиссии отчего-то в Сербию не поехала вообще, а когда оставшиеся все же прибыли в Белград, сербский премьер Пашич заявил, что готов сотрудничать со всеми, кроме русского делегата Милюкова – поскольку тот, видите ли, «пристрастен» к сербам (на деле это означало, что Милюков был одним из немногих российских политиков, не поддавшихся бреду панславизма и смотревшим на сербов *трезво*, чего они ни в коем случае простить не могли).

К чести остальных членов комиссии, они, узнав о таком отношении к Милюкову, в знак протеста покинули Белград. Сербские зверства в Албании так и остались нерасследованными – а менее чем через год началась Первая мировая война, всем стало не до этого, а потом тем более не вспоминали, потому что Сербия оказалась среди держав-победительниц...

О том, как Сербия спланировала и осуществила убийство австрийского эрцгерцога Франца-Фердинанда, что и послужило детонатором общеевропейской бойни, я расскажу в отдельной главе. А пока – немного о Первой мировой.

Сначала – о Болгарии. О тех причинах, которые ее заставили – все же *заставили* – выступить на стороне Германии и Австро-Венгрии.

Первоначально Болгария делать этого вовсе не собиралась. Вообще не вступала в войну, медлила. И просила одного – чтобы

Сербия вернула ей македонские территории, как обязана была это сделать по договору 1912 г. Однако сербы выполнять договор не собирались: мало ли что они там подписывали три года назад, если начнешь за здорово живешь раздавать земли, не получится никакой Великой Сербии...

Страны Антанты – Англия, Франция, Россия и Италия – направили Сербии ноту, напоминая, что подписанные международные договоры вообще-то принято в цивилизованном мире соблюдать. Сербия ответила, что обещанное она отдать согласна. Но только в том случае, если выполнят ее небольшие просьбы...

Просьбы и в самом деле были «небольшие»...

Первое. После войны к Сербии присоединят Хорватию и часть венгерской области Бенат.

Второе. После окончания войны Сербию наряду с указанными четырьмя державами допустят к решению территориального переустройства Европы.

Третье. Четыре державы окажут Сербии помощь в размере 36 миллионов франков ежемесячно.

Четвертое. Четыре державы станут гарантами сербского суверенитета (то есть, говоря обыденным языком, будут выручать ее из всех последующих авантюр, в которые она несомненно вляпается).

Антанта к этим требованиям отнеслась... в общем, цензурных слов у меня нет. Не годятся цензурные слова для того, чтобы описывать сербские требования и сербские претензии... Одна Россия еще готова была признать Сербию согласно второму пункту «полноправной союзной державой». Остальные члены «большой четверки» и на это не соглашались, в чем трудно их упрекнуть.

Тогда Сербия начала намекать, что вообще-то может заключить с Германией и Австро-Венгрией сепаратный мир. И начала концентрировать войска на болгарской границе.

Тут-то (шел 1915 год) и появилась Германия, и предложила Болгарии защиту, помощь, поддержку и покровительство – а кроме того, всю Македонию и даже часть сербской территории.

И Болгария выступила против Антанты... А ведь этого можно было избежать, выполни Сербия свои обязательства согласно подписанному ею международному договору. Однако Сербия всегда считала, что обязательств у нее нет, а есть только претензии, требования и амбиции...

Немного о том, как Сербия в Первую мировую «выполняла» свой союзнический долг по отношению к России.

Начнем с того, что война эта для Сербии сложилась крайне неудачно – поначалу им удалось нанести австрийцам несколько поражений, но потом австрийцы опомнились, озлились и взяли Белград. Союзникам пришлось срочно помогать. Из России прислали 26 орудий, 30 тысяч винтовок и 50 тысяч полушубков. Сербы, поднажав, отбили Белград. Однако австрийцы совместно с немцами наперли снова, и случилась форменная катастрофа: не только армия, но и почти все население бежало в глубь страны, правительство принялось скитаться по крохотным городкам. Естественно, тут же перегрызлись военные со штатскими, сваливая друг на друга вину за поражение. Никому, судя по всему не приходило в голову, что *вообще* не стоило доводить дело до войны, к которой Сербия была совершенно не готова...

Немного сухих цифр. Только с февраля по сентябрь 1915 г. Россия предоставила Сербии и Черногории долгосрочных кредитов на сумму 75 507 387 рублей (эти кредиты никогда не были возвращены). Точная сумма, на которую было поставлено вооружение и боеприпасы, неизвестна – но она велика. Кроме того, в Сербию и Черногорию из России переправили 2 450 000 пудов муки, 1 миллион пудов ячменя, 350 000 пудов кукурузы, 600 000 пудов овса, 1 400 000 пудов пшеницы, 650 000 пудов сена, 200 000 пудов соломы. Пуд, если кто запамятовал – 16 килограммов... Русские общественные организации отправили, кроме того, 215 132 посылки с продовольствием и теплой одеждой, на общую сумму 1 983 423 рубля.

Как реагировали сербы? Да постоянно ныли, что этого «недостаточно». Более того, господа сербские коммерсанты развернули вокруг этой помощи неплохой бизнес. Особенно прославились «песочная» и «обувная» аферы. В русскую муку подсыпали песок для веса и перепродавали родному правительству. Русские сапоги вообще сплавили на сторону, а казне сдали корявые изделия местных ремесленников... (Справедливости ради стоит уточнить, что и русские армейские интенданты своего не упустили).

Один из ведавших военными перевозками сербских офицеров сообщал своему командованию, как обстоит дело с приемкой русских грузов: «В Радуеваце интендантура не смогла обеспечить корма для 746 лошадей, высаженных с барж. Для их транспортировки не были поданы железнодорожные составы, и измученных животных направили своим ходом в Заечар. Многие из них погибли. В Прахове под дождем были выгружены артиллерийские снаряды, порох и бочки с бензином, 25 240 тыс. патронов, 102 тыс. кг мостового оборудования. Все отсырело».

Вот так они обходились с тем, что воюющая Россия отрывала от себя. Да еще ныли, что мало помогаем...

Осенью 1915 года Россия выделила Сербии новый кредит – 180 млн французских франков. Да и другие державы Антанты оказывали Сербии помощь в сотни миллионов...

Знаете, что они за это получили? Когда союзники *попросили* сербскую армию начать наступление на Австро-Венгрию, сербы ответили отказом. Точнее, прямо они не отказывали – но воевать не собирались. Сначала уверяли, будто мало оружия. Получив из России и Франции дополнительные партии, начинали ссылаться на нехватку продовольствия и боеприпасов. Получив то и другое, плакались на плохие погодные условия. Именно так, я ничего не преувеличил. Хныкали, что идут дожди, а героический сербский солдат в дождь воевать решительно не приучен, придется ждать ясной погоды...

Представители Антанты прямо-таки стервенели, и их можно понять: в Сербию *закачивали* многие миллионы денег, массу вооружения и боеприпасов, астрономическое количество продовольствия и амуниции – а сербы и не думали воевать всерьез... Главнокомандующий французскими войсками маршал Жоффр чуть ли не кулаком по столу стучал под носом у сербских представителей. Они пообещали, что воевать будут – но вновь обманули.

Французы и итальянцы, по свидетельству русских дипломатов, начали не на шутку подозревать, что сербы попросту заключили с австрийцами секретное соглашение, этакое «тайное перемирие». Однако дело обстояло еще циничнее и проще, чем казалось: сербы берегли силы и оружие для очередной борьбы за Великую Сербию. Правивший страной принц-регент Александр, даже не таясь, издал приказ по войскам, в котором говорилось: «Мы должны еще некоторое время выполнять нашу тяжелую обязанность и стоять за наших великих и могучих союзников, которые воюют за нас и повергнут нашего общего противника на его собственной территории». А далее повествовал, как союзники, «повергнув нашего общего врага», вознаградят Сербию «за понесенные ею жертвы». Другими словами, сербы собирались не воевать, а *стоять* – чтобы их благородные союзники, разгромив врага своими силами, прирезали Великой Сербии новые территории.

Вот так они и стояли, стояли, стояли – пока русские, английские, французские солдаты ходили в атаки... Зато какие перлы можно было встретить в сербских газетах!

«Последняя победа поставила Сербию и сербский народ на первое место в Европе, в ряд первых людей в мире». Это они – о кратковременных успехах первых месяцев войны, за которыми последовал разгром...

Г. Н. Трубецкой, многолетний российский посланник в Сербии, писал так: «Сербы никогда не видят вещи, как они есть, но всегда или лучше, или хуже действительности... Многие из них искренне считают себя первым народом в мире, а свою армию лучшей в Европе. То же самое они думают о своей литературе и науке. В Нише, например, была прочитана лекция о влиянии сербской литературы на европейскую».

Нише, о котором идет речь – очередной крохотный городок, куда после катастрофы сбежали остатки «лучшей в мире армии» и откочевало правительство, давно уже цыганским табором слонявшееся по стране...

Мне известен один-единственный пример еще *более* подлого поведения «православных братьев». Речь идет о Румынии. В шестнадцатом году, собравшись наконец после долгих уговоров и внушительных авансов вступить в войну на стороне Антанты, Румыния предварительно продала по повышенным ценам Германии и Австро-Венгрии все свои запасы зерна и нефти. В расчете на то, что русские «все равно помогут».

И ведь помогли, что самое печальное! Нешуточные богатства осели в карманах всей этой славянской сволочи, что по недоразумению считается «единоверными братьями»...

К январю 1916 г. наступил полный крах. Сербское правительство, уже ничем не способное управлять, сбежало в Черногорию, а оттуда – в Албанию. Полумиллионная сербская армия, видя такое дело, тоже пустилась в бегство через заснеженные албанские перевалы. До Албании добрались только 120 тысяч – остальные перемерзли, как французы в двенадцатом году. Эти жалкие остатки «лучшей в мире» армии союзники перебросили в Грецию и взяли под свое начало. Примерно то же самое происходило в Черногории. Тамошний король Николай с частью министров и военачальников сбежал из страны. Армия разбежалась по домам. Австрияки без единого выстрела заняли Черногорию...

Именно там, в греческой эмиграции, принц-регент Александр и набрался наконец смелости покончить с «Черной рукой», из-за которой, собственно, и случились все беды. Правда, действовал принц с сербской спецификой: он создал свою тайную офицерскую организацию, не без юмора названную «Белая рука». Она и покончила с «черной». Полковника Дмитриевича и парочку его подельников расстреляли без особых церемоний, воеводу Путника вытурили в отставку. Правда, лучше от этого не стало, потому что дела обстояли хуже некуда...

Тут произошла Февральская революция, а за ней и Октябрь грянул. И случилось так, что впервые сербам высказали в лицо все, что о них думали. Едва комиссары от большевиков заняли Министерство иностранных дел и стали там осваиваться, первым заявился сербский посол – и с порога завел речь о славянском братстве, а также новых кредитах и дальнейшей помощи. Комиссар (к великому сожалению, история его имени не сохранила) без особой дипломатии дал понять, что лафа кончилась, на халяву более рассчитывать не стоит. И вообще сербы – махровые империалисты.

Посла, по воспоминаниям свидетелей беседы, чуть удар не хватил – *так* с «братушками» еще не разговаривали, и они давненько привыкли, что Россия служит дойной коровушкой. Посол в совершеннейшем расстройстве чувств бросился восвояси, бормоча что-то вроде: «Сами дураки...»

В гражданскую войну на территории России какое-то время болтался так называемый «Добровольческий полк сербов, хорватов и словенцев», образованный из военнопленных австрийской армии. Правда, в этом «полку» насчитывалось всего две тысячи человек.

Естественно, эта шайка-лейка ничем себя не прославила, когда в Самаре, где они окопались, произошел переворот, и власть от красных перешла к КОМУЧу (скопище болтунов, членов Учредительного собрания), «братушки» заняли под казарму лучшее здание в городе, оделись, обулись и вооружились с бесхозных русских складов, но воевать против большевиков решительно отказались, заявив, что они хотят «сохранить солдат для обезлюдевшей во время войны Сербии». После чего организовали некую «контрразведку» и стали грабить-расстреливать мирных самарцев. И потребовали, чтобы КОМУЧ оплатил им проезд на родину, да не бумажками, а золотом.

Это уже было чересчур – и сербам ответили без особых церемоний: вас, собственно, сюда не звали и в гости не приглашали, так что обратные билеты оплачивать не обязаны... Сербы и прочие братья спорить не стали и, прихватив награбленное, уехали на родину.

А на родине разворачивались интересные дела... Подробно излагать все перипетии большой политики нет смысла. Скажу коротко: оказавшаяся среди победителей Сербия стала главным инициатором создания Королевства сербов, хорватов и словенцев, появившегося на свет 1 декабря 1918 г. Королем, естественно, стал принц Александр. Страна получилась внушительная: в нее вошли Сербия, бывшие территории Австро-Венгрии (Словения, Хорватия, Воеводина, а также Македония, Босния и Герцеговина). Окрыленные успехами, сербы решили не церемониться и прихватили еще и Черногорию. Сидевший в эмиграции черногорский король Николай, ясен пень, был ужасно разозлен, и его сторонники подняли в Черногории мятеж, но сербы его быстренько подавили, а вскоре и Николай скончался – то ли от огорчения, то ли срок подошел...

Страна получилась приличных размеров (см. карту бывшей Югославии), но при ближайшем рассмотрении представляла она собой то ли некоего монстра, то ли салат, где рядом с солеными огурцами лежали ломтики ананаса, и все это было полито малиновым вареньем с чесноком...

Дурацкая какая-то получилась держава, откровенно говоря. Прежде всего, ее части были по развитию настолько не соответствующими друг другу, что грустно делалось. Главные промышленные центры и банки – как раз в Словении и Хорватии. Но реальная власть принадлежала исключительно сербам (славным главным образом свиноводством и землепашеством). Что сербы, не особенно и притворяясь, зафиксировали в Конституции 1921 г.

И началось то, что деликатно именовалось «сербизацией». Сербы составляли только 39% населения новехонького, с иголочки, королевства – но составляли подавляющее большинство в офицерском корпусе, полиции и жандармерии, органах государственного управления. И заботились в первую очередь о себе, любимых. Интересные цифры значатся в статистике Национального банка, распределявшего кредиты на развитие экономики меж провинциями. Сербии – 49%, Хорватии – 23%, Словении – 11,5%, Боснии и Герцеговине – 8%, Македонии – и вовсе шиш с маслом (да вдобавок Македонию переименовали в Южную Сербию). Четыре пятых всей транспортной инфраструктуры, созданной за первые десять лет (железные дороги, мосты, шоссе), приходилось на Сербию. Мало того, в Хорватии и Словении стали в приказном порядке демонтировать заводы и фабрики и перевозить их в Сербию. В несербские провинции стали переселять сербских колонистов, запрещать там обучение на родных языках, закрывать национальные школы и церкви. Переселенцам выделяли лучшие земли, отнимая их у местных крестьян. Любые протесты подавлялись карательными отрядами. Нужно отметить, что в этой роли наряду с сербами выступали и отряды русских белогвардейцев. Ага, вот именно. Как раз для этого сербы их у себя и приютили, а вовсе не из братских чувств...

Одним словом, сербы очень быстро стали душителями и давителями полудюжины других народов. Ну а попутно они, опять-таки нисколечко не церемонясь, ограбили немцев.

Дело в том, что те самые «проклятые тевтоны» (да и «чертовы австрияки») до Первой мировой войны делали огромные инвестиции в экономику Сербии: в горнодобывающие предприятия и угольные шахты, в торговлю и предприятия по строительству железных дорог. Сербы все это быстренько приватизировали...

Естественно, все это не могло кончиться миром – народ на Балканах горячий, испокон веков привык бегать по горам и лесам с оружием... Македонцы, косовские албанцы и черногорцы создали множество небольших партизанских отрядов и весело палили по сербам из кустов, из-за углов. Сербская жандармерия отвечала повальным террором против мирного населения. Что, как легко догадаться, порождало новых партизан.

Хорватская оппозиционная партия через своих депутатов в парламенте вскрыла массу злоупотреблений, совершенных сербами из правительства. Оказалось, в частности, что сынок многолетнего премьер-министра Сербии Пашича греб из государственной казны так, что в ней уже донышко виднелось. Остальные были не лучше.

Сербы начали преследовать партию и бросать ее лидеров в тюрьмы – а 20 июня 1928 г. некий Рачич, член той самой «Белой руки» (все еще существовавшей) прямо в здании парламента, во время дебатов вытащил пистолет и открыл огонь по хорватским депутатам. На месте убил двоих, третий умер от ран в больнице.

По всей Хорватии начались народные волнения, подавленные жандармерией с обычным для сербов зверством. Именно тогда и родилась хорватская боевая организация усташей, выступавшая за независимую Хорватию.

Король Александр, решив, что не стоит больше сохранять даже видимость демократии, устроил в 1929 г. переворот, объявил чрезвычайное положение, разогнал парламент. К власти пришло правительство, возглавляемое генералом Живковичем. По совместительству, о чем мало кто знал, этот генерал много лет возглавлял и организацию с романтическим названием «Белая рука». Ага, ту самую...

Прежнее название – Королевство сербов, хорватов и словенцев – отменили, как не соответствующее историческому моменту. Теперь страна называлась короче – Королевство Югославия. Но это был тот же шалман под новой вывеской – разве что сербы еще активнее стали притеснять все прочие нации.

И Югославия стала недвусмысленно сближаться с Германией, где канцлером был уже господин по фамилии Гитлер. В 1934 г. хорватские усташи застрелили короля Александра (по заказу той же Германии – очень уж любил королек амурничать с Францией). Трон опустел.

Вообще-то у Александра был родной брат – но его сам Александр в целях ослабления конкуренции еще в 1917 г. упрятал в сумасшедший дом (где бедняга просидел четверть века). Королем провозгласили принца Петра, 11-летнего сына покойного – а править стал принц-регент Павел (чей он там родственник, лично мне, откровенно говоря, неинтересно), окончательно взявший курс на дружбу с Гитлером.

Югославия официально одобрила присоединение Гитлером Австрии и оккупацию Чехословакии. И началось...

В стране практически открыто, под крышей «Культурного союза», объединявшего этнических немцев (а их в Югославии было полмиллиона) работали агенты гитлеровских спецслужб, создавших широкую агентурную сеть в югославской армии и органах государственной власти. Ради приличия Югославия наконец-то установила дипломатические отношения с СССР (в июне 1940). А через восемь месяцев югославский премьер-министр подписал протокол о присоединении Югославии к Тройственному пакту Германии, Италии и Японии...

Буквально назавтра в Югославии произошел новый переворот – устроенный группой высших офицеров, связанных с Лондоном. Принца-регента и премьер-министра вышибли в отставку, выбили стекла в германском посольстве, сожгли флаги Третьего рейха...

Но вот что делать дальше, никто толком не знал. Заключили договор о дружбе и ненападении с СССР, что было, признаем, очередным идиотизмом: дружба дружбой, против этого возражать трудно, но вот каким образом СССР и Югославия могли бы друг на друга нападать, если их разделяют несколько вполне суверенных и неслабых держав? Ненападение-то тут при чем?

Гитлер разозлился и приказал: «Расколошматить!» Генералы рявкнули: «Яволь!» Началась война...

Стоп! Называть это войной у меня язык не поворачивается. Просто-напросто сербам в очередной раз надавали по наглой роже. Быстро и качественно.

Обладатели ряда высших постов в армии и государстве были агентами Абвера – в том числе и военный министр Югославии генерал Недич. Все «секретные» и «суперсекретные» документы югославского Генштаба уже через пару часов оказывались на столе германского резидента в Белграде.

6 апреля 1941 г. германские самолеты бомбили Белград, а вермахт вторгся в Югославию. С первых же часов войны югославский Генштаб утратил управление войсками – ничего удивительного, с таким-то военным министром... Оборонительные планы Югославии немцы знали до последней запятой, и потому, как легко догадаться, игра шла в одни ворота. Вдобавок из югославской армии массами дезертировали хорваты, словенцы и македонцы: сыграло свою роль двадцатилетнее сербское колониальное управление страной, все остальные нации не считали начавшуюся войну *своей* и рассуждали с крестьянской прямотой: сербы все это затеяли, пусть сами и выпутываются...

10 апреля, на четвертый день войны, югославская армия перестала существовать как единая организованная сила. В страну вошли войска немецких союзников: итальянцы, венгры и болгары. 13 апреля немцы вошли в нисколько не сопротивлявшийся Белград, 15 апреля король Петр, министры и военачальники на самолетах *сдернули* в Египет, а оттуда перебрались в Лондон. 17 апреля югославская армия, все 28 дивизий, капитулировала...

Одним словом, произошедшее носило характер исконного сербского балагана: сначала надувать щеки, крутить усы и брятать дедовскими саблями, совершенно не просчитывая последствия, потом в два счета получить по физиономии и выйти из драки...

Дальнейшие события многие воспринимают в духе примитивных штампов: мол, в Югославии началось могучее партизанское движение, и земля горела под ногами оккупантов...

Нравится это кому-то или нет, но все обстояло гораздо сложнее. Начнем с того, что зачинателями партизанского движения в Югославии были вовсе и не сербы, и не коммунисты. Уже в конце апреля в *Словении* подпольно собрался съезд всех более-менее серьезных политических движений и общественных организаций, включая коммунистов. На нем было решено создать единую антифашистскую организацию – национальный фронт Словении (и партизанские отряды, а также подпольную сеть).

Следом, уже через несколько дней, подключились сербы – но не коммунисты, наоборот. Небольшая группа сербских офицеров во главе с полковником Драголюбом (Драже) Михайловичем капитуляцию не признала и, уйдя в горы, стала организовывать свои отряды. Михайлович ориентировался на короля и правительство лондонских эмигрантов.

И только через пару месяцев появились сориентированные на Москву отряды Коммунистической партии Югославии, лидером которой был Иосип Броз, более известный потом всему миру под партийным псевдонимом Тито. Кстати, никакой не серб, а сын хорвата и словенки.

К тому времени уже вовсю функционировало сербское марионеточное правительство во главе с тем самым гитлеровским прихвостнем генералом Недичем и располагало своими «вооруженными силами» из сербских нацистов. (А вы, должно быть, решили, что среди сербов нацистов не было? Не надо так хорошо о них думать...)

Прогитлеровское правительство Недича «отметилось» в Боснии самым печальным образом. Там сербы начали настоящий геноцид мусульман. Исключительно за то, что они мусульмане. С молчаливого одобрения оккупировавших Боснию итальянцев сербы рушили мечети, убивали мулл, пытались обратить боснийцев в православие. Ничего удивительного, что после этого мусульмане валом валили в «Ханджар» – мусульманскую дивизию СС. Не из симпатий к Гитлеру и нацизму, а исключительно из желания поквитаться с сербами...

«Красные» сербы с албанцами обошлись не лучшим образом. Сначала их Тито всячески зазывал в свои ряды, клятвенно обещая, что после войны населенные албанцами югославские земли воссоединятся с Албанией. Однако потом, набрав силу, он про свои обещания вульгарным образом запамятовал. Албанские части в составе Народно-освободительной Армии Югославии подняли восстание, но оно форменным образом было потоплено в крови. Уцелевших согнали на стадион в Приштине, превращенный в концлагерь, где обхождение от гитлеровского мало чем отличалось. После войны Тито вообще разделил населенные албанцами земли меж Сербией, Черногорией и Македонией, официально объявив албанцев «национальным меньшинством». Вновь, как до войны, на албанских землях появились колонисты «титульной нации», около 200 тысяч албанцев вынуждены были эмигрировать. Именно в этом берут начало события девяностых – у албанцев Косова был свой счет к сербам. А впрочем, у всех без исключения народов Югославии к сербам накопилось немало серьезных, вполне обоснованных претензий...

И началась драка – Тито против Недича и Михайловича, а те, в свою очередь, и против него, и против друг друга. Московские сербы, лондонские сербы, берлинские сербы ожесточенно резали друг друга. Хорватские усташи (к тому времени Хорватия стала независимым государством, впрочем, во всем зависящем от Германии) с особенным удовольствием палили в «московских» и «лондонских», но под шумок не брезговали и подстрелить какого-нибудь «берлинца». Поскольку ненавидели сербов как таковых, не делая идеологических различий – натерпелись за двадцать лет сербского террора. Конечно, во многом усташи перехватили через край, иногда устраивая форменную резню, и оправдания им нет – но нужно все же помнить, что ненависть к сербам не на пустом месте родилась...

А там и албанцы разделились на три хорошо вооруженных крыла. Одни воевали в союзе с Тито. Вторые создали организацию «Балли Комбетар», воевавшую за создание «великой Албании» (я уж запамятовал, от которого до которого моря, но размах, как водится, был именно таков: от моря до моря, и никак иначе!) третьи пошли на службу рейху – католики и мусульмане (с Тито дружили в основном албанцы православные). Из них сформировали эсэсовскую дивизию «Скандербер», тоже цедившую кровушку направо и налево...

Все эти отряды и отрядики (было еще несколько разновидностей помельче) гонялись друг за другом по многострадальной бывшей Югославии, все воевали со всеми. Тут же дралась на стороне гитлеровцев казачья дивизия генерала Краснова – из белогвардейцев и советских военнопленных. В воинстве Тито кого только не было – итальянцы, болгары, чехословаки, поляки, советский батальон из военнопленных, венгерский батальон и немецкая коммунистическая рота. Ноев ковчег какой-то...

По большому счету, это была не борьба партизан с карателями, а самая настоящая *гражданская* война. Дрались меж собой представители одной нации, дрались меж собой разные нации, да вдобавок деревня воевала против города. Это четко прослеживалось: к Тито примыкали в основном горожане, а четников и усташей поддерживали в основном крестьяне...

В 1944 г. советские войска вошли в Югославию и освободили Белград – после чего ушли из страны. На этом настаивал Тито, хотя и верный, казалось бы, друг Москвы. Вновь произошло то, что случалось уже не единожды: сначала сербы «выдоили» Москву (разве что на сей раз не царскую, а сталинскую), а потом Тито решил, что сам будет великим вождем и правителем...

Для начала он развернул массовые репрессии против четников – генерала Михайловича расстреляли, а его солдат тысячами погнали под пулеметы. Вина многих из них заключалась исключительно в том, что против гитлеровцев они воевали на «неправильной» стороне...

Далее вновь возникла Югославия – практически в довоенных границах, разве что на сей раз не королевство, а «социалистическая федерация». На деле – все то же прежнее сербское королевство с некоронованным монархом Иосипом I. Несмотря на хорватскую кровь, «красный император» притеснял хорватов с несказанным наслаждением – при малейшем протесте напоминая, как они, мерзавцы, воевали на стороне Гитлера. В столице Хорватии Загребе снесли памятник национальному герою Хорватии, пану Елашичу, тому самому, что помог в 1848 г. подавить венгерский мятеж – что хорватам, мягко говоря, не понравилось и симпатий к сербам опять-таки не прибавило...

После войны Тито пытался создать нечто напоминающее «великую державу» – так называемую Дунайскую федерацию, куда рассчитывал привлечь Болгарию, Албанию и всех прочих, кого удастся. Албанию подчинить себе удалось, но с остальными получилась промашка – Сталин воспрепятствовал. Тогда Иосип крайне осерчал на Иосифа, провел чистку коммунистической партии и всех выявленных «агентов Москвы» загнал в концлагеря. Тамошние порядки гитлеровским уступали мало, разве что крематориев и газовых камер не было. Но погибли там многие тысячи...

До конца 80-х годов XX века социалистическая федеративная Югославия кое-как существовала, главным образом за счет экономической поддержки Запада. Но более всего ситуация напоминала подземный пожар. Такое частенько случается: сверху, на поверхности, никаких признаков беды, растут деревья и зеленеет травка, даже зайчики бегают и птички щебечут – но в глубине пылают пласты угля или торфа, и со временем огонь вырывается наружу...

Пока был жив Тито, руководитель властный и незаурядный, страна с грехом пополам оставалась единой. Но межнациональные отношения обострились (а впрочем, они с восемнадцатого года оставались такими), республики практически открыто спорили, кто за чей счет живет – и все не без оснований обвиняли сербов в «колониализме». Еще в 1983 г. хорватский ученый Бибер, выступая перед группой ученых в Загребе, заявил, что если нынешние процессы распада будут продолжаться, страна превратится во второй Ливан. Западный специалист по Югославии Сабрина Рамет тогда же пессимистично писала: вопрос заключается только в том, сколько времени осталось до начала нового кровопролития меж сербами и хорватами...

Умер Тито, разделился на пятнадцать государств СССР – и грянуло...

Впрочем, начиналось все мирно. В 1991 г. две самые культурные и цивилизованные области Югославии, Хорватия и Словения, объявили о выходе из федерации и провозгласили независимость. Белград по привычке реагировал как надлежит колонизатору: послал в Словению внутренние войска, армейские части. Но признанная международным сообществом Словения оказала сопротивление, и сербам пришлось отступить. Ненадолго, впрочем. О создании своего государства объявили албанцы из Косовского края. Кое-кто до сих пор видит в этом «происки НАТО». Однако вряд ли стоит сваливать все на «происки» – достаточно вспомнить, как зверствовали в Албании сербы в 1913 г., как во время Второй мировой албанцев «умиротворяли» штыком и пулей сербы самой разной политической ориентации, как в 1981 г., уже при социализме, разгоняли танками демонстрации протеста в Косово...

Сербы ввели в Косово войска – и начали действовать так, как привыкли за десятилетия. Тем временем в Хорватии зашевелилась так называемая сербская Демократическая партия.

Давно подмечено: как только сербы начинают толковать о демократии – жди войны... Так и оказалось. У нас совершенно неизвестна и эта партия, и ее главарь, врач-психиатр Йован Рашкович, но фигура это была крупная и крайне жуткая.

Означенный эскулап еще в 1990 г. выпустил фундаментальный труд о живущих в Югославии народах, озаглавленный примечательно: «Безумная страна». О сербах говорилось так: «Я заметил, что большинство представителей сербского населения демонстрирует признаки эдиповой личности, то есть умеренной дозы агрессивности в сочетании со способностью подчиняться. В этом психологическом типе присутствуют два разных элемента: один – это большая преданность, проявляющаяся в полном послушании авторитету, то есть отцу, который контролирует сферу удовольствия и обладает абсолютной властью, и другой – тот, что в определенных ситуациях разрушает эту власть, восставая против нее... В природе сербов сосуществуют авторитарные черты с определенными элементами агрессивности и открытости одновременно».

Это говорилось вовсе не в упрек соплеменникам – психиатр считал, что обладание именно этими качествами как раз и делает сербов «лидерами славянства на Балканах» – а разные прочие хорваты и всякие мусульмане, учил он, должны стать «подчиненными расами».

Чтобы претворять идеи в жизнь, Рашкович и основал вышеназванную партию. Как ни трудно поверить, но факт остается фактом: тремя ее «младшими» лидерами были... бывшие пациенты Рашковича. Эта вооруженная «теоретическим обоснованием» банда собирала митинги, разжигая ненависть к хорватам и мусульманам. Доктор не только не скрывал, что умышленно разжигал войну, наоборот – хвастал этим принародно. В январе 1992 г., выступая по белградскому телевидению, он самодовольно вещал: «Я отвечаю за все, потому что я готовился к этой войне, даже если это не было военными приготовлениями. Если бы я не создал этот эмоциональный накал в сербском народе, ничего бы не случилось. Моя партия и я подожгли фитиль сербского национализма не только в Хорватии, но и в Боснии-Герцеговине. Я повторял снова и снова этим людям, что это знание ниспослано небесами, а не идет от земли».

Вскоре «посланец небес» умер, но у него остался достойный ученик – ученик дьявола с прекрасно известной многим фамилией Радован Караджич (на сей раз не пациент Рашковича, а его прилежный студент). Он и продолжил дело учителя...

Началась война. Начался со стороны сербов геноцид – как в былые времена. Безусловно, масштабы устроенной сербами резни преувеличены – но именно что преувеличены, о *чистом* вымысле речь не идет. Сербы не впервые в истории зверствовали, пытаясь сохранить свою совершенно уже рассыпавшуюся миниимперию.

И тогда над Югославией появились бомбардировщики НАТО. Согласен, кое в чем эти бомбежки выглядят неприглядно. Однако никак нельзя сказать, что страны НАТО совершили возмутительную, ничем не спровоцированную агрессию против мирного, доброго, душевного народа, который, до того как на него посыпались бомбы, идиллически пас своих свиней, совершенствовался в гуманитарных науках и тешился высоким искусством. Увы, все обстояло как раз наоборот – все, что сербы успели к тому времени натворить, перевешивало причиненные им самим неприятности. В которых и на сей раз виноваты исключительно сами...

Так что натовские бомбардировки все же были *меньшим* злом в сравнении с тем большим, что добрых сто двадцать лет исходило от сербов. Как ни грустно признавать сквозь нерассеявшийся дурман «славянского братства», но именно так и обстоит дело...

Крайне символический штрих: по данным соответствующих служб, во время войны на Балканах (которую, думается мне, следует считать Четвертой балканской, потому что третья состоялась в 1941–1945 гг.) в России обитало примерно шестьдесят тысяч молодых, здоровых сербов самого что ни на есть призывного возраста (другие источники называют даже большее число – девяносто тысяч). Угодно узнать, сколько из них, узнав о войне, ринулись защищать родину?

Ноль целых, ноль десятых. Все это сытое жлобье увлеченно крутило в России тот или иной бизнес, тащило в постель русских девушек и смачно чавкало русское сало. Правда, время от времени иные из них устраивали митинги, где по укоренившейся за сто двадцать лет привычке вновь, как в былые времена, требовали, чтобы матушка-Россия их в очередной раз защитила: объявила войну НАТО, оружия сербам подкинула, денег дала. Наслушавшись этих призывов, в Сербию ехали воевать русские парни – и добро бы речь шла о гопниках типа Эдуарда Лимонова, не способного нормально существовать в мирных условиях, питающегося, как вампир, кровью, заварушками, анархией, хаосом. Ехали и романтики, в духе старых времен искренне верившие, что собрались на святое дело...

Чем все кончилось? Да очень по-сербски, знаете ли. В конце концов западники пообещали сербам большие деньги, если те в самом прямом смысле продадут им президента Милошевича, поджигателя войны и вдохновителя геноцида – для последующего суда с адвокатами, прениями сторон и прочими признаками цивилизации. Сербы подумали – и продали своего президента. То есть поступили в лучших сербских традициях: если дают хорошие деньги, чего же ломаться?

Денег им, правда, так и не заплатили, но это уже их проблемы, и мне облапошенных сербских торгашей нисколечко не жалко.

Сейчас Сербия пришла именно в то состояние, которое ей с самого начала и предназначалось, как она ни пыталась выломиться из своей исторической судьбы: крохотное государство на задворках Европы, даже если еще и питающее несоразмерные с возможностями амбиции, все равно не способное претворить их в жизнь. Еще и оттого, что «братская» Россия, такое впечатление, наконец-то освободилась от длившегося сто двадцать лет гипноза и более не собирается ни проливать русскую кровь, ни тратить русское золото на поддержку *паразита*.

Вот именно, паразита. При мысли о Сербии и сербах лично мне в первую очередь приходят на ум персонажи фантастических фильмов вроде «Кукловодов» – пришельцы из космоса наподобие медузы или ската, которые, проникнув под одежду, присасываются к землянину, запускают в него жало и начинают руководить всеми его поступками. Разумеется, заставляя делать то, что выгодно именно им, а не попавшему в плен человеку.

В точности такую роль, будем откровенны, сто двадцать лет играла Сербия по отношению к России, совершенно не важно, императорской ли, коммунистической, независимой. Прикрываясь высокими, красивыми словесами, сербы десятилетиями высасывали из России соки, требовали воевать за них, когда они вляпывались в очередную авантюру, требовали спасать, когда они в угаре создания «Великой Сербии» вновь оказывались в совершеннейшем дерьме. И, что самое печальное, в России то и дело ловились на эту удочку, бездумно подставляли горло вампиру.

Пора понять наконец: не было никаких «братьев». Был умный, циничный, нахальный вампир, который в полном соответствии с тем, как это показано в многочисленных фильмах о Дракуле и ему подобных, убаюкивал жертву, и она, не соображая, что делает, сама подставляла горло. И не замечала ранок на шее.

Есть у русского народа такой недостаток: покупаться на красивые слова и отдавать последнюю рубашку сладкоголосому проходимцу. Это не только наша беда, представители многих других наций бывают так же доверчивы – но только в России, пожалуй, *забалдение* бывает всеобщим. Не слушая трезвые голоса – а они, как мы убедились, были! – добрые, великодушные, умиленные россияне (вовсе не обязательно одни великороссы), вместо того чтобы обустраивать свою ох как нуждавшуюся в благоустройстве родину, тратили силы и деньги, жизнь свою порой отдавали, чтобы хитрые, расчетливые, беззастенчивые вампирчики с Балкан жирели, богатели, строили химерическую «Великую Сербию», которой по законам исторического развития однажды все равно суждено было обрушиться в пламени и дыме... Будем надеяться, что – окончательно и навсегда.

Я понимаю, что многих прекраснодушных романтиков эта глава заставила ужаснуться. Но *задуматься* порой необходимо – чтобы вновь не наступить на те же грабли. Реальность, увы, неприглядна: на протяжении более чем столетия как Сербия, так и другие «братушки» цинично и ловко *использовали* Россию даже не в качестве дойной коровы – в роли покорной жертвы вампира. Насосавшись кровушки, сытно рыгали и отправлялись на поиски новой жертвы.

Россия, кажется, от наваждения избавилась – за последние пять-шесть лет что-то совершенно не слышно воплей о «стенающей братской Сербии» – даже из уст национал-патриотов. Сдается мне, это признак выздоровления.

Но самое не то что печальное – страшное, заключается в другом. В том, что, увлекшись миражами, страна наша лишилась не мнимых, а настоящих друзей, с которыми вовсе не следовало ссориться по недальновидности своей...

Глава пятая

ДОРОГА К ПРОПАСТИ

Так уж исторически сложилось, что из всех заграничных народов лишь немцы самым теснейшим образом оказались связаны с Россией – и внесли в ее развитие огромный вклад, опять-таки в отличие от всех прочих иностранцев, представленных лишь отдельными (пусть порой и выдающимися) индивидуумами.

До Первой мировой Россия, если не считать Семилетней войны (в которую ее втравили ради своих интересов Англия и Австрия), никогда не воевала ни с одним германским государством. Так уж сложилось. Для славянской Руси главным противником испокон веков была славянская же Польша, а для германских государств – Франция. Расхожее мнение, будто Александр Невский дрался на Чудском озере с *тевтонскими* рыцарями, истине соответствует мало. Тевтонский рыцарский орден был в первую очередь не немецкой, а международной организацией, где немцы вовсе не составляли абсолютного большинства. Точно так же обстояло, кстати, и с Ливонским орденом, с которым сражался Иван Грозный. В любом случае это были не государства, а религиозные объединения – существенная разница...

Опять-таки вопреки расхожему мнению немецкая слобода (знаменитый Кукуй) возникла под Москвой вовсе не при Петре I, а еще при Иване Грозном. Впервые «Немецкая слобода» упоминается в русских официальных бумагах уже в 1578 г., как уже существующая, кстати. Обитали там пленные, которых Грозный как раз и вывел из Ливонии после разгрома одноименного ордена. Собственно, попав в Россию, пленными они быть перестали – их поселили в означенной слободе, объявили, что отныне они свободные и полноправные жители Московского царства, а чтобы у них были средства к существованию, Грозный выдал им привилегию выделывать и продавать пиво, вино и другие крепкие напитки. По тем временам это и впрямь была нешуточная привилегия, которой искренне завидовали – монополия на производство спиртного сохранялась за царской казной, и с нарушителями поступали так, что не к ночи будь помянуто.

Винокурением немцы не ограничились – многие из них были знатоками разнообразных ремесел. Именно из этой слободы происходили те мастера саперного дела, что при взятии Грозным Казани взорвали городскую стену пороховыми зарядами.

В Смутное время «лихие люди» Немецкую слободу разорили и спалили дотла, а жители разбежались. После избрания на царство Михаила, когда более-менее наладилась нормальная жизнь, уцелевшие стали возвращаться – а из-за границы ехали новые специалисты. Сохранился указ от 1652 г. «Афонасий Иванов сын Нестеров, да дьяки Федор Иванов да Богдан Арефьев строили новую иноземскую слободу за Покровскими воротами, за земляным городом, подле Яузы реки, где были наперед сего немецкие дворы при прежних Великих Государях до Московского разорения». Земельные участки немцам раздавали «смотря по достоинствам, должности и занятиям»: генералы, офицеры, архитекторы и доктора получали по 800 квадратных саженей, младшие офицеры, аптекари, мастера-ювелиры – по 450, ремесленники, капралы и сержанты – по 80. К восшествию Петра на престол немецкая слобода уже насчитывала более 200 домов. (Существовала и вторая, кстати – в Архангельске.)

В Россию заработка ради ехали и представители многих других европейских народов, но всех их, вместе взятых, было в несколько раз меньше, чем немцев. Всего по Всероссийской переписи населения 1897 г. в Российской империи числилось около двух миллионов немцев (часть – жители Прибалтики, часть – переселившиеся из-за границы). Причем, что интересно, городские жители составляли только треть, а остальные как раз и занимались землепашеством.

Как водится, существовали две крайних точки зрения на роль немцев в истории России. Один господин по фамилии Гитлер в своей печально известной книжице «Моя борьба» начисто отрицал самостоятельную роль русских в создании государства: «Не государственные дарования славянства дали силу и крепость русскому государству. Всем этим Россия была обязана германским элементам... в течение столетий Россия жила именно за счет германского ядра в ее высших слоях населения».

Это, конечно, вздор, направленный на то, чтобы польстить самолюбию «высшей расы». Однако не менее вздорна и противоположная точка зрения – сетования на «немецкое засилье», которое-де не принесло никакой пользы России. Критика исходила с самых разных сторон – от монархистов до революционера Герцена, который немцев ругал за то, что они были «безукоризненными и неподкупными орудиями деспотизма». И не приходило в голову этому лондонскому болтуну, что он, собственно говоря, комплименты делает чиновникам немецкого происхождения... Безукоризненность и неподкупность для государственного служащего – несомненное достоинство. Тем более что сам Герцен в другом месте вынужден был признать: «В немецких офицерах и чиновниках русское правительство находит именно то, что ему надобно: точность и бесстрастие машины, молчаливость глухонемых, стоицизм послушания при любых обстоятельствах, усидчивость в работе, не знающую усталости. Добавьте к этому известную честность (очень редкую среди русских) и как раз столько образованности, сколько требует их должность...»

Вот в этом и секрет того, почему Николай I открыто отдавал предпочтение немцам: как это ни прискорбно для нашего национального самолюбия, они и работали лучше русских, и, главное, не воровали. То есть воровали, конечно, – но казнокрадов и взяточников среди немцев отыскивалось гораздо меньше, чем среди православного люда. Многозначительный пример: при том же Николае два военных чина из немцев – Клейнмихель, дежурный генерал (нечто вроде личного секретаря императора по военным делам) и Адлерберг, начальник Военно-походной канцелярии, учинили, по отзывам современников, «воровство, доходящее до грабежа». Под чужими именами оформляли на себя всевозможные военные подряды и поставки. Деньги гребли лопатой. Вот только «крышевал их и стоял во главе всего предприятия исконно русский человек А. И. Чернышев, военный министр...

Не будем о криминале. Поговорим лучше о тех славных делах, за которые стоит быть благодарными российским немцам, какую область жизни и человеческой деятельности ни возьми.

Армия. Фельдмаршал Миних, генерал-фельдмаршал Витгенштейн (участник войны с Наполеоном и главнокомандующий русской армией во время войны с Турцией 1828–1829 гг.), граф Бенкендорф (герой Отечественной войны и шеф жандармов), адмирал фон Беллинсгаузен (участник первого кругосветного плавания русских моряков), адмирал Врангель (морской министр, один из учредителей Русского географического общества). Всего в армии уже при Николае I служило более 150 генералов из немцев, а число офицеров учету не поддается.

Дипломатия. Министр иностранных дел Нессельроде, при котором Россия не знала ни одного дипломатического поражения, и целая плеяда его подчиненных, «блестящих», по оценке дочери Николая I великой княгини Ольги: Мейендорф, Пален, Матусевич, Будберг, Бруннов.

Финансы. В биографическом очерке, написанном в 1893 г., деятельность министра финансов при Николае I Е. Ф. Канкрина оценивается в самой превосходной степени: «Полное расстройство финансов, вызванное управлением Гурьева, сменилось процветанием. Дефицит был устранен уже в 1824 г., оскудение казны сменилось значительными запасами, у Канкрина всегда были деньги, но расходовать их без крайней надобности он никому не позволял, во всех отраслях государственного хозяйства установился образцовый порядок, бесконечное обобрание казны было искоренено, государственный кредит России достиг такой устойчивости, такого блеска, что наше отечество могло в случае надобности занимать на европейских рынках деньги на самых выгодных условиях, фонды наши ценились выше нарицательной стоимости».

Ну а на какие «крайние надобности» Канкрин деньги тратил? При поддержке Канкрина были основаны Технологический, Лесной и Горный институты, гимназии и школы с техническими отделениями в разных городах России, школы торгового мореходства в Петербурге и Херсоне, «мореходные классы» в Архангельске, рисовальная школа при Академии художеств с «отделением для девиц» и одним из первых в Европе отделений гальванопластики.

Гальванопластику тоже, кстати, изобрел осевший в России немец Якоби.

Одним словом, чтобы хотя бы перечислить десятки и сотни немецких фамилий, чьи обладатели оставили след в истории России, понадобилась бы толстая книга. Можно, не вдаваясь в подробности, сказать попросту: немцы были *везде*. Российскую Академию наук основали немцы – и именно они отправили учиться за границу своего будущего коллегу Михаила Ломоносова. Да и русские летописи впервые опубликовал немец Миллер – при сопротивлении Синода, считавшего, что летописи «полны лжи и позорят русский народ».

Первое русское кругосветное плавание – немцы Беллинсгаузен и Крузенштерн, фон Ромберг и Берх, фон Коцебу и фон Левенштерн. Первая русская железная дорога – немцы фон Герстнер и Таубе. Аптечное дело и медицина – снова немцы. Благотворительное общество попечения о заключенных и общество защиты животных – немцы. Основатель Пулковской астрономической обсерватории – немец Струве.

Храм Христа Спасителя начинал строить немец Витберг, а заканчивал немец Тон. Кроме того, в создании храма принимали участие архитекторы Клагес, Даль и Рахау, над главным иконостасом работал Тимелеон-Карл фон Нефф, а большинство фасадных рельефов изготовил Петр-Якоб Клодт фон Юргенсбург (родственник еще более знаменитого Петра Клодта, автора памятника Николаю I на Исаакиевской площади и «Укротителей коней» на Аничковом мосту. Гораздо менее известно, что аналогичные скульптурные группы Клодт изготовил для Берлина и Неаполя).

К слову, именно немецкие колонисты Поволжья в Крымскую войну главным образом и снабжали хлебом русскую армию и в Крыму, и на Кавказе.

Особый разговор – о роли немцев в российской экономике. Начнем с того, что первый в России стекольный завод в 1640 г. основал немец Ганс Фальк из Нюрнберга – Духонинский под Москвой. Он же занимался пушечным и литейным делом.

«Немецкое засилье» – явление, прямо скажем, неоднозначное. Не секрет, что электротехническая и химическая промышленность России практически едва ли не на сто процентов находилась в руках немцев. Как и значительное число предприятий металлургической промышленности. 70 % газовой промышленности контролировали опять-таки немцы.

Вот только это «засилье», оказывается, шло России исключительно на пользу, а уж никак не во вред.

В чем дело? Да в том, что меж германскими предпринимателями и англичанами с французами (равно как и разными прочими бельгийцами) была существенная разница. Англичане и французы главным образом качали из России сырье, им принадлежали в основном добывающие предприятия: угольные шахты, нефтепромыслы. К слову, золотые прииски на Лене, где в 1912 г. солдаты расстреляли демонстрацию рабочих, которые всего лишь требовали улучшения условий жизни, принадлежали английской компании «Ленаголдфилдс». Бельгийцы если и строили в разных городах трамвайные линии, прибыль от их эксплуатации *вывози-*

172

ли из страны. Добыча сырьевых ресурсов и вывоз капитала – от чего самой России было мало пользы.

Немцы, наоборот, ввозили в Россию самые передовые технологии тогдашнего времени. Строили великолепно оснащенные по последнему слову техники заводы и производили промышленную продукцию не на вывоз, а для России.

Яркий пример – Акционерное общество русских электротехнических заводов «Сименс и Гальске». Исключительно немецкая фирма. Поставляла телеграфную и сигнальную аппаратуру для создаваемой телеграфной линии Петербург – Москва. Проложила телеграфные сети Москва – Киев, Киев – Одесса, Ковно – прусская граница, Петербург – Ревель, Гельсингформ – Петербург, Петербург – Варшава, Кавказ – Москва. Построила в Петербурге завод кабелей, проводников и углей для электрического освещения, Завод динамомашин, электротехнических приборов, телеграфных и железнодорожных сигнальных аппаратов, Завод электродвигателей, турбогенераторов, трансформаторов. Строила «под ключ» городские электростанции, асфальтовые заводы, производила электродвигатели для станков и прокатных станов, телефоны, рации, электролампочки и электромедицинское оборудование, а также электрооборудование для фабрик, заводов, рудников, шахт, приисков, железных дорог и трамваев. «Сименс и Гальске» даже изготовляла в немалых количествах мини-электростанции для усадеб и дач. И *все* это, повторяю, не на экспорт, а для использования в России.

Это уже не «засилье», а создание в России самых современных отраслей промышленности, связи и транспорта.

Точно так же четверть всего германского экспорта, идущая в Россию, состояла из станков, деталей машин, всевозможного промышленного оборудования, химических изделий. Навстречу уходила треть русского экспорта: зерно, мясо, сахар, лес. Отношения были взаимовыгодные, в лучшую сторону отличавшиеся от «товарообмена» с другими европейскими государствами, видевшими в России исключительно сырьевой придаток.

Вопрос: нужна ли при таких условиях не то что большая война, а просто вражда и напряженность в отношениях меж Россией и Германией?

Да ни в малейшей степени! Какой болван станет ссориться с крупнейшим и выгоднейшим торговым партнером?

В феврале 1914 г. один из умнейших людей России П. Н. Дурново, занимавший в свое время видные посты, подал императору обширную записку касаемо российско-германских отношений. Он писал, в частности: «Жизненные интересы России и Германии нигде не сталкиваются и дают полное основание для мирного сожительства этих двух государств. Будущее Германии – на морях, т. е. именно там, где у России, по существу, наиболее континентальной из всех великих держав, нет никаких интересов... скажу более – разгром Германии в области нашего товарооборота для нас невыгоден».

А вот о пресловутом «засилье»: «Что касается немецкого засилья в области нашей экономической жизни... Россия слишком бедна капиталами и промышленной предприимчивостью, чтобы могла обойтись без широкого притока иностранных капиталов. Поэтому известная зависимость от того или другого иностранного капитала неизбежна для нас до тех пор, пока промышленная предприимчивость и материальные средства русского народонаселения не разовьются настолько, что дадут возможность совершенно отказаться от услуг иностранных предпринимателей... но пока мы в них нуждаемся, немецкий капитал выгоднее для нас, чем любой другой. Прежде всего этот капитал из всех наиболее дешевый, как довольствующийся наименьшим процентом предпринимательской прибыли, мало того, значительная доля прибылей, получаемых на вложенные в русскую промышленность германские капиталы, и вовсе от нас не уходит, в отличие от английских и французских капиталистов, германские капиталисты и сами со своими капиталами переезжают в Россию. Англичане и французы сидят себе за границей, до последней копейки выбирая из России вырабатываемые их предприятиями барыши. Напротив того, немцы-предприниматели подолгу проживают в России и быстро русеют. Кто не видел, например, французов и англичан, чуть ли не всю жизнь проживающих в России и ни слова по-русски не говорящих. Напротив того, много ли видно в России немцев, которые хотя бы с акцентом, ломаным языком, но все же не объяснялись бы по-русски?»

Сегодня на наше отношение к Германии подсознательно влияют две мировые войны, в которых Германия была нашим главным противником...

Но ведь так было не всегда! К началу XX века меж Россией и Германией, русскими и немцами сложились совершенно *уникальные* отношения. Во-первых, немцы были единственной нацией, чьи представители *в таком* количестве обитали в России и внесли *такой* вклад в ее развитие. Во-вторых, меж Россией и Германией не существовало противоречий, которые требовали военного решения. В-третьих, экономические отношения меж Россией и Германией носили характер чего-то исключительного: немцы развивали нам передовые технологии (англичане с французами качали сырье), немцы не вывозили из России своих прибылей (англичане с французами вывозили), немцы, в противоположность прочим нациям, довольствовались самым низким процентом прибыли.

Черт побери, да это же наш стратегический союзник! Страна, с которой следует поддерживать отношения теснейшие, самые что ни на есть дружественные...

В особенности если вновь и вновь повторить: если не считать никому не нужной Семилетней войны, мы никогда не воевали с Германией.

Ну а что же являли собой в качестве «друзей» Англия и Франция?

Начнем с лягушатников. На протяжении всего XVIII века Франция вредила России где только могла: постоянно натравливала на Россию Турцию, которой помогала деньгами, оружием и дипломатическими усилиями – а кроме того, агенты французской разведки при Екатерине пытались устраивать диверсии на черноморских верфях, а еще раньше, при Анне Иоанновне, французский «ограниченный контингент» дрался с русскими в Польше (интересно, кстати, что французы там забыли, при их-то отдаленности от данного театра военных действий?). Наконец, в XIX веке французские войска дважды вторгались в Россию – при Наполеоне и в Крымскую войну.

А также французы старательно поддерживали в 1863 г. польских мятежников, совершенно с тем же пылом, с каким сейчас кое-где в Европе обнимаются с чеченскими эмиссарами. Одним словом, Париж на протяжении чуть ли не двухсот лет вел целеустремленную, осмысленную антирусскую политику, дважды *прорывавшуюся* масштабными войнами. Ну а в дальнейшем «теплые чувства» к России имели самую шкурную подоплеку: французам просто-напросто позарез требовалось пушечное мясо в немалых количествах – Россия должна была помочь людьми во время очередной агрессии Франции против Германии. Ни в каком другом качестве ни мы сами, ни наш богатый внутренний мир, ни наша духовность и культура французов не интересовали... Интересовала их только собственная выгода.

В точности так обстояло и с Англией. Со времен Николая I и до 1908 г. Англия и Россия, по сути, находились в состоянии необъявленной войны. При Николае Англия посылала оружие кавказским горцам, с которыми Россия воевала (можно представить, какая вакханалия поднялась бы в британской прессе и парламенте, окажись году в 1857-м, что *русский* корабль выгружает винтовки для восставших против Англии индийцев...) В Крымскую войну англичане совершили прямую вооруженную агрессию, высадившись на нашей территории. В 1863-м, во время польского мятежа, Англия хитрыми интригами пыталась спровоцировать новую франко-русскую войну или по крайней мере обострение отношений. Позже англичане немало поработали против России в Средней Азии, поставляя оружие и посылая военных советников всем этим осколкам средневековья – эмиру бухарскому, хану кокандскому. В 1902 г. Англия заключила антирусский по сути союз с Японией, после чего Япония, обретя крепкие тылы, и решилась напасть на Россию. К тому времени Англия уже построила для японцев немало боевых кораблей. Вооруженных, естественно, английскими орудиями – так что русские моряки *вновь*, как в Крымскую войну, погибали от осколков британских снарядов...

Был еще так называемый «Гулльский инцидент». В 1904 г., когда идущая в Японию эскадра адмирала Рожественского проплыла у английских берегов, однажды ночью русские корабли вдруг открыли огонь по английским рыболовным суденышкам. Поскольку, по утверждениям моряков, среди «рыбаков» вдруг появились идущие в торпедную атаку миноносцы, принятые за японские.

Англия подняла страшный шум, откровенно угрожая России войной. Все газеты поносили «безжалостных убийц мирных рыбаков». Россия тогда по не вполне понятным причинам (или вполне понятным, если вспомнить, что ее внешняя политика тогда находилась в руках неприкрытых англофилов) признала себя виновной, выплатила пострадавшим рыбакам и семьям убитых немалую компенсацию. Вот только десятилетия спустя, вернувшись к этой истории, отечественные морские историки нашли серьезные доказательства в пользу того, что некие загадочные миноносцы той ночью в том квадрате все же присутствовали – сами же гулльские рыбаки с одного из суденышек вспоминали, что неподалеку от них долго маячил «русский» миноносец, и ничем не помог, негодяй, людям на поврежденном траулере. Но в эскадре Рожественского ни единого миноносца не было, это никак не могли оказаться русские. Значит... Значит, чрезвычайно похоже на то, что миноносцы все же были, и атаку имитировали – но не японские, а английские. И цель английской провокации, между прочим, была достигнута: эскадре пришлось надолго задержаться у европейских берегов, пока шло разбирательство...

Ох, не зря «железный канцлер» Отто фон Бисмарк еще задолго до англо-русского союза говаривал: «Политика Англии всегда заключалась в том, чтобы найти такого дурака в Европе, который своими боками защищал бы английские интересы». Именно это с Россией британцы и проделали в Семилетнюю войну – а потом, уже в XX веке, Россия наступила на те же грабли, ввязалась в Первую мировую, не имея в том никакой стратегической надобности – а в конце концов лондонские «союзнички» не то что Россию оставили наедине с собственными бедами, но и императора Николая, по сути, отдали под расстрел...

И еще один немаловажный штрих... Вплоть до 1917 г. по всей Европе невозбранно болтались русские революционеры всех мастей и оттенков – и не просто отсиживались, а создавали центры боевой подготовки, где учили стрельбе и метанию бомб. Собирали деньги на революцию, открывали «партийные школы», закупали оружие едва ли не в открытую.

Единственная страна, где эти штучки не проходили, – Германская империя. *Жить* там русский революционер, в принципе, мог – но при малейшей попытке *мутить* что-то его брали за шиворот и объясняли, что здесь такое не проходит. А объявленных в розыск террористов и грабителей банков немцы моментально выдавали России, не устраивая, подобно Франции, митингов возмущенной «зверствами царизма» прогрессивной общественности. Меж тем во Франции, чтобы нормальным образом бороться с ускользнувшими туда бомбистами, русской заграничной агентуре приходилось втайне вербовать и *покупать* отдельных французских полицейских чиновников – потому что легально, законным образом добиться чего-то от французских властей было невозможно...

Как же случилось, что Россия и Германия при условиях, когда делить им было совершенно нечего, стали откровенными врагами, схлестнулись в ожесточеннейшей схватке?

Это был долгий и сложный процесс, и Россия определенно несет *свою* долю вины за происшедшее. Я вовсе не хочу, чтобы кто-то решил, будто я пытаюсь «переписать историю», поставить все с ног на голову и возложить исключительно на Россию вину за Первую мировую.

Ничего подобного. Просто... И в царской России, и позже, в России советской всю вину принято было возлагать на Германскую империю. А это, по моему глубокому убеждению, нисколько не способствует исторической правде. В игре самым активным образом участвовали две стороны. В Германии существовали свои «ястребы», которые до определенного момента отнюдь не правили бал, не делали погоды и не стояли у руля... Но и в России были свои «ястребы», немало потрудившиеся для того, чтобы разрушить прежние отношения с Германией, связать страну с Англией и Францией, бросить русскую армию против Германии! Вот только о них чуть ли не сто лет предпочитали умалчивать...

А ведь они *были*! И никуда не деться от того факта, что российская империя – ее министры, ее генералы, ее политиканы – несет *свою* долю вины за то, что события развернулись именно таким образом. За то, что случилась война, которую после ее окончания никто, разумеется, не называл еще Первой мировой – а попросту Великой...

Вот об этом долгом, сложном процессе, где столкнулись встречные амбиции, где с обеих сторон проявили неосмотрительность и заносчивость, где по обе стороны границы точили клювы «ястребы», я и собираюсь рассказать...

А для этого нам придется пройти по основным узелкам крепнувшего российско-германского противостояния, медленного скольжения в пропасть, занявшего почти полсотни лет.

И вернуться придется не куда-нибудь, а в 1865 г. от Рождества Христова, когда цесаревича Александра было решено женить.

В XIX столетии Большая Политика еще в огромной степени зависела от личности правящего в той или иной стране монарха – поскольку на карте тогдашней Европы кроме Франции значилась одна-единственная республика – Швейцарская конфедерация (истины ради следует добавить, что она не имела ни малейшего влияния на европейские дела по причине своей, скажем прямо, незначительности. До почетной и влиятельной роли «европейской кладовой» было еще далеко). Во всех остальных державах – и великих, и крохотных – чинно восседали на престолах императоры и короли, великие герцоги и князья.

(Въедливый читатель может меня поправить: мол, существовали еще и республики-крошки – Андорра и Сан-Марино. Я и сам помню. Но мы не в игрушки играем...)

Одним словом, от монарха зависело чрезвычайно много – от его *личных* пристрастий и мнений, от его убеждений и взглядов, от его успехов или неудач на любовном фронте, от его характера и интеллекта, даже, пожалуй что, от его настроения. Такая уж была эпоха, что поделаешь.

Так вот, в 1865 г. на двадцать втором году жизни умер наследник российского престола Николай Александрович – старший брат будущего императора Александра. Тот, кого как раз тщательнейшим образом, со всем усердием и *готовили* к роли императора. А вот Александра не готовили вообще, потому что никто не ожидал такого поворота событий.

Это, пожалуй, первый *узелок* – умер тот, кого готовили, а наследником стал человек, для которого это оказалось нешуточным сюрпризом. На примере Николая I мы убедились, что и «рядовой необученный» цесаревич способен проявить себя лучшим образом – но, по-моему, с Александром не тот случай....

Уже через год, в 1866-м, он получил серьезнейшую психологическую травму, которая просто не могла не вызвать в его душе, его личности некую *трещинку*...

Александр II решил женить наследника Николая на датской принцессе Дагмаре, чтобы провести, по его мнению, некую «чрезвычайно важную политическую комбинацию». Никто до сих пор так и не смог понять, в чем заключалась важность и вообще смысл этой комбинации. По крайней мере, объяснений этого шага я в нашей исторической литературе не встречал. Какой глубинный смысл был в том, чтобы породниться с Данией, только что разгромленной Пруссией и жаждавшей отмщения, знал, наверное, один только Александр II, но его уже не спросишь... С точки зрения традиционных русских интересов, следовало бы подыскать какую-нибудь из германских принцесс...

Но Александру понадобилась в качестве супруги Николая именно датчанка Дагмара. И после смерти Николая он стал убеждать Александра, что во имя высших государственных интересов тот должен жениться на невесте покойного брата.

Ситуация осложнялась тем, что Александр был без памяти влюблен в юную фрейлину Марию Мещерскую – причем настолько, что всерьез собирался ради женитьбы на ней отказаться от престола...

Как именно отец его все же убедил, навсегда останется тайной. И Александр женился на Дагмаре. Осложнялось все еще и тем, что сам-то Александр II, *вручивая* сыну о долге и высоких принципах, в то же время практически открыто крутил очередной роман с другой фрейлиной, семнадцатилетней княжной Катенькой Долгорукой – при живой жене. Запутанные получились психологические коллизии. Что сын думал об отце в *этих* условиях, лучше не гадать...

А главное – на российском троне впоследствии оказалась императрица, ненавидевшая Пруссию (а значит, и выросшую из нее Германскую империю) прямо-таки патологически. Александр III был не из тех мужей, которыми жена может вертеть как ей угодно, но все равно факт остается фактом: на русском троне появилась ненавистница Германии, женщина незаурядная, умная и властная, уже во времена Николая II создавшая, по сути, второй, параллельный центр государственного управления... Нацеленный в первую очередь против Германии.

Кстати, а что в том самом 1866 г. поделывала мирная, белая и пушистая Франция?

А всего-навсего готовила наступательную войну против Пруссии (не впервые в своей истории). Планы были самые серьезные и разрабатывались вдумчиво: предполагалось заключить военный союз с Австрией (которой незадолго до того Пруссия нанесла поражение), ударить с двух сторон, соединившись у Лейпцига.

По неведомой причине эти планы так и не претворились в жизнь – но в Пруссии о них узнали. И, что вполне логично, стали считать Францию противником номер один, от которого исходит главная угроза. Как любой на месте пруссаков.

Пикантная подробность, характеризующая белых и пушистых французов – хотя и относящаяся к более позднему времени. В Первую мировую французы немало проклятий отпускали по поводу «коварства» Германии, вторгшейся в нейтральную Бельгию. Вот только не упоминали о том, что еще в 1911 г. начальник французского генерального штаба В. Мишель разрабатывал стратегический план, по которому в случае необходимости в нейтральную Бельгию должна была вторгнуться французская армия... Лягушатники всегда жили по двойному стандарту: то, что со стороны Германии «коварство», для них самих – «военная необходимость...»

Франция хорохорилась и бряцала оружием не просто так, не с бухты-барахты. Это была *старая*, последовательная политика. История вопроса об истоках французской агрессивности достаточно интересна, и читателей с ней стоит познакомить хотя бы вкратце.

Еще во времена кардинала Ришелье и д'Артаньяна Франция самым активным образом участвовала в Тридцатилетней войне, буквально обезлюдившей некоторые провинции Германии. Не унималась и далее. Немцы ей ничего особенно не сделали – всего-навсего в средневековые времена произошло несколько войн между ними и французами. Ничего из ряда вон выходящего – нормальный уровень средневекового зверства, как выражался дон Румата.

Но Франция считала себя *великой* державой – а потому полагала, что имеет право по своему усмотрению кроить и перекраивать политическую карту Центральной Европы. Немцев она как раз и *выбрала* себе в супостаты. Как я уже говорил, неплохо иметь конкретного супостата – можно твердить, что он вечно угрожает, вечно во всем виноват, своих собственных граждан гораздо легче «строить» и давить новыми налогами, объясняя это тем, что необходимо все силы и средства сосредоточить на борьбе с супостатом...

К середине XVIII века во Франции боролись два влиятельных лагеря: «морской» и «континентальный».

Душой первого был некий Дюпле, считавший, что все силы и средства нужно нацелить на захват заморских колоний, прежде всего в Индии, откуда следует вытеснить англичан – а потом вытеснять их по всему земному шару из прочих богатых мест. Дюпле был лицом насквозь заинтересованным, поскольку как раз и занимал пост генерал-губернатора французской Индии. В те времена у Франции тоже имелись обширные колонии и в Индии, и в Северной Америке, и еще неизвестно было, кто кого оттуда вытеснит: англичане французов или наоборот...

«Континентальщики», наоборот, полагали, что за колонии не следует особенно держаться – и выгоды особенной нет, и народ тамошний в отдалении от центральной власти разболтался, проявляет опасное свободомыслие... А потому следует все силы бросить как раз на то, чтобы господствовать в Центральной Европе. И стараться, чтобы там не возникло мало-мальски сильного немецкого государства – никаких соперников! Тогдашняя Пруссия была еще слабой, поэтому французы всю свою энергию направили против Австрии. Одним словом, идея была проста: немцы не должны быть сильными, и точка! А то кто их знает, вдруг конкуренты образуются... Естественно, как и бывает в таких случаях, все это маскировалось всевозможными красивыми словами – французы благородные и добрые, немцы злые и коварные, французы защищают свои национальные ценности, а немцы – тупые агрессоры...

Тут на прусский престол вступил Фридрих, очень быстро прозванный Великим. И было за что: Пруссия стала усиливаться. С точки зрения французов, это был совершеннейший непорядок...

И тут англичане провернули одно из своих самых блестящих дипломатических жульничеств. Объявили, что заключат с Францией союз на веки вечные и окажут любую помощь, лишь бы только им совместными усилиями разбить Пруссию. И выдвинули одно-единственное условие: убрать из Индии помянутого Дюпле.

Французы, как дураки, поверили. Дюпле на корабль тащили силой – в буквальном смысле слова. Он упирался, как мог, и кричал, что все теперь рухнет, что англичанам верить нельзя. Его все же одолели численным превосходством, затащили на борт фрегата и отправили во Францию.

Англичане и точно обещания свои насчет союза и помощи против Пруссии честно соблюдали. Ровно полтора года. А потом вдруг сами заключили военный союз с Пруссией – и стали вытеснять французов из Индии и Северной Америки. В ответ на возмущенные вопли французов, только теперь сообразивших, как примитивно их облапошили, в Лондоне разводили руками и с невинным видом отвечали что-то вроде: месье, вы же взрослые люди – а верите в договоры и союзы «на вечные времена»... Полтора года назад у нас были одни политические потребности, а теперь другие... Ну нету у Англии ни постоянных друзей, ни постоянных врагов! Одни постоянные интересы...

О том, как французы все же вторглись в Пруссию и получили там по первое число, я уже писал в книге о Екатерине II.

Потом во Франции грянула революция, а там и Наполеон сделал себя императором – но восточная политика от этого нисколечко не поменялась. Бонапарт разбил Австрию, затем и Пруссию, которую публично назвал «подлой страной с подлым королем», которая «не должна существовать». Однако потом он плохо кончил, что достаточно хорошо известно, и нет смысла еще раз к этому возвращаться.

Со временем Франция вновь провозгласила себя империй. Императором стал племянник Бонапарта, считавшийся Наполеоном III (вторым Наполеоном принято было называть никогда не сидевшего на троне сына Бонапарта).

Облик этого субъекта лучше всего передает помещенный в Приложении снимок русской чугунной фигурки-карикатуры.

Примерно таким Наполеон III был и в жизни. Ничего особо интересного о нем и не расскажешь – разве что стоит упомянуть, что женат он был на испанской графине Евгении Монтихо. Дама была исключительно красивая, любовников меняла, как перчатки, а потому император обзавелся такими рогами, что не во всякие ворота проходил.

Великий французский писатель Виктор Гюго заклеймил его кличкой «Наполеон ле пти», что можно перевести с французского как Наполеон-Малютка. Ирония касалась вовсе не роста – Наполеон I тоже был не саженного роста – а как раз *мелкости* данного индивидуума в плане государственной деятельности.

В Африке и в Индокитае он еще кое-как захватывал колонии – но планов у Малютки было громадье. Однажды он измыслил ни много ни мало – проект «Латинской империи» (естественно, с самим собой во главе), куда вошли бы Италия, Испания и далекая Мексика.

Ни черта из этого не вышло. Испания упиралась, Италия защищалась, как могла. Тогда Наполеон III решил отыграться хотя бы на Мексике. Послал туда войска (пользуясь тем, что в США полным ходом громыхала гражданская война, и всем было не до Мексики), да вдобавок *сманил* из Вены эрцгерцога Максимилиана, младшего брата императора. И посулил ему мексиканский трон.

Максимилиан охотно согласился: его старший брат и сорока лет не достиг, так что ему в Австрии в ближайшее время ничего не светило. С одной стороны, мексиканский император – это чуточку опереточно, с другой – хоть и мексиканский, но все же император...

Первое время все шло удачно – французы Мексику оккупировали достаточно быстро, и Максимилиана торжественно короновали императором. Но потом начались серьезные неприятности: горячие мексиканцы к монархии (тем более навязанной со стороны) не питали никакой симпатии. Они подняли восстание, разбили интервентов, а новоявленного императора Максимилиана захватили в плен и без всяких церемоний расстреляли. Из Мексики французам пришлось убираться.

И тогда Наполеон III начал с нехорошим интересом присматриваться к Пруссии – тем более что она вела себя совершенно неправильно: пыталась создать из кучи крохотных германских государств некую сильную, единую державу. Подобные немецкие вольности следовало пресечь...

Поначалу французы порешили пустить в ход не пушки, а свое «высокое дипломатическое искусство». Заключалось оно в том, что посланцы Наполеона обратились к Бисмарку со «скромными» требованиями: мол, мы, французы, не вмешивались, пока вы, пруссаки, воевали с Австрией. А потому желаем теперь получить за свое благородство компенсацию. Несколько южногерманских княжеств, которые, знаете ли, исторически тяготеют к Франции...

Бисмарк с совершенно невинным видом сказал: серьезные дела устно не решаются, вы, господа, все это подробно и обстоятельно изложите на бумаге, чтобы я мог ее в Берлине показать, с министрами посоветоваться, обсудить...

Будете смеяться, но французские олухи и в самом деле изложили свои «скромные пожелания» письменно: хотим такое-то княжество, и то, и еще вот это...

После чего Бисмарк собрал представителей всех поименованных княжеств и, продемонстрировав им документ, сказал:

– Видите, какие в Париже планы на ваш счет?! Ну не сволочи ли?

Естественно, все до одного княжества моментально заключили с Пруссией военный союз, а над французскими дипломатами хохотала вся Европа...

У Пруссии, кстати, имелись к Франции свои – и совершенно законные! – претензии. Дело в том, что Франция еще в 1648 г. отторгла исконно германскую провинцию Эльзас, город Страсбург, который тысячу лет был немецким, да вдобавок и Лотарингию, к Франции также имевшую мало отношения.

И без войны уже никак не могло обойтись...

До сих пор на страницах отечественных исторических трудов можно встретить версию, согласно которой франко-прусскую войну, конечно же, развязали исключительно «коварные тевтоны». Якобы весь сыр-бор разгорелся из-за того, что Бисмарк вычеркнул несколько строк из так называемой Эмсской депеши, послания французов, опубликовал его в газетах в урезанном виде – вот и случилась война...

Это, конечно, вздор. Из-за подобных пустяков войны не вспыхивают. Причина как раз и была в том, что французы вознамерились присвоить Рейнскую провинцию, по выражению прекрасно разбиравшегося в проблеме И. С. Тургенева, «едва ли не самый дорогой для немецкого сердца край немецкой земли». Наполеон III, подобно многим его коллегам-монархам в другие времена, хотел устроить «маленькую победоносную войну», чтобы отвлечь внимание от внутренних политических и экономических проблем...

Вот что писала французская газета: «Наконец-то мы узнаем сладострастие избиения. Пусть кровь пруссаков льется потоками, водопадами, с божественной яростью потопа! Пусть подлец, который посмеет только сказать слово "мир", будет тотчас же расстрелян как собака и брошен в сточную канаву».

Другой журнал заранее бахвалился: «Наши солдаты так уверены в победе, что ими овладевает как бы скромный страх перед собственным неизбежным триумфом». Третий уверял, что Франция идет воевать с Пруссией, чтобы... возвратить немцам их свободу! Начинаешь думать, что прав был Бисмарк, когда называл Париж сумасшедшим домом, населенным обезьянами...

А французские политики тем временем отказывали в субсидиях женевскому Красному Кресту: он ведь будет заботиться не только о французских, но и о немецких раненых, а это неправильно...

В конце концов Франция объявила войну Пруссии, и колонны французских пехотинцев в красных традиционных штанах, эскадроны гусар в расшитых золотом ментиках браво вторглись на прусскую землю...

Одновременно с этим особым постановлением из Франции стали изгонять всех мирных граждан немецкого происхождения, издеваясь, унижая и грабя до нитки. Видевший это Тургенев писал с горечью: «Разорение грозит тысячам честных и трудолюбивых семейств, поселившихся во Франции в убеждении, что их приняло в свои недра государство цивилизованное».

Французские газеты... Лучше всего о них сказал опять-таки Тургенев: «Я все это время прилежно читал и французские, и немецкие газеты – и, положа руку на сердце, должен сказать, что между ними нет никакого сравнения. Такого фанфаронства, таких клевет, такого незнания противника, такого невежества, наконец, как во французских газетах, я и вообразить себе не мог... Даже в таких дельных газетах, как, например, «Temps», попадаются известия вроде того, что прусские унтер-офицеры идут за шеренгами солдат с железными прутьями в руках, чтобы подгонять их в бой, и т. п. И это говорится в то время, когда вся Германия из конца в конец поднялась на исконного врага».

Как именно шли немцы на войну, позже писал Ф. М. Достоевский, в то время живший в Дрездене и видевший все своими глазами: «Я видел тогда эти войска и невольно любовался ими: какая бодрость в лицах, какое светлое, веселое и, в то же время, важное выражение взгляда! Все это была молодежь, и, смотря на иную проходившую роту, нельзя было не залюбоваться удивительной военной выправкой, стройным шагом, точным, строгим равнением, но в то же время и какой-то необыкновенной свободой, еще и невиданной мною в солдате, сознательной решимостью, выражавшейся в каждом жесте, в каждом шаге этих молодцов. Видно было, что их не гнали, а что они сами шли. Ничего деревянного, ничего палочно-капрального, и это у немцев, у тех самых немцев, у которых мы заимствовали, заводя с Петра свое войско, и капрала, и палку. Нет, эти немцы шли без палки, как один человек, с совершенной решимостью и с полной уверенностью в победе. Война была народною: в солдате сиял гражданин, и, признаюсь, мне тогда же стало жутко за французов, хотя я все еще твердо был уверен, что те поколотят немцев».

Ничего удивительного: Достоевский видел солдат, идущих защищать родину от агрессора...

И французов стали колошматить. Они развязали войну, не мобилизовав армию – да, кроме того, шли *завоевывать*, то есть грабить, а такая армия при первой серьезной неудаче теряет боевой дух (как и произошло с французами сто лет назад, при Фридрихе Великом). Вдобавок национальные обычаи французов были самыми дурацкими – к примеру, они все передвижения своих войск подробнейшим образом описывали в газетах. И вот вам исторический факт: 3-я прусская армия разминулась с французскими войсками маршала Мак-Магона и потеряла противника. Но тут немцам попадает в руки свежая французская газета, где подробно расписано, как Мак-Магон расквартировывает войска в Реймсе. Немцы, обрадовавшись, повернули к Реймсу, в самом деле нашли там Мак-Магона и чувствительно ему всыпали...

Не надеясь на свои силы, французы пустили в дело колониальные части – негров и арабов. Воевали те не ахти, но вдоволь зверствовали над немецкими пленными, ранеными и медсестрами. Однако французы *искренне* считали, что в составе прусских войск сражаются некие «дикие гунны». Так и отвечали в ответ на послевоенные упреки в зверствах: а зато у вас дикие гунны в кавалерии служили!

Откуда эта глупость взялась? Да оттого, что во всех армиях Европы те кавалеристы, что в Пруссии и России именовались «уланами», звались «лансье» либо «лансер», от слова «копье». Слово «улан» – турецкого происхождения. Вот французы от своего великого интеллекта и решили, прослышав про «улана», что пруссаки на них послали каких-то диких азиатов, навербованных то ли в Турции, то ли в дебрях центральной Азии. И эта байка дожила до Первой мировой: мол, пруссаки нас разбили из-за наемных гуннов...

Между прочим, симпатии всей Европы были как раз на стороне Пруссии – за исключением Австрии и Дании, незадолго до того чувствительно получивших от пруссаков по сусалам. Естественно, и в России были только рады поражениям французов – еще свежа была память о Крымской войне, еще были живы и полны сил многие ее участники (кстати, и во время австро-прусской войны в России симпатизировали именно Пруссии). К тому же прусский император Вильгельм I был кавалером русского Георгиевского креста (полученного за бои против Бонапарта). События оценивались в России однозначно: *наши* бьют «поганого хранцуза». Император Александр II наградил нескольких отличившихся в боях прусских офицеров Георгиями (как и после австро-прусской войны).

Пруссаки были – *наши*! Круша лягушатников, они и за *нас*, получалось, отплатили. Вильгельм совершенно искренне писал Александру: «Воспоминания о вашей позиции по отношению к моей стране будут определять мою политику по отношению к России, что бы ни случилось».

В конце концов Франция капитулировала – у нее осталось достаточно войск, но дух был сломлен, они шли грабить и захватывать, а потому, столкнувшись с нешуточным отпором, сломались, как сто лет назад их предки, бежавшие от Фридриха Великого...

Сразу после этого во Франции грянула «революция», низложившая Наполеона-Малютку. Крепко подозреваю, здесь сыграли роль те же самые шкурные соображения: император им нанес удар в самое сердце, обещал захватить новые земли и массу трофеев, а вместо этого задрал лапки перед «дикими гуннами». Тонкая, ранимая душа француза, уже раскатавшего было губья на прусские колбасы и баварские виноградники, никак не могла этого вынести. Вот и разжаловали Наполеона из императоров, как не оправдавшего надежд на трофеи...

А вслед за низложением Наполеона в Париже вспыхнул очередной бунт, вошедший в написанную коммунистами историю как «Парижская Коммуна». О ней принято было отзываться в самых возвышенных выражениях – но на самом деле это был просто-напросто мятеж многотысячного маргинального элемента, проще говоря, черни. В Париж моментально слетелись шизофреники из многих стран, люди той породы, что спокойно жить не могут: итальянские карбонарии, русские нигилисты, польские сепаратисты и прочий одержимый революцией – неважно где, какой и чьей – сброд.

Продержалась эта банда, слава богу, всего семьдесят два дня. Но за это время они успели расстрелять сотни заложников из «буржуазии и контрреволюционеров», в том числе архиепископа Парижского, поджечь немало исторических зданий, памятников архитектуры. Покушались даже взорвать собор Парижской Богоматери, но не хватило умения и силенок.

Спасать положение пришлось опять-таки пруссакам. Они освободили из лагерей для военнопленных шестьдесят тысяч человек, вернули им оружие, и этот корпус, надо отдать ему должное, быстро покончил с парижскими мятежниками.

Почти нет ничего, за что стоило бы хвалить французов – но исключения все же случаются. Например, мне чрезвычайно нравится, как они поступили со своим «великим живописцем» Гюставом Курбе. Этот субъект Парижскую Коммуну приветствовал с восторгом, стал ее видным деятелем, этаким «министром культуры» и – выступил инициатором сноса памятника Бонапарту, Вандомской колонны.

Так вот, после разгрома коммунаров его не стали сажать, чтобы не создавать нового мученика в глазах либеральной интеллигенции. Ему попросту официальным образом предъявили счет – за случившееся по его подзуживанию уничтожение памятника архитектуры, каким безусловно была Вандомская колонна. Сумма, понятно, оказалась астрономическая. Курбе вынужден был продать дом в Париже и загородное имение (он вообще-то пролетарием не был и лаптем щи не хлебал), отдать все движимое и недвижимое – и помер в итоге где-то под забором, о чем здравомыслящий человек сожалеть не должен...

После победы пруссаков над Францией и пролегла первая *трещинка* в русско-германских отношениях. Германия (уже Германская империя, созданная на волне победы) вернула себе Эльзас и часть Лотарингии, а также захотела получить с Франции несколько миллионов репараций (своеобразный «штраф» за агрессию). Александр II *заставил* Берлин снизить контрибуцию с семи миллиардов до пяти. Немцы его послушались, но, как всякий на их месте, затаили легкую обиду. И я их вполне понимаю – а вот императора Александра не понимаю решительно. Нам-то какая печаль была от того, что нашего старинного неприятеля Францию ободрали бы как липку? О чем тут грустить?

А буквально через несколько лет Россия снова нанесла Германии обиду – уже крайне серьезную... В июне 1873 г. в Вене состоялась, без преувеличений, историческая встреча: Александр II и император Франц-Иосиф I подписали «Декларацию о взаимном миролюбии», к которой вскоре присоединился и Вильгельм I. В обиходе это событие называли «Союз трех императоров».

Союз, сохранись он надолго и окажись прочным, фактически *исключал* большую общеевропейскую войну, поскольку в нем состояли три *главных* державы, на которых Европа держалась, как плоская Земля на трех китах со старинного рисунка. Не зря Англию этот договор буквально взбесил – ей, собственно, при таком раскладе на континенте не оставалось места. Да и Франция сто раз подумала бы: теперь перед ней было три противника...

Одним словом, «Союз трех императоров» был гарантом будущей *мирной* Европы.

Вот только очень скоро от него остались одни воспоминания – исключительно благодаря недальновидной политике Александра II.

Чувствительно битая и опозоренная Франция все же сохранила свой нешуточный военный потенциал – и мечтала о реванше. Было принято решение, согласно которому в пехотных полках дополнительно к трем имеющимся батальонам вводился четвертый. Это означало увеличение численности пехоты на треть. Франция откровенно готовилась к войне – и уж понятно, не оборонительной...

Трудно удивляться, что в Германии восторжествовали сторонники точки зрения, которую *озвучил* дипломат Радовиц, один из приближенных канцлера Бисмарка: «Если затаенной мыслью Франции является реванш – а она, эта мысль, не может быть иной – зачет нам откладывать нападение на нее и ждать, когда она соберется с силами и обзаведется союзами?»

Трудно упрекать немцев за такие намерения – если вспомнить, что Франция по отношению к ним *всегда* была агрессором и по заслугам считалась главным противником...

Германия готовилась к войне, чтобы *опередить* агрессора...

Но тут у Франции объявился неожиданный защитник в лице русского императора. Александр II откровенно выразил послу Франции свое дружеское расположение, произнеся меж иным и такие слова: «У нас общие интересы, мы должны оставаться едиными».

Какие такие «общие интересы» в ту пору – да когда бы то ни было! – у нас могли оказаться с Францией, лично мне решительно непонятно. Их не было и быть не могло!

Одновременно Александр *надавил* на Берлин – и там вынуждены были отказаться от планов превентивного удара. Мало того, Александр II и престарелый Горчаков сделали ряд публичных заявлений, смысл которых сводился к следующему: нашими трудами Франция спасена от войны, мы цыкнули на Германию, и она перед нами, властителями Европы, поджала лапки...

Вот это уже было гораздо серьезнее. Германии нанесли прямое оскорбление. Поведение России там посчитали предательским – к чему были все основания. Мотивы Александра II совершенно непонятны: какой вред случился бы для России от того, что дружественное нам государство (тем более связанное, вспомним российских немцев, *уникальными* отношениями) разгромило бы нашего старинного неприятеля?

Вот теперь Германия обиделась *всерьез*. Столыпин сказал как-то: «В политике нет мести, но есть последствия». Последствия были для российско-германских отношений самыми печальными. «Союз трех императоров», едва наметившийся, перестал существовать. Началось сближение Германии с Австро-Венгрией – вплоть до тайного договора о военном союзе.

Чуть позже, в 1878 г., на Берлинском конгрессе, когда Россия выиграла войну и потерпела тем не менее сокрушительное дипломатическое поражение, Бисмарк не выступил на ее стороне как раз из-за того, что Россия учинила несколькими годами ранее, «благородно» спасши Францию от заслуженной взбучки. Это и были *последствия*, вина за которые лежит исключительно на Александре II и Горчакове. Англия втихомолку торжествовала...

Но это еще не самое страшное. Гораздо хуже было то, что в последующие годы, учуяв холодок, возникший меж Петербургом и Берлином, и в России, и в Германии *приободрились* сторонники русско-германского противостояния. Они и раньше имелись в обеих империях – но вынуждены были особо не высовываться, помалкивать, не прекословить *линии* на дружбу и союз.

Теперь ситуация менялась на глазах, все это чувствовали – и «ястребы» оживились по обе стороны границы. О германских и без того написано много. О наших вспоминают значительно меньше и гораздо реже. Поэтому рассмотрим только то, что началось по нашу сторону границы.

Военный министр Милютин начал концентрацию русских войск у границ с Германией – упаси боже, не для наступления, исключительно для обороны «в случае чего». Но в условиях, когда никакого такого «случая» и возникнуть не могло, его действия смотрелись пусть неосознанной, но все же провокацией. В 1879 г., когда происходило дело, война меж Россией и Германией была дикой чушью, совершеннейшей нелепостью...

Зачем? Не было ни поводов для нее, ни причин!

Бисмарк писал гораздо позже, в 1887 г.: «Германская война предоставляет России так же мало непосредственных выгод, как русская война Германии: самое большее, русский победитель мог бы оказаться в более благоприятных условиях, чем германский, в отношении суммы военных контрибуций, да и то он едва ли вернул бы свои издержки. Идея о приобретении Восточной Пруссии, проявившаяся во время Семилетней войны, теперь вряд ли найдет приверженцев. Если для России уже невыносима немецкая часть населения ее прибалтийских провинций, то нельзя предположить, что ее политика будет стремиться к усилению этого считающегося опасным меньшинства таким крупным дополнением, как Восточная Пруссия. Столь же мало желательным представляется русскому государственному деятелю увеличение числа польских подданных царя присоединением Познани и Западной Пруссии. Если рассматривать Германию и Россию изолированно, то трудно найти для какой-либо из этих стран непреложное или хотя бы только достаточно веское основание для войны».

И тем не менее... Уже в 1880 г. генерал Обручев на основе составленных еще в 1873 г. Милютиным наработок разработал план войны и с Германией, и с Австро-Венгрией. Детальный, подробный план.

В Германии первый план войны с Россией появился только *девятнадцать* лет спустя, в 1899 г. Его составил знаменитый фон Шлиффен, в то время – начальник Генштаба. Одна немаловажная деталь: этот план предусматривал отнюдь не *наступление* на обоих фронтах, против Франции и против России. Масштабное наступление предполагалось *только* против Франции – а от России предполагалось *обороняться*, опираясь на развитую сеть железных дорог в Восточной Пруссии и крепости Торн, Кенигсберг, Познань и Грауденц. Согласитесь, это заставляет несколько иными глазами смотреть на пресловутую «тевтонскую агрессивность».

Русских генералов *понесло*! Тот самый Обручев (не прожектер из провинциального гарнизона, а начальник Генштаба, в 1885-м подал императору Александру III меморандум, в котором требовал *большой* войны – за вожделенные Босфор и Дарданеллы.

Планы были наполеоновские: отдать Германии большую часть российской Польши в обмен на устье Немана. У Австрии выменять на что-нибудь Карпатскую Русь (а если заартачится, силой отобрать) – и маршировать с развернутыми знаменами прямиком до Босфора.

Меморандум Обручева оставляет тягостное впечатление. Поскольку переполнен взаимоисключающими положениями. Обручев прекрасно осознает (и подробно описывает), что другие европейские державы немедленно взовьются на дыбы, узнав о захвате Россией проливов – и начнут препятствовать, как могут, а флот России слабее любой возможной коалиции. Более того, Обручев понимает и то, что даже при успехе русский флот будет заперт в Средиземном море: «При том же за Дарданеллами надо видеть и Гибралтар, и Суэц, и Перим*: океан все же не будет для нас открыт».

Обручев признает: собственно говоря, десантную операцию по захвату проливов проводить *нечем*: «Броненосцы на Черном море строятся, но и первые три не будут еще готовы ранее 1887 г. Вспомогательных же морских средств для десанта (канонерских лодок, минных катеров, кранов и проч.) сильно недостает».

И тут же делает вывод: «Если будем ждать до 1887 г. броненосцев, можем быть пообыграны: волей-неволей нам следует быть безотлагательно готовыми, ХОТЬ НА ЛАДЬЯХ (выделено мною. – *А. Б.*) идти к Босфору и брать его, как достояние России».

Интересно, можно ли этого деятеля считать вменяемым? Десантного флота у России нет, после захвата проливов русские все равно не смогут предпринять ничего для себя полезного, потому что окажутся заперты в Средиземном море... но все равно, нужно плыть захватывать Босфор хотя бы на рыбацких шлюпках...

А навстречу этим шлюпкам (на которых сам Обручев благоразумно не поплыл бы) выйдут английские броненосцы...

---

* Перим – остров в Баб-эль-Мандебском проливе, английская военная база, запиравшая выход из Красного моря в Индийский океан.

К этому бредовому десанту готовились всерьез, шла обработка общественного мнения, захлебывались газеты.

Дело сорвалось по прозаическим причинам: тогда русские войска завершили оккупацию Средней Азии, противоречия с Англией достигли пика, и всерьез стали готовиться к войне именно с ней. Военный министр и Обручев были за войну, но против «ястребов» выступил не только министр финансов, но и морской министр с примкнувшей к нему частью дипломатов. Справедливо говорилось, что, во-первых, на такую войну в казне нет денег, а во-вторых, даже если удастся, как планируют военные, вторгнуться в Индию и отобрать ее у Англии, там наверняка образуется не союзник, а просто-напросто враждебное России иноверное государство.

Ага, вот именно. Наши «ястребы» и в Индию планировали вломиться – хотя на дороге лежал абсолютно недружественный Афганистан, где англичане к тому времени однажды крупно обожглись (между прочим, именно в ходе неудачной для англичан войны в Афгане и получил пулю в ногу доктор Уотсон, из-за чего вынужден был выйти в отставку и вернуться в Лондон, где и познакомился с загадочным молодым человеком по имени Шерлок Холмс...)

Войну удалось предотвратить. Ни в Индию не прогулялись, ни к Константинополю на лодках не сплавали. Но отношения с Германией ухудшались и ухудшались. В первую очередь из-за того, что на престоле Российской империи уже восседал Александр III, откровенный и неприкрытый германофоб.

Уже в 1870 г., когда он был еще наследником престола, в письмах и дневниках цесаревича начинают появляться антинемецкие пассажи. Всем вскоре стало известно, что цесаревич крайне возмущен «немецким засильем» – речь шла не о политике Германии, а как раз о том, что в России живет чересчур уж много немцев, куда ни глянь – нагло расселась немчура, так что исконно русскому человеку и не протолкнуться. По мысли цесаревича, с означенным тевтонским засильем следовало бороться самым решительным образом.

Пикантность ситуации заключается в том, что в жилах самого наследника тек какой-то очень уж ничтожный процент русской крови, а вся остальная была как раз немецкой. К тому же столь антигермански настроенный юноша был внучатым племянником прусского короля Вильгельма I (Николай I был женат на родной сестре Вильгельма, приходившейся Александру, соответственно, бабушкой).

Хотя нынче ссылаться на Ленина вроде бы и не модно, но никто не разубедит меня в том, что у него все же найдется масса чрезвычайно метких замечаний. В частности и такое: именно обрусевший инородец всегда пересаливает по части великорусского шовинизма. Меткое наблюдение: если вспомнить, что среди вождей и идеологов черносотенцев хватало крещеных евреев (а также кого угодно – молдаван, немцев, только не великороссов) с началом Первой мировой, как мы увидим позже, самые воинственные речи о «проклятых тевтонах» толкали субъекты с немецкими фамилиями. Это никак нельзя назвать русской спецификой: в Австро-Венгрии, как учит история, самыми ярыми «ястребами» и самыми упертыми «имперцами» были не этнические немцы, а итальянцы, венгры и онемеченные чехи...

Но если серьезно, Александр III сыграл весомейшую роль в дальнейшем ухудшении отношений меж Россией и Германией. В 1889 г. умер искренний доброжелатель России кайзер Вильгельм, и на смену ему пришел троюродный брат Александра Вильгельм II («промежуточного» кайзера Фридриха III мы учитывать не будем, поскольку он пробыл на германском престоле всего три месяца).

Так вот, Александр прямо-таки демонстративно, открыто, публично выказывал неприязнь к Вильгельму. Что, в свою очередь, никак не прибавляло Вильгельму добрых чувств к Александру персонально и России вообще. Вильгельм, надобно знать, был человеком *тяжелым*: калека (одна рука не действовала – родовая травма), закомплексованный, нервный... Одним словом, из тех людей, с которыми следует проявлять максимум такта и осторожности.

Но Александр его прямо-таки по-хамски третировал. В России того времени любили вспоминать такой вот эпизод: Вильгельм однажды предложил Александру разделить всю Европу меж Россией и Германией – а тот, простая душа, ответствовал: «Не веди себя, Вилли, подобно как танцующий дервиш. Полюбуйся на себя в зеркало».

А между прочим, чем плоха идея? Коли уж у некоторых прямо-таки свербит от желания присоединить что-нибудь солидное – проливы, Индию, Балканы...

Нет уж, им хотелось проделать все это исключительно *самим*, не делясь ни с какой Германией и никого не привлекая в союзники. А потому репликой Александра, изволите ли видеть, принято было восхищаться: эк царь-батюшка немчуру-то отбрил! Орел!

И молодой кайзер Вильгельм начинает приближать к себе тех, кто собирается делать карьеру как раз на конфронтации с Россией, – дипломатов, военных, политиков. Примерно так же ведет себя и Александр, еще в 1870 г. писавший князю Мещерскому: «Поневоле приходится серьезно думать о нашей родине, и до нее скоро доберутся поганые пруссаки: и до сих пор есть люди, которые уверены, что она (Пруссия. – *А. Б.*) наша союзница».

Это уже *убеждения*, господа мои. Стойкие убеждения. Перед русско-турецкой кампанией, когда министр финансов Рейтерн (из прибалтийских немцев, служивших России еще со времен Петра I) справедливо говорил, что для финансов России эта война будет чистым разорением, наследник отреагировал соответственно: «И это называется русский министр финансов, понимающий интересы и достоинство России, да к черту этого поганого немца. Слава богу, найдется на матушке-России из 80 000 000 жителей хотя один министр финансов настоящий!»

Восхитительная тирада! «Поганый немец», искренне заботящийся о финансовом благосостоянии России, оказывается, плох тем, что не понимает ее «интересов и достоинств». Заключающихся, как легко понять, в том, что Россия обязана пролить кровь и фактически обанкротиться, лишь бы только помочь тем самым стенающим славянским братьям. Особенно эффектно звучат ура-патриотические выкрики о «поганой немчуре» в устах человека с генеалогией Александра III...

И, наконец, обратите внимание на оборот «*на* матушке-России». Это не ошибка. «Исконно русский» Александр родной язык знал катастрофически плохо. Его дневник пестрит подобными перлами:

«Прием был великолепный, ура сильнейший».

«Опять страшнейший ура».

О молебне, отслуженном в Летнем саду: «...где стреляли на папа».

«Было очень весело и музыка *премилая* Оффенбах».

Снова о молебне: «Собор *пыл* полон народу и кругом можно тоже насилу проехать».

«Поскакал в Зимний дворец обнять и поздравить папа от чудесного спасения» (после одного из неудачных покушений).

«За чудесное спасение дорогого папа от всего нашего сердца».

Одним словом, с родным языком явственный напряг. Зато патриотизма хоть отбавляй...

Письмо жене (1876 г.): «Нет у папа ни одного человека порядочного, который говорит ему правду и был бы истинно русским человеком, служащим своему Государю и отечеству из убеждения, а не как наемник. Я один ничего не могу сделать...»

Бездна скромности у молодого человека! Ну нету возле императора ни одного истинно русского человека, служащего из убеждений – кроме самого цесаревича...

Если речь идет о моих впечатлениях от личности государя императора Александра III, то их можно выразить в одном-единственном слове: *мурло*...

И начинается... Видный сановник того времени Половцев не без иронии писал в своих мемуарах, что идеалом русской политической жизни стало «чувство русской исключительности», находившее выражение в «поклонении самовару, квасу, лаптям и презрении ко всему, что выработала жизнь других народов. Идя по этому пути, разыгрывается травля всего, что не имеет велико-русского образа: немцы, поляки, финны, евреи, мусульмане объяв-ляются врагами России, без всяких шансов на примирение и на совместный труд».

Ну что же, по крайне мере надежа-государь не зацикливался на каком-то одном народе. О евреях выразился кратко: «В глуби-не души я ужасно рад, когда бьют евреев, но все-таки не надо допускать этого». Но и ко всем прочим нерусским народам отно-сился не намного теплее.

Какая уж там дружба с Германией, когда слово «немец», пол-ное впечатление, в бумагах Александра без эпитета «поганый» вовсе не употреблялось...

Канцлером Германии еще оставался Бисмарк. В 1884 г. он, в частности, выдворяет из Германии всех русских эмигрантов, не-благонадежных с точки зрения российской жандармерии. Но по-добные жесты доброй воли ситуацию не улучшают...

Самое скверное то, что меж Россией и Германией фактичес-ки начинается экономическая война. Это с Германией-то, кото-рая для России невероятно важна как источник передовых тех-нологий и «дешевых» капиталов...

В 1887 г. и Бисмарк решает выразить России неудовольствие на государственном уровне. Он издает указ, запрещающий прави-тельственным учреждениям размещать средства в русских ценных бумагах, а Рейхсбанку – принимать эти бумаги в залог. И подни-мает таможенные пошлины на ввозимое из России зерно.

Идея, прямо скажем, непродуманная: теперь уже оскорбляет-ся Россия и получает заем во Франции – а там еще один, и еще...

Письма Бисмарка показывают, что о войне с Россией он по-прежнему не думает. «Войну с Россией мы без необходимости вести не будем, так как у нас нет интересов, удовлетворения ко-торых мы могли бы посредством ее добиться...» «Пока я министр, я не дам согласия на профилактическое нападение на Россию». Однако, выступая в рейхстаге в 1888 г., он говорит: «Мы больше не просим о любви ни Францию, ни Россию. Мы не просим ни о чьем одолжении. Мы, немцы, боимся на этой земле Господа Бога, и никого более!»

Есть в этих словах кое-что от обиды – но ничего от заносчивости. Они просто-напросто отражают новое положение вещей: Германская империя уже достаточно сильна и дает понять, что к ней нужно относиться с соответствующим уважением.

В России, полное впечатление, этого не понимают, глядя на крепнущего соседа по-старому: как на скопище опереточных государств. В 1889 г. разгорается скандал: на стол Кайзеру Вильгельму ложится донесение одного из послов, в котором подробно приводятся высказывания Александра III о Вильгельме. Например, «безумец» и «дурно воспитанный человек, способный на вероломство».

Вильгельм, император молодой и неопытный (а также человек болезненного самолюбия), приходит в ярость. Нужно признать, что Александр в этой истории и впрямь выглядит не самым умным. Донесение поступило не из Петербурга, а из Лондона – это означает, что царские дипломаты, не особенно и просчитывая последствия, *растрепали* царские характеристики Вильгельма (определенно несправедливые) по всей Европе...

Бисмарк, пытаясь исправить свою ошибку, разрешает выпустить на германский финансовый рынок русские железнодорожные облигации. Но этому решению активно сопротивляются набравшие силу германские русофобы, почувствовавшие, что настает их время... А там и Бисмарк уходит в отставку.

В России к тому времени уже запретили «иностранцам» покупать землю в западных губерниях – указ этот направлен в первую очередь против Германии. Россия вводит новые таможенные пошлины (самые высокие в Европе) на... завозимые из Германии промышленные товары. Германия отвечает схожими мерами, вновь бушует самая настоящая экономическая война.

А Россия уже сидит на «игле» французских займов. В 1894 г. заключается тайная русско-французская военная конвенция, направленная в первую очередь против Германии.

И по обе стороны границы на ключевых постах появляется все больше и больше сторонников конфронтации. В России умирает министр иностранных дел Гирс (из обрусевших шведов), сторонник российско-германской дружбы. Пришедший ему на смену Ламздорф говорит, в общем-то, справедливые слова: «Мы испортили наши отношения с соседней Германией и на более или менее длительное время устранили всякую возможность общих с ней действий в условиях доверия: все это ради того, чтобы понравиться французам, которые стараются скомпрометировать нас до конца, приковать только к союзу с собой и держать в зависимости от своей воли». Дружбу с Францией он считает подобной мышьяку: «в умеренной дозе она полезна, а при малейшем преувеличении становится ядом».

Но это *слова* – а на деле Ламздорф, даром что немец по крови, вел откровенно антигерманскую политику: дважды в начале XX столетия противодействовал заключению русско-германского договора, на всех парусах спеша в сторону Франции...

Тем временем началась русско-японская война. И «дружественная» Франция не замедлила подложить России свинью, причем самым наглым и бесцеремонным образом. В феврале 1905 г. в Петербург прибыла делегация французских банкиров, чтобы подписать соглашение о представлении России очередного займа. Все переговоры были проведены, все условия согласованы, успели даже устроить банкет по случаю завтрашнего подписания договора...

И тут французы, получив распоряжение своего правительства, срочно пакуют чемоданы и уезжают из России. Никакого займа. Причина? Французам не понравилось, что русская армия оставила город Мукден. Вот и решили не давать денег.

Ситуация, конечно, грязная... Выручили как раз немцы – срочно предоставили займ, и Россия *увернулась* от финансового кризиса, который вот-вот должен был грянуть...

Англия тем временем, напоминаю, устраивает провокацию в виде «Гулльского инцидента», строит для Японии сверхмощные по тому времени броненосцы, предоставляет займы, отправляет японцам сотни орудий, десятки тысяч тонн стратегических грузов: сталь, взрывчатка, прочие военные материалы. Собственно говоря, в 1904—1905 гг. Россия воевала не столько с Японией, сколько с Британской империей, потому что без помощи Британии, японской «труженицы тыла», самураев легко разбили бы...

Кайзер Вильгельм, несмотря ни на что, все же не настроен враждовать со своим кузеном Николаем II. В 1905 г. он предлагает заключить договор, получивший впоследствии название Бьерского, направленный в первую очередь против Англии. Но вмешивается сановная антигерманская клика. Навязывает Николаю «дополнения» к договору, которые его фактически *гробят*...

Ламздорфа, казавшегося все же недостаточно «проанглийским», выпихивают в отставку, и в министерстве иностранных дел Российской империи прочно обосновывается парочка записных англолюбов: Извольский и Сазонов.

Кайзер Вильгельм, встретившись в 1906 г. с русским министром финансов Коковцовым, задает ему резонный вопрос: «Скажите, пожалуйста, господин статс-секретарь, неужели вы не считаете просто диким, что среди всеобщего развала, среди постоянных волнений, которые могут снести все, что есть еще консервативного в Европе, две монархические страны не могут соединиться между собой, чтобы составить одно плотное ядро и защищать свое существование? Разве это не прямое безумие, что вместо этого монархическая Россия через голову монархической же Германии ищет опоры в революционной Франции и вместе с нею идет всегда против своего естественного и исторического друга?»

Коковцов, по его собственным воспоминаниям, всячески уклоняется от каких бы то ни было серьезных разговоров (как о русско-германских отношениях, так и о марксистском движении, которое кайзер считает одинаково опасным для обеих империй). Ему как-то не с руки обсуждать *такие* вопросы — он только что вернулся из Парижа, где получил у «союзной» Франции очередной заем в 267 миллионов франков. Под пять с половиной процентов. Вот только в Россию из этого займа не поступает ни копейки: он *целиком* уходит на уплату *прошлых* долгов, сделанных в той же Франции (как видим, подобные кредитные «пирамиды» – вовсе не изобретение ельцинской России...)

Кайзер Вильгельм все еще пытается *вразумить* Николая. Во время одной из их встреч поднимает на мачте своей яхты сигнал: «Адмирал Атлантического океана приветствует адмирала Тихого океана» и пытается втолковать кузену, что тому следовало бы направить все усилия как раз на Дальний Восток.

Принято считать, что Германия такого поворота добивалась «в своих интересах». Но какая, собственно, разница, если эти предложения как нельзя лучше отвечали интересам самой России? В условиях, когда за Уралом обитало всего 9% населения, когда оставались неосвоенными громадные территории Сибири и Дальнего Востока, именно *туда* России следовало направить все усилия и деньги. А не пытаться с дурацким усердием «играть важную роль в европейских делах». *Подняв* промышленность и рудники в Сибири, освоив Дальний Восток, усилившись благодаря этому экономически, как раз и можно было активнее работать в Европе...

Увы, умственные способности Николая II прекрасно известны. Он продолжал пыжиться, изображая «европейского арбитра», все теснее сближался с Англией и Францией. Россия брала, брала и брала займы в Париже... Вот только львиная доля этих займов уходила не на развитие страны, а на прокладку целой сети стратегических железных дорог к западным границам – чтобы в случае конфликта Германии и Франции русские солдаты быстрее достигли бы мест, где им предстояло сложить голову за насквозь чужие интересы...

Раскол углубляется. Премьер-министр Столыпин – а ведь неглупый человек был! – начинает откровенно *прижимать* немецких колонистов в западных губерниях – как будто от этого русское сельское хозяйство что-нибудь выигрывает...

И остается за кадром не столь уж сложный, но закономерный вопрос: а почему, собственно, Англия так яростно сколачивает военный союз против Германии и готова воевать всерьез? Почему уже к 1912 г. в Англии разработаны точнейшие планы, как именно вывести из строя германские трансатлантические телеграфные кабели (что и было проделано чуть ли не на второй день Первой мировой)?

Ответ и в самом деле прост как две копейки: Англию пугали даже не усиливавшаяся германская армия и растущий германский флот. Вовсе даже наоборот: смертельную угрозу для Англии представляло как раз *мирное* развитие Германии!

Дело в том, что после объединения страны экономика Германской империи прямо-таки *рванула* вперед потрясающими темпами. Германия процветала, и Англия начинала от нее безнадежно отставать...

Это видно в любой отрасли, какой ни коснись. Германия развивает свою сталелитейную промышленность настолько, что мало уже зависит от импорта стали из-за границы. Зато Англия *подсела* на импорт.

Германия резко увеличивает добычу угля. В 1878 г. угледобыча Германии втрое меньше английской, а в 1907 г. уже *вдвое больше*!

Техническое образование – как признали скрепя сердце сами англичане – в Германии поставлено гораздо лучше, и в Лондоне сквозь зубы, но все же открыто признаются, что неплохо было бы провести реформу в этой области по немецким образцам...

Сельское хозяйство в Англии приходит в упадок, задавленное промышленностью, – а в Германии расцветает...

Но главное – германские товары начинают *вытеснять* английские по всему миру, проникая в самые глухие уголки Южной и Центральной Америки, Африки и Азии, не говоря уж о Европе...

Германия создает гигантскую армию коммивояжеров, которые хватко и оборотисто торгуют по всему миру. На их стороне нешуточные преимущества: во-первых, германские товары гораздо дешевле английских, при том, что в качестве ничуть не уступают, а то и превосходят. Во-вторых, германские торговцы и промышленники, в отличие от английских, широко предоставляют клиентам долгосрочные кредиты – особенно в России, на Балканах, в Китае, в Америке Центральной и Южной. В-третьих, немцы умеют приспособиться к покупателю, завоевать клиента, изучают все особенности того или иного рынка. Англичане же – что сами признают – избалованы более чем столетней своей монополией на рынках и гибкость утратили, а с ней и покупателя...

А тут еще в 1899 г. глава одного из самых могущественных сталелитейных концернов Германии Георг Сименс заключил с турецким правительством договор о концессии на постройку Багдадской железной дороги, проходящей с Балкан через Анкару до Багдада и Тегерана...

Англии в этом случае приходят *кранты*! Дело отнюдь не в том, что с помощью этой дороги Германия и ее союзники смогут угрожать Индии военным путем. Все упирается опять-таки в экономику.

Когда дорога будет построена, Англии придется начисто забыть о любой торговле с Турцией, Персией, Ближним Востоком...

Вот что в начале XX века писал об этой дороге в своем докладе русский дипломат Шебеко: «Сооружаемый путь представляет уже прекрасный сбыт для изделий германских фабрик и заводов, так как весь железостроительный материал доставляют из Германии. В будущем законченном виде дорога даст возможность германской промышленности наводнить своими продуктами Малую Азию, Сирию и Месопотамию, а по окончании линии Багдад – Ханекин – Тегеран, также и Персию...»

И далее он подробно излагает, как железная дорога длиной в 2500 км от Босфора до Персидского залива усилит и союзницу Германии Турцию – а вот британское владычество в Египте становится весьма проблематичным...

И напоследок – кое-какие цифры касаемо забастовочного движения в Англии, где промышленность переживала не самые лучшие времена. В 1907 г. в Англии бастовали 147 498 рабочих, в 1909-м – 300 819, в 1911-м – 931 050. Тогда же крайне серьезная английская газета «Дейли мейл» писала откровенно: «Стачечники – хозяева положения... Гражданская война – к счастью, сопровождающаяся лишь незначительными насилиями – в разгаре».

Обратите внимание на терминологию: гражданская война. А тому, кто хочет получше узнать, в сколь скотских условиях обитали тогда британские работяги, и какие среди них кружили настроения, рекомендую прочитать документальную книгу Джека Лондона «Люди бездны». Американец, переодевшись лондонским бедняком, достаточно долго наблюдал эту жизнь изнутри.

Теперь понятно, что грозило Англии в том случае, если Германия еще с десяток лет будет развиваться мирно? С Британской империей начнут происходить крайне интересные перемены – и жить придется скромнее, и амбиции поумерить, и пояса потуже затянуть.

Чтобы спасти себя, Англия и стремилась разбить Германию в серьезной войне – для этого ей и понадобилась Россия в качестве запасов «пушечного мяса». Ни в каком другом качестве наша неповторимая духовность англичан не интересовала...

Закономерный вопрос: какого ж рожна Россия впрягалась в это насквозь шкурное чужое предприятие? Нам-то какая печаль от неминуемого обнищания и упадка Англии, которую немцы рано или поздно прижали бы к стене усилиями не гренадеров и военных моряков, а трудом мирных инженеров, промышленников, торговцев...

Здесь все взаимосвязано. Захиреет английская промышленность, не выдержав германской конкуренции, в самой Англии упадут и зарплата, и уровень жизни. А это сулит нешуточные социальные потрясения. Что-что, а бунтовать простые британцы умели прекрасно и не раз за последние семь столетий это свое умение доказывали. Да вдобавок под боком, только неширокий пролив переплыть – *колония* Ирландия, где к англичанам относятся, мягко говоря, без особой любви. На севере даже пролива нет, только неширокая речка Твид, за которой живут шотландцы, которые неизвестно как себя поведут в условиях резкого обнищания страны. А в Уэльсе – валлийцы, полагающие себя отдельной нацией (в чем они кругом правы), не так уж давно силой оружия завоеванной англичанами... Одним словом, последствия непредсказуемы; одно ясно: в Британской империи жить станет очень и очень неуютно... если не разбить Германию!

А потому лондонская газета «Сатурдей ревью» писала уже без всякой дипломатии: «Германия должна быть уничтожена». Вот только без участия России такое ни за что не провернуть...

До сих пор там и сям можно прочесть, что усиление Германии угрожало бы и России: мол, Российская империя тогда стала бы «полуколонией».

Увы, к началу Первой мировой Россия уже, собственно говоря, была полуколонией – Англии и Франции. Страна, как паутиной, была опутана займами (которые, к слову, приходится выплачивать *до сих пор*).

Что до военного дела, то к тому времени Россия вынуждена была отказаться от лучших в мире германских пушек Круппа и вооружать армию гораздо более худшими орудиями француза Шнейдера. Каковой подмял под себя русскую артиллерию. Французы самым вульгарным образом *купили* великого князя Сергея Михайловича, ставшего натуральным агентом влияния их пушечных королей.

Все бы ничего, но при этом французы навязали русской артиллерии свою военную доктрину, по которой русская армия должна была обходиться одним-единственным типом орудия: *полевой пушкой*, действующей непосредственно в боевых порядках на поле сражения. Все прочие разновидности – тяжелые орудия, осадные, крепостные, мортиры, гаубицы – России, считалось, не нужны.

Проталкивая эту идею, французы в первую голову заботились опять-таки о себе. По их задумке, русская армия должна была наступать, наступать и наступать, спасая прекрасную Францию от злых тевтонов – а для этого русским не нужны никакие другие пушки, кроме полевых.

А потом, когда война началась, оказалось, что русской армии позарез необходимы орудия крупных калибров – и их пришлось в спешке искать по всему свету, покупая где только возможно....

В начале 1914 года случилась примечательная история, о которой грех не рассказать подробно.

Уже многим было ясно, что дело идет к большой войне, и военная промышленность оживилась. Путилов, хозяин одноименного завода, решил развернуть у себя пушечное производство. Обратился к французам за финансовой поддержкой, но те отказали. Тогда Путилов решил разместить в Германии акции своего завода на сумму в тридцать миллионов рублей. Для России такая сделка была бы, разумеется, выгодной: это означало бы, что Германия вкладывает *свои деньги* в развитие нашего производства.

Однако во Франции моментально поднялась дикая свистопляска. Столь обычное дело, как продажа *части* акций, стали представлять так, будто Россия «продает» Германии *весь* Путиловский завод, на котором к тому времени производили орудия французские фирмы Шнейдера и Крезо.

Французские газеты (определенно получавшие команды из какого-то конкретного источника) буквально взвыли!

«Россия выдает немцам французские военные секреты!», «Крупп овладевает французскими планами!»

«Союз в большой опасности!» (имелось в виду русско-французский. – *А. Б.*)

Газета «Темпс» (уже не частная лавочка, а официоз французского МИД) сетовала, что «франко-русский союз не отвечает своему назначению»: русское правительство занимает деньги у французов, а заказы нахально отдает немцам и англичанам. «Франции часто приходилось разочаровываться в России, которая не всегда считалась с пожеланиями Франции».

Если называть вещи своими именами, это означало: французские кредиты должны идти на пользу не России, а непременно оставаться в самой Франции. Это уже, в таком случае, не займы, а нечто качественно иное...

И парижские газеты били в одну точку: коварный Крупп «захва-тывает» Путиловский завод вместе с французскими военными секретами (хотя немецкие артиллерийские технологии как раз превосходили французские, так что ни с какого боку немцам не нужны были пресловутые «французские секреты»).

Германские газеты задавали резонный вопрос: собственно, из-за чего сыр-бор? Если фирма Шнейдера отказалась дать Путилову деньги на реконструкцию, почему он не имеет права обратиться к Круппу? Покупка *части* акций еще не означает покупки всего завода.

В Петербург срочно нагрянула представительнейшая делегация крупнейших французских банков, которые до того времени вели переговоры о предоставлении русскому правительству кредита в 665 миллионов рублей на постройку новых железных дорог. И предъявила самый недвусмысленный ультиматум: кредит будет выделен только в том случае, если капитал для Путиловского завода будет взят во Франции, а не у Круппа и «Дойче банка».

Русское правительство ультиматум приняло и дало немцам от ворот поворот... Так что же, были мы полуколонией Франции, или уже где? Как по-другому такое выкручивание рук назвать?

Одна из французских газет с барской снисходительностью похлопала Россию по плечу: «Инцидент дал нам случай констатировать содействие, оказанное нам нашей союзницей, и блестяще подтвердил полную общность взглядов и чувств с нею».

Ну а о том, что лежало в основе этой «общности», опять-таки без особых церемоний писала газета французских деловых кругов «Ле финансье интернасьональ»: «Россия представляет не только солиднейшего, но и крайне выгодного должника. Достаточно вспомнить о беспредельных естественных богатствах России, доходность от эксплуатации которых не может подлежать сомнению. Франция должна стремиться к тому, чтобы не потерять и впредь занятую ею крайне выгодную позицию в деле эксплуатации этих неимоверных природных богатств».

И ради того, чтобы наши неимоверные богатства без хлопот могла и дальше эксплуатировать прекрасная цивилизованная Франция, Россия должна была поссориться с Германией... С той самой Германией, что была не одну сотню лет связана с нами прямо-таки уникальными отношениями, ничего общего не имевшими с тем колониальным статусом, который нам навязывали — и фактически навязали Англия и Франция...

Возникает недоуменный вопрос: почему все же так произошло? В России жило около двух миллионов немцев — гораздо больше, чем уроженцев всех других стран, вместе взятых. В России обращались огромные капиталы чисто германского происхождения. В России, собственно, обитала немаленькая немецкая *диаспора*. Почему же произошел разрыв?

В первую очередь оттого, что не было никакого «германского засилья» — то есть не было *лобби*, «агентов влияния», какой бы то ни было организованной пропаганды со стороны как российских немцев, так и самой Германии. Ничего, хотя бы отдаленно напоминающего прогерманскую политическую партию или прогерманскую линию в средствах массовой информации.

К СОЖАЛЕНИЮ.

Германские дипломаты не прилагали ни малейших усилий, чтобы работать в *связке* со своими же бизнесменами, ведущими дела в России. И, полное впечатление, совершенно не интересовались их деятельностью в России. Один из германских генеральных консулов в 1907 г. писал: «Официальные представители в России находятся в весьма сложном положении, будучи практически не способными похлопотать за того или иного германского претендента».

Во всем прочем немцы опережали англичан и французов — в развитии промышленности, в умении торговать. А здесь оплошали, совершенно не заботились о *влиянии*. Не исключено, что причины кроются в германском характере. Дела идут нормально – вот и прекрасно. Нет необходимости нарушать *порядок*. Мировоззрение такое...

А вот та же Британия пропаганде и агитации придавала огромное значение. И нужные публикации в прессе «устраивала» (в массовом порядке), и создавала немаленькую армию «агентов влияния» из всевозможной либеральной оппозиции (в основном из представителей российских партий октябристов и кадетов), деньги передавали без затей и дипломатии, в конвертике – а вот «видных политиков» обрабатывали гораздо тоньше. Как это делалось, нет смысла рассказывать подробно – как и сейчас делается...

Французы не отставали – они еще в начале XX века создали в Российской империи так называемый Французский институт, организацию, которая должна была способствовать развитию меж двумя державами «отношений научного и интеллектуального характера». По сути, это опять-таки было заведение, кроме агитации и пропаганды занимавшееся массовой фабрикацией агентов влияния из числа русских «либералов», «демократов», «интеллигентов» и прочих «прогрессивно мыслящих». Не зря российский Департамент полиции, располагавшей во Франции отличной агентурой, с самого начала выступал против открытия означенного института – но к мнению спецслужб не прислушались...

Английский вице-консул (и разведчик) Локкарт в своих мемуарах писал о бывшем московском городском голове и бывшем товарище (заместителе) председателя Государственной Думы Челнокове: «Хотя он и был на двадцать лет старше меня, мы стали с ним интимными друзьями. Через него я познакомился с вождями московского политического движения – князем Львовым, Маклаковым (чуть позже тесно завязанным с убийцами Распутина. – *А. Б.*), Мануиловым, Кокошкиным и многими другими. От него я получил копии секретных резолюций Московской городской думы, руководимого Львовым земского союза и союза городов, одним из руководителей коего он был. Случалось ему снабжать меня и копиями секретных постановлений кадетской партии или даже документами вроде писем Родзянки к председателю совета министров, каковые я первым сообщал посольству, – маленькие успехи, создававшие мне репутацию особенно искусной ищейки. Мои связи оказали мне возможность быть полезным даже военному министерству».

Комментарии не требуются. Вышеописанное, правда, относится к 1915 г. – но, во-первых, и тогда *подобные* отношения дурно пахли, а во-вторых, англичане еще до войны работали в том же направлении. Еще в 1912 г. они организовали визит в Англию членов Государственной Думы, из числа «передовых» и «прогрессивных» – и там наверняка поработали с ними на всю катушку. Можно быть уверенным, что никого не вербовали, не подсовывали «смертельных обязательств» и не совали вульгарно пачку денег. Просто-напросто, нет никаких сомнений, их умело и непринужденно *обработали* по полной. Как это можно проделать с чванливым российским «интеллектуалом», догадаться нетрудно: комплименты, похвала «прогрессивности» и «цивилизованности», умелые проповеди касаемо «братства цивилизованных народов» и «тевтонского коварства» – и готово дело. Придурок прямо-таки в оргазме заходится, слыша, как высоко ценят его «прогрессивность» и «интеллект» в «стране старейшей демократии». А потом секретные документы таскает доброму британскому дяде и снабжает информацией.

Кстати, организовывал эту поездку ученый Бернард Пэрс, который чуть позже, во время войны, моментально поступил на службу в военную контрразведку Его Величества. У англичан на сей счет наработаны неплохие традиции: масса ученых, писателей и прочих обаятельных интеллектуалов в штатском, никогда официально не состоя на службе в *конторах*, тем не менее исправно выполняла деликатные поручения...

К слову, помянутый Челноков после революции обосновался на Британских островах, и не только не бедствовал, но был даже награжден орденом Подвязки – а этакую регалию британцы не всякому благородному лорду давали...

Вот еще один – Петр Львович Барк, российский министр финансов во времена Первой мировой и далее, вплоть до мая семнадцатого. После прихода к власти большевиков эмигрировал опять-таки в Англию, где удостоен титула баронета. Интересно, за какие такие заслуги? Ведь не из чистой филантропии! Но детали окутаны тайной. Однако ж тенденция налицо: многие некогда высокопоставленные российские англолюбы после семнадцатого обосновались в Англии и отнюдь не бедствовали...

Как и во всех остальных странах, будущих активных участниках Первой мировой, в России к четырнадцатому году сложилась неслабая партия «ястребов», твердо нацелившихся воевать. О ее участниках в генеральских погонах мы поговорим позже, они будут один за другим появляться из тумана по ходу повествования. А пока что – о штатских. Проявлявших, впрочем, нешуточную воинственность, почище, чем иные генералы.

Главный из них наверняка – министр иностранных дел Сазонов с классической программой своих предшественников вроде Милютина, Обручева, Александра III: проливы – захватить, Константинополь – занять, злых тевтонов – разгромить. Я долго разглядывал его фотографии и пришел к выводу, что это, конечно же, не «тигр» вроде француза Клемансо, но вот *лиса* изрядная. Есть что-то невероятно лисье в хитрых глазах, в загадочной улыбочке...

Интересно, что русский военный министр Сухомлинов, хотя и был опять-таки сторонником войны до победного конца со злыми тевтонами, в «мозговой центр» все же не входил – для Сазонова он был недостаточно тонок. Сазонов знал иностранные языки, музицировал на каких-то там инструментах, одним словом, *лепил* интеллектуала...

Новоявленные союзники откровенно подзуживали. Военный министр британской империи лорд Китченер совершенно искренне, сдается мне, преувеличивал мощь России – а вот во французскую армию не верил совершенно и считал, что немцы в случае войны ее просто сметут (как, собственно, и произошло). Французский посол в России Морис Палеолог с исконно французским тупоумием, наоборот, верил и всем растолковывал, что после разгрома Германии в Европе как раз будут верховодить Россия и Франция.

Вся эта компания давным-давно составляла точные планы для «часа икс», делила шкуру неубитого медведя, произносила высокие словеса о защите цивилизации от тевтонского варварства, словом, *заводила* друг друга, как кучка малолетних хулиганов перед нападением на пьяного...

Война стучалась в дверь!

И только Петр Дурново в последние мирные месяцы предсказывал трагический финал: деморализованная армия, охваченная жаждой передела земли, не сможет «послужить оплотом законности и порядка». И предвидел будущие события с потрясающей точностью, от которой сегодня становится жутковато: «Законодательные учреждения и лишенные действительного авторитета в глазах народа оппозиционно-интеллигентные партии будут не в силах сдержать расходившиеся народные волны, ими же поднятые, и Россия будет ввергнута в беспросветную анархию, исход которой не поддается даже предвидению».

Но никто к нему не прислушивался всерьез...

Война была уже на пороге!

Но сначала мы подробно рассмотрим несколько вроде бы совершенно не связанных между собой *громких* смертей, случившихся на протяжении четверти века перед Первой мировой. Три из них – несомненные убийства. Четвертая носит все внешние признаки самоубийства, однако...

Все четыре смерти объединяет одно: погибшие принадлежали к тем лагерям, что не имели ничего общего с «ястребами». Все четверо были категорически не согласны с идеей о большой войне в уже знакомом нам раскладе. Они либо были категорически против войны вообще, либо стремились к *иному* раскладу.

Все четверо были категорически неудобны для «ястребов» той или иной державы – и, как назло, обладали настолько серьезной властью либо занимали столь высокое положение, что *обойти* их не было никакой возможности.

И загремели выстрелы...

Глава шестая

ЭТИ ЧЕТВЕРО

1. Майерлинг

Именно так назывался охотничий домик под Веной, где 30 января 1889 г. произошло...

Собственно говоря, мы до сегодняшнего дня не можем точно ответить, что же там произошло. И, кажется, никогда не узнаем. Это одна из тех исторических загадок, что никогда не будет разгадана до конца. Что не возбраняет строить гипотезы и выдвигать версии...

Утром этого дня в доме раздались выстрелы – и перепуганные слуги нашли в спальне два трупа: наследника австро-венгерского престола кронпринца Рудольфа (тридцать один год, единственный сын) и его любовницы, баронессы Марии Вечера (семнадцать лет, возможно беременна). Рудольф предсмертные письма оставил. Баронесса – вроде бы нет. Судя по обстоятельствам, наследник престола сначала застрелил девушку, потом застрелился сам...

Дело вроде бы выглядело ясным: молодой эрцгерцог был человеком нервным, впечатлительным, пьющим, с расстроенной психикой, пристрастием к морфию. Депрессия, сложные отношения с женой и любовницей – вот любовники и решили в стиле эпохи покончить с собой, поняв наконец, что супруга наследника не даст ему развода, и им никогда не быть вместе...

Это – то, что лежит на поверхности. Так сказать, вершина айсберга. Но под темной водой еще немало всякого...

Начнем с того, что Рудольф довольно долго поддерживал тесные отношения с австрийскими либералами – слишком долгие и тесные, чтобы это сошло за простое хобби скучающего принца. К славянам он никакой любви не питал – но еще больше не любил Германию. Форменным образом ненавидел. И был ярым противником наметившегося тесного союза двух монархий.

У него самого были какие-то *другие* планы. Какие именно, так и осталось неизвестным. Другие, и все тут. Совершенно не предусматривавшие дружбы с Германией в каком бы то ни было виде.

Зато известно, что, будучи с женой в Константинополе, он ей сказал загадочные слова: «Здесь будет наша империя». Примерно так. О чем шла речь, никто сегодня не в состоянии внятно объяснить.

Предсмертные письма изобилуют опять-таки предельно загадочными местами. Например, что только смерть может спасти «его доброе имя». Такое, согласитесь, пишут, когда человек кем-то или чем-то *принужден* шарахнуть себе в висок.

Другие строчки еще более загадочны: «Однажды, когда папа закроет глаза, в Австрии станет очень неуютно. Я слишком хорошо знаю, что произойдет, и советую вам после этого уехать».

И это еще цветочки...

Кайзер Вильгельм терпеть Рудольфа не мог – и за несколько месяцев до выстрелов в Майерлинге Рудольф, когда кайзер заехал к венценосному соседу поохотиться... подробно разрабатывает в одном из писем идею «элегантно обставленного несчастного случая на охоте». «Несчастный случай», как легко догадаться, должен приключиться с Вильгельмом. Чтобы европейская история, уже без Вильгельма, повернула ход в новом и более благоприятном направлении. По мнению совре-

менных исследователей, письмо написано достаточно серьезно, и как-то не напоминает шутку...

Интересные дела, не правда ли?

Особенно если учесть, что, по воспоминаниями современников, Рудольфа *чертовски* интересовали итоги выборов во Франции – где к власти мог прийти генерал Буланже, о котором только
дебилы не знали, что он намерен устроить переворот, ввести нечто вроде личной диктатуры и немедленно начать войну с Германией.

Потом, после выстрелов в Майерлинге, будут даже втихомолку говорить о замышлявшемся наследником перевороте. Никаких точных доказательств нет, но слухи ходили упорные и долгие. Достоверно известно, по крайней мере, что Рудольф представлял отцу некие достаточно проработанные «проекты национальной обороны», опять-таки решительно расходившиеся с курсом на австро-германскую дружбу...

А главное, вокруг самого Майерлинга немало тайн. По окру-
ге опять-таки слишком долго и слишком упорно кружили слухи
о загадочных незнакомцах, болтавшихся возле Майерлинга перед *случившимся*. Достоверных свидетельств того, что же все-
таки в охотничьем домике происходило непосредственно перед
трагедией, не существует. Камердинер наследника Лошек столько
раз менял показания, что верить ему перестали уже тогда. Сначала он говорил, что не слышал выстрелов вообще. Потом стал уверять, будто все же слышал – два *подряд*. Бросился в дом, но, увидев, что дверь спальни заперта, еще час ничего не предприни-
мал. Вообще-то это уже само по себе странно – но главное, врачи
установили, что юная баронесса умерла несколькими *часами*
позже Рудольфа, а выстрелов сделано всего два, так что «подряд» прозвучать они никак не могли...

Мрак совершеннейший! Револьвер загадочным образом исчез
вскоре после событий в недрах «соответствующих органов» –
а заодно в книге рецептов придворной аптеки кто-то (кто-то из
своих, имеющих доступ!) вырвал все страницы, касающиеся

Рудольфа – и вклеил на их место другие, несомненно содержащие список лекарств, полученных наследником, не имеющий ничего общего с реальностью.

Но самое интересное начинается гораздо позже. Тогда, в 1889-м, историю постарались замять быстро и решительно: о баронессе не упоминали вообще, будто ее и не бывало, смерть наследника сначала официально объясняют сердечным приступом, но уже через сутки объявляют все же о самоубийстве, совершенном «под влиянием минутного умопомрачения». И делают всё, чтобы все, абсолютно все забыли не только об этой истории, но и о самом Рудольфе – будто и не жил...

Проходят годы, десятилетия. Давным-давно не существует и Австро-Венгерской империи, и охотничьего домика Майерлинг, сразу же после трагедии перестроенного и отданного под женский монастырь...

1938 год. Гитлеровские войска входят в Австрию, присоединяя ее к рейху. И в институте патологии при венском Университете объявляется эсесовец Йозеф Фитцхум, штандартенфюрер из Главного управления СД, только что назначенный заместителем начальника полиции Вены. И требует немедленно отыскать для него протокол вскрытия Рудольфа. Сотрудники института в совершеннейшей растерянности – они про эти бумаги уже и забыли, в жизни в руках не держали, даже не знают, где они могут валяться...

Штандартенфюрер настаивает. После долгих поисков документы все же находят где-то в дальних уголках подвала, где они валяются под толстенным слоем пыли чуть ли не пятьдесят лет. И немец их увозит в Берлин.

В 1941 г. в Аугсбурге в богадельне умирает нищая старушка, когда-то в *другой* жизни, блиставшая при венском дворе. Это – графиня Лариш-Валлерзее, личность в свое время известная – одна из тех пронырливых кумушек, что обычно посвящены во все мыслимые секреты, между прочим, родственница Рудольфа. В свое время, вскоре после его смерти, графиня выпустила обширные мемуары, больше похожие на дешевый авантюрный роман. Решительно все тогда же признали их неприкрытой *туфтой.* Но десятилетия спустя, незадолго до смерти, графиня решила написать другие мемуары, уже *настоящие.* Как оно все было на самом деле, и что она об этом знает – а знала она, все историки сходятся, ох как немало...

Старушка успела поставить последнюю точку – и завещала рукопись одному из служителей богадельни, который к ней относился особенно заботливо: мол, озолотишься, сынок, если грамотно продашь издателям...

Так вот, едва старушка умерла, а наследник не успел еще полистать мемуары, в богадельне объявился эсэсовский чин по фамилии Фитцхум. Никаких совпадений, это тот же самый. И отбирает рукопись у растерянного санитара...

Знаете, что самое интересное? Я проверил по справочникам: в то время Йозеф Фитцхум уже не имел никакого отношения ни к полиции, ни к главному управлению СД. Занимал чисто строевую должность командира батальона одного из полков войск СС. И тем не менее именно он выполняет несвойственные простому комбату функции. Полное впечатление, что, несмотря на все перемещения по службе, он продолжал курировать именно это дело...

Но главное – а что за дело, собственно? Почему руководство СД (ведь не по собственной же инициативе Фитцхум собирал относящиеся к смерти Рудольфа документы!?) даже сорок девять лет спустя охотилось за бумагами, имевшими прямое отношение к смерти эрцгерцога? О котором никто уже, собственно, и не помнил? Что в них было такого интересного... или *опасного* для Германии даже по прошествии полусотни лет?

Увы, не похоже, что мы когда-нибудь найдем ответ и на эти вопросы. И протокол вскрытия, и мемуары графини, попав в Берлин, исчезли бесследно и до сего времени никогда не всплыли. Быть может, погибли при бомбежках Берлина – а то и лежат до сих пор среди загадочного содержимого загадочных «кладов нацистов» – которые не все еще разысканы...

Но что же там все-таки было, в этих бумагах, заставлявшее нервничать чинов СД и через полсотни лет – хотя они, собственно, не имели к трагедии в Майерлинге никакого отношения, как и весь Третий рейх?

В чистое любопытство я нисколечко не верю, я не романтик... Тогда?

Быть может, все-таки некие недвусмысленные доказательства того, что это все же было убийство? Или, по крайней мере, принуждение к самоубийству? *Провернутое* как раз германскими тайными агентами, поскольку замыслы и планы Рудольфа решительным образом противоречили замыслам и планам германских «ястребов»?

Я не знаю. И никто не знает. Но история крайне темная. И есть все же некоторые основания думать, что *впервые* появился след, отпечаток когтистой лапы «ястреба».

А вот вторично – теперь я в этом совершенно уверен – *другие* «ястребы», из *другой* стаи отметились в древнем городе Киеве, двадцать два года спустя после смерти незадачливого эрцгерцога Рудольфа. Когда вместе с императором туда прибыл премьер-министр Столыпин...

2. Молодой человек во фраке

Там, в Киеве, Столыпин и был убит 1 сентября 1911 г. – в городском театре, на глазах многочисленной публики и самого императора. Давали спектакль «Сказка о царе Салтане». Началось второе действие. О том, что произошло потом, остались подробные воспоминания тогдашнего киевского губернатора А. Ф. Гирса: «Простившись с министром, я медленно пошел по левому проходу к своему креслу, смотря на стоявшую передо мной фигуру П. А. Столыпина. Я был на линии 6-го или 7-го ряда, когда меня опередил высокий человек в штатском фраке. На линии второго ряда он внезапно остановился. В то же время в его протянутой руке блеснул револьвер, и я услышал два коротких сухих выстрела... В театре громко говорили, и выстрелы слыхали немногие, но когда в зале раздались крики, все взоры устремились на П. А. Столыпина и на несколько секунд все замолкло. П. А. как будто не сразу понял, что случилось. Он наклонил голову и посмотрел на свой белый сюртук, который с правой стороны, под грудной клеткой, уже заливался кровью...»

Дальнейшее нет смысла описывать детально. Слишком много написано о личности убийцы, поэтому можно вкратце: стрелявший – Дмитрий Григорьевич Богров, сын киевского адвоката не из самых бедных (один его киевский дом стоит 400 000 рублей). Богрова иные исследователи упорно именуют «Мордка» или «Мордехай», что с истиной несколько не согласуется: поскольку он был хотя и евреем, но крещеным, с момента приобщения к христианству никаким таким Мордехаем уже не был.

Зато был давним сотрудником Киевского охранного отделения. *Освещал* анархистов-коммунистов (была такая разновидность революционной фауны), народу за решетку упрятал немало и безусловно был среди «источников» фигурой немаловажной: получал в месяц от ста до ста пятидесяти рублей, да вдобавок «премиальные» – рублей тридцать – сорок. По тем временам – очень приличный заработок, превышавший ежемесячное жалованье пехотного капитана.

С какого перепугу агенту охранного понадобилось стрелять в премьера, как он вообще попал в строжайше охраняемый театр, и кто его туда пустил? История интереснейшая – и до сих пор таящая немало загадок и темных мест...

Общее руководство охраной высокопоставленных гостей, царя и Столыпина, осуществлял товарищ министра внутренних дел, начальник Департамента полиции и командир отдельного корпуса жандармов генерал Курлов. *Деталями* ведали его подчиненные: заведующий Киевским охранным отделением подполковник Кулябко и его шурин, начальник дворцовой охраны полковник Спиридович.

Согласно последующим объяснениям двух нижестоящих, Кулябко и Спиридовича, история выглядела так. К Кулябко явился взволнованный Богров и сообщил, что в Киев нагрянула группа опасных и злобных террористов, намеренных покуситься на Столыпина и министра просвещения Кассо. Естественно, спецслужбы *взвились*. Поскольку единственным, кто знал об их перемещениях, оказался Богров (к которому бомбисты, не подозревая о его службе в охранном, запросто приходили на квартиру), Богрову быстренько выдали один из предназначенных для *тайных* билет в театр. Дальше начинается откровенная путаница. По одной версии, Богров должен был опознать заявившихся в театр террористов. По второй – оперативно доносить Кулябко об их перемещениях и планах. Кстати, самому Столыпину моментально донесли о прибывших по его душу злодеях, и он был в курсе...

Таким вот образом Богров и оказался в театре – с помощью сказочки о террористах. И выстрелил в Столыпина – хоть в *этом* факте сомнений нет.

А вот что касается многого другого – сомнений, подозрений и версий возникает множество.

Первый вопрос: с какого, собственно, перепугу вполне благополучный молодой человек, никоим образом не упертый революционер, вдруг взял да и *шарахнул* в премьера?

Сначала на допросах Богров заявил, что совершил теракт исключительно «по идейным соображениям». На правду это нисколечко не похоже: прежде всего оттого, что Богров на «идейного» не тянул. В меру циничен, в меру корыстолюбив – в агенты завербовался исключительно ради денег на красивую жизнь. Ни капли в нем не было от жертвенности...

Должно быть, то же самое пришло в голову следователям, уже достаточно осведомленным об этой персоне. И Богров резко изменил показания: теперь он не ради идеи пошел на такое – его, изволите ли видеть, вынудили. 16 августа к нему на квартиру неожиданно явился некто по кличке «Степа», из тех самых анархистов-коммунистов, и...

«"Степа" заявил мне, что моя провокация безусловно и окончательно установлена... мне в ближайшем будущем угрожает смерть, реабилитировать себя я могу одним способом, а именно – путем совершения какого-либо террористического акта, причем намекал мне, что наиболее желательным актом является убийство начальника охранного отделения Н. Н. Кулябко, но что во время торжеств в августе я имею богатый выбор... Буду ли я стрелять в Столыпина или в кого-либо другого, я не знал, но окончательно остановился на Столыпине уже в театре, ибо, с одной стороны, он был одним из немногих лиц, которых я раньше знал, отчасти же потому, что на нем было сосредоточено общее внимание публики».

Вообще-то подобные случаи известны – когда разоблаченного агента заставляли «во искупление» убить какого-нибудь жандармского чина. Однако тут далеко не все просто...

Начнем с того, что существование грозного «Степы», собственно говоря, ничем не подтверждено, о нем знали исключительно со слов Богрова. Да и выглядит «Степа» как-то придурковато: зная, что в Киев прибыли великолепные *мишени* вроде царя и премьера, он почему-то сосредоточивается на ничтожной по сравнению с ними фигуре подполковника Кулябко.

Кстати, *шлепнуть* Кулябко Богрову было проще простого, не устраивая спектакль в театре – как-никак до приезда высоких гостей (о котором уже 16-го должен был прекрасно знать «Степа»), сто раз можно было встретиться с Кулябко где-нибудь на явочной квартире и пристрелить его там, не подвергаясь ни малейшему риску. Анархисты довольны, Богров прощен...

Кстати, почему Богров просто-напросто не ударился в бега? Подобно попавшему в подобную ситуацию, разоблаченному Азефу? Денег у него было достаточно, да вдобавок можно было нацелить кураторов из охранного на означенного «Степу»...

Одним словом, есть огромные сомнения в реальном существовании «Степы», так никогда впоследствии и не всплывшего в полицейских документах.

И есть повсеместная уверенность, высказывавшаяся практически открытым текстом в высшем обществе, а заодно и с трибуны Государственной Думы: смерть Столыпина – результат заговора спецслужб... В этом мало кто тогда сомневался. Об этом говорили даже не понижая голоса... И обвиняли в первую очередь генерала Курлова. На него «переводили стрелки» так беззастенчиво, открыто, не утруждаясь соблюдать видимость законности, что это опять-таки вызывает сильнейшее недоверие.

Начнем с того, что никакие террористы, будь они символом пронырливости и коварства, не могли бы попасть в театр. Тот же губернатор Гирс подробно повествует о принятых мерах безопасности: «В зале, блиставшем огнями и роскошно убранном, собралось избранное общество. Я ЛИЧНО РУКОВОДИЛ РАССЫЛКОЙ приглашений и распределением мест в театре. Фамилии всех сидевших в театре мне были лично известны, и только 36 мест партера, начиная с 12 ряда, были отправлены в распоряжение заведовавшего охраной генерала Курлова, для чинов охраны, по его письменному требованию».

И один из этих билетов взял Кулябко для Богрова...

Вход в театр контролировался *плотно*. Билеты проверяли со всем тщанием – а также, никаких сомнений, следили, соответствует ли личность обладателя билета фамилии в списке Гирса. В таких условиях никакой террорист со стороны попасть в театр ни за что не мог.

Тогда?

Против Курлова выдвинули два взаимоисключающих обвинения (не следствие, а позднейшие исследователи). Согласно первому, он (и Спиридович с Кулябко) хотел *инсценировать* покушение на царя прямо в театре, чтобы потом эффективно его предотвратить в самый последний миг, сцапать виновника, получить награды, ордена и прочие блага...

А Богров, стало быть, вышел из отведенной ему роли...

Плохо верится в этакий авантюрный роман. Точнее, не верится вообще. Курлов за время службы – в армии, в прокуратуре, в губернаторах — не замечен ни в чем предосудительном, ни в каких таких провокациях, инсценировках. Так что не будем забывать о презумпции невиновности. И потом, авторы такой инсценировки безусловно должны были отдавать себе отчет в том, что риск *громаден* — и «террорист» может *взбрыкнуть*, и кто-нибудь из замешанных в инсценировке может потом проболтаться, а то и умышленно заложить остальных, после чего им придется несладко...

А потому родилась вторая версия, не менее авантюрная. Курлов устроил убийство Столыпина по насущнейшим шкурным мотивам — он якобы прикарманил немалые деньги из секретных фондов департамента полиции, а Столыпин об этом узнал, решил провести расследование, вот Курлов, спасаясь, и организовал убийство...

Эта версия кружила сразу после убийства. Однако в нее тоже плохо верится, не верится вообще...

Прежде всего оттого, что подробности *прессовки* Курлова, начатой после смерти Столыпина, слишком хорошо известны.

Дело против него возбудили с откровенным нарушением закона. Согласно тогдашним порядкам, для сенаторского расследования (а именно эту процедуру против Курлова инициировали) требовалось личное разрешение министра внутренних дел, т. е. Столыпина. А поскольку Столыпин находился на больничной койке, распоряжение должен был дать «временно управляющий министерством» С. Е. Крыжановский. Но его никто не спрашивал. Расследование начали по устному указанию новоявленного премьера Коковцова — и поручили не кому иному, как ярому врагу Курлова сенатору Трусевичу (в свое время тоже служившему по департаменту полиции, где они из-за чего-то и стали врагами).

Естественно, Трусевич из кожи вон лез, чтобы *закопать* старого неприятеля. Трудился полгода, набивая пухлые тома совершеннейшей чепухой. Например, всерьез заносил в протоколы такие животрепещущие вопросы: ел ли Курлов в Киеве икру и пил ли шампанское? А также, неведомо с какого перепугу, ставил Курлову в вину... незнание того факта, что кухарка Богрова находилась в амурных отношениях с одним из филеров Киевского охранного отделения (вот уж ценнейшая информация, которую глава полиции и жандармерии империи непременно обязан знать!).

Так вот, что характерно: ненавистник Курлова Трусевич *ничегошеньки* не накопал о финансовых злоупотреблениях генерала! Ни единой казенной копеечки Курлов не присваивал! Так что «мотив» на глазах превращается в чушь собачью...

И тем не менее! С чьей-то подачи эта история уже после тщательнейшей ревизии, доказавшей честность Курлова, перекочевала в Государственную Думу. Профессор Милюков (очередной «прогрессивно настроенный либерал») чуть ли не в истерике бьется, вопя с трибуны, что генерал Курлов, мот и транжира, истратил на чрезвычайные меры охраны в Киеве *девятьсот тысяч* рублей – а премьера, мол, все равно убили...

Тут же, в зале, присутствует Коковцов, не только премьер, но и министр финансов. Который уже прекрасно знает, что на указанные цели Курлов потратил *втрое* меньше, триста тысяч, и давно отчитался в них до копеечки, представив ворох документов.

Но Коковцов промолчал, и эта цифра – девятьсот тысяч, подхваченная прессой, начинает странствовать по страницам газет...

Трусевич не унимается – он предъявляет Курлову престранное обвинение: «превышение власти, а также бездействие власти». Именно так: превышение, а равно бездействие. Курлов задает участвующему в «расследовании» сенатору Шульгину резонный вопрос: милостивый государь, объясните, собственно, в чем *пределы* моей власти? Поскольку для решения вопроса это необходимо, объясните мне, дураку, за *какие* пределы я вышел? И в *каких* пределах бездействовал?

Сенатор молчит и сидит с таким лицом, словно мысленно чешет в затылке. Подключается еще один «спец», обер-прокурор Кемпе, авторитетно заявивший: пределы власти вашей, господин Курлов, указаны в инструкции заведующему полицией, так что не стройте тут из себя дурачка...

Курлов не моргнув глазом отвечает: так ведь эта инструкция государем императором *шесть* лет как отменена! Обер-прокурор, ничего не ответив, уходит и более в допросах не участвует...

Профессионалы, блин! Следствие ведут знатоки...

Короче говоря, ничегошеньки Курлову пришить так и не смогли – и доверительно посоветовали самому подать в отставку. Он и подал...

А между прочим, поведение Курлова во всей этой истории выдает не заговорщика, а как раз озабоченного недочетами профессионала. Именно он настойчиво требует, чтобы к Столыпину приставили в качестве персонального телохранителя жандармского ротмистра Дексбаха, знающего в этом ремесле толк. Но от этого отказывается сам Столыпин, считающий меры предосторожности «чрезмерными». И при нем остается один-единственный офицер, обыкновенный *армейский* капитан Есаулов. Который в момент покушения вообще ушел от подопечного и болтался где-то в фойе...

Есть много лестных отзывов о Курлове, но приведу только один. «Ни малейшего намека на правильность такого обвинения (в организации убийства Столыпина. – *А. Б.*) никогда найдено не было». Это свидетельство тем более ценно, что оно принадлежит бывшему начальнику Петербургского охранного отделения генералу Герасимову, который к друзьям Курлова не принадлежал. Наоборот, отношения у них были настолько своеобразные, что Курлов ранее всерьез обвинил Герасимова в подготовке покушения на него, Курлова.

Герасимов, правда, пишет о «дилетантизме» трех главных фигур – то бишь Курлова, Спиридовича и Кулябко. Ничего они, мол, не задумывали коварного, но все же были дилетантами, вот и проморгали.

Крутит что-то умнейший и хитрейший генерал Герасимов... Уж ему-то, старому волку политической полиции (в жандармах с 1889 г.), прекрасно должно быть известно, что дилетант в этой троице один-единственный – как раз Курлов, до 1909 г. трудившийся то прокурором, то губернатором.

А вот остальные двое – никакие не дилетанты! Спиридович в органах политического сыска с 1899 г. Двенадцать лет службы в жандармерии и на посту заведующего дворцовой охраной – дилетантизм?! Побойтесь бога, ваше высокопревосходительство! Нашли дилетанта...

Подполковник Кулябко – в полиции с 1897-го, начальствует над киевским охранным с 1907-го. И более того! В 1910 г. он побывал в командировке в Риге как раз для того, чтобы создать с нуля не существовавшее там прежде охранное отделение (хорошее поручение для дилетанта!) Но и это еще не главное! В 1909 г. во время поездки императора в Полтаву именно Кулябко как раз и обеспечивал охрану высокого гостя!

Как вам парочка «дилетантов»? Да это же *волчары* политического сыска! Это для Курлова, всего два года служившего по жандармерии, дело было новым

Между прочим, как раз *Кулябко* позже попал под следствие за присвоение казенных денег из секретных фондов, все обвинения подтвердились, но благодаря связям (один Спиридович чего стоит) Кулябко тихонько спровадили в отставку, тем все и кончилось...

Так что никаких сомнений: *главная* вина лежит на Спиридовиче с Кулябко. Однако как-то так получилось, что их вывели из-под огня критики, а козлом отпущения сделали Курлова – не по разгильдяйству, а по сознательному умыслу (вспомните поведение Коковцова в Думе). И не кто иной, как Курлов, настойчиво требовал не спешить с судом над Богровым, а провести тщательное расследование, выяснить до конца мотивы преступления и всех возможных сообщников. Однако к нему отчего-то не прислушались – допросили Богрова наспех, собрали военный суд и быстренько вздернули уже шестнадцатого сентября (а по другим данным, даже девятого). Вот и убедите меня, что Богрову никто не стремился заткнуть рот...

Короче говоря, подводя некоторые итоги... Нет уже ни малейших сомнений в том, что убийство Столыпина – не дурацкая выходка одиночки по фамилии Богров, а результат заговора, в котором замешаны спецслужбы. Спиридович с Кулябко, тоже совершенно ясно – *пешки*.

Кому выгодно?

Ну, вообще-то, *всем*. Революционеры, ленивые и прочие либералы Столыпина терпеть не могли. Социалистам он стоял поперек горла, потому что, разрушая общину, создавал (или пытался создать) крепкого хозяина, который к революционной пропаганде любого рода был бы глух. Да вдобавок развернул беспощадный террор против бомбистов, с помощью военно-полевых судов вздергивая их гирляндами. И Думу однажды распускал – что обозлило не только левых (чьих депутатов и вовсе загнали на каторгу), но и всю поголовно «прогрессивную оппозицию».

Высшую государственную бюрократию Столыпин тоже не на шутку *достал* проектами чересчур уж масштабных реформ. И вызывал откровенную неприязнь у императрицы, которая считала, что чересчур сильный и энергичный премьер «заслоняет» Николая II.

А потому давным-давно выдвинута достаточно обоснованная версия о том, что в случае с убийством Столыпина за ниточки дергали с *самого* верха.

Это гораздо более похоже на правду, чем обвинения Курлова в несуществующем казнокрадстве.

И все же... *Зачем* «дворцовой камарилье» было *убивать* не устраивающего ее премьера?

Ведь это, в конце концов, не более чем премьер... На дворе у нас, несмотря на отдельные либеральные поползновения вроде Государственной Думы, стоит неприкрытое самодержавие. И достаточно было государю императору отправить неудобного премьера в почетную отставку, как вопрос был бы снят в одночасье.

Технически это не представляло ни малейших трудностей. Всего-то навсего начертать собственной рукой: мол, пребывая в неизменном к вам благоволении, тем не менее объявляю с болью в сердце...

И это – *все*! Примеры общеизвестны. В мгновение ока опасный реформатор превращается из предмета беспокойства в заурядного пенсионера. В таких случаях отставника обычно награждали внешне почетным титулом члена Государственного Совета... который ничего фактически не решал. Почета немеряно, мундир расшит золотом от ушей до пяток, а вот влиять на какие бы то ни было государственные дела, даже самые мелкие, никак невозможно...

Так какого же лешего огород городить с пальбой в упор, с «идейным» юношей во фраке? Неминуемо придется посвятить если не во все, то в *главное* кучу народа, а это, ежу понятно, нешуточный риск...

Зачем устраивать убийство, если можно попросту *снять*?

Нет, и царственная чета вкупе с особо приближенными не вполне годится на роль подозреваемых. Нет мотива. Того же самого можно было добиться гораздо проще, не тратя ни усилий, ни крови – в отставку высочайшим рескриптом. Благо Столыпин был настолько неудобен превеликому множеству народа, что никто не стал бы особенно протестовать...

Да, вот что еще интересно... и многозначительно. Тот же Курлов, впоследствии усиленно размышлявший над загадкой смерти Столыпина, подметил интереснейшее обстоятельство на свой счет – вопреки сложившейся практике. Тогда, как и теперь, было в большой моде публично объявлять о причастности той или иной радикальной организации к очередному политическому убийству. Это, помимо прочего, прибавляло веса в глазах публики. Однако...

«Убийство это было встречено молчанием, хотя в революционной печати появлялись обыкновенно хвалебные гимны по поводу всякого, даже незначительного политического убийства» (Курлов).

Позвольте, а как же загадочный «Степа»? Если он и в самом деле существовал, если «анархисты-коммунисты» и взаправду предъявили Богрову ультиматум, то они должны были вскоре же после покушения в голос орать: это мы, мы, мы. Не кто-нибудь, а мы, великие и могучие анархисты-коммунисты рукой героического Димы Богрова покарали одного из главнейших царских сатрапов, вешателя Столыпина! Все вострили ножики и пули лили, но только мы оказались такие проворные и решительные! Срочно уважайте нас!

Но промолчали анархисты-коммунисты. И все прочие партии террористического толка – тоже. А значит, все они прекрасно знали: не их рук это дело, и наверняка «Степа» вымышлен точно так же, как зверь единорог или дерево-людоед с острова Борнео...

Так *кто* стоял за Богровым? Если предположить – а предполагать имеет смысл – что Спиридович и Кулябко, то напрашивается закономерный вопрос номер два: а за ними кто стоял? Ведь устраивать такое по собственной инициативе им совершенно ни к чему.

Революционеры отпадают. Курлов отпадает. Императорская чета с приближенными... в общем, отпадает тоже. Но ведь на этом список подозреваемых вовсе не исчерпывается, господа присяжные заседатели! С чего мы решили, что он исчерпывается?

Не будем тянуть кота... за хвост. Не будем чрезмерно интриговать читателя. Поставим вопрос в лоб: а не было ли весомых мотивов и серьезных причин для устранения Столыпина у нашей так и оставшейся в тени *военщины*? У тех самых «ястребов», которые видели ближайшее будущее для России в какой-нибудь *большой* войне?

Так ведь – масса! И поводов, и причин!

Не есть ли «ястребы» той «иной, неведомой нам силой», о которой всерьез писал Курлов, жалуясь, что «следствию ее обнаружить не удалось, да, по-видимому, оно к этому и не очень стремилось»?

Есть серьезнейшие основания именно так думать. Потому что самое беглое изучение биографии Столыпина как государственного деятеля и его дальнейших планов позволяет сделать вывод: не было другого деятеля такого масштаба, чьи планы столь решительно противоречили бы целям и задачам «ястребов».

Начнем, как принято, издалека. С начала века.

Военных планов у Николая II было громадье. О чем свидетельствует столь осведомленная персона, как бывший премьер Витте: «У нас в России в высших сферах существует страсть к завоеваниям, или, вернее, к захватам того, что, по мнению правительства, плохо лежит... Когда молодой цесаревич сделался императором, то естественно полагать, что в душе его неоднократно рождалась мысль о дальнейшем расширении великой Российской империи, о подчинении китайского богдыхана, подобно бухарскому эмиру, и чуть ли не о приобщении к титулу русского императора дальнейших титулов, например: богдыхан китайский, микадо японский и пр. и пр.»

Его прекрасно дополняет военный министр Куропаткин: «У нашего государя грандиозные в голове планы: взять для России Маньчжурию, идти к присоединению к России Кореи. Мечтает под свою державу взять и Тибет. Хочет взять Персию, захватить не только Босфор, но и Дарданеллы... Мы, министры, по местным обстоятельствам задерживаем государя в осуществлении его мечтаний, но все разочаровываем: он все же думает, что он прав, что лучше нас понимает вопросы славы и пользы России».

Это написано в 1903-м. Следует внести весьма существенные дополнения: и Витте, и Куропаткин совершенно правы касаемо *замыслов* императора. Вот только при всей амбициозности планов он все же был достаточно осторожен и в *явные* авантюры не впутывался – особенно после русско-японской войны, которая наглядно показала трагическое несовпадение желаний и возможностей (причем поражение никак нельзя было свалить ни на жидов, ни на масонов, ни на революционеров, да и английская помощь японцам вовсе не объясняет сути дела, т. е. бездарнейшего управления русскими войсками при безусловной отваге солдат и офицеров).

К тому же на протяжении первого десятилетия XX века рядом с Николаем были в основном те государственные деятели, что выступали против не только большой войны, но против любой войны с участием России вообще. Это и премьер Витте, а после него – Столыпин, это и Григорий Распутин, никаких официальных постов не занимавший, но тем не менее имевший на царскую чету *известное* влияние. Он тоже был категорически против военных авантюр – по типичному крестьянскому, мужицкому складу ума, нацеленному на мирный труд, а не на героическое галопирование по полю с блестящей сабелькой наперевес...

Между прочим, в иные критические моменты истории позиции Столыпина и Распутина совпадают до мелочей – при том, что Столыпин Распутина откровенно ненавидел и все время порывался что-нибудь такое придумать, чтобы убрать Григория Ефимыча от царя...

1909 г. Австро-Венгрия, как принято выражаться, «аннексировала» Боснию и Герцеговину. Заключалось это в следующем: с 1878 г., как мы помним, эти территории находились под управлением Австрии, но юридически в ее состав не входили. С одной стороны, под полным контролем Вены, с другой – статус какой-то не вполне понятный. Вот австрийцы и объявили: отныне эти провинции являются нашей неотъемлемой частью, и точка.

В мои задачи не входит комментировать сам этот факт – в конце-то концов, Австрия эти земли заняла с согласия России, в обмен на нейтралитет в Балканской кампании. Да и тамошнее население, не считая стычек в 1878 г., было самым спокойным из всех принадлежавших Вене славянских земель, ни о какой независимости не помышляло и за помощью к «русским братьям» никогда не обращалось.

(Интересно, что в 1916 г., после кончины императора Франца Иосифа, вовсе на наблюдалось никакой такой повсеместной радости – наоборот, зафиксировано среди простого народа самое настоящее горе и выражения типа: «Неста Фране – неста бране» («Нету Франца – нету еды»), «Оде швабо, оде бабо» («Ушел шваб – ушел отец»). Эти данные взяты не из какой-нибудь клеветнической статьи австрийских шовинистов, а из серьезного издания, выпущенного Институтом славяноведения Российской академии наук...)

В России это решение Вены встретила в штыки та самая специфическая публика, что мечтала о проливах и воссоединении «славянских братьев». Интеллигенция (как правая, так и левая) на короткий миг слилась в приступе небывалого единения, устраивая демонстрации, митинги и собрания «в защиту славян». При этом мнением *самих* босняков с герцеговинцами никто как-то и не поинтересовался – подразумевалось, что они «стенают» под австрийским игом, и этого было достаточно.

Дело оборачивалось вовсе уж скверно – Россия готова была броситься в кровавую авантюру. Кто-то уговорил царя дать согласие на мобилизацию войск трех военных округов, граничивших с Австрией. А мобилизация, как известно – это война...

Положение спас Столыпин. Генерал Герасимов вспоминал: «После одной из очередных поездок в Царское Село для доклада Столыпин на обратном пути сказал мне: "Сегодня мне удалось спасти Россию от гибели" – и рассказал, что во время доклада Царь сообщил ему о своем решении... (мобилизации. – *А. Б.*) "С большим трудом, – говорил Столыпин, – мне удалось убедить его величество, что этот шаг неизбежно повлечет за собой войну с Германией и что эта война грозит самому существованию династии и империи"».

К серьезной войне Россия и в самом деле была не готова (а потому со Столыпиным был совершенно согласен и военный министр Ридигер). *Кто* именно пытался уговорить Николая кинуться в очередную балканскую авантюру, догадаться нетрудно: великий князь Николай Николаевич со своей «черногоркой», Сазонов и прочие «ястребы».

Но не в этом дело. Главное, независимо от Столыпина царя убеждал отказаться от этой идеи и Распутин. О чем вспоминал не кто иной, как самый, пожалуй, яростный враг Распутина иеромонах Илиодор, которому Распутин изложил историю так: «Вот, брат, при дворе-то было охотников много воевать с Австрией из-за каких-то там земель. Но я, дружок, отговорил Папу, потому не время, нужно дома все в порядок приводить».

Илиодору можно верить, потому что он эту сцену вспоминает с *осуждением*: мол, вот каков супостат Гришка, помешал России-матушке выступить на защиту славянских братушек...

В 1912 г. как раз началась Первая Балканская война, развязанная с подачи Черногории, осадившей турецкую крепость Скутари. На сей раз все обстояло даже гораздо серьезнее, чем три года назад...

Очень уж серьезный завязался узелок. В войну, как мы помним, ввязалась и Сербия (подстрекаемая Сазоновым, обещавшим всяческое содействие). Австро-Венгрия объявила мобилизацию и потребовала от Сербии отвести войска с побережья Адриатики, заявив, что не допустит ее выхода к означенному морю-океану. За спиной Вены, разумеется, стояла Германия, готовая оказать союзничку военную помощь.

И Россию опять потянули в большую войну. Великий князь Николай Николаевич убедил царя подписать Указ о частичной мобилизации, начали готовить военные и санитарные поезда. Вторая «черногорка», Милица Николаевна, супруга великого князя Петра Николаевича, заявилась к премьер-министру Коковцову и вручила ему форменный ультиматум, состоявший из четырех пунктов: Россия должна добиться, чтобы крепость Скутари осталась за Черногорией; Россия обязана сделать так, чтобы к Черногории отошли кое-какие, конкретно перечисленные, албанские территории; Россия должна взять Черногорию на полное продовольственное обеспечение; Россия должна передать Черногории восемнадцать скорострельных пушек новейшего образца, с тысячей снарядов на каждое, а также по тысяче снарядов к каждому орудию, которое у Черногории уже есть, и 20 миллионов винтовочных патронов.

Как ни пытался Коковцов ей объяснить, что выполнение трех из четырех пунктов вызовет нешуточный конфликт России с другими великими державами, великая княгиня напирала. Однако премьер сумел ее вежливо выпроводить, за что она на него разобиделась на всю оставшуюся жизнь.

Столыпина уже не было в живых – хотя он, несомненно, как и в прошлый раз, был бы против войны. Но вот *Распутин* был здоровехонек – и он вновь отговорил царя от войны. Витте был очевидцем: «Пришел Распутин, в пламенной речи, лишенной, конечно, красот присяжных ораторов, но проникнутой глубокой и пламенной искренностью, он доказал все гибельные результаты военного пожара – и стрелки истории передвинулись по другому направлению. Война была предотвращена».

О том же вспоминает Н. Дурново: «Распутин заявил, что "воевать вообще не стоит, лишать жизни друг друга, отнимать блага жизни, нарушать завет Христа и преждевременно убивать собственную душу. Пусть забирают друг друга немцы и турки – это их несчастье и ослепление – а мы любовно и тихо, смотря в самого себя, выше всех станем"».

И, что интересно, мнение Распутина о развитии Сибири практически совпадало с той политикой, которую проводил Столыпин – курс на переселение крестьян и индустриализацию Зауралья.

Слова Распутина на этот счет приводит его дочь Матрена:

«Боятся железных дорог и путей сообщения. Боятся, что железные дороги испортят крестьян. Это пустой разговор. При железной дороге крестьянин имеет возможность искать себе лучшее существование. Без железной дороги сибирский крестьянин должен сидеть дома, не может же он пройти всю Сибирь пешком. Сибирский крестьянин ничего не знает и ничего не слышит. Разве это жизнь? Сибирь пространна, и сибирский крестьянин зажиточен...»

Кстати, эти слова совпадают и с позицией С. Ю. Витте, активно выступавшего как раз за освоение Сибири и Дальнего Востока. Быть может, этим и объясняются вполне дружеские меж ними отношения.

Одним словом, Столыпин и Распутин высказывали чертовски схожие взгляды и вели *чертовски схожую политику* – тем более печально то, что Столыпин был яростным противником Распутина (полное впечатление, исключительно из *барской* спеси).

Впоследствии, основываясь на этой взаимной неприязни, иные авторы стали утверждать, что как раз Распутин-де и был тем «мотором», что способствовал падению влияния премьера, его положению при дворе. Вот только свидетелями выступают личности крайне сомнительные, вроде Гучкова, о котором подробный разговор еще впереди...

Дальше – больше. Некоторые выстраивают лихой лубочный детектив – якобы Распутин заранее знал о готовящемся убийстве Столыпина, замышлявшемся именно царской четой.

Основано это на широко известном, в общем, факте. Распутин тоже приехал в Киев в 1911 г. И, увидев экипаж Столыпина (сам он стоял в толпе народа) вдруг затрясся, закричал:

– Смерть за ним! Смерть за ним едет! За Петром... за ним...

И ночью, остановившись на квартире того, кто все *это* потом рассказал, он не мог заснуть всю ночь, кряхтел, ворочался, стонал. В ответ на вопросы хозяина повторял:

– Ох, беда будет... Ох, смерть идет...

Возможно, иной материалист и усмотрит в этом осведомленность Распутина о предстоящей *ликвидации*. Но я, во-первых, нисколько не верю, что Столыпин убит по приказу престола, а во-вторых, не материалист, уж простите. Очень непростым человеком был Григорий Ефимович Распутин, так что речь безусловно идет не о знакомстве с заговором, а о некоторых, обтекаемо выражаясь, *странных* способностях Распутина, что далеко не всякому человеку доступны. Видел он «смерть за Петром», чуял он беду, чего уж там... Умел он видеть и чуять (уведите материалистов!)

И вообще... Где стопроцентная уверенность, что император *непременно* собирался уволить Столыпина в отставку? Что, если натянутые отношения меж ними – лишь временная размолвка?

И вообще, *чем* Столыпин, живой и здоровый, был опасен нашей военщине? Представлял ли он для них настолько серьезную угрозу, что именно с *этой* стороны и прозвучали выстрелы?

Столыпин и его долгосрочные планы – одна сплошная угроза для любителей лихих рейдов к проливам и прочих военных авантюр! Именно так, без сомнения, и обстояло.

С первоисточниками (составленными одним из ближайших сотрудников Распутина С. П. Палеологом) читатель может ознакомиться в Приложении. Изложу вкратце основные тезисы.

На ближайшие двадцать-тридцать лет – никакой войны. Более того – создание некоего общеевропейского парламента, а там и международного (совершеннейший аналог Совета Европы и ООН), опять-таки в первую очередь для того, чтобы полностью исключить все и всяческие войны.

Все усилия государства, все финансы – на развитие экономики, торговли, промышленности. Военные расходы – исключительно на достижение равенства с другими великими державами.

Вполне вероятно, что кто-то из читателей, изучив Приложение, со мной согласится: после *такого* Столыпин, с точки зрения «ястребов», просто не мог остаться в живых. Они были прямо-таки физически несовместимы в одной точке пространства–времени, Столыпин и «ястребы».

Кстати, логика событий толкала «ястребов» Сазонова в лагерь противников Столыпина не только из-за разных взглядов на проблемы войны и мира. Были и другие причины...

До сих пор Сазонов, будучи министром иностранных дел, не подчинялся премьер-министру Столыпину *вообще*. Обо всем, что касалось большой политики, он докладывал исключительно царю, и получал инструкции непосредственно от царя.

В планы Столыпина, помимо прочего, входило и изменение этой системы. Он собирался «замкнуть» министра иностранных дел на себя, заставить отчитываться в первую очередь перед ним и подчиняться непосредственно ему. Теперь поставьте себя на место Сазонова – согласен ли он лишиться столь привилегированного положения, да вдобавок оказаться в полном подчинении человека, чьи взгляды на мир и войну диаметрально противоположны? *Если* только заговор «ястребов» был, в нем не мог не оказаться замешан Сазонов – вот уж у кого мотивов предостаточно.

Я прекрасно понимаю, что *твердых* доказательств тезиса «Заговор против Столыпина устроили "ястребы"» у меня нет. Но косвенных доказательств хватает. Как уже говорилось, ни у Богрова, ни у Курлова, ни у Спиридовича с Кулябко, ни у царя с царицей недостает веских мотивов. Зато их в избытке у «ястребов». А потому они должны стоять первыми в списке подозреваемых.

Быть может, кому-то со временем и удастся, работая в этом направлении, отыскать нечто более реальное. Тем более что примерно ясно, в какой стороне следует искать. Следовало бы взять «под колпак» и Спиридовича с Кулябко, и тех, кто вел себя в «деле Курлова» предельно странно, недвусмысленно *слепив* из него козла отпущения – Трусевича, Коковцова, Милюкова. Следовало бы поискать *контакты*. Если выяснится, что вышеназванные находились в дружеских, вообще близких отношениях с теми, кого смело можно зачислять в список «ястребов»: политики, думские деятели, дипломаты, военные.

Не нужно зацикливаться на том мнимом противоречии, что «ястребы» служили в армии, а те же Спиридович с Кулябко – в жандармах. Никакого противоречия тут нет. Они *все* были – *армия*. Это в советские времена военные, милицейские и госбезопасность происходили из *разных* гнезд, заканчивали разные учебные заведения. В царские времена все происходили из армейцев – и полицейские, и жандармы. То есть – попросту «господа офицеры», члены *касты*. Сплошь и рядом процесс не носил необратимого характера – жандарм, вышедший из армейских рядов, мог потом перейти в военную контрразведку (примеры известны), «брошенный» на полицейскую службу мог опять-таки вернуться в армию. Этакий круговорот воды в природе. *Каста...* Не существовало непреодолимой пропасти между разными «погонными» ведомствами. А если учесть, что в этой системе точно так же порой *циркулировали* и гражданские чиновники...

Столыпин был для «ястребов» смертельно опасен и категорически неугоден самим фактом своего существования и своими планами. И когда он при этом раскладе вдруг погибает при предельно загадочных обстоятельствах, предельно странных – ни в какое стечение обстоятельств уже не верится...

Кто-то *подвел* Богрова к Столыпину. Кто-то без особой дипломатии скомкал следствие, распорядившись побыстрее Богрова вздернуть. Кто-то (здесь вновь прослеживается хорошо организованная сила) провел масштабную и мастерскую кампанию по дискредитации Курлова и постарался представить его главным виновником. «Неведомая сила», о которой писал Курлов, похоже, и в самом деле существовала – иначе придется согласиться с нагромождением нелепых совпадений выше Эвереста, а такого в серьезных делах не бывает.

Между прочим, совершенно неважно, могли ли столыпинские планы обширных реформ завершиться успехом, состояться наполовину или провалиться вовсе. Не в том соль. Главное, у Столыпина были совершенно недвусмысленные, четкие, хорошо проработанные *намерения*.

А убивают серьезных людей – и в нашем богоспасаемом Отечестве, и в других странах – сплошь и рядом не за дела, а как раз за намерения. Потому что сплошь и рядом уже одних намерений достаточно, чтобы вдруг *вывернулся* в проход меж креслами энергичный молодой человек во фраке и направился к «охраняемому лицу», на ходу доставая блестящий револьвер.

Впрочем, иногда молодой человек может щеголять не во фраке, а в поношенном пиджачишке, как это имело место быть в боснийском городе Сараево.

Туда мы сейчас и перенесемся, но напоследок – еще один штришок к портретам Спиридовича и Кулябко.

Отрывок из документа от 2 июня 1911 г., проходившего под грифом «Совершенно секретно»:

«6) Если охраняемое лицо проследует в церковь, театр, клуб и т. п., то одному из филеров надлежит находиться возможно ближе к охраняемому лицу, чтобы иметь возможность наблюдать за всеми приближающимися к нему лицами, и, в случае покушения, предупредить таковое или защитить охраняемое лицо, другому же следует быть у входа как для наблюдения за входящей публикой, так и для задержания преступника, если бы, в случае покушения, он не был задержан на месте.

7) Находящиеся в охране филеры, заметив приближение к охраняемому лицу подозрительных лиц, обязаны немедленно привести в готовность оружие и занять такое положение, чтобы быть готовым к защите охраняемого лица и предупреждению покушения».

Это – циркуляр департамента полиции начальникам губернских жандармских управлений и охранных отделений «Об организации охраны должностных лиц». Вообще-то никаких Америк он не открывает – во многом повторяя прежние наработки и строгие правила.

Так вот, в театре, как мы помним из воспоминаний Гирса, было *тридцать шесть* человек, обязанных руководствоваться этим документом, который уж Спиридович-то с Кулябко должны были вызубрить как «Отче наш»...

И где они все были? Ни одного из них не оказалось достаточно близко к Столыпину, никто не «предупреждал», не защищал, никто не приводил в готовность личное оружие. Никто, добавляю, и не перекрывал выходов, не задерживал покушавшегося – Богрова скрутили не телохранители, а простые зрители, и долго били от всей души. После чего тридцать шесть сыскарей опять-таки ничем себя не проявили, прибежал в конце концов Спиридович и самолично публику расталкивал...

А это уже – не Курлову в упрек. Курлов осуществлял лишь общее руководство. Странное бездействие тридцати шести агентов (чьего *активного* участия если не в предотвращении, то хотя бы в последующей свалке ни одна живая душа словно бы и не заметила) – это уже «заслуга» Спиридовича с Кулябко...

Сколько у меня к ним вопросов, кто бы знал... Но как их достать-то?

3. Идейные молодые люди

По моему глубокому убеждению, никто лучше не описал убийство в боснийском Сараево эрцгерцога Франца-Фердинанда, послужившее детонатором Первой мировой, чем Ярослав Гашек в «Похождениях бравого солдата Швейка».

«Убили, значит, Фердинанда-то нашего, – сказала Швейку его служанка.

– Иисус-Мария! – вскричал Швейк. – Вот-те на! А где это с паном эрцгерцогом случилось?

– Укокошили его в Сараево. Из револьвера. Ехал он там со своей эрцгерцогиней в автомобиле».

Я, конечно, опустил достаточно длинную (и смешную) сцену, рисующую, как Швейк поначалу не может понять, о каком, собственно, из лично знакомых ему Фердинандов идет речь. Не в том дело. Главное, что служанка пани Мюллер обрисовала происшедшее предельно лаконично, четко и вместе с тем чертовски информативно: в Сараево, из револьвера, ехал с супругой в автомобиле...

Именно так все и произошло.

Но давайте по порядку. Эрцгерцог Франц-Фердинанд, после смерти Рудольфа наследник австро-венгерского трона. Сын младшего брата императора Франца-Иосифа, генерал пехоты. Женат так называемым морганатическим браком на чешской графине Софии Хотек («морганатический брак» означал, что графиня – законная супруга и не более того, дети от этого брака престол наследовать не могут). С 1906 г. принимал активное участие в решении внешнеполитических вопросов, расставлял на важные посты людей из своего окружения. Провел ряд реформ в армии, один из создателей австро-венгерского военно-морского флота. По отзывам близко знавшего его сановника: «Жестокий, властный, нетерпимый, однако, несмотря на все недостатки, это не был стремящийся к наслаждениям принц, прожигатель жизни. Франц-Фердинанд – ярко выраженная личность, он обладал большим политическим честолюбием». Был противником создания новых славянских государств на Балканах, но горячо отстаивал все ту же идею триализма – превращения Австро-Венгрии в Австро-Венгро-Славию. Считал, что венгры забрали чересчур большую власть в империи, и их следует решительно ограничить в пользу славян. Поэтому находился в конфликте с премьер-министром империи Иштваном Тисой, мадьяром, который заявлял прямо: «Если престолонаследник, став императором, выступит против Венгрии, я подниму против него национальную революцию».

Это уже был не Рудольф. Тот все же оставался в значительной степени прожектером, одиночкой без серьезных единомышленников, подорвавшим здоровье пьянством и наркотиками, опасным главным образом тем, что мог оказаться на престоле.

Франц-Фердинанд – личность совсем другого полета: жесткий, волевой, а главное, лидер сформировавшейся и сильной команды. К осени 1913 года стал генеральным военным инспектором (высший чин в австро-венгерской армии мирного времени). Его военная канцелярия уже несколько лет считалась «параллельным» Генштабом. Тесные отношения с эрцгерцогом поддерживали лидеры славянских народов: словак Ходжа, румын Попович, хорват Сунарич. Планы предстоящих реформ были проработаны и особенно не скрывались: образовать Хорватское королевство, передав ему все земли империи, населенные славянами, и предоставить этой области равные политические права с Австрией и Венгрией. Если мадьяры станут артачиться, ввести там военное положение, поставить премьером кого-нибудь из надежных венгерских генералов, чтобы показал всем кузькину мать...

Что до войны с Сербией, то эрцгерцог считал ее «безумием». А касаемо России выражался недвусмысленно: «Война с Россией – это для нас конец... Неужели австрийский император и русский царь должны свергнуть друг друга и открыть путь революции?»

Гитлер Франца-Фердинанда форменным образом ненавидел и в «Майн кампф» исходил желчью: «Всеми возможными средствами... будущий правитель дуалистической монархии стремился к дегерманизации... Главной идеей этого нового Габсбурга, семья которого говорила только по-чешски, была постепенная подготовка к созданию в Центральной Европе славянского государства, которое для того, чтобы противостоять России православной, должно было стоять на фундаменте католицизма».

Герр ибн-Алоиз несколько сгустил краски, но ситуацию в целом обрисовал верно. Эрцгерцог Франц-Фердинанд был в политике реалистом, а потому всерьез намеревался дать славянам полное равноправие в империи – и вовсе не принадлежал к «ястребам», ищущим войны с Россией и славянскими балканскими государствами.

Однако в Сараево его уже собирались убивать. Дочерняя организация того самого «теневого правительства» Сербии, «Черной руки», именовавшаяся «Молодая Босния», уже назначила шестерку террористов. Оружие им переправили из Сербии с помощью своих людей среди пограничников (впоследствии, когда началась война, австрийцы захватили дневник одного из таких офицеров, где эта история была подробно описана).

Человек здравомыслящий непременно задает вопрос: а зачем, собственно, сербам понадобилось убивать государственного деятеля, не только не собиравшегося проводить антиславянскую политику, наоборот, способного принести славянам немалую пользу?

Так то здравомыслящий... Когда речь идет о сербских параноиках с их манией создать из своей крохотной свиноводческой республики великую державу, критерии здравого смысла не годятся.

Дмитриевич-Апис (что по-латыни значит «Пчела») и его подельники потому и собирались убить эрцгерцога, что он *не был* врагом славян. В этом качестве он и представлял нешуточную угрозу планам создания «Великой Сербии». Напомню, что сербы хотели присоединить Хорватию и другие населенные славянами австрийские территории как раз к своей «сверхдержаве». Завывая на все лады о «притеснении австрияками славян».

А если бы Австро-Венгро-Славия была создана? И оказалось бы, что именно такое федеративное государство вполне славян устраивает? Сербам оставалось бы и впредь пасти свиней и торговать маслом, оставив наполеоновские планы о владычестве над остальными славянами (гораздо более богатыми, развитыми промышленно, экономически и культурно)...

А потому эрцгерцог был приговорен.

И не только сербскими экстремистами, необходимо отметить...

Если в случае со Столыпиным странности таятся по темным углам, хоронясь в пыльном сумраке, то странности сараевского покушения, наоборот, прямо-таки демонстративно выставлены наружу, торчат, словно килограмм гвоздей, которые взялись переносить в авоське...

Гражданские политики Сербии, всерьез опасавшиеся *настоящего*, военного правительства, но бессильные перед ним, вышли на контакт с австро-венгерским министром финансов Билинским (онемечившимся чехом) и настойчиво намекали, что «визит эрцгерцога в Сараево нежелателен». Боялись сказать всю правду (а ведь что-то непременно прослышали, сукины коты!), но и делить в случае чего ответственность с военной хунтой определенно не хотели...

Билинский их предупреждения проигнорировал (то ли из простого легкомыслия, то ли движимый гораздо более худшими побуждениями).

Упоминавшийся Сунарич, хорватский политик, тоже явно что-то прослышал. За сутки до покушения он пытался уговорить Франца-Фердинанда не ездить в Сараево, поскольку это может быть опасно.

Разговор меж ними История зафиксировала.

Эрцгерцог: Дорогой Сунарич, вы, однако, ошиблись, все совсем не так, как вы утверждали... Мы побывали всюду, и везде сербское население принимает нас столь радушно и искренне, что мы действительно счастливы.

Сунарич: Ваше высочество, я молю Бога, чтобы завтра вечером, когда я буду иметь честь увидеть вас снова, вы смогли бы повторить те же слова. Тогда у меня с сердца спадет камень, большой камень!

Вечером они уже не увиделись, потому что к полудню следующего дня Франц-Фердинанд был мертв...

Когда узнаешь подробности его визита в Сараево, становится жутковато – настолько недвусмысленно, открыто и цинично человека подставляли под пули и бомбы...

Австрийская тайная полиция была конторой серьезной, и прекрасно знала, что Босния вообще и Сараево в частности набиты опорными пунктами сербской разведки, не особенно искусно замаскированными под всевозможные культурные, спортивные, просветительские общества и прочие кружки вязания. Однако не предприняла никаких мер по зачистке и профилактике.

Ни малейших мер по усилению сараевская полиция не ввела в действие, а ведь опыт таковых у нее имелся, хотя бы во время недавнего визита в Сараево императора Франца-Иосифа. Тогда и солдаты на улицах стояли, и подразделения жандармов прибыли, и агентов в штатском среди зрителей имелось немало.

Правда, вся наличная сараевская полиция была расставлена по улицам – все сто двадцать человек обычных постовых. Но в подкрепление им не прислали *ни одного* человека, ни обмундированного, ни в штатском.

Личной охраны у эрцгерцога не было *вообще*. Точнее говоря, с ним прибыла группа телохранителей – но они все до единого остались на железнодорожном вокзале. Почему так произошло, никто никогда не сумел внятно ответить.

Маршрут, каким поедут автомобили кортежа, был заранее подробно расписан во всех газетах.

И наконец, визит высокого гостя был назначен на двадцать восьмое июня...

На Видов день, Видовдан! День поражения сербов на Косовом поле... Многие пишут, что это «оскорбляло национальные чувства сербов». Лично я никак не могу взять в толк, чем именно могли быть эти самые национальные чувства оскорблены: австрийцы ни с какого боку не причастны к Косовской битве, а Босния никогда не входила в состав Сербии. Но, повторяю, к сербам нельзя подходить с нормальной человеческой логикой...

И настал Видов день...

Кортеж из нескольких автомобилей (ни единого охранника, повторяю!) движется по набережной реки Милячка, мимо многочисленных горожан, отделенных от проезжей части редкими полицейскими. Местное население никаких таки антиавстрийских чувств не выказывает, наоборот, кричит «Ура!».

Машины поравнялись с первым террористом – молодым мусульманином-босняком по имени Мухаммед Мехмедбашич. Он стоит с бомбой в кармане... да так и остается стоять. Бомбу он так и не бросил: то ли сробел, то ли задал себе резонный вопрос: какого шайтана мусульманину лезть в эти сербские игры?

Стоявший чуть поодаль серб Неделько Чабринович оказался решительнее – он размахивается, и бомба летит в машину, идущую со скоростью не более двадцати километров в час...

Сорвалось. По поводу происшедшего есть несколько версий. Пишут иногда, что бомба отскочила от поднятой крыши автомобиля. Это явная неточность: на фотографиях прекрасно видно, что верх у всех машин сложен. Гораздо более вероятно, что бомбу кто-то успел отбить рукой – то ли сам эрцгерцог, то ли кто-то из его спутников. В общем, она падает возле идущих следом машин и взрывается там. Несколько человек из свиты ранены осколками. Чабриновича хватают, эрцгерцог беспрепятственно достигает ратуши.

Оттуда он направляется в госпиталь навестить раненых. Однако как-то так случилось, что водителю никто не сообщил о перемене маршрута, о том, что ехать нужно в госпиталь – и он движется по заранее намеченному.

У Латинского моста сворачивает направо – как первоначально и планировалось, генерал-губернатор Боснии Потиорек (тот, кто и обязан был принять меры предосторожности) кричит: не туда! Водитель в растерянности тормозит, спрашивает: так куда же?

Автомобиль останавливается... По очередной случайности (от которых меня уже мутит! – *А. Б.*) буквально в трех метрах от третьего террориста, у которого бомбы нет, но есть револьвер. Это – девятнадцатилетний серб Гаврило Принцип, этакий мелкий чахоточный ублюдок. Или, пользуясь славянофильской лексикой, очередной романтический юноша с высокими идеями...

Принцип выпускает обойму буквально в упор. Первой погибает герцогиня София, через несколько минут умирает эрцгерцог. У них останется трое детей – София, Макс и Эрнст. Через двадцать лет по личному приказу Гитлера Макса с Эрнстом бросят в концлагерь Дахау...

Принципа хватают – судя по фотографиям, в этом принимали участие не только полицейские, но и простые горожане. Сараево *взрывается* – практически сразу босняки-мусульмане и хорваты выходят на улицы с портретами убитого эрцгерцога и наспех намалеванными плакатами: «Смерть сербам!» Славяне Австро-Венгерской империи ни малейшего одобрения убийству не выражают, наоборот: в Боснии и Герцеговине, в Хорватии и Воеводине начинаются сербские погромы. К сожалению, жертвами становятся совершенно невиновные – террористы и агенты, ясное дело, моментально легли на дно...

Правительственная комиссия очень быстро вынесла краткий вердикт: «Охрана организована из рук вон плохо. Правильнее сказать, ее вообще не было».

При детальном рассмотрении дела очень быстро выясняется, что «случайности» следует моментально закавычить.

Эрцгерцог Франц-Фердинанд мешал, как и Столыпин, *всем*. Я имею в виду, всем «ястребам», тем, кто хотел большой общеевропейской войны, тем, кто мечтал о «великой славянской империи»...

Безусловно, он мешал Вене. Той самой Вене, где вот-вот должен был взойти на престол (императору Францу-Иосифу исполнилось 85 лет, все понимали – не жилец, он и в самом деле после сараевского покушения и двух лет не протянул). В Вене хватало своих «ястребов», мечтавших с развернутыми знаменами, под гром военных оркестров прогуляться и по Балканам, и по русским просторам – в компании с Германией.

Эрцгерцог мешал и Берлину – по тем же причинам.

О сербах мы уже говорили.

Франц-Фердинанд был категорически неудобен и российским «ястребам», руководствовавшимся теми же мотивами, что их духовные собратья в Берлине и Вене...

С. Кремлев, исследователь серьезный и не замеченный в фальсификациях, упоминает о провокационной депеше, в мае 14-го пришедшей в сербский Генштаб из русского. Русские сообщали «братушкам», что Австро-Венгрия якобы вот-вот нападет на Сербию, а маневры австрийской армии в Боснии – только прикрытие для концентрации войск на границе. Якобы об этом договорились кайзер Вильгельм и эрцгерцог Франц-Фердинанд.

А потому историк М. Покровский (к которому я лично отношусь со всем уважением) прямо писал: убийство эрцгерцога спровоцировано русским Генштабом...

Есть три немаленьких деятеля, по поводу которых не раз сокрушались: мол, «несправедливо забыты и советской историографией, и западными историками». Однако не исключено, их просто-напросто *постаралась* забыть отечественная историческая наука. Благолепия ради. Чтобы не портить образа России как безвинной жертвы злых тевтонов и коварных австрияков...

Первый из них – князь Г. Н. Трубецкой, российский посланник в Сербии, верный сподвижник Сазонова, большой сербофил, с серьезными связями в русском Генштабе и русских славянофильских кругах. Много знал и сыграл немаленькую роль в событиях – но его воспоминания (умер в эмиграции во Франции) до сих пор не переведены на русский.

Помощник Трубецкого Штрандтман, секретарь российской миссии. Еще одно доверенное лицо Сазонова на Балканах. В отличие от обоих начальников мемуаров не писал, но судьба его интересна: после Октября обосновался в Югославии, лишь с началом Второй мировой уехал в США.

Военный агент России (по-современному, военный атташе) в Сербии, Генерального штаба полковник Артамонов. Вроде бы не сотрудничал ни с «Черной рукой», ни со спецслужбами как России, так и Сербии – но после революции опять-таки остался в Югославии, да не просто остался: до самого краха Югославии работал в иностранном отделе местного Генштаба. Чем занимаются отделы генеральных штабов с подобными названиями, объяснять, думаю, не стоит. Погиб при некоей «немецкой бомбардировке»... в 1942 году. Какие такие «немецкие бомбардировки» могли в этом году иметь место?

Так вот, отдельные циники и в России, и за рубежом давным-давно называют эту троицу (особенно Артамонова) организаторами сараевского убийства. В нашей литературе этих циников принято лишь голословно критиковать, не приводя их аргументов и выводов...

Еще в 1964 г. группа историков из Кёльна и Геттингена опубликовала обширную работу о «ястребах» в России, где на основе собственных исследований сделала вывод: была такая партия, партия войны! Великий князь Николай Николаевич, генералы Брусилов, Самсонов и их единомышленники как в форме, так и в штатском и *провернули* через сербов сараевское убийство.

А я о чем толкую?! Легко догадаться, что на означенных немцев тут же обрушились со всем идеологически запалом проверенные и благонадежные советские историки – мол, колбасники пытаются все свалить с больной головы на здоровую, представить агрессором Россию, а свою Германию – безвинной жертвой. Хотя немцы писали совершенно о другом: что Россия несет *свою* долю вины, что там были свои «ястребы»...

Эрцгерцог мешал и Будапешту – поскольку его восшествие на престол и реализация планов касаемо тройственной монархии вмиг лишила бы венгров власти над хорватами, румынами и словаками, которых они до того увлеченно эксплуатировали. При известии о сараевском убийстве в Венгрии началось откровенное ликование...

Эрцгерцог мешал Парижу, где, как мы помним, мечтали о реванше. В 1913 г. президентом Франции стал месье Пуанкаре, носивший многозначительное прозвище «Пуанкаре-война», уроженец Лотарингии. Деликатные историки пишут, что данный субъект «стремился» к войне с Германией – а менее трепетные называют это стремление попросту манией...

В общем, в интересах Франции было втянуть Россию в войну против Германии. И защита бедной пушистой Сербии была для этого отличным предлогом. А если добавить, что Сербия была зависима от Франции в финансовом отношении, что главари «Черной руки» с Францией водили шашни...

Франц-Фердинанд мешал и чехам. Чехи, единственный из населявших Австро-Венгрию славянских народов, к идее «тройственной монархии» относились отрицательно. У них были свои далеко идущие планы. Чешские влиятельные политики раскололись на два крыла. Одно, представленное Карелом Крамаржем, вдогонку русским панславистам мечтало о создании Славянского Союза, куда войдут Россия, Чехия, Польша, Болгария, Сербия и Черногория. Во главе Союза должен стоять русский император, правящий при помощи Имперской Думы и Имперского Совета.

Другие, с Томашем Масариком во главе, стояли за независимую Великую Чехию, в состав которой предполагалось включить не только Словакию и Моравию, но населенную русинами Западную Венгрию и Закарпатскую Русь. А в будущем создать нечто вроде федерации с Великой Сербией.

И тем и другим планы Франца-Фердинанда были решительно против шерсти...

А потому, учитывая наличие такого количества врагов, ничего удивительного в том, что Франц-Фердинанд еще за год до выстрелов в Сараево предвидел свою смерть. Жена будущего императора Карла Зита вспоминала, что, приехав как-то к ним в гости, Франц-Фердинанд вдруг ни с того ни с сего произнес без всякой связи с предыдущим: «Должен вам кое-что сказать. Меня... меня скоро убьют!» А по другим сведениям, заранее застраховал свою жизнь в пользу детей... от покушения.

Точно так же обстояло и со Столыпиным, прекрасно понимавшим, что в него целятся буквально со всех сторон. Когда вскрыли его завещание, увидели, что начинается оно со слов: «Похороните меня там, где меня убьют»...

И Распутин задолго до гибели *знал*, что его смерть будет непременно насильственной...

Теперь – о Распутине. Буквально в те же самые дни на него в его родном селе Покровском бросилась с ножом очередная убийца-одиночка, возникшая на пути по чистой случайности.

Об этом покушении я расскажу подробно в главе о Распутине. А пока что исключительно о дате, совпадающей с сараевским покушением так *плотно*, что ни о каких случайностях не может быть и речи.

В определении точной даты до сих пор царит совершеннейший разнобой. Чаще всего приводятся два варианта. Двадцать седьмое – за день до Сараево. Двадцать девятое – на другой день. Матрена, дочь Распутина, в своих воспоминаниях приводит и третью: *двадцать восьмое*. Тот самый день!

Вообще-то ей стоит верить – как-никак личность заинтересованная. И потом, сама она даже не понимала, что указывает на совпадение – никак не связывала эту дату со смертью Франца-Фердинанда, вообще о сараевском покушении не упоминала.

Как бы там ни было, *любой* из трех вариантов даты заставляет послать к черту тех идеалистов-романтиков, что твердят о торжестве случая.

Ведь Распутин в 1914-м, как и в прошлые разы, пытался остановить «военный поезд». В июле он писал Николаю из больницы: «Милый друг, еще раз скажу: грозна туча над Россией, беда, горя много, темно и просвету нет: слез-то море и меры нет, а крови? Что скажу? Слов нет, неописуемый ужас. Знаю, все от тебя войны хотят, и верные, не зная, что ради погибели. Тяжко Божье наказанье, когда уж отымет путь – начало конца. Ты – царь, отец народа, не попусти безумным торжествовать и погубить себя и народ. Вот Германию победят, а Россия? Подумать, так все по-другому. Не было от веку горшей страдалицы, вся тонет в крови великой, погибель без конца, печаль. Григорий».

Даже те современники Распутина, кто терпеть его не мог и был его врагом, единодушны: не окажись Распутин на больничной койке, а будь он рядом с царем, войну, вполне вероятно, удалось бы остановить. Свидетельств столько, что и приводить их нет нужды.

Так какая тут может быть случайность? Случайность как раз в том, что Распутин все же выжил...

Вернемся к Сербии. Это кажется диким, неправдоподобным, но до сих пор находятся «исследователи», которые отрицают очевидное – роль «Черной руки», сербской разведки в сараевском убийстве. До сих пор порой пишут, что «романтичные и впечатлительные» юноши сами, собравшись вшестером, решили порешить эрцгерцога. И бомбы мастерили сами, и пистолеты сами раздобыли.

Аргумент один-единственный: «Они ж на допросах именно так и заявили!»

Ну, начнем с того, что была уже в истории масса случаев, когда опытные разведчики мастерски *подводили* к жертве именно таких вот романтических юношей, которые могли полагать, что действуют исключительно по собственной инициативе. Как это было с Леонидом Николаевым, которого *подвели* к Кирову (еще одно грязное дело, в котором «случайности» гуртуются табунами). Правда, Николаева к «мечтательным юношам» не отнесешь, но это детали...

А главное – Дмитриевич-Апис, когда в семнадцатом году решившийся разгромить «Черную руку» принц Александр посадил его в тюрьму, которая давно по Апису плакала, полковник написал председателю собравшегося по его душу военного трибунала подробнейшие показания о сараевском убийстве. О том, что именно он со сподвижниками все и организовал. Масса деталей, все совпадает с информацией, содержащейся в других источниках...

«Романтики» меж тем пытаются оспаривать и собственноручные показания Аписа: мол, его «вынудили» именно такую картину нарисовать, взять на себя клеветнические обвинения.

Интересно бы спросить, *зачем* следователям так поступать? Напоминаю: вся интрига на том была и основана, что Сербия себя позиционировала как невинную жертву коварных австрияков и злых тевтонов, подвергшуюся ничем не спровоцированной агрессии. Эта роль ей сулила громадные выгоды. Шел, подчеркиваю, семнадцатый год, война еще не кончилась... и вдруг сербские трибунальщики одурели настолько, что своими руками разносят в пух и прах жизненно необходимую им легенду о бедной жертве?! Они что, с ума сошли, или на Германию работают? Да за такие изыскания принц их собственными руками удавил бы, возьмись они что-то фальсифицировать *не в пользу* Сербии!

Говорят еще: мол, принц «намеревался заключить сепаратный договор с Германией и Австро-Венгрией» и потому, фальсифицируя «признания Аписа», таким вот манером «наводил мосты»...

При этом как-то забывают, в *каких* условиях находился означенный принц. Точнее, *где*. А находился он со своей армией (точнее, ее жалкими остатками) на территории Греции, в городе Салоники, посреди неизмеримо превосходящих по численности антантовских войск. Ага, так бы ему антантовцы и позволили заключать сепаратный мир или хотя бы заикаться о таковом – когда он у них полностью в руках, и, чтобы принца повязать, достаточно парочки грубых британских унтеров...

А вот еще «аргумент»: показания Аписа – фальшивка... потому что в 1953 г. Иосип Броз Тито распорядился провести новый процесс по делу Аписа и его сообщников. И судьи на сей раз полностью реабилитировали всех покойничков, заявив, что это были святые люди, никаких заговоров не устраивали и к убийству в Сараево отношения не имеют...

Другими словами, нам *впаривают*, что в 1953 г. от Рождества Христова на территории Югославии с ее тогдашними концлагерями, массовыми расстрелами «врагов сербского народа» и прочими прелестями титовской диктатуры существовали беспристрастные, зависящие только от закона судьи, которые руководствовались единственно желанием установить историческую истину...

Кстати, что послужило основой для посмертной реабилитации Аписа и его подельников? Да просто-напросто судьи откуда-то выкопали пожелтевшие бумажки, исписанные чуть ли не сорок лет назад одним из членов «Черной руки» (давным-давно помершим), который *частично* обелял Аписа. Именно что частично. Согласно этим воспоминаниям, сараевское покушение организовал не Апис, а один из его подчиненных. Апис же просто-напросто не отнесся к делу серьезно, решил, что охрана у эрцгерцога будет сильная, что юнцы несерьезные и все равно промахнутся...

Ну, знаете, если *такими* писульками пользуются как поводом для реабилитации... Диагноз, а ?

Вернемся к 1914 году. До сих пор много и охотно пишут об ультиматуме, предъявленном австрийцами Сербии после убийства эрцгерцога. Одни твердят, что этот ультиматум был отклонен потому, что содержавшиеся там требования были невероятно унизительны для суверенного государства. Другие – что ультиматум в общем был Сербией принят, за исключением самого унизительного, самого неприемлемого пункта. Попадались в старое время и суждения вовсе уж циничные: «Австро-Венгрия предъявила Сербии требования, означавшие прямое вмешательство Австрии во внутренние дела Сербии, что вело к утрате Сербией политической самостоятельности. Сербия по совету России приняла все меры к урегулированию конфликта, проявив крайнюю уступчивость. Однако по настоянию Германии 28 июля

Австро-Венгрия объявила Сербии войну» (примечания к воспоминаниям генерала Брусилова, Воениздат, 1983 г.)

В последнем случае, как видим, концепция уже совершенно другая: ультиматум был унизительный, но Сербия тем не менее «проявила крайнюю уступчивость», однако злыдни австрияки все равно напали, агрессоры поганые...

Что характерно, никто из пишущих на эту тему никогда не приводил *текста* австрийского ультиматума. Самое большее, цитировали один-единственный пункт, который сербы все же отклонили – да к тому же искажали его суть! Писали, будто Австрия требовала, чтобы Сербия «позволила австрийцам самим вести следствие на ее территории». А это, простите, брехня!

И я однажды поставил перед собой задачу: найти полный текст ультиматума. Через полгода интенсивных поисков раскопал-таки – в одном из томов собрания сочинений академика Тарле, изданном аж в 1958 г. В его работе «Европа в эпоху империализма. 1871–1919», которая если и переиздавалась с той поры, то очень малозаметными тиражами (если переиздавалась вообще).

Даже у Тарле нет аутентичного текста, только пересказ, зато подробнейший, то есть то, что нам и необходимо. Итак!

«Этот ультиматум требовал от сербского правительства формального осуждения всякой пропаганды против Австрии, ведущейся в Сербии, осуждения всех сербских чиновников и офицеров, участвовавших в этой пропаганде*, заявления, что оно, сербское правительство, не одобряет и отвергает всякую мысль о каком-либо вмешательстве в судьбы обитателей какой-либо части австро-венгерской территории. Все это король сербский обязывается сообщить в приказе по сербской армии и напечатать в официальном органе сербской армии, а также в органе сербского правительства "на первой странице". Кроме того, сербское пра-

---

* Судя по построению фразы, речь никоим образом не идет об осуждении судом, скорее о «моральном осуждении».

вительство обязывается запретить все публикации, враждебные Австро-Венгрии или "общее направление которых – против территориальной целостности Австрии"; немедленно закрыть общество "Народная оборона", конфисковать его средства пропаганды и то же самое сделать со всеми другими враждебными Австро-Венгрии обществами: удалить немедленно всех тех преподавателей, которые агитируют против Австрии; искоренить, кроме того, в области обучения все то, что "может служить" пропаганде против Австрии; удалить с военной службы и из администрации всех офицеров и чиновников, имена которых австро-венгерское правительство укажет сербскому; начать судебное расследование всех обстоятельств, касающихся участников в заговоре, жертвой которого пал Франц-Фердинанд, причем "ДЕЛЕГАТЫ ОТ АВСТРО-ВЕНГЕРСКОГО ПРАВИТЕЛЬСТВА ПРИМУТ УЧАСТИЕ В СЛЕДСТВИИ"*; арестовать майора Танковича и Цыгановича**: наказать таможенных чиновников, которые помогали убийцам эрцгерцога перейти границу; представить объяснения по поводу "недопустимых" слов высших сербских чинов касательно сараевского убийства».

Такой вот ультиматум. Кому-то он может показаться крутоватым – но не нужно забывать, что Сербия и в самом деле организовала на австрийской территории чертову уйму подрывных организаций, не только агитировавших словом, но и устраивавших террористические акты. Что антиавстрийская пропаганда в самой Сербии велась в открытую и выхлестывала за любые мыслимые пределы. Что Босния и Герцеговина (ладно, ладно, пусть *захваченные* Австрией! Хотя это безусловно не так) *никогда* Сербии не принадлежали, и сербы не имели не то что юридического, но и чисто морального права покрывать эти области густой сетью своих резидентур, тиражировать подрывную литературу и посылать ору-

---

* Тарле выделил эти слова курсивом, а я – крупными буквами.

** Эти двое как раз и были непосредственными исполнителями со стороны «Черной руки», кураторами террористов.

жие. Что помянутые таможенные чиновники (и пограничники) и в самом деле помогали террористам перейти границу...

Называя вещи своими именами. Сербия долго и старательно нарывалась на неприятности – и получила то, что заслуживала. Оправдываться ей в этой ситуации было решительно нечем. Лепет типа «Но мы же чертовски хотим создать Великую Сербию» не только не может сойти за оправдание, наоборот, еще больше ухудшит дело...

Обратите внимание: речь никоим образом не идет о том, что «австрийская полиция хочет вести собственное расследование на территории суверенной Сербии». Австрия хотела послать своих *наблюдателей* для участия в следствии – и не более того.

Напоминаю: Сербия приняла все условия ультиматума – кроме пункта о «делегатах». Каждый вправе иметь свое мнение, но лично мне кажется, что требование удалить с военной службы и из администрации офицеров и чиновников по прилагаемому списку даже гораздо более унизительно для суверенитета, нежели прибытие «делегатов» для участия в следствии. Серьезно, гораздо более унизительно.

И тем не менее *эти* условия Сербия приняла: и офицеров с цивильными чиновниками готова была уволить, всех, на кого австрийцы покажут, и преподавателей уволить, и в области образования всю антиавстрийскую пропаганду искоренить, и все прочее готова была выполнить... Все, кроме пункта о «делегатах».

Откуда такое упрямство в вопросе, в общем второстепенном?

Да в том-то и загвоздка, что участие наблюдателей от Австрии *стопроцентно* показало бы: к покушению и в самом деле причастны высокопоставленные лица из сербской *потаенной* военной хунты. И дела Сербии стали бы совсем плохи. Грубо говоря, ее перед всем миром ткнули бы мордой в собственное дерьмо.

И никуда не деться – виновата на сто процентов...

В общем, именно пункт о делегатах Сербия отклонила. Тогда австрийцы всерьез начали готовиться к военной экспедиции. Именно что-то подобное и планировалось: ограниченная кара-

260

тельная акция. Вряд ли кто-то в Вене, каким бы ни был «ястребом», собирался оккупировать Сербию целиком и присоединять к империи – кто в здравом уме добровольно посадит себе на шею подобную страну... Своих буйнопомешанных девать некуда.

Сербская армия представляла собой нечто опереточное. Все запасы снарядов были расстреляны за две Балканские войны, в остальном дело обстояло не лучше. В Белграде почувствовали: бить будут больно, может быть даже ногами...

Тогда принц-регент Александр, прекрасно помня, как несколько месяцев назад Николай II сказал: «Для Сербии мы все сделаем», привычно возопил о помощи: куда же вы смотрите, русские? Несчастных братьев вот-вот побьют! Он писал: «Мы не можем защититься сами. Поэтому умоляем Ваше Величество оказать нам помощь как можно скорее. Ваше Величество столько раз раньше уверяло в своей доброй воле, и мы надеемся, что это обращение найдет отклик в Вашем благородном славянском сердце».

Закономерный вопрос: если Сербия не способна защищаться сама, почему же она столько лет старательно и увлеченно провоцировала сильного соседа на конфликт, вплоть до убийства эрцгерцога? Ответ прост и циничен: они, козлы, на свои силенки и не рассчитывали. С самого начала собирались, напакостив, скрыться за спиной России.

Николай послал поистине роковую депешу: «Пока остается хоть малейшая надежда на избежание кровопролития, все мои усилия будут направлены к этой цели. Если же мы ее не достигнем, Ваше Высочество может быть уверенным, что Россия ни в коем случае не окажется равнодушной к участи Сербии».

Это уже неприкрытое обещание *воевать*... За что? За мифическое славянское братство...

Для сравнения приведу малоизвестные факты: о том, как примерно в те же годы вела себя *сама* Россия с соседней Персией. В 1911 г. Англия и Россия заключили меж собой соглашение «о разделе сфер влияния в Персии». Как это выглядело на практике? Северную Персию тут же заняли русские войска, весь административный аппарат перешел в руки русских консульств – и консулы, в частности, отстранив чиновников персидского министерства финансов, сами стали собирать с персов налоги. А вдобавок начали руководить персидскими губернаторами занятых областей. Справедливости ради, нужно добавить, что на юге примерно то же самое творили англичане. Это и называется – раздел сфер влияния. Все это время в Тегеране сидел на троне какой-то шах и располагалось какое-то правительство, но к этому ни русские, ни англичане серьезно не относились, поскольку правительство армией не располагало и страну не контролировало...

Чуть погодя персидское правительство развратилось настолько, что, несмотря на протесты России, приняло на службу нескольких американских советников. Один из них, Шустер, взялся организовывать таможенную службу. Произвел некоторые назначения, а также занял некое имение, заложенное в русском банке, и выставил там охрану из персидских полицейских.

Чем России было нанесено «серьезное оскорбление». Подробно излагающий эту историю английский посол в России Бьюкенен нисколько не иронизирует, пишет совершенно серьезно. С точки зрения британского джентльмена, колонизатора, обиженного за братский европейский народ, персы и в самом деле нанесли нешуточное оскорбление белым сахибам: посмели сами распоряжаться у себя в стране, хотя европейцы их культурно поделили на сферы влияния и зоны оккупации...

Российское правительство, едва узнав о назначениях и занятии этого самого имения, отправило в Тегеран ультиматум: немедленно извиниться, «самоуправство» прекратить, охрану из имения убрать. Персы в самоубийственном приступе национальной гордости отказали. Тогда из русской «сферы влияния» двинулись войска, нацеливаясь занять Тегеран. Попутно из Петербурга заявили: если персы не успеют принять ультиматум раньше, чем русские войска доберутся до Тегерана, последует новый, уже покруче, и Тегераном не ограничится.

Второй ультиматум отправили, даже не дождавшись приличия ради ответа от персов. В нем Петербург требовал, чтобы Тегеран оплатил русские расходы на этот военный марш, немедленно уволил всех иностранных советников и впредь принимал иностранцев на государственную службу исключительно с разрешения русского и британского правительства.

Персы дрогнули и уступили...

Обратите внимание: при этом персы по слабости своей не вели антирусской пропаганды и не создавали на территории России сеть резидентур. И уж тем более не собирались отторгать от России населенные единоверцами территории и убийство русского великого князя не готовили...

Спешу добавить: лично я с присущим мне здоровым цинизмом вовсе не осуждаю русские действия в Персии. Такая уж мировая практика сложилась испокон веков: если сосед слаб, его без всяких церемоний, непринужденно и весело ставят в любую позицию из «Камасутры», какая только приглянется. Персия была слаба, а Россия с Англией – сильны. Вот и распоряжались как у себя дома.

Вопрос: отчего же в таком случае и Россия, и Англия с таким негодованием встретили австрийский ультиматум Сербии? Английский министр иностранных дел Эдвард Грей буквально бился в наигранной истерике касаемо ультиматума: «Государство, которое нечто подобное примет, собственно, перестает быть самостоятельным государством». Его российский коллега – и сердечный друг – Сазонов пошел еще дальше: он с самым серьезным видом стал уверять всех и каждого (в том числе английского посла и царя), что... в России вспыхнет революция, если она допустит вассальную зависимость Сербии от Австрии! Мол, население России столь ужасно оскорбится унижением Сербии, что поднимутся, как один, все сто пятьдесят миллионов, сметут монархию...

Не стоит предполагать, что он сошел с ума. Взгляните на фотографию: это кто угодно, только не сумасшедший. Скорее уж авантюрист высшей марки...

Трудами Сазонова и ему подобных господ в форме и в штатском в России мгновенно поднялся хай вселенский: спасем Сербию, маленькую, бедную, невинную, непорочную! Совершенно по Пушкину: «Люди! На-конь! Эй! Живее!»

В этом шуме и гаме совершенно забылись пророческие слова покойного Бисмарка, давным-давно сказавшего: «Какая-нибудь проклятая глупость на Балканах станет причиной новой войны». Как в воду смотрел «железный канцлер»...

На мнение здравомыслящих людей попросту не обращали внимания. А ведь всеобщему забалдению поддались далеко не все. П. Н. Милюков, фигура крупная, замечал, что был очевидный риск «вместо могущественной защиты интересов балканских единоверцев, оказаться во вторых рядах защитников интересов европейской политики, ей (России. – *А. Б.*) чуждых». Он же говорит: «Россия также по отношению к славянам должна руководствоваться собственными интересами. Воевать из-за славян Россия не должна».

Консервативный журнал «Гражданин» еще в 1908 г. в ответ на очередную просербскую истерию в славянофильских газетах призвал относиться к балканским делам более сдержанно, не поддаваться на «иллюзии» славянского союза, а усилия и деньги направить в первую очередь на развитие собственной страны, находящейся отнюдь не в прекрасном положении.

Игнорировали.

Газета «Русская земля» тогда же писала: «Народности, населяющие Балканы, не оправдали забот и жертв, понесенных за них Россией... России теперь впору заниматься только собой».

Не услышали.

Газета «Новое время» справедливо подметила: пора отходить от чисто военных методов решения балканских проблем. По ее мнению, корень зла как раз и заключался в том, что никто в России на заботился об *экономическом* проникновении на Балканы, уступая позиции австрийскому и германскому капиталу (а потом и французскому). «Нынешняя славянская политика России должна быть основана... на началах экономики». О том же писал и крупный российский экономист П. Струве (ярый ненавистник терпеливой интеллигенции с ее иллюзиями и мифами): лидерство на Балканах следует завоевывать не штыками, а экономическими методами.

Пропустили мимо ушей...

Все попытки здравомыслящих, трезвых, умных людей остановить приступ безумия успеха не имели. Их заглушал рев: «Спасай братушек!»

И тогда в Париже загремели выстрелы...

Это было *четвертое* убийство, вполне вписывающееся в описанный нами процесс. Но о нем можно рассказать и коротко.

Лидер французских социалистов Жан Жорес был политиком известным и влиятельным. Когда во Франции забушевала военная истерия, он категорически выступил против «святого реванша» и пригрозил правительству, что устроит всеобщую забастовку против войны.

Он не блефовал – деятель был крайне популярный, и планы свои всерьез собирался претворять в жизнь – это при том, что президент тогдашний, напоминаю, носил прозвище «Война» и после сараевской истории словно с цепи сорвался...

31 июля, когда вот-вот готово было *грянуть*, Жорес сидел с друзьями в кафе. Туда вошел... попробуйте догадаться кто.

Правильно, романтический и восторженный молодой человек с высокими идеалами. Кроме идеалов, у него был при себе еще и пистолет, из которого он тут же порешил месье Жореса насмерть. Звали молодого человека Рауль Виллан, что, в общем, несущественно.

На суде он говорил много и красиво – о том, какой он патриот прекрасной Франции, как он ненавидит проклятых тевтонов, как его трепетная, нежная душа была удручена и возмущена наглыми вылазками германофила Жореса, пытавшегося помешать французскому народу в едином порыве выступить на священную войну против исконного супостата. Публика рукоплескала, дамы визжали, газеты воздавали должное патриоту.

Суд ему определил какую-то мелочь, как говорится, ниже нижнего – как же иначе, если перед ними стоял романтический юноша с идеалами, у которого патриотизм из ушей хлестал? Само собой подразумевалось, что этот восторженный субъект действовал в одиночку, в минутном непреодолимом порыве...

И таково уж было всеобщее помрачение во Франции, что похороны яростного противника войны Жореса как-то незаметно превратились в манифестацию единения нации перед лицом германской агрессии, готовой разразиться с минуты на минуту.

Почти *месяц* после убийства Франца-Фердинанда вся Европа полагала, что речь идет о мелком инциденте. Никто из *обычных* людей вообще не думал, что разразится общеевропейская война. Полагали, что ограничится локальной – австрийско-сербской кампанией. Ясно было, что австрийцы сербам тут же накидают по первое число, но потом, конечно же, вмешаются великие державы, растащат драчунов в стороны и наведут порядок. Именно в этом и заключается роль великих держав, простодушно полагали обыватели.

Вот тут они крупно ошибались. Во всех без исключения великих державах воспрянули «ястребы» и развернули оживленную деятельность. Как раз они-то мечтали о *большой* войне, долго для этого работали – и сараевский инцидент стал прекрасным поводом. Поскольку абсолютно все, без исключения, могли теперь в голос уверять, что они *защищают*. Россия защищала Сербию, Германия – Австро-Венгрию, Франция – цивилизацию, Англия – нарушенное европейское равновесие...

Война стояла на пороге!

Глава седьмая

НЕ РАЗДОБЫТЬ НАДЕЖНОЙ СЛАВЫ, ПОКУДА КРОВЬ НЕ ПРОЛИЛАСЬ...

1. Россия перед бездной

О прочих европейских державах, о том, как они разжигали пожар, написано много. Поэтому я буду главным образом рассказывать о клекоте российских «ястребов» – тех самых, которые считались фигурами чуть ли не мифологическими. В то время как они были реальными личностями из плоти и крови.

Второстепенных немало, но троица главных поджигателей с нашей стороны известна прекрасно. Это – верный друг Британии Сазонов, начальник Генерального штаба Янушкевич и великий князь Николай Николаевич, человек гигантского роста (отсюда и прозвище «Длинный») и вовсе уж великанских амбиций. Войны ему хотелось по одной-единственной причине: Николай Николаевич до дрожи в коленках мечтал возглавить некое масштабное и эпохальное военное предприятие. Все равно какое – от рейда на Босфор до парадного марша на Берлин. Ну ужасно хотелось человеку стать великим полководцем! Он этого и не скрывал ничуть...

Эту троицу подпирала сплоченная и решительная группа генералов, игравших роль хора в древнегреческой трагедии. Самое печальное, что генералы искренне были уверены: Германию они разобьют в течение четырех–шести месяцев. Австро-Венгрию и того быстрее. Впрочем, попадались и оптимисты, которые кричали, что закончат дело еще до сентябрьских листопадов.

И никто не вспоминал о совсем недавних событиях – русско-японской войне, когда «макак» так же собирались закидать шапками. Хотя еще до первых залпов, в 1900 г., в Николаевской военной академии состоялась военно-морская игра – выяснение всех «за» и «против» боевой операции на Дальнем Востоке. В ней участвовали и «сухопутчики», и моряки, в том числе адмирал Рожественский. Так вот, по результатам участники пришли к единодушному выводу: ни сухопутные войска, ни морские силы не готовы к серьезным боям с японцами. Однако *наверху* на их выводы наплевали – и началась война, и были разбиты сухопутные армии, и погибла эскадра Рожественского...

Кто-то (не помню сейчас кто) сказал, что генералы всегда готовятся к *прошлой* войне. Это справедливо и в отношении четырнадцатого года. Господа генералы искренне полагали, что предстоящая война будет напоминать нечто вроде франко-прусской кампании: будет она непременно маневренной, без линии фронта, без окопов и проволочных заграждений. Конница и пехота будут, как при Бонапарте, перемещаться колоннами и эскадронами, не пачкая рук рытьем окопов, в чистом поле состоятся несколько крупных баталий, и наши, конечно же, одолеют супостата...

Такие мысли не есть признак исключительно российской тупости: все высшие военачальники всех стран именно так и представляли себе грядущую войну: всё по старинке, как при дедах-прадедах. Хотя уже существовали пулеметы, проволочные заграждения, авиация уже давным-давно провела первые бомбометания, а танки были уже не только на бумаге, но и в виде опытных образцов, не говоря уж о подводных лодках, которым английские адмиралы упорно отказывали в праве на серьезную роль.

Я не раз задумывался: а если бы генералы могли *предвидеть*? Если бы совершенно точно знали, что война будет совершенно другой – войска зароются в землю, прикроются рядами «колючки», война станет позиционной, о конных атаках из-за пулеметов придется забыть, подводные лодки будут в минуту топить величавые броненосцы, придется тратить десятки тысяч снарядов и класть мертвыми десятки тысяч солдат, чтобы продвинуться всего-то на пару сотен метров...

У меня есть смутные подозрения, что и в этом случае они поступили бы точно так же. Когда люди мечтают стать великими полководцами, а штатские политики – совершить нечто эпохальное, никакие трезвые соображения в расчет не берутся...

Войну – точнее, участие в ней России – еще можно было предотвратить. В конце концов, для Германии *главным* супостатом была Франция, и, хотя в Берлине хватало сторонников войны с Россией, это еще не означало стопроцентной решимости Германии с Россией схватиться. Окажись на ключевых постах в России люди, стремившиеся войны избежать...

Но их-то как раз и не было!

Витте, противник большой войны (и войн вообще) – давно в отставке. Столыпин – в земле сырой. Чудом выживший Распутин – далеко от Петербурга, на больничной койке.

Вокруг царя сомкнулись *«ястребы»*!

Сазонов по какой-то непонятной случайности (!) разрешил уйти в отпуск... русским послам в Берлине и Вене. Уже после убийства в Сараево. В сложнейший момент европейской истории, когда решалось, быть войне или удастся ее избежать, русские послы в ключевых точках прохлаждались на отдыхе у себя дома...

28 июля Австрия объявляет Сербии войну и обстреливает Белград. Это еще *не большая война*, а всего лишь австро-сербская. Еще можно опомниться...

Вильгельм телеграммами убеждает Николая не объявлять мобилизацию, не лезть в драку. Он вовсе не пытался этим «замаскировать» план удара по России – по плану Шлиффена, напомню, наступать Германия намерена исключительно на Францию, а от России собирается лишь обороняться...

Французы, кстати, тоже ведут себя довольно осторожно: они мобилизовали не всю армию, а только пять пограничных корпусов, но и их держат подальше от границы, «не поддаваясь на провокации».

29 июля Сазонов добивается от царя приказа на частичную мобилизацию. Николай соглашается, но тут же отменяет свое решение, получив от Вильгельма очередную убедительную депешу.

Тогда утром 30 июля Янушкевич является к царю и сообщает: по его данным, немцы начали общую мобилизацию...

Это было вранье! «Информацию» о начале всеобщей мобилизации в Германии Сазонов и Янушкевич получили не от разведки или дипломатов, а... из сообщения *журналиста*. Из телеграммы, которую отправил корреспондент Петербургского телеграфного агентства в Берлине Марков. Посол России в Берлине Свербеев сначала подтвердил известия Маркова, но уже через *пять* минут отправил вторую шифрограмму – о том, что первая ошибочна, и никакой мобилизации немцы не ведут.

Но царю наши герои доложили с дрожью в голосе совершенно иное: немцы *начали*! Пора, мол, отвечать...

Самое интересное: все эти комбинации Янушкевич крутит за спиной военного министра Сухомлинова! Военного министра *вообще* отстранили на несколько дней от решения всех этих вопросов, и сносятся с царем через его голову, причем Янушкевич откровенно *врет*.

Причина проста: у него за спиной стоит Николай Николаевич, и с такой «крышей» Янушкевич ничего не боится.

Янушкевич, кстати, в военных вопросах совершеннейшее ничтожество. Он имеет чин полного генерала (генерал от инфантерии), но в жизни не командовал даже ротой! Это – не более чем канцелярская крыса. Вот список должностей после окончания военной учебы: помощник старшего адъютанта штаба военного округа, столоначальник (нечто вроде завотделом) Главного штаба, младший редактор кодификационного отдела при Военном совете, делопроизводитель канцелярии Военного министерства, потом помощник начальника канцелярии, профессор военной администрации в Николаевской военной академии. В 1913-м неожиданно назначен начальником данной академии. Будучи у царя в Ливадии, показал ему кинофильм о Суворове и очень царю приглянулся. Пятого марта 1914 г. Николай назначает Янушкевича начальником Генштаба. Хорош начальничек... Но – фаворит и доверенное лицо Николая Николаевича!

Военный министр Сухомлинов *вообще* не может попасть к царю – он, понятное дело, рвется, но царь его не принимает. В Петербург срочно приезжает президент Франции Пуанкаре (подбросить жару), но все военные дела решаются опять-таки без военного министра. Все заправляет троица «ястребов».

Между прочим, практически то же самое творится и в Австро-Венгрии. *Тамошний* министр иностранных дел, в отличие от Сазонова, к «ястребам» не относится – а потому венские «ястребы» его держат в совершеннейшем неведении о военных планах. (А год спустя в Италии, чуть ли не в самый последний день, многие сановники, в том числе командующий военным флотом (!), узнают, что через несколько часов страна, оказывается, вступила в войну, причем не на стороне Германии, с которой заключила договор, а против нее...)

Янушкевич *резвится*. Начальник Генштаба, совершенно не соответствующий занимаемой должности, сам о себе цинично говоривший: «Я – завсегдатай салонов, а администратор по случаю». В армии его называют «стратегической невинностью» – поскольку войсками никогда не командовал и совершенно не разбирается в оперативных планах, даже карту читать не умеет. Сазонов, волей обстоятельств действующий с Янушкевичем в одной упряжке, его откровенно презирает. И впоследствии будет рассказывать и такое: «Его главным занятием, от которого он получал наслаждение, было копаться в перлюстрации самого сомнительного свойства. Когда я побывал у него, он мне показал дело о шпионаже графини Ностиц, в дело была вложена ее фотография в обнаженном виде. Документы, вшитые в дело, указывали, сколько раз ее любовник был у нее. С самодовольным видом он меня спросил, как это мне нравится. Я ответил, что все это вызывает во мне чувство омерзения и гадливости».

Для надежности Сазонов сколотил этакий кружок из гораздо более толковых военных: генералы Алексеев, Данилов и Добровольский, адмиралы Григорович и Русин. Все – «ястребы», все ненавидят германского супостата и Сазонова поддерживают единым фронтом. Люди не мелкие: Алексеев вскоре станет начальником штаба Ставки верховного главнокомандующего, Данилов – генерал-квартирмейстер русской армии. К размещению войск по квартирам это звание не имеет никакого отношения. Генерал-квартирмейстер занимался разведкой, составлением оперативных планов, размещением войск по регионам и тому подобными серьезными делами. Поскольку начальники Генштаба менялись часто (а то и приходило такое ничтожество, как Янушкевич), то Данилов, по сути, как раз и был теневым главой Генштаба. Именно он составлял планы войны с Германией и Австро-Венгрией (следуя которым, наши войска потом перенесли череду крупных поражений и провалов). В армии у него было примечательное прозвище: *Черный*...

Добровольский – начальник мобилизационного отдела сухопутных сил. Григорович – морской министр. Русин – начальник Морского генерального штаба. Ну, и великий князь Николай Николаевич всегда маячит в темном уголке...

По сути, это была та же самая «Черная рука», только в русском варианте – гораздо более серьезном. Это сербы, любившие, как все маленькие отсталые народы, дурную театральность, придумывали своим потаенным хунтам пышные названия, изготовляли печати наподобие пиратского флага, страшные клятвы брали с новичков – чуть ли не в полночь, на свежей могиле...

Русские «ястребы» в этакую оперетку не играли. Они обходились без пышных названий, росписей собственной кровью и жутких эмблем. Они просто-напросто создали теневой штаб...

Как уже говорилось, военного министра Сухомлинова не посвящали в серьезные решения. Николай Николаевич его терпеть не мог, Сазонов тоже поглядывал косо: потому что министр иностранных языков не знает, культуркой не блещет, в гольф не играет... (это не я иронизирую, это современные апологеты Сазонова с детским простодушием объясняют, почему их кумир превосходил «бурбона» Сухомлинова)...

Еще в 1905 году Николай Николаевич весьма предусмотрительно добился, чтобы Генштаб вывели из подчинения военному министерству – и с тех пор зорко следил, чтобы во главе Генштаба непременно оказывались преданные ему люди, пусть даже совершеннейшие бездари вроде Янушкевича. Понемногу военное министерство отодвинулось куда-то далеко в закулисье, а Генштаб, наоборот, подгреб под себя все ключевые вопросы военной сферы. Как вспоминал военный историк Лемке, Генштаб гордо мнил себя «аристократией армии». Даже *сами* генштабисты не скрывали, что их контора превратилась в тот самый «теневой кабинет». Вспоминает свидетель, заслуживающий доверия: Б. М. Шапошников, полковник императорского Генштаба и сталинский маршал: «Перед мировой войной мы уже считаемся с фактом, когда "мозг армии" выявил стремление вылезти из черепной коробки армии и переместиться в голову всего государственного организма». Интересно, что у нас хорошим тоном считалось ругательски ругать за излишнюю милитаризованность государства как раз кайзера Вильгельма...

Короче говоря, шанс избежать войны был. Вот отрывки из одной депеши кайзера, пытавшегося вразумить Николая: «По моему мнению, действия Австрии должны рассматриваться как преследующие цель добиться полной гарантии, что сербские обещания претворятся в реальные факты. Это мое заявление основывается на заявлении австрийского кабинета, что Австрия не стремится к каким-либо территориальным завоеваниям за счет Сербии. Поэтому я считаю вполне возможным для России остаться зрителем австро-сербского конфликта, не вовлекая Европу в самую ужасную войну, какую ей когда-либо приходилось видеть. Полагаю, что непосредственное соглашение твоего правительства с Веной возможно и желательно, и, как я уже телеграфировал тебе, мое правительство продолжает прилагать усилия, чтобы достигнуть этого... Конечно, военные приготовления со стороны России, которые могли бы рассматриваться Австрией как угроза, ускорили бы катастрофу, избежать которой мы оба желаем...»

Можно, конечно, объявлять эту и другие телеграммы кайзера коварным ходом, прикрывающим агрессивные замыслы, – но ведь, напоминаю в который раз, Германия собиралась *оборонять-ся* от России и вовсе не начинала против нее мобилизации. А в России уже началась частичная – которую Николай и отменил, получив вышеприведенную депешу. Но потом к нему пришел Янушкевич и преподнес чистейшей воды ложь – якобы у немцев мобилизация уже идет вовсю...

Меж тем мобилизация в Германии началась только на границах с Францией... Янушкевич рассчитал все правильно: *потом* никто уже не будет интересоваться, врал он или нет. Война все спишет...

И Николай, поверив, отдает приказ об *общей* мобилизации.

Но и это еще не война! Вильгельм предъявляет уже *ультиматум*: России дается двенадцать часов на то, чтобы мобилизацию прекратить. Иначе Германия тоже начнет свою, а это означает...

Еще *можно* было все остановить!

Но Николай никак не отреагировал на германскую ноту, а Янушкевич, отдав все приказы, отключил телефон, вообще исчез куда-то, чтобы его не нашли и не заставили все отменить...

И проходят *последние* двенадцать часов, в течение которых еще можно переиграть, исправить. Последние *мирные* часы.

Потом к Сазонову приезжает германский посол граф Пурталес и *трижды* спрашивает, готова ли Россия мобилизацию отменить.

И Сазонов трижды отвечает – ничего подобного.

Тогда Пурталес трясущимися руками протягивает очередную германскую ноту – объявление войны. Сазонов даже не читает ее вдумчиво – и так все ясно...

И это уже – война. Восьмой час вечера 1 августа 1914 года. Вот *теперь* и в самом деле ничего нельзя остановить...

И только тогда общую мобилизацию начинает Германия. Австро-Венгрия, кстати, объявила России войну лишь 6 августа.

Вот тут-то воспрянувшая Франция возопила: «Свистать всех наверх!» И к германской границе двинулись чрезвычайно живописные колонны: кирасиры – в латах прадедовского образца, в касках наполеоновского фасона, с высоченными белыми плюмажами из перьев. Пехота – в ярко-красных штанах и ярко-синих шинелях. Во всем мире уже давно перешли на защитное обмундирование цвета хаки, но у французов – особенная гордость. Бывший военный министр Этьен, когда в парламенте зашла речь о переходе на новую, более неприметную обмундировку, орет: «Никогда! Красные штаны – это Франция!» Депутаты ему рукоплещут. Во всеуслышание объявлено: попытки переодеть армию в «грязный, позорный цвет» – происки недобитых жидомасонов. Это *было*.

И очень быстро по этим видимым за версту алым штанам, голубым шинелям и высоченным плюмажам метко резанут длинными очередями германские пулеметчики. У самих французов ручных пулеметов почти нет, поскольку они возлагают главные надежды на могучий штыковой удар...

К слову, как война России с Германией вовсе не была какой-то роковой неизбежностью, так и вступление Турции в войну на стороне Германии вполне можно было предотвратить. В объятия Германии турок *пихнули* англичане и русские. Увы, но это факт.

Сами турки не собирались ни на кого нападать. Прекрасно понимали, что силенки не те, и помнили, как им совсем недавно чувствительно накостыляли балканские страны. Поэтому в Стамбуле просто-напросто, не мудрствуя, решили примкнуть к которой-нибудь из сторон.

К какой – еще не было решено!

Военный министр Турции Энвер-паша с мая по август 1914-го *несколько* раз предлагал Петербургу военный союз. И всякий раз даже ответа не было – русские дипломаты попросту спускали дело на тормозах.

Потом англичане крупно *кинули* турок. Турки в свое время разместили в Англии заказ на два броненосца. Деньги на них, без преувеличения, собирали всей Турцией, и в городах, и в самых глухих деревушках, на стамбульских мостах висели ящики для пожертвований.

К августу 1914-го оба корабля были построены, им уже дали турецкие названия, и в Англию за ними прибыли турецкие команды. И тут первый лорд Адмиралтейства (военно-морской министр) Уинстон Черчилль объявил туркам: «В интересах национальной безопасности оба броненосца реквизированы британским флотом». Было ваше – стало наше. Мало ли что вы уже расплатились до копеечки. Вам же английским языком объясняют, варвары басурманские: в интересах национальной безопасности...

Кто на месте Германии упустил бы такой случай? Естественно – а как же иначе? – в Стамбуле появились германские посланцы и стали совращать на союз с кайзером: мол, и два броненосца дадим (и ведь дали), и денег подкинем, и оружия, вообще с нами, ребята, не пропадешь...

Но даже тогда турки продолжали колебаться! Еще *девятого* августа 14-го года тот же Энвер-паша (не только военный министр, но и фактический глава правительства), посетил русского военного агента в Стамбуле генерала Леонтьева и вновь предложил не просто союз с Россией, а четко проработанный план действий: турки немедленно удаляют все свои войска с кавказской границы с Россией, собирают сильную армию в европейской части Турции и передают ее в полное распоряжение России, против любого из балканских государств, либо против Австрии. В чем тут турецкий интерес? Пусть Россия гарантирует возвращение Турции некоторых спорных с Болгарией территорий и островов в Эгейском море, а также заключит с Турцией оборонительный союз.

Выгодно ли это было России? Еще как. Тем более что от нас не требовали ни оружия, ни денег – лишь гарантий, что помянутые территории отойдут к Турции (а территории те – за тридевять земель от России и Россию никак не интересуют!)

Генерал Леонтьев и русский посол Гирс прекрасно эти выгоды понимали – и принялись бомбардировать Петербург шифровками: турки не хитрят, это соглашение им жизненно важно, соглашайтесь скорее!

Петербург эти предложения отклонил. Точнее, не абстрактный какой-то «Петербург», а вполне конкретный господин по фамилии (вы не особенно и удивитесь) *Сазонов*...

Понять его нетрудно: если Турция нежданно-негаданно станет союзником, у нее уже ни за что не отберешь потом проливы и Константинополь с вожделенной Святой Софией. Мировое сообщество ни за что не поймет и не одобрит такое обращение с союзником. Поэтому, с точки зрения Сазонова (ничего общего не имевшей с российскими национальными интересами), Турцию гораздо выгоднее иметь как раз *супостатом*...

И не надо мне тут про затаившихся евреев, я вас душевно умоляю! Вся эта публика – Николай Николаевич, Данилов-черный, Сазонов и прочие – были чистокровными русскими.

Англичане, кстати, действовали со своей обычной подлостью... пардон, дипломатическим изяществом. Министр иностранных дел Эдуард Грей по прозвищу «Хитрая лиса» был мастером изъясняться витиевато, ничего не говоря прямо. Именно так, плетя замысловатые словесные кружева, он старательно поддерживал у немцев и австрийцев убеждение, что Англия в европейскую резню ввязываться не будет, отсидится у себя на острове. А когда все поверили и *увязли*, из Лондона вдруг раздалось уже четко и недвусмысленно: Англия, осознавая свою цивилизаторскую миссию, спасет Европу от гуннов – и воевать будет, будет, будет! За свет цивилизации, свободу и демократию и все такое прочее...

Правда, с началом войны у англичан сдали нервы. Они *всерьез* стали опасаться, что немцы высадят в Англии с дирижаблей несколько дивизий пехоты и оккупируют добрую старую Англию в два счета. Должно быть, кто-то вспомнил фантастический роман Герберта Уэллса «Война в воздухе», изданный еще в 1908 году. Там как раз очень убедительно описывалось, как тевтоны на громадных дирижаблях налетели на США и моментально разнесли там все вдребезги и пополам...

А потому британцы, опять-таки всерьез, потребовали от России отправить в Англию русскую бригаду для охраны Лондона от десанта на дирижаблях...

Даже для верховного главнокомандующего Николая Николаевича это было чересчур. В его Ставке вслух говорили, что английский посол, явившийся с этаким предложением, точно, с ума съехал.

Послу предложили полк казаков-стариков. Мол, те, кто помоложе и посильнее, самим нужны до зарезу. Он отказался – а там об этой идее как-то и в Лондоне забыли...

Точно так же и Франция, виляя лисьим хвостом, предложила отправить к ним русских солдат, и побольше, желательно с полмиллиона. Но, что характерно, без *единого* офицера. В России моментально смекнули, что к чему – любимые союзнички этих солдат, ясное дело, будут расходовать, как пушечное мясо, и никто не сможет помешать. Отказали.

Вообще, даже не особенно утруждаясь поисками, можно в два счета собрать немало интереснейших свидетельств из *русских* источников, напрочь опровергающих штамп об «агрессивных тевтонах».

Не кто иной, как адмирал Колчак на допросе в Иркутской ЧК, когда речь зашла о Первой мировой, выразился так: «Я хочу только подчеркнуть, что вся эта война была совершенно предвидена, была совершенно предусмотрена. Она не была неожиданной, и даже при определении начала ее ошибались только на полгода».

Романтики могут заявить, что и здесь речь идет всего-навсего о «предвидении германской агрессии». Что ж, извольте...

В январе 1914 года журнал «Разведчик» (официоз военного министерства) опубликовал статью военного министра Сухомлинова, где, в частности, были такие фразы: «Мы все знаем, что готовимся к войне на западной границе, преимущественно против Германии. Не только армия, но и весь русский народ должен быть готов к мысли, что мы должны вооружиться для истребительной войны против немцев и что германские империи должны быть разрушены, хотя бы пришлось пожертвовать сотнями тысяч человеческих жизней».

Интересная оборона получается... Это не доказательство наличия «ястребов» в русском генералитете? Если этого мало, в таком случае получите цитату из публичного выступления начальника Николаевской военной академии перед слушателями оной. В *марте* 1914-го генерал заявил, что война неизбежна, что она, «по-видимому, разразится этим летом», а в заключение, приосанившись, сказал: «Россия будет иметь честь начать!»

Тот же маршал Шапошников на склоне лет признавался: «Мобилизация на пороге мировой войны являлась фактически ее объявлением и только в таком смысле должна быть понимаема... Если рассматривать ответственность за войну с этой точки зрения, то безусловно являются правыми те, кто возлагает вину за мировой пожар на Россию». Правда – положение обязывало – добавил положенную долю обвинений и в адрес тевтонов...

Крайне интересны в этом плане мемуары генерала Брусилова, к 14-му году командовавшего армейским корпусом на границе с Австро-Венгрией. Войну он вообще-то ожидал в 1915-м – и в конце июня вместе с женой отдыхал в немецком курортном городке Киссингене.

Так вот, едва пришло известие об убийстве эрцгерцога Франца-Фердинанда, «мы с женой решили немедленно собраться и ехать домой».

Ключевое слово здесь – «немедленно». Так вот, с 28 июня по 21 июля ни одна европейская серьезная газета даже не заикалась о грядущей *большой* войне. *Никто* не верил в большую войну на протяжении примерно месяца после сараевского покушения.

А генерал Брусилов, едва узнав о случившемся в Сараево, немедленно засобирался домой...

Конечно, никакой он не пророк и не провидец (всего-навсего *повернутый* на учении Блаватской и прочей мистике, что еще не делает автоматически человека предсказателем). Просто-напросто Брусилов как раз и был одним из тех немногих посвященных, кто совершенно точно знал, *что* готовится. Он сам это готовил. Отсюда и «проницательность».

Двумя страницами ранее он пишет про 1913 год: «Была также очень интересная военная игра в Киеве, в штабе округа». Чуть позже мы к этой игре – и ее роли в войне – еще вернемся. Она, игра эта, и в самом деле «очень интересная»...

Итак, мировая война началась. На Западном фронте – наступлением Германии на Францию. На Восточном – наступлением России на Германию и Австро-Венгрию. Именно так и обстояло...

2. Идем, по всем приметам, в последний рейс...

Как уже говорилось, при Александре II военные, подзабыв дисциплину времен Николая Павловича (и пополнившись теми, кто при Николае не служил), откровенно разболтались. Дошло до того, что войны по собственной инициативе стали вести даже не генералы – полковники. Когда в середине 60-х годов XIX века *сверху* официально запретили проводить в Средней Азии наступательные действия, бравые полковники Веревкин и Черняев на этот запрет наплевали. Веревкин открыл *личную* военную кампанию: в 1864 г. взял Чимкент. Годом спустя полковник Черняев точно так же, по собственному лихому почину, взял Ташкент.

Прошу понять меня правильно. Я вовсе не считаю, что все эти средневековые ханства и эмираты Средней Азии не стоило занимать. Наоборот, для России в тот период это было жизненно необходимо – чтобы не получить британские гарнизоны на расстоянии пистолетного выстрела от Оренбурга. Однако подобные решения имеет право принимать исключительно высшее руководство страны, и совершенно неважно, кто его олицетворяет, император, президент или премьер-министр. Когда «рядовые» полковники по собственному хотению проводят заграничные военные рейды со взятием городов – это, знаете ли, признак того, что с дисциплиной в армии дело обстоит, мягко говоря, хреновато... А интеллигентно выражаясь – херо...

Александр III дисциплину навел во всех областях жизни – при нем присмирели все вольнодумцы, и штатские, и военные. Но при Николае II, субъекте прямо-таки ничтожном, военные ощутили слабину, и помаленьку в их ведомстве воцарилась сущая неразбериха, которую правильнее было бы именовать бардаком.

У господ генералов еще получалось с грехом пополам усмирять бунтовавших китайцев в 1900 г. Один из них в Благовещенске, не думая долго, расстрелял пять *тысяч* мирного населения и велел сбросить тела в Амур. Капитаны потом долго жаловались – не на антигуманность сего поступка, а исключительно на то, что превеликое множество плавающих трупов всерьез мешает судоходству...

С вооруженными японцами получилось гораздо хуже. Японскую войну проиграл не русский солдат, а русский генерал. Об этом мало известно, но после позорно проигранной войны пришлось провести в войсках натуральную *чистку*: одним махом в отставку были отправлены 341 генерал и 400 полковников...

Однако только в 1906 г. удалось отделаться от военно-морского министра Бирюлева, даже на фоне тогдашнего золотопогонного зоопарка выделявшегося фантастической тупостью. Это именно он (исторический факт!), получив рапорт о необходимости закупить во Франции свечи зажигания для двигателей подводных лодок, недрогнувшей рукой начертал резолюцию: «Достаточно будет пары фунтов обычных стеариновых». Экономил...

Правда, в истории с броненосцами на Балтике он проявил совсем противоположные качества. Ему стукнуло в голову завести на Балтике два дредноута (по-современному выражаясь, линкора). Специалисты из Морского штаба адмиралы Иванов и Успенский высказались против: на мелководной и невеликой по размерам Балтике такие громадины были совершенно ни к чему, просто-напросто не существовало задач, для которых они пригодились бы. Однако Бирюлев все равно выбил из министерства финансов сорок два миллиона рублей – с очаровательной формулировкой: «Дабы не закрылись судостроительные заводы». Эти бы денежки да на освоение Сибири... Дредноуты, между прочим, были построены, но ничем в Первой мировой себя не проявили, простояли у пирса, и, отжив свое, пошли на металлолом...

Кстати, только в 1904 г. в российском флоте приняли новые боевые уставы, отменив архаизмы, от которых европейские флоты отказались четверть века назад: пункты об участии машинистов и кочегаров (!) в абордажном бою, а также существовавшие до этого времени многочисленные «стрелковые партии», которые должны были обстреливать корабли супостата из винтовок и наганов. Во времена броненосцев это выглядело бы особенно пикантно: стрелки должны садить из винтовок по стальным башням, а кочегары с машинистами с дрекольем сигать на палубы противника... Между прочим, в XX веке не зафиксировано ни одной абордажной схватки...

В военном ведомстве процветало нечто, чему и названия сразу не подберешь. Не кто иной, как военный министр Ридигер, жаловался на командующих военными округами, которые без всякого согласования с министерством ставили на командные должности кого им заблагорассудится. И того чище: в устном порядке отменяли утвержденные императором уставы, действуя так, как им удобнее. Дальше, по-моему, ехать некуда. Причем

Ридигер ни словечка не пишет о том, что такое положение удалось поправить...

Тот самый военный министр Сухомлинов, которого «ястребы» перед самым началом войны отстранили от принятия решений, сам был не без греха. В 1912 г. он отказывался согласовывать с МИД и премьер-министром свои переговоры с делегацией французского Генштаба – хотя получил прямое указание императора направлять все материалы и дипломатам, и премьеру...

Одной из причин нелюбви военных к Столыпину было еще и то, что он в массовом порядке привлекал армейские части к карательным акциям, а потом (в точности как Горбачев в истории со штурмом Вильнюсского телецентра) уходил в сторону, когда в него вцеплялись депутаты Госдумы, и выставлял крайними военных...

Еще о военно-морской программе. Ее подробно характеризовал адмирал Колчак (как к нему ни относись, специалист своего дела): «Постройка судов шла без всякого плана. В зависимости от тех кредитов, которые отпускались на этот предмет, причем доходили до таких абсурдов, что строили не тот корабль, который был нужен, а тот, который отвечал размерам отпущенных на него средств. Благодаря этому получались какие-то фантастические корабли, которые возникали неизвестно зачем».

Случалось и наоборот: к началу Первой мировой в военном министерстве мертвым грузом осело ни много ни мало – *250 миллионов* рублей. По той простой причине, что военная промышленность не готова была их освоить и не в состоянии оказалась снабдить армию новым вооружением.

Да и старого катастрофически не хватало. Армия была к войне категорически не готова. Как выразился бы Воланд: куда ни глянь, положительно ничего нет. Ни патронов, ни винтовок, ни пушек, ни снарядов...

Единственное, чего имелось в избытке в первые дни войны – патриотического угара. Поэты (в том числе и молодой Маяковский) увлеченно декламировали стихи вроде: «И блистающие вытрем мы штыки о венских проституток панталоны» (подлинные вирши). При совершеннейшем бездействии полиции толпа «патриотов» разгромила германское посольство, а потом несколько дней разносила не только принадлежавшие немцам магазины, но и те, чьи хозяева по своему невезению носили какую-нибудь датскую или швейцарскую фамилию, показавшуюся толпе «тевтонской». Под раздачу попало множество таких вот безвинных коммерсантов, не имевших к Германии никакого отношения.

Для сравнения: злые тевтоны ограничились демонстрацией у русского посольства, и не более того. Орали громко и долго, матерились на чем свет стоит, но ни одного окна не разбили...

Одна беда – патриотический угар в пушку вместо снаряда ни за что не забьешь. А снарядов катастрофически недоставало. Но об этом как-то не думали. Война, повторяю, представлялась недолгой прогулкой, Берлин с Веной должны были пасть еще до листопада.

Первое время помутнение умом было практически всеобщим. Поэтесса Зинаида Гиппиус, знакомая Блока, вспоминает, как Блок в разговоре с ней возбужденно восклицал: «Ведь война – это прежде всего *весело*!» Учитывая, что сам господин Блок мобилизации не подлежал и никак не мог оказаться в окопах с винтовочкой наперевес, легко ему было веселиться.

Первые наступательные действия – и против Германии, и против Австро-Венгрии – провалились отнюдь не случайно.

Та самая «интересная военная игра», о которой упоминал Брусилов, состоялась в Киеве в апреле 1914 г. Руководили ею наши старые знакомые – Сухомлинов, Янушкевич и Данилов. Подобные мероприятия, несмотря на легкомысленное название, от игры чрезвычайно далеки. Оперативно-стратегическая штабная игра – это война словно бы «на бумаге», на картах. Но ведется она со всей серьезностью.

Только не в тот раз! Для начала решили наносить два удара одновременно, по расходящимся направлениям (в Германию и Австро-Венгрию), а подобные действия испокон веков считаются, мягко говоря, неразумными.

Во-вторых, *тылами* никто всерьез не занимался. Чтобы не отвлекаться, постановили считать: «Перевозки и весь тыл фронтов и армий работают без задержек и перебоев». В реальности, когда началась война и войска двинулись в наступление, начались и задержки, и перебои, и неразбериха, и бардак...

По плану наступление следовало провести двумя армиями, наносящими удар одновременно. Однако в ходе игры стало ясно: 2-я армия безнадежно запаздывает, и над ушедшей вперед 1-й нависает угроза поражения...

Тогда наша троица стала откровенно фантазировать! Я бы даже сказал, дурковать. Сухомлинов с Янушкевичем и Даниловым начали *придумывать* выгодные для русских условия, уже не имевшие ничего общего с серьезной штабной игрой. *Как будто* во Франции внезапно высадилась могучая английская армия. *Как будто* немцы срочно перебрасывают на запад три корпуса, а оставшиеся войска отводят назад. Естественно, в *этих* условиях русская армия – на бумаге – браво рванула вперед и за считанные дни разгромила виртуального супостата...

Тут возмутились здравомыслящие участники, справедливо замечая, что подобная ненаучная фантастика ничего общего не имеет с реальными штабными играми. Почему бы в таком случае не пойти еще дальше и не предположить, что германская армия попросту поднимает руки перед сотней казаков? Совсем просто получится...

К скептикам пришлось прислушаться, и игру прекратили.

Так вот, *в реальности* все обстояло как раз наоборот. Никакие англичане, естественно, во Франции к тому времени еще не высаживались, две русские армии – генералов Самсонова и Ренненкампфа – попали точно в такую ситуацию, как в апреле на бумаге – Самсонов *рванул* вперед, увлекся, допустил массу ошибок и в конце концов окончательно потерял управление войсками. И немцы его армию рассеяли, а самому Самсонову от горя пришлось застрелиться где-то под кустом.

Поскольку согласиться с реальными просчетами гораздо тяжелее, чем ловить мнимых шпионов, козлом отпущения сделали командующего второй армией генерала Ренненкампфа – мол, очень уж подозрительна его немецкая фамилия, и на помощь Самсонову он не пришел то ли в силу изменнической натуры, то ли просто «не захотел». Ренненкампфа уволили из армии – и за ним по сей день тянется худая слава предателя.

Объяснить это легко. Во-первых, некоторые недоброжелатели Ренненкампфа перешли к большевикам (тот же Брусилов) и, чтобы оправдать собственные промахи, свалили все на Ренненкампфа. Во-вторых, Ренненкампф в 1905 г. подавлял беспорядки в Сибири, за что большевики его и расстреляли в 18-м. Так что при Советской власти выступать в его защиту было несколько затруднительно.

На самом деле Ренненкампф, будь он хоть самим заместителем господа бога по военному делу, просто-напросто не успевал соединиться с Самсоновым. Не успевал, хоть ты тресни! А военным он был не самым плохим: неплохо показал себя во время мятежа в Китае в 1900 г. – а это было не восстание крестьян с вилами и мотыгами, против русских действовали несколько десятков тысяч человек, располагавших неслабой артиллерией. За Китайскую кампанию (как она официально именовалась) Ренненкампф получил Георгия 4-й степени. В японскую войну он тоже проявил себя неплохо, за отличие в Мукденском сражении получил золотое оружие с бриллиантами. Зато Самсонов как раз держался скверно: в Шахейском сражении попросту *бежал* с поля боя со своим отрядом – без сопротивления отошел перед японцами, обнажив фланги и тылы русских войск, понесших из-за этого тяжелые потери. Командовавший этими войсками Ренненкампф позже, встретив Самсонова на вокзале, отхлестал его перчаткой по физиономии...

Не современный щелкопер, а историк-эмигрант Керсновский в своем труде «История русской армии» именует Самсонова «ничтожным». Но кто бы в прежние времена прислушивался к описаниям белоэмигранта? К генералу Деникину, который как раз ценил Ренненкампфа?

С Австро-Венгрией тоже получилось не особенно удачно. Еще до войны русская разведка, давным-давно завербовавшая начальника австрийской военной разведки полковника Редля, получила от него подробнейшие и точнейшие планы дислокации австрийской армии и ее действий в случае войны...

Однако Редля австрийцы разоблачили (при обстоятельствах, до сих пор предельно загадочных и темных), то ли принудили застрелиться, то ли сами пристрелили в гостиничном номере – и все дислокации и планы самым решительным образом поменяли. Вот *этого* русская разведка уже не зафиксировала. И русская армия в Галиции столкнулась с *новым* расположением сил противника, не имевшим ничего общего с тем, на что она рассчитывала.

Вообще-то трехнедельная Галицийская битва считается русской победой. Однако тот же Керсновский называет ее «тусклой и вымученной» – поскольку одержать-то победу одержали, но успех закрепить не смогли. А ведь австрийцы отступали в совершеннейшем расстройстве, и были все возможности завершить дело немедленным преследованием, новым ударом, который, по мнению некоторых историков, мог тогда же вывести из войны Австро-Венгрию...

Но генерал Рузский, вместо того чтобы *завершить* дело, занялся осадой Львова, совершенно ничтожным делом как с точки зрения стратегии, так и тактики. Но взятие Львова было *эффектным* – и Рузский за него получил сразу два Георгия. Что лично ему очень понравилось – а вот большой стратегии эта история пошла только во вред. Очень быстро Рузский наломал дров и, сославшись на болезнь, передал фронт новому командующему – но напоследок успел обвинить во всех провалах Ренненкампфа (как раз и предлагавшего верные решения)...

Во время первого же неудачного наступления проявилась самая откровенная российская *дурь*. Во всех европейских армиях место офицера было *позади* наступающей цепи, его задача – не «геройствовать» понапрасну, а как можно дольше оставаться живым, чтобы управлять своими людьми. Не то – русские гвардейцы. У них как раз считалось необходимым «демонстрировать отвагу и презрение к опасности». А потому, когда в атаку двинулись спешенные кавалергарды, они маршировали в полный рост, как на плацу, даже не стреляли, опять-таки из гвардейской лихости, командир полка князь Долгоруков шагал впереди полка с сигаретой в зубах... Потери, как легко догадаться, получились фантастические – ведь маршировали во весь рост, без выстрелов, на пулеметные гнезда и залегшую с магазинными винтовками пехоту противника...

Глупость невероятная. Согласно старой, но справедливой поговорке, хороший солдат – не тот, что картинно и без всякой пользы погиб за Отечество. Хороший солдат как раз тот, кто заставил максимально большее число солдат противника погибнуть за *свое* Отечество, а сам остался живехонек и готов к новым боям...

Но именно так упрямо продолжали ходить в атаки господа гвардейцы – как на параде: командир впереди всех, за ним остальные офицеры, и уж следом – солдаты. Ничего удивительного, что только за первые пять месяцев войны гвардейские части лишились четверти офицерского состава.

Подготовленных унтер-офицеров без всякой пользы *положили* опять-таки в первые месяцы войны. Давно известно: армия держится даже не на офицерах – а на сержантском составе (или, по-русски, на унтер-офицерстве).

К началу XX века Россия безнадежно отставала по количеству унтеров-сверхсрочников: 65 000 в Германии, 24 000 – во Франции и только 8500 в русской армии. Потом положение улучшилось. Русских унтер-офицеров готовили серьезно (в бою им предстояло не только взводом командовать, но и офицера заменять, если того убьют), не зря несколько из них стали впоследствии советскими маршалами...

Однако когда началась война, призванных из запаса унтеров не младшими командирами назначали, а по чьему-то головотяпству чуть ли не всех поголовно отправили на фронт *рядовыми* стрелками. И многотысячный «золотой фонд» был выбит без всякой пользы...

К весне 1915-го практически перестала существовать опять-таки выбитая кадровая армия. О сложившемся положении лучше всего расскажет тот самый Керсновский: «Пополнения войск весной и летом 1915 г. состояли исключительно из "ратников 2-го разряда" – людей, за различными льготами, физической слабостью (так называемые "белые билеты") и сверхкомплектом в войсках прежде не служивших. Люди эти направлялись в непомерно разросшиеся запасные батальоны, слабые кадры которых совершенно не могли справиться с их обучением. После трех, в лучшем случае шести недель присутствия в этих батальонах они попадали в маршевые роты и везлись на фронт безоружными и совершенно необученными. Эти безоружные толпы являлись большой обузой в войсковых частях, ослабевший кадр которых не мог усвоить и переработать этой тяжелой пищи. Они раздували численный состав частей, умножая количество едоков, но не увеличивая количество бойцов. Зачастую прибывшие на фронт «ратники» ни разу не держали в руке винтовки и, во всяком случае, не умели заряжать обоймами (плевое дело при минимальном инструктаже. – *А. Б.*). Не получив ни воинского воспитания, ни даже военного обучения, эти "ратники 2-го разряда" сразу попали в ад летних боев 15-го года – самых тяжелых боев, которые знает военная история».

Естественно, начались «самострелы», дезертирство (к февралю 17-го «в нетях» числился чуть ли не миллион человек, случалось, что в *двадцатом*, когда шла война с Польшей, красные комиссары извлекали из-за печей и из чуланов «рекордсменов», которые числились в бегах аж с 15-го года...) Между прочим, против призыва этих жалких «ратников» как раз был Григорий Распутин, своим острым мужицким умом понимавший то, до чего не могли додуматься военные профессионалы в эполетах...

И «ястребы» пошли на попятный, стали откровенно *хныкать*. Хнычущий ястреб – картина, конечно, сюрреалистическая, но именно так и обстояло...

Генерал Алексеев – Сазонову осенью 15-го: «Перед Россией стоит единственная задача – изгнать врага из наших пределов. Преследовать иные задачи – значит гоняться за миражами. Константинополь поневоле должен быть отложен на далекое будущее».

Генерал Янушкевич – Сухомлинову осенью 15-го: «Армия 3-я и 8-я растаяли... Кадры тают, а пополнения, получающие винтовки в день боя, наперебой сдаются... Нет винтовок, и 150 тысяч человек стоят без ружей. Час от часу не легче. Ждем от вас манны небесной. Главное, нельзя ли купить винтовок?»

Так *скулили* те же самые люди, что всерьез собирались за пару месяцев взять Берлин и Вену лихим казачьим налетом... Собственной вины они, судя по сохранившимся свидетельствам, совершенно не чувствовали.

Не было винтовок. Не было патронов. Не было снарядов. Воспоминания генерала Деникина прекрасно передают это состояние тоскливого ужаса, мрачного оцепенения – сутками напролет безостановочно грохочет немецкая канонада, снося окопы и укрепления, а с русской стороны отвечать *нечем*. Люди готовы исполнять свой долг, никто не заикается об отступлении – но воевать нечем...

Винтовки ищут по всему свету, скупая устаревшие образцы даже в Мексике и Японии. Размещают заказы где только удастся, потому что на русскую военную промышленность надежды мало. Уже в первый месяц войны приходится брать у англичан в долг миллион фунтов – а через год долги уже насчитывают пятьдесят миллионов. Французы поначалу денег не дают – и их приходится откровенно шантажировать: будете скупиться, фронт не удержим. Только тогда, поворчав, отслюнивают...

Прямо-таки неисчислимое количество русского золота уходит на Запад в качестве платы за вооружение (большую часть этих денег союзнички откровенно присвоят, так и не выполнив заказы).

В 16-м году генерал Брусилов проведет удачное наступление – но оно останется *частным* успехом. Всю войну будет продолжаться одно и то же: русские порой одерживают блестящие по всем меркам *локальные* победы, но Ставка верховного главнокомандующего ни разу не сможет использовать их для достижения стратегических целей – хотя все шансы на то имелись.

В тылу – состояние, цензурному определению никак не поддающееся. Частные военные заводы завышают цены на продукцию в полтора-два раза против казенных – и военные платят, никуда не денешься. Штатские ура-патриоты организовали, якобы для эффективной помощи фронту, две *шарашки*: Военно-промышленный комитет и «Союз земств и городов», сокращенно «Земгор». В последнюю моментально набилось невероятное количество отлынивающих от фронта вполне здоровых бездельников: форма наподобие военной, разве что без погон, кокарды, сапоги со шпорами, «нижние чины» обязаны честь отдавать... В народе эту тыловую сволочь иронически прозвали «земгусарами», а тем хоть бы что – стыд не дым, глаза не выест...

Эх и воруют! Это даже не пир во время чумы, это нечто вовсе уж запредельное...

«Откат» – вовсе не изобретение нашего времени. Легко догадаться: повсюду, где частные заводы поставляли что бы то ни было в казну, в военное ведомство, военные моментально соображали, что их содействие должно быть оплачено. На Путиловском заводе для взяток чинам военного ведомства существовала особая книга, изысканно именовавшаяся по-латыни «Фолио», и взятки в документах деликатно назывались «Расходы, занесенные в фолио».

А уж «земгусары»...

Частные предприниматели под шумок добивались получения казенных земель с полезными ископаемыми и многомиллионных субсидий из казны на их разработку – под флагом святой борьбы с супостатом.

Пришлось закрывать многочисленные «фонды помощи» раненым, беженцам, вдовам. Некий «Городской общественный комитет», получив от казны на помянутые расходы 312 000 руб., беженцам роздал *три* тысячи, а остальное израсходовал на зарплату 70 служащим... Эти, по крайней мере, представляли некую видимость отчетов – а когда стали выяснять, куда делись сорок *миллионов* рублей, полученных из казны «Северопомощью», то не нашли ни копейки денег и ничего, что хотя бы отдаленно напоминало отчетность...

Мало того, через нейтральные государства – Швецию, Персию, Данию – стало *уходить* не только огромное количество зерна и продовольствия, но и стратегического сырья и даже военного имущества. «Нейтралы», что не являлось секретом для русской контрразведки, все это перепродавали... Германии и Австро-Венгрии! Это уже был не «гешефт», а нечто гораздо хуже. С легкой руки нынешних национал-патриотов принято сваливать эту торговлю с врагом исключительно на «жидов пархатых», но истине это нисколько не соответствует...

Этот бизнес неплохо «крышевали» либералы из Государственной Думы, при любых попытках спецслужб вмешаться поднимавшие дикие вопли о «диктатуре», «произволе военных» и «беззаконии». О мотивах приходится гадать...

Чтобы чем-то *прикрыть* творившийся на фронте и в тылу бардак, пошли по избитому пути, причем, обращаю внимание почтеннейшей публики, задолго до большевиков и НКВД: стали разворачивать масштабнейшую кампанию по поиску и выявлению шпионов, затаившихся вредителей и прочих врагов народа... Для начала крутанули эффектную внешне, но дурацкую по сути акцию: торжественно переименовали Санкт-Петербург в Петроград. В рамках избавления от «немецкого засилья». Никто при этом не задумывался, что название «Санкт-Петербург» не имеет никакого отношения к Германии и обозначает Город Святого Петра, апостола, ближайшего сподвижника Иисуса Христа. А «Петроград» уже означало «Город Петра» – не святого, а Петра I. Выражаясь военным языком, город откровенно *разжаловали*, теперь он носил имя не апостола, а всего лишь одного из русских императоров...

Впрочем, это (как и массовое принятие немцами русских фамилий) было дурью относительно безобидной. Гораздо менее безобидным было то, что началось потом...

Из прифронтовой полосы начали в массовом порядке выселять евреев, а самых неудачливых вешать без суда и следствия. Безусловно, среди евреев, как и среди прочих наций Российской империи, были индивидуумы, шпионившие в пользу Германии и Австрии – но репрессировать на этом основании весь народ было, мягко скажем, неправильно.

Поскольку к тому времени немцы уже заняли российскую Польшу, с передовой стали убирать солдат и офицеров польского происхождения – как «ненадежных». А там взялись и за российских немцев – в подавляющем большинстве родившихся в России, русских подданных и русских патриотов. 200 тысяч солдат немецкой крови срочно перебросили с западного фронта на другие участки, а офицеров-немцев в массовом порядке стали отстранять от командования. Чуть позже устроили насильственную депортацию 200 тысяч немецких колонистов из западных губерний – в Поволжье, на Урал и в Сибирь (за много лет до многократно руганных сталинских депортаций!). Планировали выселить за Урал вообще всех немцев – но революция помешала...

Ну, а потом по логике событий речь дошла и до славян. Из западных губерний, прифронтовой зоны стали _угонять_ местное славянское население, представляя дело так, будто они сами бегут от тевтонов. Многие тысячи мнимых «беженцев» заполнили внутренние губернии...

Генерал Курлов, во время войны отправленный налаживать контрразведывательную работу в Прибалтике, прибыв на место, столкнулся с целым ворохом совершенно идиотских «дел» о мнимом шпионаже. Чуть ли не у каждого владельца имения искали рацию в сарае или «средства сигнализации», за которые однажды приняли безобидные телескопы (престарелый помещик-немец был астрономом-любителем). Некий латыш принес Курлову верноподданнический донос: мол, собственными глазами видел, как в одно из немецких имений прилетели на аэроплане двое германских офицеров, попили с хозяевами чаек на лужайке, а когда они улетали, хозяин подарил им корову, которую означенные тевтоны... в том же аэроплане домой и увезли! Когда Курлов отправил этого придурка восвояси, энергичный латыш попер этот же донос касаемо увезенной на аэроплане коровы в Ставку верховного главнокомандующего – так что Курлову пришлось и перед ней отписываться, объясняя тамошним «спецам», что двухместные аэропланы на перевозку коров решительно не способны.

Стоит ли удивляться, что в апреле 1915 г. и владелец, и управляющий одной из фабрик в городе Митаве оказались в тюрьме за шпионаж по причине... содействия русской армии?

Дело было так. Проходивший маршевый батальон разместился на фабрике и потребовал для своих нужд воды и электричества. Для чего пришлось затопить фабричную котельную. Батальон ушел. Пришел другой – и вот его-то командиру бдительные чухонцы донесли, что печным дымом владелец и управляющий (немцы, на свою беду) «указывали ориентиры тевтонской артиллерии». Командир, недолго думая, засадил обоих «шпионов».

И подобных «дел» Курлову досталось девяносто два! Причем пришлось освободить почти всех арестованных по причине полной шизофреничности обвинений...

Наблюдая все это, начальник военной разведки Австрии Ронге не без ехидства писал: «Чем хуже было положение русских на фронте, тем чаще и громче раздавался в их армии крик "Предательство!"»

Разумеется, не стоит считать эту шпиономанию исконно русским феноменом. В странах Антанты хватало *своей* дури. В той самой цивилизованной Франции Пуанкаре-Война по каким-то своим интриганским соображениям состряпал судебный процесс против министра внутренних дел Мальви, обвинив того в работе на Германию – причем каждая собака знала, что дело дутое.

В Британии обстояло еще почище. Принц Людвиг Баттенберг из немецкого владетельного дома четырнадцатилетним мальчишкой переехал в Англию, стал морским офицером и *пятьдесят* лет прослужил в британском флоте. Дослужился до адмирала и первого лорда адмиралтейства, в 14-м быстро и эффективно провел мобилизацию флота. Однако пресса два месяца травила его, требуя уйти в отставку – немец проклятый! Пришлось уйти...

Британский король писал в дневнике, что глубоко сочувствует адмиралу Баттенбергу и считает его одним из самых преданных короне людей – но таков уж был накал общественного мнения...

Потом «общественность» взялась за лорда Холдена, лорда-канцлера и военного министра в 1906–1912 гг. (и неплохого министра, кстати). Оказалось – еще один замаскированный пособник Германской империи... А все прегрешение лорда (одно-единственное) заключалось в том, что в 1912 г. за ужином у одного из старых знакомых лорд назвал Германию «духовной родиной» – имея в виду только то, что сорок лет назад прослушал курс философии в Геттингенском университете. Когда грянула война, старый знакомый, проявив отличную память и повышенную бдительность, моментально довел этот «компромат» до всеобщего сведения. И началась свистопляска, Холдену пришлось тоже уйти в отставку...

Людей с германскими фамилиями бездоказательно хватали по подозрению в шпионаже и без всякого суда заключали в тюрьму. По всей стране охотились на «шпионов» и «сигнальщиков». Возле города Сандрингема во время ночного налета немецких дирижаблей были (как и во множестве других мест) замечены «мигающие сигнальные огни». Дело приобрело общебританский размах. Военный министр лорд Китченер должен был сделать особый доклад кабинету министров. И растолковать, что на самом деле «бдительные граждане» наблюдали свет фар машины приходского священника, возвращавшегося домой.

Глубоко непатриотичным делом в Британии считалось пить рейнвейн (немецкое вино!) и даже держать таксу (немецкая порода!). Некий остряк в ответ на упреки в «непатриотическом» потреблении ренвейна ответил, не моргнув глазом:

– А я его не пью. Я его в животе интернирую!

Но подобное легкомыслие проявляли немногие – большинство англичан заходилось в патриотическом раже. В конце концов все зашло настолько далеко, что королевской семье (Саксен-Кобург-Готской династии) пришлось «переназваться» вполне английскими Виндзорами (по названию одного из своих поместий). Король издал специальный указ, которым предписывалось отказаться «от всех германских званий, титулов, санов, наград и имен». Принц Людвиг Баттенберг срочно стал Маунтбэттеном, его родственник – Каррисбруком, два брата королевы поменяли «неправильные» тевтонские фамилии на «Кембридж», брат короля принц Текский именовался теперь Атлоном...

(Для ясности: все эти факты, касающиеся «старейшей в Европе демократии», взяты не из писаний германских клеветников, а из книги британского историка, да не рядового, а пользующегося благоволением королевской семьи, представившей ему архивные материалы, не всякому доступные...)

Одним словом, шпиономания и необоснованные репрессии – не только российский грех. Но все же именно в России, как водится, и то и другое довели до абсурда, устроив два, без преувеличения, гнуснейших судебных процесса. Я имею в виду «дела» полковника корпуса жандармов Мясоедова и военного министра Сухомлинова. За двадцать лет до «сталинских троек» и «беззаконий НКВД» творилось нечто, ничуть «большевистскому произволу» не уступавшее...

3. Смерть врагам народа!

Полковник С. Н. Мясоедов окончил Московский кадетский корпус, служил в Оренбургском пехотном полку, потом перешел в Отдельный корпус жандармов. К 1907 г. был начальником Вержболовского жандармского отделения Петербургско-Варшавской железной дороги. Пост был не простой, и станция не простая – Вержболово располагалось на русско-германской границе, по ту сторону которой был «охотничий заказник» кайзера Вильгельма, где не раз охотился и Николай II. По своему служебному положению Мясоедову всякий раз приходилось близко общаться с обоими монархами, что во все времена было крайне полезным для карьеры: за несколько лет службы Мясоедов получил 26 русских и иностранных орденов и медалей. Более того, кайзер ему подарил свой поясной портрет с дарственной надписью (ох, как этот портрет потом полковнику аукнется...)

Потом началась какая-то до сих пор не вполне понятная полицейская интрига. Насколько можно судить, высокопоставленные чины в Петербурге в конце концов позавидовали столь роскошной жизни простого полковника и решили заменить его кем-то из *своих.* Мясоедова было решено *утопить.* Директор Департамента полиции Трусевич устроил натуральную провокацию: послал в Вержболово (без ведома Мясоедова) своего доверенного человечка, корнета Пономарева, и тот во время очередной поездки Мясоедова в Германию подкинул ему в автомобиль какую-то контрабанду. Однако провокация провалилась. Пономарев не унялся: взял прихваченные с собой из Петербурга революционные прокламации (подлинные), присовокупил к ним купленные подпольно револьверы – и поручил контрабандистам перевезти все это добро через границу. А сам заранее предупредил пограничников. Всех повязали. По замыслу недоброжелателей, контрабандисты должны были на следствии «расколоться» и признать, что работали как раз на Мясоедова.

Однако получился, говоря современным языком, полный облом. На суде Мясоедов (в общем не бездельник, а толковый служака) выступил в качестве свидетеля и подробнейшим образом, с привлечением, надо полагать, агентурных материалов разоблачил провокацию. Самого его так и не смогли ни в чем обвинить – но именно эта провокация Трусевича-Пономарева и послужила основой для последующих голословных утверждений об «участии Мясоедова в контрабандной торговле».

Трусевич разозлился. Говоря опять-таки современным языком, он счел выступление Мясоедова на суде «нарушением корпоративной этики». Мол, корнет Пономарев, конечно, провокатор, но зачем же выносить сор из избы и публично об этом говорить? Пошел к Столыпину, что-то там ему *насвистел*, и Мясоедова уволили в отставку. (А вскоре сменивший Трусевича Курлов с превеликим удовольствием вышвырнул провокатора Пономарева из корпуса – чтобы не позорил ряды.)

Мясоедова взял в свое ведомство военный министр Сухомлинов (благо Курлов дал полковнику отличную аттестацию) и поручил крайне деликатное дело: *приглядывать* за либеральными говорунами в Государственной Думе, в частности, *смотреть* за персоной видной и влиятельной: фабрикантом Гучковым, главой думского военного комитета.

Гучков был фигурой крайне *мутной*, Сухомлинов его всерьез подозревал в сотрудничестве с англичанами – том самом *тесном* сотрудничестве, которое заставляет вспомнить термины вроде «агентов влияния». Были в биографии Гучкова темные моменты: скажем, подозрительное легкое и быстрое освобождение его японцами из плена. Гучков, конечно, был «некомбатантом», штатским человеком, не принимавшим личного участия в военных действиях – но все равно, вот так, *запросто*, японцы и цивильных не отпускали домой. А если учесть, что в Японии вовсю работала английская разведка... Одним словом, прямых доказательств нет, но, учитывая роль Гучкова в последующих событиях, веришь, что у людей Сухомлинова был на него какой-то компромат...

Гучков довольно быстро «вычислил» Мясоедова и его людей. И решил нанести ответный удар – не только по Мясоедову, но и по самому Сухомлинову. Благо с Гучковым был в сговоре помощник Сухомлинова и начальник его канцелярии генерал Поливанов, мечтавший сесть на место своего шефа.

Однако ничего *конкретного* на Мясоедова не имелось – ничего такого, с чем можно идти в суд или в какие-нибудь серьезные «органы». Тогда с подачи Гучкова в апреле 1912 г. тогдашняя «желтая» газета «Вечернее время» опубликовала серию статей под общим заголовком: «Кошмар: кто заведует в России военной контрразведкой?» Мясоедова обвинили в шпионаже в пользу Германии. Доказательства приводили «железные»: кайзер ему подарил свой портрет с дарственной надписью? Подарил. Значит, Мясоедов – шпиён! Иначе почему ему портреты дарят всякие кайзеры?

Никаких *других* доказательств газета не привела – за неимением. Мясоедов вызвал на дуэль редактора газеты Суворина. Тот, шкодливый, но трусливый, отказался. Тогда полковник подкараулил Суворина на бегах и отхлестал по физиономии. Суворин в ответ сбил с Мясоедова пенсне, а его дружки кучей кинулись на полковника с кулаками. Мясоедов, не церемонясь, выхватил револьвер и взвел курок. Газетеров как ветром сдуло...

Шум поднялся страшный. Газеты наперебой клеймили Мясоедова – как же, жандарм избил защитника свободы печати, либерала и прогрессиста! Заголовки были характерные: «Гнусное нападение», «Грубое насилие». А заодно принялись вновь честить Мясоедова «шпионом», основываясь на том самом портрете, и более ни на чем. Что вовсе уж пикантно, параллельно со шпионажем Мясоедову шили и «соучастие в гнусных делах охранки», и «связь с евреями».

Тут уж в дело вступила тяжелая артиллерия: Гучков выступил в Госдуме с заявлением: военный министр находится в руках «банды проходимцев и шпионов». Упоминалась одна-единственная фамилия – Мясоедов. Снова без всяких доказательств. Снова газеты на все лады честят Мясоедова и восхваляют бдительного борца со шпионажем Гучкова...

На сей раз Мясоедов послал вызов уже Гучкову – тот, надо отдать ему должное, вызов принял, и последовала дуэль на пистолетах. Гучков промахнулся, а Мясоедов легко ранил противника в руку. Из чего прожженный политикан Гучков сделал сущее представление: явился в Думу с поцарапанной рукой на перевязи – глядите, люди добрые, как меня германские шпиёны изувечили!

Облеченные властью пошли на поводу у прессы и политиканов – Мясоедова отправили в отставку. Однако, что важно, проведенное служебное расследование *вторично* полковника очистило от любых подозрений. Как и пять лет назад, когда его обвиняли в контрабанде.

С началом Первой мировой Мясоедов попросился в строй. Его назначили начальником полковой военной контрразведки в армии генерала Ренненкампфа.

А потом армия генерала Самсонова, ведомая не самым лучшим стратегом, попала в болота, была окружена немцами и разбита. Еще и благодаря тому, что немцы раскрыли русские шифры, по которым велись радиопереговоры. Но великий князь Николай Николаевич и его почтительное окружение решили найти козла отпущения. «Раскрытие шифров» к делу не подошьешь и на виселицу не вздернешь. Нужен конкретный, осязаемый виновник, шпион и предатель Родины...

Неизвестно, кто положил глаз на Мясоедова. Но о нем, никаких сомнений, кто-то вспомнил как о чрезвычайно подходящей кандидатуре...

Тут из германского плена, как нельзя более кстати, *приперся* некий поручик Колаковский и рассказал, что немцы его в лагере завербовали. Отчего-то германские разведчики – не самые худшие в мире – с ходу поручили скромному поручику целый букет серьезнейших заданий: взорвать под Варшавой мост через Вислу, убить главнокомандующего Николая Николаевича и убедить коменданта крепости Новогеоргиевск сдать ее немцам. Вот так, не больше и не меньше.

Самое интересное, что только через *неделю*, уже на *третьем* допросе, Колаковский вдруг припомнил: ага, вербовавший его лейтенант Бауэрмейстер «советовал мне обратиться в Петрограде к отставному жандармскому полковнику Мясоедову, у которого я мог узнать много ценных для немцев сведений». На этом допросе поручик говорил про Мясоедова: «Роль его в деле шпионажа мне никто не рассказал». А вот на следующем, четвертом допросе он уже чешет как по писаному: «Особо германцами было подчеркнуто, что германский Генеральный штаб уже более 5 лет пользуется шпионскими услугами бывшего жандармского полковника и адъютанта военного министра Мясоедова».

Не поручик, а сущий клад! Никто почему-то не задал себе естественного вопроса: с какого перепугу германские офицеры одурели настолько, что первому же вербованному поручику (еще не успевшему никоим образом себя проявить перед вербовщиками) _сдают_ одного из ценнейших агентов? В _жизни_ таких глупостей не бывает – только в бездарных романах...

Между прочим, протоколы этого допроса исчезли. Современные историки их в архивах не нашли. Зато сохранилась «Справка» по Мясоедову, где следователи, отчего-то безоговорочно поверившие Колаковскому, уже от себя приписали, будто немцы поручику советовали «поговорить» с Мясоедовым насчет убийства Верховного главнокомандующего...

И, кстати, нет ни малейших доказательств того, что лейтенант Бауэрмейстер существовал не только в воображении Колаковского, а еще и в реальности...

Но кого это интересовало? Ежели Верховному требовался готовенький, с пылу с жару, немецкий шпион? Да еще связанный с ненавидимым великим князем Сухомлиновым?

И Мясоедова «недремлющая стража взяла»... Он, конечно, отказывался от идиотских обвинений (главным образом повторявших газетную брехню 12-го года). Варшавский окружной суд, что самое неприятное для творцов провокации, начинал Мясоедову _верить_ – поскольку не имелось никаких реальных улик, кроме болтовни Колаковского и пресловутого портрета с дарственной надписью кайзера, в качестве улики опять-таки не годившегося...

Дело _перекинули_ в военно-полевой суд. В качестве свидетеля вызывался и знавший Мясоедова по совместной службе генерал Курлов, которому обер-прокурор Сената Носович задал восхитительный по идиотизму вопрос:

– Как же вы ничего не знаете о шпионстве полковника Мясоедова, когда об этом говорилось в Государственной Думе?!

Еще один «железный» аргумент... В Думе с трибуны говорилось, да и газеты писали! Значит, шпион...

Так вот, и военно-полевой суд Мясоедова... оправдал вчистую! Дело на глазах разваливалось. Но Николай Николаевич был не так прост. Генерал Самойлов честным словом ручался потом, что видел резолюции главнокомандующего: «Все равно повесить!» А генерал Рузский столь же убежденно говорил: именно из-за того, что подчиненный ему военно-полевой суд не вынес «правильного» приговора Мясоедову, Николай Николаевич его снял с должности командующего фронтом и заменил генералом Алексеевым.

Вот Алексеев, тот тонко чувствовал потребности начальства... Срочно создали новый трибунал, третий по счету, куда постарались подобрать людей надежных. И началось...

Даже сегодня при изучении подробностей охватывает тоскливый ужас – невиновного человека откровенно *топили*... Главной уликой, якобы подтверждавшей шпионаж, было *хранение* у себя Мясоедовым секретной справки о расположении воинских частей 10-й армии. Только *хранение*! О передаче этого документа немцам и речи не было. И никто не задумывался, что начальнику полковой контрразведки как раз и надлежит знать такие вещи, хранить у себя такие документы...

Обвинение было, конечно же, шатким. Тогда Мясоедова в довесок стали обвинять еще и в мародерстве. В Восточной Пруссии полковник взял из *покинутого* дома «картины, гравюры, стол, оконные занавески», а также оленьи рога. Рога трибуналу торжественно предъявили – занавески и стол, правда, отчего-то не принесли.

Вот тут Мясоедов не отпирался. Да, говорил он, был грех – и стол взял, и картину, и занавески. Потому что вышестоящее начальство позволило, сказав: все, мол, из брошенных домов что-то берут, так что валяйте...

Конечно, Мясоедова такой поступок не красит. Достойно словесного порицания, и не более того. В крайнем случае, снимите погоны, выкиньте из армии... Но за этот пункт – «присвоение стола, занавесок, оленьих рогов и гравюр» – Мясоедова... приговорили к смертной казни!

Последнее, решающее заседание суда еще не состоялось, еще не был официально вынесен приговор, а начальнику Варшавской цитадели генералу Турбину уже приказали готовить виселицу.

И вынесли приговор. Мясоедов в камере разбил пенсне и осколком стекла вскрыл вены – для офицера смерть от петли считалась особо позорной. Его перевязали – и потащили на виселицу. Через два часа после вынесения приговора (утвержденного царем лишь несколько дней спустя), из-под ног истекающего кровью полковника палач вышиб скамью...

Дело Мясоедова – *насквозь* дутое! В нем нет ни единого реального факта передачи немцам каких бы то ни было сведений, ни единой улики – только болтовня Колаковского, газетная брехня и взятые в пустом доме занавески с гравюрами. Самые разные люди, профессионалы российских спецслужб, называют дело высосанным из пальца – и генерал Спиридович, и генерал Курлов, и директор Департамента полиции Васильев.

К слову, «дело Мясоедова» *крутила* столь примечательная личность, как шеф жандармов Джунковский (подробный разговор о котором еще впереди), а обвинительный акт составлял... Гучков, ни с какого боку непричастный ни к военному трибуналу, ни вообще к армии, человек сугубо штатский...

И до сих пор сплошь и рядом Сергей Николаевич Мясоедов, потомственный русский дворянин, объявляется «шпионом» – на основании все тех же «доказательств»...

Уже тогда генерал Спиридович отметил деталь, на которую далеко не все обращали внимание: «Кто знал интриги Петрограда, понимали, что Мясоедовым валят Сухомлинова, а Сухомлиновым бьют по трону».

И создался прецедент, опасный в первую очередь для очень и очень многих обладателей золотых эполет и высоких гражданских чинов: теперь любого можно было на основании высосанных из пальца «доказательств» объявить изменником и шпионом. «Общественное мнение» – да и широкие массы – были психологически к этому готовы. Дело Мясоедова стало пробным камнем...

Легко догадаться, почему и позже, уже при Советской власти, Мясоедова продолжали считать «германским шпионом». Ларчик просто открывался...

Но об этом – чуть погодя. Сначала расскажем историю о «шпионах» и «врагах народа» до конца.

Вслед за Мясоедовым пришел черед Сухомлинова. Его сняли с поста военного министра и возбудили дело «о служебных подлогах, лихоимстве и государственной измене», а также предъявили еще два взаимоисключающих обвинения: «В противозаконном бездействии и превышении власти». Как это совмещалось, нормальному человеку не понять...

Подержав в Петропавловской крепости, выпустили под домашний арест. Долго шло вялотекущее следствие – потому что, как и в случае с Мясоедовым, реальных доказательств и улик попросту не имелось. Кресло военного министра с превеликой радостью занял генерал Поливанов – долго, впрочем, не удержавшийся.

Грянула Февральская революция... Казалось бы, конец комедии? Ничего подобного, тут-то Сухомлинова и стали *добивать* с превеликим усердием. Поскольку военным министром Временного правительства стал господин Гучков, а у него были с Сухомлиновым нешуточные счеты...

В свое время именно Гучков создал тайную организацию из нескольких генералов, которой дал название «Военная ложа» (кстати, в основном из-за этого названия и пошли потом слухи о «зловещих масонах», поскольку – *ложа*...) Никакие это, конечно, были не масоны – просто кучка единомышленников, рассуждавшая, как им обустроить Россию – на свой манер, разумеется. Большая часть этой «Военной ложи» как раз и стала прямо причастна потом к отстранению от власти царя в результате «заговора генералов» (правда, генералы предусмотрительно, на всякий случай, представили все так, будто революцию устроили говоруны из Думы...)

Так вот, Сухомлинов (дело было еще до войны) узнал об этом «кружке по интересам» и доложил царю, что было, в общем, логично – никакой власти не понравится, если несколько генералов создадут этакое вот общество и начнут строить какие-то планы по обустройству государства в компании с парламентскими деятелями. В любой стране к таким забавам относятся неодобрительно...

Кого-то из генералов перевели на другое место службы, кого-то пожурили. И Гучков затаил нешуточную обиду. Учитывая ту ничем вроде бы немотивированную злобу, которую он питал к Мясоедову, можно предположить, что именно Мясоедов по «Военной ложе» как раз в свое время и работал: ведь кто-то же должен был собрать на нее материал, не сам же Сухомлинов этим занимался...

Летом 1917 г. Сухомлинова стали судить. Это была очередная зловещая комедия вроде «процесса» Мясоедова, и не более того.

Сначала на Сухомлинова пытались свалить всю вину за нехватку артиллерийских снарядов. Вот только бывший министр мог доказать с документами в руках, что производством снарядов всецело ведал (и военного министра не допускал) великий князь Сергей Михайлович, впоследствии отстраненный от дел вместе со своей правой рукой генералом Кузьминым-Караваемым...

«Корыстолюбие» усматривали в том, что Сухомлинов предпочел поставить на вооружение один конкретный вид орудий, а не другой. Уж не за взятку ли? Оказалось, что никаких взяток не было, а выбор именно этих пушек был даже заслугой министра: отвергнутая модель не могла использоваться еще и в качестве зенитки, а выбранная Сухомлиновым как раз могла...

Начали шить шпионаж. Якобы Сухомлинов «прекрасно знал» о работе Мясоедова на немцев, но продолжал знакомить полковника с совершенно секретными документами.

В качестве козырного свидетеля в суд явился сам Гучков – но, когда дошло до перекрестного допроса, никаких конкретных доказательств привести не смог, лишь повторил старые газетные байки 1912 г., причем и касаемо них не смог объяснить, откуда эта информация пришла и насколько она достоверна.

Тогда следователь, прапорщик Кочубинский, создал новое дело, в качестве «германского связного» присовокупив некоего коммерсанта Альтшилера, жившего в Киеве аж с 1870 г., давнего знакомого Сухомлинова. Однако никаких доказательств и тут не нашлось. Критики справедливо указывали, что Альтшилер, некогда богатый делец, совершенно разорился, настолько, что его сыновья торговали чуть ли не на улице с лотка – неужели немецкая разведка, резонно говорили они, так плохо своего резидента оплачивала? И снова наблюдалось сочетание несовместимого: с одной стороны, Сухомлинов якобы сам передавал Альтшилеру секретные документы, с другой – нашлись сомнительные свидетели, утверждавшие, как сами видели, что Альтшилер «прокрадывался» в кабинет Сухомлинова в отсутствие хозяина. А Сухомлинов, мол, кабинет умышленно не запирал, чтобы шпиону легче было таскать со стола секретные бумаги. Но если министр «сам передавал» шпиону документы, то зачем разводить дурной детектив с «прокрадываниями»?

В качестве «шифровок» следствие предъявило... письма Альтшилера Сухомлинову о разных пустяках. И настаивало, будто выражения вроде «была дождливая погода» являются шифрованным сообщением. Никто, правда, не разгадал смысла, но разве не подозрительны эти слова сами по себе? «Дождливая погода»... Криминал!

Когда присяжные (суд, слава богу, происходил с участием присяжных) это «доказательство» отвергли, мгновенно объявились другие письма, где над некоторыми буквами стояли загадочные точки. Обвинение заявило, что и это шифр – правда, неразгаданный до сих пор, но тем не менее явный шифр.

И снова конфуз: независимый эксперт заявил, что точки поставлены не теми чернилами, какими написано письмо. Зато они чертовски похожи на те чернила, которыми пишет следователь Кочубинский.

И наконец, оказалось, что Альтшилера уже проверяли пару лет назад соответствующие органы, получившие анонимный донос – но не нашли ни малейших доказательств в пользу версии о его шпионаже.

Одним словом, дело стало рассыпаться как карточный домик. Не было доказательств ни шпионажа, ни взяточничества, ни превышения власти, ни преступного бездействия. От обиды вытащили старую, двенадцатилетней давности переписку Сухомлинова с немецким бароном Геттау, военным историком, проделавшим с русскими войсками японскую кампанию. Возликовали было: вот она, измена, вот он, связной! Однако тут же выяснилось, что барон Геттау в разведке никогда не работал. И был уволен в отставку именно как русофил, которому германское командование больше не может доверять...

И тогда началось нечто вовсе уж беспредельное. Общественный обвинитель, некто Данчич, в своей речи перед присяжными и публикой заявлял: может быть, Сухомлинов и невиновен, но обвинительный приговор должен быть вынесен для... «удовлетворения возбужденного общественного мнения». А потом, мол, когда страсти поутихнут, дело можно потихоньку и пересмотреть... Каково?

В общем, кончилось все тем, что Сухомлинова за «понижение боевой мощи русской армии» приговорили к бессрочной каторге – явно для удовлетворения возбужденной общественности. Ни о шпионаже, ни о взяточничестве никто уже не вспоминал. Но нельзя же было взять да и отпустить за недостатком всех и всяческих улик, если прогрессивная общественность возбуждена...

Выпустили Сухомлинова, как ни смешно, большевики, вообще-то не особенно склонные миловать «царских сатрапов». Формально они соблюдали закон: Сухомлинову исполнилось 70, а значит, он подлежал амнистии. Но будь у большевиков к нему претензии, вряд ли они стали бы озабочиваться соблюдением законов. Просто дело было настолько шито белыми нитками, а Сухомлинов настолько не при делах, что большевиков не интересовал ничуть...

Так вот, вернемся к вопросу: почему и при Советской власти Мясоедова с Сухомлиновым продолжали числить в шпионах?

Ответ прост. Изрядное количество господ в золотых погонах, когда-то старательно состряпавших из ничего «дело Мясоедова», оказалось в Красной Армии. И бывший военный министр Поливанов, и царский контрразведчик Бонч-Бруевич, и главный квартирмейстер Ставки верховного главнокомандующего, полный генерал Данилов. А также двое, в разное время занимавшие должность командующего той самой 10-й армией (генерал от инфантерии Цуриков, генерал-майор Шихлинский), и двое, в разное время служившие начальниками штаба армии (генерал-майоры Добрышин и Самойло). Никому из них не улыбалось добровольно признать себя фальсификаторами – а вот старыми, прожженными борцами с германским шпионажем выглядеть очень хотелось. Шеф жандармов Джунковский, кстати, тоже объявился потом у большевиков, которым оказал немалые услуги. Вот и разгадка, отчего грязная легенда оказалась такой живучей....

Вполне возможно, что и генерал Янушкевич, подобно приятелю Данилову-Черному, оказался бы у красных, но этому помешали чисто технические причины. В феврале 18-го его арестовали в Могилеве и повезли в Петербург в Петропавловскую крепость. Вообще-то это ничего еще не означало – иные после такого ареста и заключения быстренько объявлялись уже в буденовке со звездой. Однако в данном случае все подпортили провинциальные нравы. Конвоирам не хотелось тащиться из Могилева в этакую даль, аж в Питер, и они Янушкевича приступнули прямо на вокзале, как водится, наврав насчет попытки к бегству – кто бы в той неразберихе проверял?

Но это случится позже, и никто об этом пока что не знает, потому что мы возвращаемся в 1916 год...

Год выдался, откровенно говоря, хреновый. На фронте – сплошные неудачи и отступления – но, что самое печальное, уже нет ни Мясоедова среди живых, ни Сухомлинова на своем посту, так что сваливать вину на них уже не получится. А новых «козлов отпущения», надо полагать, не удавалось изготовить так быстро – требовались громкие имена, пока состряпаешь дело, многое может измениться... Вот, должно быть, жалели, что не оставили про запас парочку «врагов народа»!

Сложный год выдался. Мало того, что то и дело гнали неподготовленные части в наступление, спасая прекрасную Францию, так еще и отправили туда русский корпус, чтобы защищал французов на их же собственной территории.

И никто не знал о письме Витте, написанного великому князю Константину Константиновичу еще в октябре 14-го: «Вот и меня не оставляет мучительная мысль: не проливает ли Россия потоки крови и не бросает ли свое достояние в пламя войны и ее последствий преимущественно для блага коварного Альбиона, еще так недавно натравившего на нас Японию? Не ведет ли нас Англия нас на поводе, и не приведет ли в такое положение, которое затем потребует от нашего потомства массы жертв, чтобы избавиться от нашего друга? Ведь история ее отношений к Испании и Франции ради уничтожения их конкуренции на морях служит некоторый иллюстрацией ее отношений к современной Германии, с которой английские деятели поклялись вести войну, по выражению одного русского дипломата, "до последней капли русской крови"».

Вот, кстати, что-то мы подзабыли об Альбионе, сиречь о доброй старой Англии...

Ах, какие красивые и благородные слова говорил до войны уже упоминавшийся лорд Холден, еще не изгнанный из военных министров за «духовную близость» к Германии!

«Причина, по которой к 1913 г. должна начаться война, заключается в том, что германскому правительству необходимо натянуть вожжи, чтобы удерживать народ в повиновении».

Лорда, несомненно, надо понимать так, что войной герман-ский кайзер пытается отвлечь свой народ от какого-нибудь рево-люционного взрыва. Как же еще? Британцы, выходит, воевали за святую свободу немцев...

А теперь посмотрим, как они себя вели, когда у них дома, в их собственном королевстве, ирландцы как раз и пытались обре-сти свободу и независимость...

В апреле 1916 г. ирландцы подняли восстание, так называ-емое Пасхальное, потому что вспыхнуло оно 24 апреля, в день Пасхи. Около трех тысяч человек, кое-как вооруженных, захва-тили здание почтамта в Дублине, где провозгласили независи-мую Ирландскую республику...

Но англичане приветствовали «борцов за свободу», только если означенные поднимали светлое знамя независимости где-нибудь за тридевять земель, скажем в Польше или в Боснии. У себя дома подобное поведение считалось вовсе даже не борь-бой за свободу, а гнусным мятежом...

Англичане моментально подтянули артиллерию и вмиг раз-рушили полгорода, снося орудийным огнем и те дома, где ника-ких повстанцев не было вовсе – ну что поделать, иначе не подбе-решься к почтамту... Потом почтамт снесли уже прямой навод-кой – а заодно и соседние здания.

Потом добрых две недели в Дублине продолжалась вакхана-лия. Одних расстреливали «по закону», согласно решению ско-роспелых военных трибуналов. Но, кроме этого, четырнадцать дней без всякого суда и следствия не только офицеры, но и рядо-вые солдаты хладнокровно *шлепали* по ночам мирных горожан. Достаточно было указать на кого-то пальцем и заявить: мол, этот негодяй в душе – повстанец. Приходили и стреляли человека в собственном доме, не утруждаясь разбирательством.

Один-единственный каратель все же попал под суд – капитан Боэн-Колгерст. Он распорядился расстрелять на улице трех жур-налистов – просто так, стих нашел. Журналисты, ни с какой сто-роны к восстанию не причастные, оказались очень уж известными – из-за чего капитан и угодил на скамью подсудимых. Будь они простыми сиволапыми горожанами, никто и не подумал бы беспокоить офицера и джентльмена по пустякам... Правда, суд капитана быстренько оправдал, найдя, что в момент отдачи преступного приказа он «находился в невменяемом состоянии». Потом-то резко выздоровел, но в тот момент был напрочь невменяем. Капитан поболтал с бывшими судьями о погоде, одернул френч и, насвистывая, покинул здание суда... Иногда я очень не люблю Англию – и, думается мне, к тому есть кое-какие основания.

Но вернемся в шестнадцатый год, в Санкт-Петербург...

4. Пробуждение призрака

Ничего нет удивительного в том, что военные, в царствование Николая II всерьез вспомнившие о славных временах Гвардейского столетия (см. мою одноименную книгу) впервые за девяносто с лишним лет затосковали о любимой забаве *касты* во времена этого столетия...

О военном перевороте.

Вновь оживали давным-давно, казалось бы, сгинувшие признаки лихих гвардейцев в пышных кафтанах, когда-то решавшие судьбу трона за карточным столом...

Но это были не призраки, а люди из плоти и крови! Продолжатели славных традиций...

Давно уже пишут о том, что еще при восшествии на престол Николая имело место некое гвардейское *смятение*. Будто бы императрица-мать, вдова Александра III, видела своего кандидата на престол в ком-то другом – и даже пытались идею реализовать, но безуспешно. Увы, данные об этом скупые и сомнительные, все подернуто туманом и мраком...

В 1906 году снова что-то происходит!

После смерти дворцового коменданта генерала Трепова близкая ко двору генеральша А. В. Богданович оставила в дневнике прелюбопытнейшую запись: «Мадемуазель Клейгельс говорила, что в бумагах покойного Трепова нашли документы, из которых ясно, что он собирался уничтожить царскую семью с царем во главе и на престол посадить великого князя Дмитрия Павловича, а регентшей великую княгиню Елизавету Федоровну».

Это единственный источник, других мне пока что отыскать не удалось. Однако эта история странным образом сопрягается по времени с другой, носящей все признаки достоверности.

В своих воспоминаниях «Пятьдесят лет в строю». А. А. Игнатьев (граф и кавалергард, а потом «красный генерал»), вспоминает о заговоре, который практически в то же время готовил его отец. Игнатьев-старший – это, знаете ли, *фирма*... Генерал от кавалерии, командовал Кавалергардским полком (элита внутри элиты), состоял начальником штаба Гвардейского корпуса, побывал и командующим войсками военного округа, и генерал-губернатором. Семья и родные – камергеры, генералы, министры, одним словом, классический истеблишмент. Связи в гвардии и в коридорах власти – обширнейшие.

Слово Игнатьеву-младшему: «Он с болью в душе сознавал ничтожество Николая II и мечтал о "сильном" царе, который-де сможет укрепить пошатнувшийся монархический строй. Кадетскую партию и все петербургское общество он считал оторванными от России и русского народа, который, по его мнению, оставался верным монархии. Банки – как состоящие на службе иностранного капитала – считал растлителями государственности...

– Мы попали в тупик, – говаривал он мне, – и придется, пожалуй, пойти в Царское с военной силой и потребовать реформ.

Как мне помнится, реформы эти сводились к укреплению монархического принципа. Спасение он видел в возрождении старинных русских форм управления, с самодержавной властью царя и зависимыми только от него начальниками областей».

Это были не «мечты», а планы!

«Вот и думаю, – говорил он мне, – можно положиться из пехоты на вторую гвардейскую дивизию, как на менее привилегированную, а из кавалерии – на полки, которые мне лично доверяют: кавалергардов, гусар, кирасир, пожалуй, казаков.

Он показал мне однажды список кандидатов на министерские посты в будущем правительстве».

В том, что речь идет о каких-то серьезных и конкретных планах, убеждают дальнейшие события.

Игнатьев-старший должен был участвовать в выборах в Твери (речь шла о земстве, местном самоуправлении). Поехал туда на официальное мероприятие, которое должно было состояться в дворянском собрании...

Околоточный надзиратель, стоявший на посту у черного хода в здание дворянского собрания, был внезапно снят начальством с поста. Он не хотел уходить, упирался (человек был *свой* – родственник графского управляющего), но ему сказали, что приказ отдан *сверху*. Ничего не поделаешь, пришлось уйти.

У графа была и своя частная охрана, организованная тем же управляющим – но ее в здание не пустили, тоже по указанию из Петербурга.

А через час после того, как околоточный ушел с поста, через оставшийся без присмотра черный ход в здание вошел очередной идейный юноша, боевик-эсер. Поднялся в буфет, выпустил в графа пять пуль...

Его поймали – и моментально повесили. Правда... Не стоит видеть в этих скоропалительных казнях чью-то интригу. Распоряжение о «скорострельных» военно-полевых судах подписал сам Столыпин. И когда в 1911 г. Курлов требовал не вешать Богрова, а провести долгое и тщательное расследование, судьи ссылались как раз на столыпинское решение. Вот и получилось, что премьер собственной рукой подписал циркуляр, облегчивший заметание следов после его убийства... Если, конечно, был заговор – а он все же, думается, был...

Вдова Игнатьева практически сразу после убийства заявляла в узком кругу, что убийство если и не организовано спецслужбами, то произошло с их ведома – а впрочем, что пнем по сове, что сову об пень, все едино... И отправила императору дерзкую телеграмму в ответ на соболезнования. Всего из двух фраз: «Благодарю, ваше величество. Бог рассудит всех». Намек недвусмысленный...

Так вот, поневоле начнешь задумываться: а не связаны ли эти две смерти, Игнатьева и Трепова? Что, если речь шла об одном и том же перевороте? Трепов вроде бы умер естественной смертью, но совпадение очень уж многозначительное, да и был ему всего-то пятьдесят один год, и не был Трепов хрупким и болезненным оранжерейным цветочком...

К слову, лично мне представляется, что переворот, каким его Игнатьев планировал, был бы не самым худшим для страны предприятием. Поскольку Игнатьев в свое время выступал именно против тех решений, что немало навредили России. Не соглашался с введением золотой валюты (что позволило иностранцам вывозить из страны прибыль), протестовал против проведения Китайско-Восточной железной дороги через Харбин (к чему прокладывать жизненно важную для нас дорогу по чужой территории?), а также выступал против дальневосточных авантюристов вроде Безобразова, которые фактически втравили империю в войну с японцами. Замена Николая еще в 1906 г. кем-нибудь другим при толковых министрах вроде Игнатьева могла, пожалуй что, стать последним шансом для российской монархии...

Последующие десять лет было *тихо*. Однако к 1916 г. ситуация сложилась сквернейшая. Русские войска отступали. Кадровая армия давным-давно выбита, для большинства новоиспеченных офицеров военного времени и мобилизованных солдат война была не более чем *чужим* предприятием, на которое их загнали насильно – лучше всего и подробнее всех об этом, пожалуй, написал барон П. Н. Врангель.

В тылу – достигшая космических высот спекуляция, громадные состояния сколачиваются в мгновение ока, рестораны набиты скоробогачами, Фаберже хвалится, что у него еще не было столь доходных лет – заказов столько, что и выполнить невозможно, положение со снабжением армии столь критическое, что приходится вводить продразверстку (а вы полагали, ее красные придумали?! Это вас кто-то обманул...)

Бардак, развал, пир во время чумы... И теперь уже не по тем чуланам, где собираются большевики, а по раззолоченным коридорам власти поползло _мнение_: Николашку надо убирать, пока все не рухнуло окончательно...

И заговоры буквальным образом хлынули, как зерно из распоротого мешка. Столько их было, что можно запутаться...

Вспоминал начальник Московского охранного отделения Мартынов: поздней осенью 1916 г. в «черном кабинете» московского почтамта (где тайком вскрывали письма и делали копии с самых интересных) обнаружили письмо к видному общественному деятелю. Смысл заключался в следующем: московским лидерам так называемого Прогрессивного блока Госдумы сообщалось, что удалось «окончательно уговорить Старика, который долго не соглашался, опасаясь большого пролития крови, но, наконец, обещал полное содействие».

Из неподписанного письма недвусмысленно вытекало, что лидеры помянутого блока давно уже ведут «личные переговоры» с командующими фронтами, включая великого князя Николая Николаевича – причем ясно было, что речь идет о заговоре с целью захвата власти.

Кто такой «Старик», Мартынов не знал. Он поехал в Питер, к директору Департамента полиции Васильеву, и тот-то, опытный в столичных интригах, ему моментально выложил, что «Старик» – это начальник штаба Ставки генерал Алексеев (верховное главнокомандование к тому времени взял на себя сам император).

Мартынов, конечно, _взвился_. Начал говорить, что необходимо вывести из Москвы разболтанные и ненадежные запасные полки, заменив их кавалерийскими частями с фронта. Васильев с ним согласился и заверил, что напишет соответствующую бумагу в Ставку.

Тут-то Мартынова и осенило:

– А в чьи руки ваша бумага попадет? К Старику?

Васильев молча развел руками – ну что он мог сделать... Уже гораздо позже, после революции, оба бывших сыскаря встретились в оккупированном немцами Киеве, и там Васильев, уже не связанный никакими обязательствами, рассказал коллеге, что Департамент исправно отправлял в Ставку сообщения о намеченном перевороте, но они, словно в голливудском боевике, попадали как раз к тем, кто этот переворот готовил – они ведь были *около* императора...

И этот заговор в особенной тайне не держался. Военный историк Лемке, находившийся при Ставке, пишет в своих воспоминаниях, что в этом учреждении господа офицеры, не особенно уже и стесняясь непосвященных, говорили в полный голос о скором аресте царя. «При авторитете и роли начальника штаба арест и прочее могут быть совершены бесшумно. Николай прежде всего трус и притом трус даже не храбрящийся». Близкий к Алексееву генерал-квартирмейстер Пустовойтенко так и похвастался Лемке: мол, его шеф назначен на роль диктатора...

Считается, что именно этот переворот имел в виду и историк С. П. Мельгунов, называвший имена участников: Колчак, Брусилов, Рузский, Алексеев. Царя должны были арестовать в особняке графини Брасовой, жены великого князя Михаила Александровича. А источником столь ценной информации был не кто-нибудь – великий князь Николай Николаевич...

Это предприятие осталось невыполненным по весьма прозаической причине: в конце 1916-го Алексеев тяжело заболел, на время покинул Ставку, а без него, видимо, не рискнули...

Был еще и «морской» заговор, сложившийся в Морском министерстве. Здесь уже инициаторами был народец помельче – капитан первого ранга, помощник начальника штаба Капнист и редактор «Морского экипажа» Житков. Планировалось с помощью Гвардейского морского экипажа, включенного в императорскую охрану, заманить императрицу на броненосец и насильно увезти в Англию. Некоторые путчисты предлагали довести дело до логического конца – депортировать заодно и Николая II. Заговор не состоялся – впрочем, он с самого начала смотрелся не особенно серьезно, отдавая дурной опереткой...

Поодаль зрел заговор «земгусар». В декабре 16-го, после очередного съезда Союза земств и городов, часть его участников всерьез планировала, используя гвардейские полки, арестовать императорскую чету. Премьером они хотели видеть князя Львова, а кого предназначали в новые цари – толком неизвестно. Однако есть сведения, что сорвалось все из-за Николая Николаевича – он заявил, что армия пока что не готова заменить одного монарха на другого, и в военной поддержке отказал (подозреваю, он просто-напросто не хотел связываться с несерьезной публикой, какой безусловно смотрелись вороватые и болтливые «земгусары»).

Гораздо серьезнее, безусловно, был «заговор Гучкова». Вот в *нем* участвовали, как на подбор, персоны серьезные: кроме самого Гучкова, председатель Госдумы Родзянко, миллионер Терещенко, видные политики Милюков, Шингарев и Шидловский. Техническую сторону дела – то есть захват царя – должен был осуществить генерал Крымов, тоже человек достаточно серьезный и энергичный.

Планировалось захватить царя либо в Петергофе, либо в Царском Селе, но потом от этого варианта отказались: ясно было, что некоторые воинские части все же останутся на стороне Николая, и будет большая кровь.

Выбрали другой вариант: захватить царский поезд на пути из Петрограда в Ставку. Наметили даже подходящий участок: возле Аракчеевских казарм в Новгородской губернии, где размещалась гвардейская кавалерия (наверняка бывшая в заговоре). И разработали еще один вариант, запасной: арестовать царя с помощью камер-юнкера князя Вяземского, начальника санитарного отряда великого князя Николая Николаевича и подчиненных ему гвардейских офицеров.

Об этих планах впоследствии рассказывал сам Гучков: «На 1 марта был назначен внутренний дворцовый переворот. Группа твердых людей должна была собраться в Питере и на перегоне между Царским Селом и столицей проникнуть в царский поезд, арестовать царя и выслать его за границу. Согласие некоторых иностранных правительств было получено».

Обратите внимание на последнюю фразу: г-н Гучков не скрывает, что в перевороте были замешаны иностранные правительства – несомненно, французское и английское, кому ж еще?

А поскольку ниточки тянулись за границу, то о задуманном что-то прознала и *другая* сторона. Есть сведения, что в последние дни перед Февралем на контакт с императором пытался выйти болгарский посланник, через которого пытались предупредить Николая немцы. Удивляться такому их поведению не стоит – для кайзера наверняка был гораздо предпочтительнее Николай на троне, чем откровенные англо-французские марионетки...

Между прочим, поминавшийся князь Львов, которого «земгусары» прочили в премьер-министры, параллельно вел в рамках этого заговора *свою* игру. Все почти то же самое – царя заставляют отречься, на трон сажают Николая Николаевича, правительством будут руководить Львов и Гучков. То же самое – только без «земгусар», которых не стоит допускать к серьезному предприятию. Переговоры Львова с Николаем Николаевичем проходили в присутствии супруги последнего, «черногорки» Анастасии, а также Янушкевича...

Кстати, сильные сомнения вызывает намерение Гучкова всего-то-навсего выслать императорскую чету за границу. Есть подозрения, что планы у них были гораздо более решительные. Тесно связанный со всей этой публикой Керенский приводит интересный факт: «В 1915 г., выступая на тайном собрании представителей либерального и умеренного меньшинства в Думе и Государственном Совете, обсуждавшем политику, проводимую царем, в высшей степени консервативный либерал В. А. Маклаков сказал, что предотвратить катастрофу и спасти Россию можно, лишь повторив события 11 марта 1801 г.»

Это, как мы помним – дата убийства заговорщиками Павла I. Если уж «в высшей степени консервативный» деятель считает цареубийство само собой разумеющимся, можно представить, с какой легкостью к тому же отнеслись бы «прогрессисты» и «либералы». Сам Керенский, как он пишет, к мысли об убийстве царя пришел еще десятью годами ранее – и выступил против Маклакова по самым что ни на есть шкурным поводам: Маклаков только выдвигал идею, а само цареубийство за него должен был проделать кто-то другой. А пачкать белы рученьки Керенскому безусловно не хотелось. Предпочитал оставаться чистой воды теоретиком – в феврале на заседании Госдумы призывал к «физическому устранению царя», но сам опять-таки совершить таковое не рвался...

Еще о «заговоре Крымова». В нем участвовали все те же личности – Родзянко и генерал Рузский (полное впечатление, что некоторые *кочевали* из заговора в заговор на цыганский манер). Предполагалось (опять-таки незадолго до Февраля), что, когда царь поедет из Ставки, в районе, контролируемом Рузским, его задержат и заставят подписать отречение. Чтобы подавить возможное сопротивление, генерал-губернатором Петрограда предполагалось назначить Крымова.

Сам Крымов предлагал не мудрствовать и не играть в захваты и отречения, а попросту ухлопать самодержца на военном смотре, который вскоре должен был состояться...

А Керенский впоследствии вспоминал, что еще в 1915 г. к нему вдруг заявился граф Павел Толстой, близкий друг братца царя великого князя Михаила Александровича. И честно признался, что пришел по просьбе Михаила. Тот, зная о тесных связях Керенского с левыми партиями и рабочим движением, «хотел бы знать, как отнесутся рабочие к тому, что он возьмет власть у брата и станет царем».

Это тоже весьма похоже на правду. Великий князь Михаил лишился прав на престол – из-за неравного брака с помянутой графиней Брасовой. А царствовать, должно быть, все же хотелось... Мол, чем я хуже придурка Николаши?

На этом фоне, учитывая *вес* и положение вовлеченных во все эти многочисленные заговоры фигур, прямо-таки детской игрой смотрятся забавы некоторых офицеров, уже в одиночку замышлявших против императора всевозможные ковбойские выходки. Авиатор капитан Костенко собирался подстеречь автомобиль царя, когда тот прибудет на фронт. А потом взмыть в воздух и то ли бомбы сбросить, то ли самоубийственно автомобиль самодержца протаранить.

Капитан инженерных войск Муравьев (впоследствии командовал фронтом у большевиков, а потом поднял против них мятеж) с товарищем замыслили ни много ни мало – с парой-тройкой сообщников устроить на царя засаду (опять-таки на фронте) и взять в плен. А там видно будет...

«Развитие событий требовало переворота», – сказал чуть позже Гучков. Маклаков публично твердил то же самое.

Таким образом, переворотов к началу 17-го года было задумано прямо-таки невероятное количество. Одни были опереточными, но большинство – крайне серьезными. В части замышлявшихся путчей участвовал самый что ни на есть несерьезный народ, но в большинстве – люди решительные, высокопоставленные...

После всего этого кто-нибудь верит, что Февральская революция возникла якобы из-за того, что в Петрограде начались «хлебные бунты», к которым примкнули гарнизонные солдаты?

Для справки: так называемый «гарнизон» Петрограда состоял из скопища тыловых обормотов, которые старательно «косили» от фронта. На войне они в массе своей отродясь не бывали, серьезной военной подготовки не имели и храбростью безусловно не отличались, наоборот. Так что при минимальной энергии и воле подавить «революцию» было предельно просто: вызвать с фронта надежные, обстрелянные части, умевшие обращаться и с саблей, и с пулеметом. Тыловики разбежались бы после первых залпов...

Кстати, это само по себе очень загадочно – то, что якобы для обеспечения порядка Петроград буквально *набили* тыловиками, представлявшими собой самую благодатную питательную среду для любой пропаганды, лишь бы она касалась «замирения». Случайно так произошло, или?.. Ведь перед глазами был французский пример: там на отдых в окрестности Парижа (но не в сам город, боже упаси!) отводили только самые надежные и дисциплинированные части – кавалерию...

Безусловно, Февральская революция не является реализованным вариантом одного из этих планов, а чем-то среднеарифметическим. Но, как мы видим, _общая атмосфера_ была такова, а мысль о немедленном свержении императора овладела слишком многими, от рядовых поручиков до размечтавшихся о престоле великих князей, что прежняя власть просто-напросто _обязана_ была обрушиться, как перезревшая груша с ветки...

Но не будем забегать вперед. Мы все еще остаемся в декабре 1916 г., когда случилось убийство Распутина. _Теперь_ и пришла пора обстоятельно и серьезно поговорить о самом Григории Ефимовиче Распутине, крестьянине Тобольской губернии, Тюменского уезда, слободы Покровской.

Поскольку все, что вы только что прочитали, было, если вдуматься, не более чем _вступлением_ к одной-единственной, не самой большой главе этой книги.

Иной читатель вправе обиженно воскликнуть: как же так? Книга озаглавлена «Григорий Распутин», а большая ее часть – вовсе не о Распутине? Зачем понадобилось начинать аж со времен Николая I, когда Распутина еще и на свете-то не было?

Ответ простой. Потому что все вышеизложенное – _предыстория_ вопроса. Потому что все, о чем в этой книге рассказано, _уперлось_ в Распутина, как упирается могучий поток в неожиданно возникшее препятствие. Все интриги, войны, честолюбивые мечтания, планируемые перевороты, бездарность правящего режима, действия союзников и врагов – все это, без малейших преувеличений, оказалось завязано в одной точке пространства-времени. В той самой, которая звалась – Григорий Распутин.

Бьюсь об заклад, он и сам не подозревал, что оказался в точке пересечения многочисленных _ниточек_. Что именно на нем теперь замыкалось очень и очень многое. Все-таки он был не особенно и великим мыслителем и в большой стратегии, а также недавней истории Европы (и особенно Балкан) разбирался плохо.

Но он *существовал* – а это само по себе означало очень и очень многое. Дошло до того, что его просто-напросто невозможно было *обойти*. Как-никак он влиял на события – конечно, не так демонически и масштабно, как о том старательно разносила молва. Но и сбрасывать его со счетов было никак нельзя. Потому что он был – *Распутин*.

А кто он был, собственно? С чего начинал, как угодил из сибирской глухомани в царский дворец? Как, согласно старой поговорке, залетела ворона в высокие хоромы? Чего он вообще от жизни хотел и каким был? Кто это – монстр или святой? Сколько в рассказах о нем клеветы, а сколько правды?

Давайте разберемся...

Глава восьмая

ЧЕЛОВЕК И МИФ

1. Кто?

Прежде всего, Григорий Ефимович Распутин – «старец» исключительно в переносном смысле, в том, какой вкладывает в это слово церковная традиция: проповедник, святой человек, христианский подвижник. «Старец» родился в 1869 г. Легко подсчитать: в 1905 г., когда он впервые появился во дворце, ему было всего тридцать шесть, а в момент убийства – сорок восемь.

А попал он во дворец с помощью... как раз тех самых сестер-«черногорок», Милицы и Анастасии.

Времена были примечательные: повсюду «искали веру», «искали истину». И не только в России, а и по всей Европе вертелись с помощью духов столы, медиумы принимали сообщения из потустороннего мира, творческие люди старательно «расширяли пределы восприятия» алкоголем и наркотиками, и среди приверженцев спиритизма числился Артур Конан Дойль, защищавший его от нападок скептиков с невероятным усердием.

В России в гостиных и светских салонах блистала целая когорта *странного* народа: с одной стороны, спириты, маги, медиумы, прорицатели и предсказатели, с другой – священники, «Христа ради юродивые», святые странники и прочие «блаженные».

Инициатива исходила с самого верха. Императрица Александра Федоровна, тут и дискутировать не о чем, была женщиной умной, волевой и энергичной, так что в супружестве она, пожалуй, занимала примерно такое же место, как гораздо позже Хиллари Клинтон при саксофонисте Билли, «муже миссис Клинтон».

Вот только... Имелось одно-единственное слабое место, порой сводившее на нет все вышеперечисленные качества императрицы: неприкрытый, слепой мистицизм. Императрица вовсе не «с жиру бесилась», причины были самые что ни на есть житейские, понятные и в общем простительные безусловно несчастной женщине, находившейся если не в расстройстве психики, то уж несомненно в состоянии крайнего нервного истощения...

Сына не было. Наследника престола. Одна за другой рождались девочки, по законам российской империи права на трон не имевшие – а вот сына все не было... Именно это обстоятельство (согласитесь, простительное) и *вышибло* императрицу в туманный и зыбкий мирок духов, пророчеств и ожиданий чуда... Классическая картина, прекрасно знакомая любому медику, имеющая огромное распространение и теперь: больной и несчастный жаждет чуда, выходя за пределы здравого рассудка...

При дворе *завелся* французский маг и провидец мосье Филипп, обладатель внушительных дипломов, клявшийся, что обеспечит рождение наследника. Вот только русская заграничная агентура очень быстро накопала на Филиппа кучу компромата: оказалось, примитивный жулик, и авторитетные дипломы у него поддельные, и парижская полиция при упоминании о «маге» подбирается в охотничьем азарте...

Инициатор этих разоблачений, глава парижской агентуры Рачковский вылетел в отставку (императрица осерчала!), но доказательства были убедительнейшие, и «мосье Филиппа» все же вытурили из России. Он, понятно, упирался, но ему прочитали краткую лекцию по географии с упором на описание некоторых негостеприимных сибирских уголков...

Пензенский губернатор граф Игнатьев (тот самый, пытавшийся устроить впоследствии гвардейский переворот) рассказал царю, что в управляемой им губернии обитает крестьянский паренек Митя Блаженный, славящийся как прорицатель. Мол, одной графине он как раз и предсказал рождение сына...

Мотивы графа для меня загадочны: все-таки умнейший человек был, какого черта впутался в эту историю с деревенским дурачком? А впрочем, высокий интеллект сам по себе порой прекрасно сочетается с мистицизмом: вспомним и Конан Дойля, и генерала Брусилова, женатого на племяннице мадам Блаватской и форменным образом на ее учении *подвинувшегося*. Сам себя с неприкрытой гордостью именовал оккультистом...

Привезли Митю, оказавшегося совершеннейшим идиотом. Его частенько били эпилептические припадки, во время коих он нес абсолютно бессмысленный вздор. Правда, при Мите состоял «расшифровщик» – псаломщик Егоров, который как раз и перетолмачивал окружающим Митино бормотанье (с немалой для себя выгодой).

Четыре месяца царица старательно присутствовала на припадках и ждала откровений. Ничего не вышло: должно быть, Егоров еще умел сочинять «истолкования», устраивавшие крестьян, но какую именно *залепуху* преподнести царице, так и не смог сообразить по убогости интеллекта...

Кончилось скверно: во время одного из Митиных припадков у царицы случился обморок, а за ним и выкидыш с последующим нервным расстройством. Выперли за ворота и юродивого, и толкователя, хотя он упирался и кричал, что главные откровения еще впереди.

Тут приперся флигель-адъютант Орлов-Давыдов и стал плести, что в имении у него живет «кликуша Дарья», и уж она-то как раз – правильная чаровница и пророчица.

Привезли Дарью. Толку не вышло.

Ну, а потом архимандрит Феофан привел в дом великого князя Петра Николаевича Божьего человека, странника Григория.

Милица и Стана прониклись к оному нешуточным уважением – и представили его царской чете. Сохранилась запись из дневника царя от 1 ноября 1905 г.: «Пили чай с Милицей и Станой. Познакомились с человеком Божьим – Григорием из Тобольской губернии».

Вот так Распутин и оказался во дворце. Кстати, «черногорки» потом кусали локти: они-то, одержимые патологическим желанием стать при дворе этакими «серыми кардинальшами», рассчитывали через простачка Григория *вертеть* царской четой – но Григорий оказался вовсе не простаком и «агентом влияния» данных дамочек наотрез отказался состоять. Вот тут они его лютейшим образом возненавидели, но поезд уже ушел...

Потому что Распутин во время очередного приступа болезни страдавшего гемофилией наследника *исцелил* мальчика. Вот после *этого* никакая сила не заставила бы царицу с Григорием расстаться...

Бесспорным фактом является, что Распутин, как бы это поточнее выразиться, обладал *нестандартными* способностями, имеющимися да-алеко не у каждого человека. Вот это – уже не миф и не преувеличение. Слишком много беспристрастных свидетелей. Лично я терпеть не могу термины вроде «экстрасенсорики», «биополя» и прочих Чакр Кентавра. Явление существует до сих пор, и вдали от репортеров, вообще от цивилизации, в сибирской глубинке и посейчас можно наткнуться на вещи и людей, которые даже из заядлого материалиста в мгновение ока сделают кое-что качественно иное. В общем, у нас в Сибири с давних времен принято было выражаться иначе: «*Знает он чего-то*».

Так вот, Распутин, несомненно, *знал*. В качестве примера из множества свидетельств стоит выбрать воспоминания великой княгини Ольги Александровны, сестры царя.

«Когда я его увидела, то почувствовала, что от него исходят мягкость и доброта. Все дети, казалось, его любили. Они чувствовали себя с ним совершенно свободно. Я помню, как они смеялись, когда маленький Алексей, изображая кролика, прыгал взад и вперед по комнате. А потом Распутин вдруг схватил его за руку и повел в спальню. Мы трое пошли следом. Наступила такая тишина, как будто мы оказались в церкви. В спальне Алексея лампы не горели, свет исходил только от лампад, горевших перед несколькими иконами. Ребенок стоял очень тихо рядом с этим великаном, склонившим голову. Я поняла, что он молится. Это производило сильное впечатление. Я поняла также, что мой маленький племянник тоже молится. Я не могу этого описать, но я почувствовала в тот момент величайшую искренность этого человека».

При всем при том (тем ценнее свидетельство) сестра царя откровенно недолюбливала Распутина – и тогда, и потом. Но, будучи человеком порядочным, честно описывала свои впечатления и мысли.

Это железный факт, дамы и господа, – Распутин малолетнего царевича *излечивал*. Снимал приступы. А приступ гемофилии, то бишь неостановимое кровотечение – не тот случай, когда можно провернуть *фокус*. Совсем не тот... Так что целительство было. «Современная научная медицина», по выражению одного из современников, бессильна была помочь, а Распутин – лечил. Помянутый архиепископ Феофан потом смертельно с Распутиным рассорился и стал его врагом, но и он впоследствии не отрицал: целительство было, хотя объяснить это невозможно...

При изучении личности Распутина до сих пор обычно срываются в крайности. «Пикулевское» направление рисует Распутина откровенным монстром, проходимцем, умышленно дурившим головы людям ради материальных выгод. *Этот* Распутин представал прямо-таки воплощением мирового зла: он с помощью безграмотных записочек мог сместить и назначить любого министра и влиять на важнейшие государственные дела, он за деньги шпионил для немцев, он развратничал с царицей и с ее несовершеннолетними дочерьми, он, простите, перетрахал половину женского населения Петербурга. Да вдобавок царица жила лесбийским образом с фрейлиной Вырубовой и традиционным – с генералом Орловым, а царь – опять-таки с Вырубовой (хорошо еще, не с Распутиным!)...

Как полагается, есть и другая крайность, воплощенная в образе писателя Олега Платонова. Он, разрушая дурацкие мифы, собрал немало подлинной, ценнейшей информации – но сплошь и рядом делал из нее странные, мягко скажем, выводы. И ударился в другое заблуждение: у него Распутин предстает в облике подлинного, патентованного святого. Хранителя пресловутой духовности земли Русской – за что и был безжалостно изничтожен злодеями, русофобами и, конечно же, жидомасонами (без русофобов и жидомасонов иные книги о святорусской духовности то же самое, что деревенская свадьба без самогона и доброй драки).

Истина, конечно, посередине. Не было ни черного монстра, ни святого в белоснежных одеждах. Был живой человек, достаточно примитивный, достаточно сложный, отнюдь не ангел, но и не черт – абсолютно неповинный в большинстве приписываемых ему прегрешений (и уж тем более никак не являвшийся закулисным правителем государства). Человек, в общем, незаурядный и вызывающий симпатию – другое дело, что его, как многих, собственная житейская удача закружила, завертела, захмелила головушку и понесла в шалый разгул, а оттуда – под твердый и толстый декабрьский лед над темной водой...

Возможно, кого-то подобный подход покоробит, но я предпочитаю черпать надежную информацию о том времени не из писаний политически озабоченных интеллигентов (прогрессистов, либералов, хвостом их по голове), а из свидетельств, исходящих от генералов спецслужб. Это гораздо надежнее. Во-первых, они много знали, во-вторых, сплошь и рядом личного интереса в происходящем не имели.

Честь имею представить, директор Департамента полиции Васильев. Ни «ставленником», ни сторонником Распутина никогда не был.

Наберитесь терпения, я намерен цитировать чуть ли не страницами. Это, по-моему, необходимо – если мы хотим знать о том времени не из сплетен, а от непосредственных свидетелей...

«Полное отсутствие образования не позволяло ему ухватить даже главные аспекты, не говоря уже о деталях тех проблем, в которых он должен был разбираться в совершенстве. Однако у него хватало природной сметки, чтобы здраво судить о многих вещах. Куда бы они ни шел, он внимательно прислушивался к тому, что говорилось и делалось; и из этого он своим враждебным умом мог сделать весьма разумные выводы...

Множество раз я имел возможность встречаться с Распутиным и беседовать с ним на разные темы. В подобных случаях я всегда поражался терпению и старательности, с которыми он вникал в суть темы, каждого он слушал с напряженным вниманием, стараясь не потерять нить разговора. Очень редко он вставлял замечание, и, когда он делал это, оно, как правило, оказывалось к месту. Не раз я слышал, как он прерывал напыщенный бред точным восклицанием, которое немедленно опускало болтуна с небес на грешную землю.

Его политические взгляды, насколько он их вообще имел, были достаточно простыми. Он был не более чем обычный российский патриот и искренний монархист, но не в том смысле, который придается этому слову сегодня: он не был ни левым, ни правым конституционным монархистом, так как монархия была для него своего рода религией. Россия без царя была чем-то, что он не мог себе представить. Тонкости так называемой высокой политики были далеки от круга его интересов, и он совершенно не мог понять, к чему в конечном счете стремятся различные партии, группировки в Думе, газеты. Его основные политические принципы состояли просто в умиротворении, насколько это возможно, врагов царя. Так, однажды он разъяснил мне с большим пылом свою точку зрения, что министры должны направить всю свою энергию на восстановление мира со всеми внутренними врагами. Он сказал, что сожалеет о последних, так как они не ведают, что творят, а все, что нужно, это разъяснить им их ошибки, и все беспорядки сразу же прекратятся.

Хотя он не разбирался в политике, но проявлял огромный интерес ко всему, что представлялось ему практически важным и ценным для людей; даже в петербургских гостиных он оставался достаточно крестьянином, чтобы сочувствовать крестьянам и понимать их нужды...

Я также слышал множество разговоров об известной гипнотической силе его взгляда; на этот счет ходили самые невероятные легенды. Поэтому, когда мы встретились, моей главной задачей было проверить правдивость этих утверждений. Я сел напротив него, насколько это было возможно, и попытался запечатлеть в мозгу малейшие его жесты, каждое крохотное изменение в его мимике, каждое произнесенное им слово. То, что я увидел, совершенно не соответствовало распространяемым слухам...

Если он случайно упоминал царя или царицу, его высказывания были необычайно уважительны как в словах, так и в тоне и были сделаны с ощущением неловкости, нерешительности. Никогда я не слышал от него бахвальства связями с царской семьей, никогда не видел его пьяным...

Несмотря на все это, я, конечно, знаю очень хорошо – наверное, лучше, чем многие другие – что у слухов о его самоуверенном поведении в высшем обществе есть основания. Кроме того, разве я не имел возможности в любое время просмотреть полицейские рапорты, имеющие отношение к этому делу? Однако надо заметить, что никто в подвыпившем состоянии не владеет вполне своим языком и что его враги часто старались напоить его, а затем задать провокационные вопросы, на которые он давал необдуманные ответы.

Конечно, Распутин имел слабость к вину и женщинам, но это не было следствием его крестьянского происхождения. До того, как он получил возможность войти в петербургское высшее общество, у него не было подобных крайностей, как показывают расследования; скорее уж они появились в новом и развращенном обществе городских жителей, которые намеренно старались развратить и испортить его, чтобы таким образом дискредитировать царя и его супругу. Однажды преуспев в очернении имени Распутина, эти люди стали плести сети вокруг него... Распутин не лез в первые ряды политической арены, его вытолкнули туда прочие люди, стремящиеся потрясти основание российского трона и империи... он не осознал, что просто является марионеткой в руках гнусных интриганов.

Эти предвестники революции стремились сделать из Распутина пугало, чтобы осуществить свои сатанинские планы. Поэтому они распускали самые нелепые слухи, которые создавали впечатление, что только при посредничестве сибирского мужика можно достичь высокого положения и влияния...

Ум и природная смекалка давали ему иногда возможность трезво и проницательно судить о человеке, только раз им встреченном. Это тоже было известно царице, поэтому она иногда спрашивала его мнение о том или ином кандидате на высокий пост в правительстве. Но от таких безобидных вопросов до назначения министров Распутиным – очень большой шаг, и этот шаг ни царь, ни царица, несомненно, никогда не делали...

И тем не менее люди полагали, что все зависит от клочка бумаги с несколькими словами, написанными рукой Распутина... я никогда в это не верил, и хотя иногда расследовал эти слухи, но никогда не находил убедительных доказательств их правдивости...

Случаи, о которых я рассказываю, не являются, как может кто-то подумать, моими сентиментальными выдумками, о них свидетельствуют донесения агентов, годами работавших в качестве слуг в доме Распутина и, следовательно, знавших его повседневную жизнь в мельчайших деталях».

Васильев писал свои мемуары значительно позже разыгравшихся событий – в эмиграции, у него просто-напросто не было причин под кого бы то ни было подстраиваться, примыкать к какой-то группировке...

Это далеко не единственное *трезвое* свидетельство, напрочь расходящееся с легендой о всемогущем монстре-гипнотизере. Есть масса других воспоминаний: как собеседники не обнаруживали в Распутине ожидаемой «магнетической силы взгляда», как облеченные властью лица его «записки» полностью игнорировали – без всяких для себя последствий. Как *оплетали* Распутина всевозможные великосветские авантюристы, подробно рассказывает в своих мемуарах генерал Спиридович, они доступны, и я их цитировать не буду (это воспоминания Васильева вышли гораздо более мизерным тиражом).

Точно так же, спокойно, взвешенно, абсолютно не пытаясь слепить образ всемогущего монстра, описывает Распутина в своих воспоминаниях генерал Курлов – а заодно развенчивает и другую легенду – о друге Распутина «тибетском лекаре» Бадмаеве, якобы снабжавшем Распутина прямо-таки волшебными зельями, подавляющими волю царской четы. Действительно, был такой доктор Бадмаев – но опять-таки не демон, не волшебник, не составитель «колдовских настоев, от которых можно сделаться невидимым или получить вторую тень». Незаурядный человек, православный христианин, далекий от всякой мистики, доктор-травник, и не более того...

Достоверно известен один-единственный случай, когда по просьбе Распутина в его родную Тобольскую губернию был назначен губернатором пермяк Ордовский-Танаевский. Но это именно единственный случай, когда при Временном правительстве пытались *накопать* на «монстра» черного компромата, к разочарованию своему, обнаружили, что «решительно не было добыто никаких указаний о вмешательстве Распутина в политические дела... все записки Распутина касались исключительно просьб об оказании личных протекций по поводу разных случаев из жизни лиц, о которых ходатайствовал Распутин».

Тем более ценное свидетельство, что о «беспристрастности» следователей Временного правительства мы уже можем судить по случаю с Сухомлиновым. И тем не менее, даже получив недвусмысленный политический заказ, ничего не накопали. А «распутница» Вырубова, кстати, при медицинском осмотре оказалась девственницей...

Монархист В. В. Шульгин (еще один распутинский недоброжелатель, кстати) в своей книге прекрасно показал, как *творили* образ сексуального монстра из Григория Ефимовича великосветские дамы – скучающие, блудливые, прококаиненные, записные любительницы мистики. Позарез им нужен был «прынц», пусть и черный, серой попахивающий, с якобы нечеловеческими постельными способностями. Их это *щекотало*...

«На разбойное дело не гожусь. Не пойду на злое: у меня завсегда к человеку – жалость большая». Это – сам Распутин о себе. И действительно, многие указывают, что он никак не был злобным или мстительным. И, с другой стороны, производил сильнейшее впечатление даже на врагов и недоброжелателей – особенно когда *говорил*...

Белецкий, бывший директор Департамента полиции (еще один неприкрытый вражина!) оставил любопытное свидетельство: Распутин был «разом и невежественным, и красноречивым, и лицемером, и фанатиком, и святым, и грешником, аскетом и бабником, и в каждую минуту – актером». То есть – живым человеком, весьма даже непростым, со всеми слабыми и сильными сторонами...

Его «нелепые», «бессмысленные» высказывания и записочки, кстати – еще один *образ*. Образ «пророка», изъясняющегося, наподобие Нострадамуса, запутанно и туманно. Сам Распутин как-то сказал: «Человеку чем непонятнее – тем дороже».

А иногда бывало и *наоборот*. Однажды Столыпин явился на аудиенцию к царю, намереваясь обсуждать какой-то особенно важный доклад красноречиво и заумно, блистая интеллектом. Распутин перед этим дал царю совет: «Возьми одень саму простую рубашку и выдь к нему».

Царь так и сделал, повторив премьеру распутинское «Бог в простоте обитает». Премьер, изготовившийся было блеснуть ораторским искусством, «прикусил язык и даже как-то покоробился». Эта «мнимая простота» психологам великолепно известна как средство *осадить* напористого собеседника, вздумавшего продемонстрировать превосходство...

Кстати, и «магнетическое воздействие» все же порой имело место. Кто-то взгляду Распутина не поддавался совершенно, но иные... П. А. Столыпин: «Я понимал, что в этом человеке большая сила гипноза и что он на меня производит довольно сильное, правда, отталкивающее, но все же моральное впечатление». М. В. Родзянко: «Лично я совершенно не подвержен действию гипноза, испытал это много раз, но здесь я встретил непонятную мне силу огромного действия».

Так что *сила* все же была. Как и исцеления, что бы там ни рассуждала на сей счет материалистическая наука...

6. Анатомия мифов

После Февральской революции победившие прогрессисты, либералы и демократы срочно создали Чрезвычайную следственную комиссию «по расследованию преступлений и злоупотреблений старого режима». Там, кстати, в качестве следователя подвизался любитель экстрима поэт Блок.

Первым делом, естественно, взялись даже не за царскую чету, а за покойного Распутина. Чересчур уж перспективная была мишень. «Все знали», что он не только с царицей спал и министров назначал-снимал, царапая на клочке обоев распоряжения, но и взятки хапал в невероятном количестве, казну разворовывал, а главное – был платным агентом германской разведки...

Зажигал в первую очередь сам Керенский: «Распутин оказался стержнем, вокруг которого плели интриги не только германофилы, но и настоящие немецкие агенты. Это совершенно очевидно».

Вот только ни малейших доказательств означенная комиссия получить так и не смогла, хотя опросила более 80 свидетелей.

Ни единого достоверного. Князь Феликс Юсупов, убийца Распутина, правда, будучи в комиссию вызван, сочинил самый дурной детектив: якобы в его присутствии Распутина то и дело поили некие «неизвестные личности», наперебой задавали вопросы о его общении с царской четой, а ответы тут же, не скрываясь, подробно записывали в блокноты. Однако эта сказочка опять-таки не нашла никакого подтверждения, и от нее с превеликим сожалением пришлось отказаться.

Что вовсе уж пикантно, к самому Керенскому накопилось немало вопросов по его шашням как раз... с Германией! Перед самой войной Керенский был юрисконсультом работавшей в России немецкой фирмы «Шпан и сыновья». Это, конечно, само по себе не компромат, но вот последующее... В 16-м тогдашний товарищ министра внутренних дел Белецкий сообщил дворцовому коменданту Войекову, что адвокат Керенский располагает немалыми деньгами, какие, по всем данным, ни за что не мог бы заработать обычной адвокатской практикой. Белецкий писал далее: по ряду косвенных, но весьма весомых доказательств можно предположить, что данный индивидуум «получает крупные суммы от внешних врагов для организации революционного движения в пределах империи». Кто тогда, в 1916-м, считался внешним врагом, подсказывать не буду.

И это еще не все. Белецкий накопал ему немало интересного: германские воззвания о мире, массовым тиражом печатавшиеся в Стокгольме и Копенгагене, первым в Петрограде неведомо откуда раздобывал Керенский. На совещании социалистов Керенский вдруг заявил, что у него есть документ, неопровержимо доказывающий: войну начала не Германия, а Россия. А позже проболтался единомышленникам, что располагает копией секретнейшего письма Николая II кайзеру Вильгельму с просьбой о заключении сепаратного мира ради спасения обеих династий от революции.

Интересные дела? Вывод напрашивается простой: не обязательно на немцев, но на какую-то *внешнюю* силу Керенский все же работал...

В той же Чрезвычайной комиссии давал показания бывший министр внутренних дел Хвостов, интриган и прохвост незаурядный. Он тоже уверял, что в бытность свою министром совершенно точно выяснил: Распутин – германский шпион.

Но и эти «показания» пришлось оставить без внимания по причине их высосанности из пальца. Гораздо позже, опять-таки в эмиграции, генерал Спиридович подробно описал свой разговор с Хвостовым о Распутине. Сначала Хвостов рассказывал, как он пытался Распутина убрать: собирался отправить его в поездку по монастырям, чтобы где-нибудь по пути некий игумен Мартемиан столкнул Распутина с площадки вагона на рельсы. Но это увлекательное предприятие сорвал Белецкий (кстати, рассказанное Спиридовичем подтверждается и другими источниками).

А потом Хвостов, «бросив на стол пачку филерских рапортов», сказал:

– А знаете, генерал, Гришка-то немецкий шпион!

Спиридович – в отличие от дилетанта Хвостова старый полицейский служака – тут же предложил конкретные меры:

– Ваше высокопревосходительство, со шпионажем трудно бороться, когда не знаешь, где он, когда не знаешь, за кем смотреть. Но если известно хоть одно лицо, к нему причастное, нет ничего легче раскрыть всю организацию. Благоволите сообщить в контрразведывательное отделение главного штаба, генералу Леонтьеву, дайте имеющиеся у вас сведения, и я уверен, что в течение недели-двух вся организация будет выяснена и все будут арестованы вместе с Распутиным.

В ответ на это деловое предложение Хвостов «беспокойно заерзал», что-то бессвязно забормотал – и прекратил разговор. Комментарии излишни...

Спиридович, сугубый профессионал, на этом не успокоился. Доложил о разговоре дворцовому коменданту Войекову и сказал, что подобная информация требует тщательного расследования: Распутин как-никак посещает дворец...

Войеков вызвал Хвостова. Тот, не моргнув глазом, стал уверять, что никакого компромата на Распутина у него нет, и ничего такого он Спиридоновичу не говорил – тот его, очевидно, «не так понял»...

На том комедия со шпионажем и закончилась. Но, как говорится, ложечки нашлись, а осадок остался. В романах советских писателей уже будет описываться, как Распутин, стоя где-то в ресторанном вестибюле рядом с немецким резидентом, конспиративным шепотом выкладывает ему сведения о русском наступлении...

А впрочем, о сотрудничестве Распутина с немцами, если не прямом, то «косвенном», на публике говорили английский и французский послы – хотя подобная бездоказательная болтовня для дипломатов непростительна...

Точно так же комиссия не нашла никаких следов взятки в сто тысяч рублей, которую зловредные европейские банкиры, Гинцбург сотоварищи, якобы внесли в банк на имя дочерей Распутина. Заодно выяснилось, что и утверждения о том, что царь будто бы ежемесячно выдавал Распутину по пять тысяч – брехня. Дворцовая канцелярия оплачивал квартиру Распутина на Гороховой, и не более того. *Вообще* не удалось найти каких бы то ни было банковских счетов на имя Распутина или его родственников: если Распутин какие-то деньги от кого-то и принимал, то тут же раздавал просителям, во множестве к нему являвшимся...

В ходе расследования примечательная метаморфоза произошла с одним из активных членов комиссии Рудневым: «Я приступил к выполнению моей задачи с невольным предубеждением относительно причин влияния Распутина вследствие читанных мною отдельных брошюр, газетных заметок и слухов, циркулировавших в обществе, но тщательное и беспристрастное расследование заставило меня убедиться, насколько все эти слухи и газетные сообщения были далеки от истины».

Ни казнокрадства, ни вымогательства взяток... Взявшись далее исследовать «нравственный облик Распутина», Руднев опять-таки неожиданно для себя самого приходит к новым поразительным выводам: Распутин в свое время совершенно искренне, по высокому движению души обратился к Богу и пустился в паломничество по святым местам. Эти-то «простота и задушевная искренность» и произвели самое лучшее впечатление на церковных иерархов, представивших его великим князьям.

Перед нами начинает явственно проявляться совсем другой человек – добрый христианин, паломник с самой положительной репутацией.

Оказалось, что и репутация Распутина как «первого вора на деревне» – порождение все тех же «брошюр, газет и слухов». Порой сплетни разносили люди, совершенно не знавшие русской деревни, ее жизни, обычаев и установлений. Так было с восхитительными по своему идиотизму уверениями (появляющимися даже сегодня), что Распутин *давно* был известен в своем родном селе Покровском как *конокрад*.

Соль в том, что конокрадов – уличенных или хотя бы просто заподозренных – в старой русской деревне уничтожали моментально, всем миром, зачастую самыми зверскими способами. Лошадь для крестьянина была высшей ценностью, основой благосостояния. Так что человек, известный односельчанам как конокрад, прожил бы до первых сумерек, и не долее...

Обвиняли Распутина и в принадлежности к секте «хлыстов» – по доносу покровского священника Остроумова. Тобольская духовная консистория вела расследование восемь месяцев и вынесла решение: сплошной навет. В религиозном отношении Распутина и всех его домочадцев можно назвать «примерными». Более того: получая от «поклонниц» немалые деньги, Распутин их раздает односельчанам: кому на лошадь, кому на новый дом. Две тысячи пожертвовал на церковь. Ни единая живая душа в деревне не подтвердила ни обвинений в хлыстовстве, ни других наветов. Происходило это в 1907 г. – но дело вяло тянулось аж до 1912 г. (и никто, судя по всему, не боялся «всемогущего» Распутина!). Потом новый епископ еще раз все проверил и приказал прекратить заниматься ерундой...

И вовсе уж поразительное свидетельство – воспоминания видного чиновника Министерства внутренних дел С. Н. Палеолога. Проезжая как-то через Покровское, он заметил какого-то странного мужика. Становой пристав рассказал о нем столичному гостю: «Был конокрадом, пьяницей, пропащим человеком. Покаялся, стал молиться, ходить по монастырям, носить вериги. Вернувшись из Иерусалима, дал обет служить Богу. За всех просит, всюду тыкается, ищет правду, кстати и некстати старается "обиженному" помочь, выручить. Надоел всем (надо полагать, чиновникам. – *А. Б.*) своими глупыми просьбами и жалобами на несправедливость».

То же самое говорил Палеологу и губернатор:

– А, Распутин! Как же, знаю. Житья мне с ним нет. Все о чем-то просит. Даже в Петербург из-за него постоянно приходится отписываться. Обратил внимание на его глаза? Как будто кинжал в вас вонзает...

Палеолог, вернувшись в Петербург, забыл об этой встрече. Идет он однажды по коридорам своего учреждения, а навстречу ему «невзрачный», по-мужицки одетый человек. И спрашивает:

– Милой, где найтить мне министра?

Палеолог ему объяснил, что министр принимает в другом здании, по особой записи, а здесь можно попасть разве что к товарищу министра Харузину. И поинтересовался, в чем нужда.

Мужик охотно ответил:

– Жидков вы все обижаете – вот я за них и хожу. Градоначальник не принял, не пустили, пристав не хочет слушать, теперь к министру иду. Не примет – царю-батюшке жалиться буду. Они ведь тоже люди, хоть и другой веры. А перед Богом и царем все равны. Ен прикажет.

Палеолог не узнал в нем тобольского «странного человека». И уже гораздо позже перед церковью его остановил все тот же мужик и радостно сообщил, что Харузин тогда помог:

– Милой, узнаешь? А ведь ен, тогда, спасибо ему, жидкам-то помог. А все же его, надоть, съели раз как-то зашел, а его и нету.

Другой сидит. Жаль, что не знал – попросил бы, чтобы того оставили. Ен помог, и ему надо помочь.

На дворе стоял уже 1916 год, *теперь-то* Палеолог узнал Распутина. И отреагировал типичным образом: «Распутин в это время был слишком одиозным лицом, и я постарался, не привлекая к себе внимание публики, скорее избавиться от него и его свиты».

Еще один штрих к многогранному портрету Распутина – классический правдоискатель, «народный ходатай». Воспоминания Палеолога особенно ценны, потому что Распутина он откровенно не любил, буквально на следующих страницах повторил все сплетни и все отрицательные эпитеты в его адрес – но то, чему был свидетелем сам, честно описал...

Все тускнеет и тускнеет образ авантюриста, златолюбца и монстра...

Кстати, о женщинах, сиречь о бабах. При вдумчивом рассмотрении оказывается, что и сексуальные подвиги Распутина, мягко выражаясь, преувеличены. Враг номер один Распутина (бывший друг, как это частенько случается) расстрига-иеромонах Илиодор, как ни старался, вообще не смог привести ни одного стопроцентно убедительного примера «телесных амуров» Распутина с женщиной. Разве что охотно повторял *слухи* о том, что Распутин спит с Вырубовой и с царицей. С таким усердием, словно сам свечку держал...

Илиодор – личность гнуснопрославленная. Произносил проповеди перед самим императором, понравился ему и получил приход в Царицыне. Однако, явно подвинувшись умом, разругался с Синодом и создал свою собственную «епархию», то бишь секту. После чего начал «выводить на чистую воду» всех и каждого: Распутина и Синод, «жидов» и «антиллигентов», богатеев и революционеров, левых, правых, серо-буро-малиновых. В данном случае описавший его рабочие будни Пикуль нисколько не преувеличил: идет по Царицыну ватага с самозванным епископом во главе и лупит налево-направо интеллигентов и специалистов. Интеллигентность определяется по наличию шляпы, революционность – по наличию пенсне. В сомнительных случаях призывают на помощь внутреннее чутье: рожа не нравится – точно, супостат! Если не жид, то богатей, если не студент, так чиновник, или тайный агент Синода, или масон...

За все эти забавы Илиодора отлучили от церкви и засадили в монастырь, но он выкрутился: всенародно покаялся и был отпущен на родину (он происходил из донских казаков). Все бы ничего, но встревал классический вопрос, сломавший карьеру не одного «народного трибуна»: куда девались многотысячные народные пожертвования на самозваную епархию? Вот тут-то Илиодор, отчего-то избегавший ответа на данный вопрос, нелегально перебрался в Норвегию...

Обвиняла Распутина в изнасиловании и няня царевича Алексея Мария Вишнякова (не из крестьян – дочь сенатора). Однако свидетельница была какая-то мутная: сначала ее там же, во дворце, застукали в постели с казаком, а потом и вовсе признали больной на голову половой психопаткой...

В архивах сохранилась ее «записка» о якобы совращенных Распутиным женщинах – и на почетном месте там фигурирует некая семидесятилетняя старуха...

В конце 1914-го великий князь Николай Николаевич пытается *нарыть* компромат на Распутина – собрать материал о его «порочных наклонностях» и добиться, чтобы царь удалил «развратника» из Петербурга.

За Распутиным пускают опытных «топтунов». Они притаскивают в клювике массу пикантных донесений, сохранившихся до нашего времени: якобы Распутин что ни день шляется по баням с бабами, снимает проституток прямо на улице... вот только *ни единой* фамилии не названо!

А это прямо противоречит методам работы тайной полиции Российской империи. Согласно инструкции, которую толковый агент знал, как «Отче наш», при слежке за «объектом» следовало при возможности установить всех, с кем он вступал в контакт.

Тем более что сделать это было предельно просто: достаточно хотя бы раз остановить одну из «снятых» Распутиным проституток, показать удостоверение и выяснить личность. Легче легкого: для уличной проститутки агент охранного – царь и бог.

Вывод? Все эти «донесения» – брехня. Фамилий назвать не могли, потому что боялись проверки. Впрочем, однажды все же появляется одна фамилия – некоей «вдовы Гущиной», которая таки состоит в любовной связи – не с Распутиным, правда, а с экономом Александро-Невской лавры Филаретом. Одна незадача: вдове... 71 год. А это позволяет сделать вывод: пытаясь сфабриковать компромат, работали предельно топорно...

А впрочем, носился же дворцовый комендант Дедюлин в 1909 г. по знакомым с ошеломляющей новостью: Распутин, оказывается, «переодетый революционер»! Даже к начальнику петербургского охранного отделения Герасимову с этой идеей приперся. Герасимов все для порядка быстренько проверил – и лишь посмеялся над Дедюлиным...

Уже в одном из современных изданий мне попалось очаровательное упоминание о некоем подполковнике Бабушкине как о «ставленнике Распутина». Означенный Бабушкин... занимал должность помощника варшавского обер-полицмейстера с девятьсот *четвертого* по девятьсот шестнадцатый. Какая надобность была Распутину держать своего ставленника на столь высоком посту, один Господь ведает. И непонятно, как Распутин ухитрился своего ставленника на это место назначить в 1904 г., когда он был никто и звать его никак...

В общем-то *центры*, откуда исходила вся эта и подобная ей клевета на Распутина, историей зафиксированы прилежно.

Великосветский салон генеральши Богданович на Исаакиевской площади – именно отсюда выпорхнули, в частности, и байки о лесбийской связи царицы с Вырубовой, а также романе Александры Федоровны с Орловым. Интересно, что принесла на хвосте эти сенсации княгиня Долли Кочубей, в высшем свете прозванная «великосветской потаскухой».

Салон княгини Зинаиды Юсуповой, матери будущего убийцы Распутина. Тут тоже многие сенсации обкатывались и запускались в обращение.

«Черногорки» Милица и Анастасия, разобиженные на Распутина за то, что не захотел плясать под их дудку.

Отставленная от двора великая княгиня Мария Павловна, мечтавшая увидеть кого-нибудь из своих сыновей на престоле.

Примерно с 1912 г. к великосветским болтунам подключаются политики, господа из Госдумы – под предводительством Гучкова и председателя Думы Михаила Родзянко. Гучкову не без оснований приписывается распространение подложных «писем царицы к Распутину». А Родзянко запустил в оборот копии доносов на Распутина из «дела о Хлыстове» – ни словечком не упомянув, что проверка показала их полную несостоятельность.

Газета «Московские ведомости» еще в 1914 г. писала: «Думаем, что мы не будем далеки от истины, если скажем, что Распутин – «газетная легенда» и Распутин – настоящий человек из плоти и крови – мало что имеют общего между собой. Распутина создала наша печать, его репутацию раздули и взмылили до того, что она стала казаться чем-то необычайным. Распутин стал каким-то гигантским призраком, набрасывающим на все свою тень. Зачем это понадобилось? Он нужен был лишь для того, чтобы скомпрометировать, обесславить, замарать наше время и нашу жизнь. Его именем хотели заклеймить Россию...»

Все правильно. Распутин служил лишь предлогом. С помощью хорошо поставленной клеветнической кампании *били* в царя и царицу – и не большевистские подпольщики и прочие левые социалисты, а *большие* господа: великие князья, титулованное дворянство, ведущие думские политики.

Царскую чету хотели *свалить* – для того и понадобилась легенда о подчинившем своему черному влиянию и их, и всю Россию монстре Распутине. Борьба шла не за истину или справедливость – а за *штурвал* корабля по имени «Российская империя». В этом и отгадка...

Что характерно, в *простом* народе сложился совсем другой взгляд на события, который прилежно фиксировало охранное отделение. «Царь теперь разуверился в дворянах и чиновниках и решил приблизить к себе нашего брата, простого мужика». Говорили еще с нешуточной надеждой, что это только начало, что скоро вообще всех дворян и чиновников царь прогонит от себя, и настанет «мужицкое царство». Хотя, нужно подметить, часть простонародья все же верила и легенде об «исчадии ада» Гришке...

К творцам этой легенды имеет смысл присмотреться поближе. Речь сплошь и рядом идет не о чьей-то дурной самодеятельности, а о грамотно *поставленной* операции. Это прекрасно проявилось во время покушения на Распутина в 1914 г., перед Первой мировой, которую Распутин, не исключено, мог и предотвратить...

Когда Хиония Гусева ударила Распутина ножом (рана была серьезнейшая, Распутин выжил чудом), в Покровском, как тот рояль в кустах, мгновенно развернул бурную деятельность обретавшийся там журналист, «петербургский корреспондент газеты "Курьер" крещеный еврей Липовца Киевской губернии Вениамин Борисович Дувидзон». Он моментально стал отправлять в столичные газеты корреспонденции, которые сегодня можно однозначно определить как «дымовую завесу», призванную *увести* общественное мнение в сторону от возможных виновников.

Дувидзон пишет, что «взял интервью» у Гусевой, и та призналась, что хотела убить «лжепророка» не только за поругание церкви православной, но и за то, что тот совратил ее близкую подругу Ксению.

Это было вранье от начала и до конца, на другой же день официально опровергнутое полицией: никаких интервью арестованная Гусева журналистам не давала (Дувидзон вообще был единственным газетчиком, отправившимся в Покровское вслед за собравшимися на отдых Распутиным). Более того, когда Гусева стала давать показания официальным лицам, ни о какой подруге Ксении она не упоминает вообще. Мотив один – наказание «лжепророка», оскорбившего Церковь в целом и святого человека Илиодора персонально. Эти показания, естественно, так и остаются в стенах «казенного дома», не попадая к слетевшимся газетчикам.

Через *несколько* дней, на новом допросе, Гусева уже говорит о «несчастной совращенной подруге Ксении»...

Понимаете? Получается, г-н Дувидзон *заранее* знал, что Гусева будет говорить на следствии! Перед нами явно какая-то нестыковка в планах, что-то рядовые участники дела вовремя не согласовали... А что еще прикажете думать? Откуда Дувидзон знал заранее, что спустя несколько дней будет говорить Гусева?

Утечка информации из полиции? Абсолютно исключено. Для тамошней полиции Дувидзон был незнакомым чужаком, никто не стал бы пренебрегать служебным долгом. К тому же местная полиция, поставленная на ноги после покушения, тут же Дувидзона задержала, поскольку он был в Покровском единственным «подозрительным лицом» (почему он показался полиции подозрительным, неизвестно, но его одного в первую очередь «подмели»). Паспорта при нем не оказалось — только метрика о крещении, что по тем временам было маловато для установления личности и снятия полицейских подозрений. С чьей-то легкой руки принято считать, что в Российской империи царила «беспаспортная свобода», якобы и без паспорта прекрасно обходились. Это, конечно, полное незнание реалий того времени. Прописка в паспорте существовала (более того, обе столицы, говоря по-современному, были «режимными» городами, где так просто и на жительство не прописывали, и в гостинице не регистрировали), и паспорт во избежание лишних неприятностей лучше было иметь при себе в поездках.

О Дувидзоне запрашивали Петроградское охранное, но оттуда приказали — отпустить. И Вениамин Борисыч принялся брехать дальше. В его новых корреспонденциях говорилось, что «совращение» Распутиным Ксении подтверждается еще несколькими свидетелями.

Никак нельзя сказать, что это обычный корреспондент «желтой» газетки в погоне за прибылью клепал сенсацию. Одновременно сразу несколько газет (в том числе достаточно серьезные

«Биржевые ведомости») подхватили версию Дувидзона и начали раскучерявливать ее еще красочнее. «Голос Москвы» (о котором каждая собака знала, что это газета Гучкова) сочинила, что Ксения уже едет в Тобольск, чтобы дать показания против похотливого кобеля Гришки.

Дувидзон тем временем запускает байку, что по всей Российской империи полиция ищет еще одну жертву распутинского распутства – злодейски им совращенную в 1911 г., когда ей было всего шестнадцать, гимназистку Зиночку. Информация оказалась ложной, никаких следов обесчещенной гимназистки так никогда и не отыскали.

Газеты как с цепи сорвались, наперебой выдумывая нечто заковыристое. Гусева, оказывается, пырнула ножом Распутина еще и за то, что он, кроме нее, изнасильничал двух ее юных дочерей.

Вранье. Гусева *вообще*, оказалось, незнакома с Распутиным лично. Тем временем отыскалась «юная Ксения». Отыскалась все же реальная личность. Вот только не такая уж она юная – ей сорок, с Распутиным опять-таки не знакома лично, видела его дважды, издали, во время его приездов в Царицын, и не более того...

В общем, массовой психологией прекрасно умели управлять уже тогда. Со временем газеты примолкли, все дутые «сенсации» были опровергнуты, но, как это обычно и бывает, в голову *толпе* оказалась намертво вбита версия: Гришку пырнули ножом из-за бабы, из-за бабы, из-за бабы! Доигрался, кобель! Механизм нам прекрасно знаком по нашему времени...

Интересная получается *связка*: Илиодор – Дувидзон – Гучков. Никак нельзя сказать, что своим враньем Дувидзон прикрывал *Илиодора*. Илиодор сам направо и налево раздавал интервью: Гусеву он, конечно, на убийство не благословлял и кинжал в рученьку не вкладывал, но героическую акцию по устранению «лжепророка» вполне одобряет. Так что он вовсе не был заинтересован в том, чтобы скрывать кое-какую свою причастность к этому грязному делу, охотно подтверждал: Хиония – его стада овечка, а как же.

А если допустить ту самую версию, что подозрительно *слившееся* во времени с убийством эрцгерцога Франца-Фердинанда покушение на Распутина было делом рук «ястребов», то участие людей Гучкова в кампании газетной клеветы уже не кажется странным. «Дымовая завеса» была поставлена грамотно и качественно, никаких *других* мотивов покушения не рассматривалось...

Ну а чуть позже за Распутина самым тщательным образом взялся товарищ министра внутренних дел и шеф корпуса жандармов В. Ф. Джунковский.

Фигура, пожалуй, самая странная из всех – а ведь странных, темных, мутных персонажей было превеликое множество...

Подробно знакомясь с деятельностью Джунковского на своем посту, испытываешь легкую оторопь: никто другой так не вредил той системе власти, которой вроде бы служил верой и правдой! Даже если бы место Джунковского занимал двойник, «подменыш», подготовленный большевиками и прочими революционерами как две капли воды похожий на настоящего шефа жандармов, убитого и тайно закопанного где-нибудь в лесу, – он все равно не смог бы напакостить системе больше, чем сам Джунковский...

Именно Джунковский отстранил от работы ценнейшего агента охранного отделения в ЦК большевиков – Романа Малиновского, одного из ближайших соратников Ленина, депутата Госдумы. Пока Малиновский *освещал* родимую партию, о ней было известно в соответствующих органах практически все. Но Джунковский разыграл чистоплюя, озабоченного «чистотой кадров»: Малиновский, мол, однажды судился за кражу, а потому жандармерии иметь с ним дело как-то и неудобно... Для начальника политической полиции, чья задача как раз и состоит в том, чтобы копаться в грязи и работать не с ангелами, логика поразительная, подходящая более впечатлительному либеральному интеллигенту...

Именно Джунковский ликвидировал агентуру в учебных заведениях – мол, негоже впутывать «детей» в грязные дела политического сыска. Меж тем речь шла о шестнадцати-семнадцатилетних «детках», этаком кадровом резерве революционных партий, а вовсе не лопоухих мальцах от горшка два вершка. «Детки», как о том повествуют архивы, и взрывчатку хранили, и оружие боевикам перевозили, и даже порой сами участвовали в убийствах, поскольку по причине своего несовершеннолетия были идеальными кандидатами в киллеры – «зловещая» царская юстиция к таким относилась очень мягко. Кстати, как несовершеннолетний, отвертелся от виселицы знаменитый в свое время Иван Мызгин, уральский боевик, профессиональный революционер, имевший за спиной парочку убийств полицейских и массу других не менее тяжелых дел. И вот этих-то «деток», ростом под потолок, решили освободить от агентурного присмотра...

Именно Джунковский в 1912 г. упразднил повсюду по губернским городам охранные отделения. Кратко объясню суть дела. Прежде в каждом губернском городе существовали и губернское жандармское управление, и губернское охранное отделение. Функции у них отнюдь не дублировали друг друга: жандармы занимались главным образом ведением следствия над уже пойманными «клиентами» для передачи дела в суд. А всю оперативно-розыскную деятельность (секретная агентура, слежка) как раз и осуществляли охранные отделения. Их-то Джунковский и ликвидировал повсеместно, оставив только Московское, Петербургское и Варшавское. Представьте, что в нынешнем МВД, за исключением Москвы и Питера, полностью ликвидированы оперативно-розыскные подразделения... И ведь каким-то чудом Джунковскому это *прокатило*!

Как раз по инициативе Джунковского в 1915 г. и началась уже упоминавшаяся плотная слежка за Распутиным с целью собрать доказательства его «распутного поведения». Которая, как мы помним, закончилась ничем, потому что в бумагах не было ни единой конкретной фамилии, и ни одна проститутка не была установлена, не говоря уж о том, чтобы взять у нее показания...

Вполне естественно, что этот «компромат» не произвел никакого впечатления на Николая II, которого при всех его отрицательных качествах дураком никак нельзя назвать.

Джунковский *сшил* новое «дело». Якобы Распутин устроил в ресторане «Яр» дикий кутеж, во время которого плясал, простите за подробности, вывалив на всеобщее обозрение неудобосказуемый орган, а потом, что еще похуже, начал кричать, что кафтан, который на нем, ему подарила сама царица, которая, точно, в шоке была бы «если бы меня тут сейчас увидела»...

Что самое интересное, в «деле», кроме рапорта о кутеже, снова никакой *конкретики*! Ни одна ресторанная певичка, ни один официант, на которых ссылаются как на железных свидетелей, не допрошен вообще, и никто из них даже по фамилии не назван! Более того – этот случай стал известен со слов пристава Семенова, но тут же выясняется, что сам пристав там не был, а сведения получил... от «неизвестных лиц»! Это не компромат, а чушь собачья.

Одна «улика» все-таки имеется: обрывок бумаги, на котором неразборчивым почерком накарябано то ли «Твоя красота выше гор. Григорий», то ли «Твое прошение вышли скорее». Якобы эту записку Распутин и сунул в тот достопамятный вечер одной из певиц – но ее фамилия снова не указана, ее показаний нет.

Эту *лабуду* тоже кладут на стол императору – и снова, как легко догадаться, обошлось без последствий. А как же иначе?

Джунковский, между прочим – один из преданных великому князю Николаю Николаевичу доверенных лиц. А этот факт уже не оставляет никаких неясностей и темных мест: предельно ясно, что происходит, с чьей подачи, зачем...

Не унимается Джунковский! Новое дело! Якобы во время поездки Распутина на пароходе из Тюмени в Покровское он хвастал какому-то пассажиру, что именно он советует государю заключить мир с немцами. И якобы есть свидетель: жена бывшего жандармского писаря Семенова.

По настоянию Джунковского полиция два месяца роет землю. Загадочный пассажир так и остался неизвестным. Выясняется, что и жены писаря «Семеновой» в природе не существует: бывший писарь вообще-то нашелся, но он *по имени* Семен, а по фамилии-то *Кряжев*. Ищут Кряжеву. Находят. Но выясняется, что, хотя на том пароходе она точно плыла, никаких разговоров о мире и государе ни от кого не слышала... Снова мыльный пузырь – но с подачи Джунковского им два месяца занималась чертова уйма полицейских и жандармских чинов, у которых наверняка хватало более серьезных дел...

И вот тут *снова* объявляется борзописец Дувидзон по прозвищу Паганини, большой специалист по Распутину. И вновь начинает кормить почтеннейшую публику сенсациями одна другой ужаснее. Под прозрачным псевдонимом «Вениамин Борисов» он запускает целую серию статей – не только в желтоватом «Курьере», но и в более респектабельной «Биржевке», «Биржевых ведомостях».

Волосы дыбом встают у бесхитростного читателя!

Оказывается, в Покровском Распутин с поклонниками оборудовал в специально вырытой яме нечто вроде языческого жертвенника, всем скопом они там зажигают огонь, молятся огню, скачут через него, как какие-нибудь дикие индейцы, а потом прямо возле ямы предаются с бабами групповому сексу!

А потом Дувидзон расписывает, как у дома Распутина толпятся сотни просителей со своими нуждишками, но распутинские секретари (среди которых и сестра... местного епископа!) предварительно берут с каждого ходатая по двести–триста рублей, иначе не допускают к «боссу». Набив мешки деньгами, Распутин со свитой отправляется в Тобольск, и там, на торжественном приеме у губернатора, снова пляшет с бабами под граммофон (правда, вроде бы на сей раз мужское достоинство не вываливает).

Вот тут уж *взвился* тобольский губернатор Станкевич (между прочим, враг Распутина, ничуть не заинтересованный в «замазывании» грехов «старца»). Он доказывает, что ничего подобного отродясь не было: ни торжественного приема, ни плясок под граммофон, а с Распутиным он виделся лишь однажды, несколько лет назад, когда тот приходил ходатаем по каким-то крестьянским делам.

Протестуют и жители Покровского: не было ни ямы с «языческим жертвенником», ни плясок у огня, ни группового блуда, а «покровский интеллигент», якобы все это описавший в письме в газету – фигура насквозь вымышленная.

Что поделаешь? «Биржевые ведомости», вообще-то, помещают опровержение – но, как в таких случаях водится, микроскопическим шрифтом, на последних страницах, долгое время спустя. Главное сделано – статьи давным-давно гуляют по России, слово, как известно, не воробей...

А Джунковский *снова* лепит из очередной дохлой мухи надувного слона!

Якобы, опять-таки на пароходе, Распутин устроил очередной пьяный дебош – на сей раз без малейшей политической подоплеки, то есть без упоминания августейших особ. Напившись, буянил, мешал капитану управлять пароходом, официанта избил, к жене чиновника приставал...

Самое смешное, что проведенное «расследование» опять-таки заканчивается пшиком: никакой официант жалобы на Распутина не подавал, капитан – тоже, жену чиновника найти не удалось, и неизвестно, существовала ли она вообще в природе. В общем, ни единого конкретного свидетеля, как и в прошлые разы...

Оказывается, кое-что все же было. Но нечто совсем иное. На пароходе ехали солдаты, которых Распутин и хотел за свой счет покормить. Ресторан был только на палубе 1-го класса, куда Григорий служивых и повел – но официант стал всю компанию прогонять: во-первых, «нижним чинам» тогда на палубе 1-го класса, «господской», находиться запрещалось, во-вторых, лакей явно не признал в «бородатом мужике» знаменитого Распутина. Возник шумный скандал с участием еще и командира означенных солдат. Зная Распутина как «народного заступника» и правдоискателя, можно предположить, что в выражениях он не стеснялся. Солдат он все же накормил в буфете, но пьянки не было (чтобы солдаты пили при находящемся тут же командире?!), и песни пели – но духовные...

Однако Джунковский все же стал рваться к царю с этим «пароходным» делом и с кутежом в «Яре». Сам, правда, не пошел. Министр внутренних дел Маклаков и Джунковский *вытолкали* вперед московского градоначальника генерала Андрианова, посоветовав упирать главным образом на «половецкие пляски» в «Яре».

Вспоминает генерал Спиридович: «Я сказал генералу, что скандал, устроенный мужиком в публичном месте, не является тем обстоятельством, которое бы позволяло ему, градоначальнику, делать личный доклад государю. Наскандалил мужик в ресторане – ну и привлекай его к ответственности. При чем тут государь?»

В общем, Андрианова отговорили, и он уехал – но на смену ему явился Маклаков. И представил «дело» так, что император все же учинил Распутину выговор.

Правда, вскоре Джунковскому резко поплохело. Настолько, что его выперли в отставку. Принято считать, будто это «распутинская клика» добилась его смещения, но подлинные причины гораздо прозаичнее и как-то мало сочетаются с тем обликом светлого рыцаря, который создавал себе Джунковский.

Подноготную впоследствии раскрыл Мартынов, начальник Московского охранного. В Москве объявилась очаровательная француженка, жена сидевшего в русском плену австрийского офицера-барона и стала просить Мартынова, чтобы помог ее супругу перебраться из Нижнего Новгорода в Москву. Упирала при этом на то, что она как-никак француженка, а французы с русскими – «политические друзья», в буквальном смысле слова на шею вешалась, пыталась Мартынова лобызать...

Мартынов, человек осторожный – ну, должность такая – ей отказал. Фемина подалась к Джунковскому, и тот как раз помог. Чуточку погодя в Госдуме произнес очередную пламенную речь депутат Пуришкевич (еще один будущий убийца Распутина), обвинил представителей высшей государственной власти в попустительстве врагу – а в доказательство привел список пленных немцев, которым сделал необоснованные поблажки Джунков-ский (в том числе и помянутому австрийскому барону).

Вот тут-то Джунковский и слетел, без всяких усилий Распутина. Но – не пропал и после революции. Большевики беспощадно *шлепали* и даже рядовых полицейских с жандармами, не говоря уж об офицерах, но Джунковский с ними подружился. Нелишне напомнить, что его родственник, князь Хилков, был видным членом партии анархистов, причем того ее крыла, что баловало с бомбами и браунингами. То ли «правильные» родственные связи тому причиной, то ли еще что-то, нам неизвестное, но Джунковский ни к стенке не встал, ни в тюрьму не попал, наоборот, помогал большевикам создавать ЧК.

Вот что писал Джунковскому известный либерал А. Ф. Кони, тоже мгновенно поладивший с большевиками: «Глубокочтимый и дорогой Владимир Федорович! Благодарю Вас за добрый ответ и за весточки о Вас. Когда их долго не получаешь, то невольно тревожишься. Вы один из немногих, дорогих мне в Москве людей, не говоря уже о той роли, которую Вы играли в заботе о "слепцах, ведущих слепцов" к тяжким испытаниям. Будущий историк оценит Ваше отважное выступление против Распутина и воздаст Вашей памяти должное...»

Письмо это написано в 1926 г., когда бывший шеф жандармов преспокойно обитал в Москве под своей фамилией. Его все же поставили к стенке через десять лет – но наверняка исключительно оттого, что самим своим существованием противоречил сложившимся уже советским мифам. ЧК должны были организовывать питерские рабочие, революционные матросы и прочие латыши, а вовсе не бывший шеф жандармов. Вот и шлепнули неудобного свидетеля, чтобы не болтался под ногами и мемуары писать не вздумал...

Но вернемся в шестнадцатый год. Джунковского убрали, но и без него хватало квалифицированных мастеров по компрометации Распутина. В обороте появились «раскрывавшие всю правдочку» брошюрки, перепевавшие самые дикие слухи о Распутине. Департамент полиции очень быстро установил источник – окружение депутата Госдумы Керенского...

В одну из редакций явился неугомонный Дувидзон, ведя за собой некую девицу, – и громогласно объявил, что привел... внебрачную дочь Распутина, которая хочет издать откровенные записки об интимной жизни своего папеньки. Это уж было чересчур, и Паганини вместе с его спутницей на сей раз выперли взашей...

Нельзя сказать, что Распутин не пил и не кутил *вовсе*. Увы, увы... Я ж говорю, это был не черт и не святой, а простой русский человек. Погуливал по кабакам, что греха таить.

И этим опять-таки умело пользовались. Дочь Распутина Матрена вспоминает: на рассвете отца доставили домой под белы рученьки двое незнакомых крепких ребят, которые прямо-таки демонстративно орали разухабистые песни, чтобы перебудить соседей: мол, Гришка снова окаянствует! А назавтра какая-то добрая душа принесла Распутину пакет с фотографиями со вчерашней вечеринки, где он восседал в окружении абсолютно голых красоток. Чисто случайно на вечеринке оказался фотограф с громоздким аппаратом, будто заранее знал, что понадобится...

Матрена утверждает, что ее отцу подлили в вино какого-то дурмана – для надежности, чтобы побыстрее выскочил из памяти и не соображал, что вокруг происходит. Можно, конечно, отнестись к этому скептически: мол, дочь отца выгораживает...

Но в том-то и дело, что позже уже не любящая дочь, а следователь той самой Чрезвычайной следственной комиссии упоминает о похожих фотографиях – но уже самым наглым образом фальсифицированных!

«Была найдена фотография, на которой в обстановке оконченного обеда или ужина (стол с остатками еды, недопитыми стаканами) изображены Распутин и какой-то священник с какими-то смеющимися женщинами. Сзади их балалаечники. Впечатление кутежа в отдельном кабинете. При ближайшем исследовании этой фотографии было обнаружено, что на ней вытравлены две мужские фигуры: одна между Распутиным и стоящей рядом с ним сестрой милосердия, а другая – между священником и стоящей рядом с ним дамой. В дальнейшем оказалось, что фотография была снята в лазарете имени государыни после завтрака по поводу открытия. Кажется, полковник Л. и еще другой господин взяли под руки – один Распутина и сестру милосердия, а другой священника и одну даму, привели их в столовую, старались их рассмешить и в таком виде их сфотографировал заранее приглашенный фотограф. Затем инициаторы вытравили свои изображения...»

Подозреваю, что до того фотография изрядно погуляла по свету в качестве очередного неопровержимого доказательства Гришкиной порочности...

Любопытный штрих: Матрена Распутина уверяет, что в ряде случае речь шла о *двойниках* Распутина: в злачных местах появлялся человек, похожий на Распутина, вел себя крайне непристойно, потом исчезал – и молва раскручивала очередной виток сплетен...

Снова попытка любящей дочери обелить репутацию покойного отца? Возможно, все сложнее... Известен случай, когда самый натуральный двойник Распутина все же появился. Вскоре после убийства Распутина знаменитый авантюрист князь Андронников, крутившийся возле «старца» с разными делишками, пригласил поужинать атамана Войска Донского графа Грабе. Дверь в соседнюю комнату была открыта, и Грабе увидел там человека, как две капли воды похожего на Распутина. Зная князя как великого прохвоста, Грабе догадался, что готовится какая-то очередная «комбинация», и старательно притворился, будто вообще внимания не обратил на этакое чудо. Андронников не без сожаления подал знак, и двойник тихонько убрался куда-то в глубину дома...

Что там за аферу собирался крутануть Андронников, уже не установишь. Но этот случай примечателен по другой причине: *были* все же двойники! А это заставляет отнестись к словам Матрены серьезно...

Думается мне, сформулировать можно так: на один реальный случай распутинской гулянки (все мы люди, все человеки) приходилось немалое количество инсценировок, умышленно подстроенных инцидентов либо просто сплетен и слухов. Князь Жевахов, знаток столичных интриг, говорил о том же, что и Матрена: «Распутина спаивали и заставляли говорить то, что может в пьяном виде выговорить только русский мужик: его фотографировали в этом виде, создавая инсценировки всевозможных оргий, а затем кричали о чудовищном разврате его, стараясь при этом особенно резко подчеркнуть его близость к их величествам: он был постоянно окружен толпою провокаторов и агентов Думы, которые следили за ним, измышляя поводы для сенсаций и создавая такую атмосферу, при которой всякая попытка разоблачений трактовалась не только даже как защита Распутина, но и как измена престолу и династии. При этих условиях неудивительно, что молчали и те, кто знал правду».

Ну, а как господа генералы и господа политики умели фабриковать из ничего пахнущие кровью и смертью дела, мы уже видели на примере Мясоедова и Сухомлинова...

Иногда мне приходит в голову небезынтересная мысль: если взять список ближайшего окружения Распутина (несколько сот фамилий), загнать его в компьютер и сопоставить со списками «околодумских кругов», «прогрессивной общественности», журналистов, а также выделить тех из них, кто впоследствии неплохо устроился у большевиков (а также был близок к Гучкову, к тем или иным великим князьям) – быть может, и всплыли бы интересные совпадения? Но времени жаль, работа сложная и долгая...

Впоследствии, в эмиграции, видный чиновник министерства внутренних дел Тальберг вспоминал: шел он как-то в шестнадцатом году из Зимнего дворца и увидел, что перед рестораном расхаживает знакомый ему агент «наружки» из охранного. Спрашивает Тальберг, в чем дело. Агент отвечает: мол, в ресторане Распутин с великой княжной, вот я, значит, и присматриваю...

А фокус-то в том, что Тальберг только что видел ту великую княжну, чье имя агент назвал, в Зимнем дворце! Не могла ж она его на воздушном шаре или аэроплане опередить?! Тут и в самом деле выходит Распутин под ручку с дамой, лицо ее закрыто темной вуалью, но Тальберг великих княжон видит часто, так что ошибиться никак не может: никакая это не княжна, а так, непонятно кто... И говорит агенту: ты что, дурак, болтаешь? Кто тебе сказал, что это – княжна? Агент в затылке чешет: «Дык... начальник мой...»

И ведь не установить уже, кто был тем «начальником»... Но, несомненно, все было обставлено так, чтобы запустить очередную злую сплетню: Гришка совсем распоясался, великую княжну по кабакам таскает – да и княжна хороша, до чего докатилась... Этакий выстрел дуплетом по двум мишеням.

А там и фальшивый «дневник Распутина» появился – причем, по мнению современных исследователей, восстановленный не дешевым газетчиком с улицы, а кем-то, кто и высокопоставленных персон знает, и подлинные «записочки» Распутина в руках держал, и о разговорах, что велись в высшем свете и в окружении старца, осведомлен. *Клочочки* правды искусно перемешаны с самыми дурными вымыслами: из «дневника» следует, что Распутин – германский агент, а царица передает сведения германскому генеральному штабу...

Чего только не выдумывали! На полном серьезе уверяли, будто Распутин выступает против призыва на службу запасных, «ратников 2-го разряда», чтобы... отмазать от фронта сына, который в числе этих ратников подлежит призыву.

Очередное идиотство, конечно. Зачем Распутину идти столь громоздким путем? Не проще ли попросту походатайствовать перед влиятельными знакомыми, чтобы сына пристроили в безопасное место?

Он так и поступил, кстати. Устроил сына в санитарный поезд. Можно, конечно, бросить в него камень – а можно и вспомнить, что точно таким же образом *закосил* от фронта поэт Блок.

При том, что не менее талантливый поэт Николай Гумилев не по санитарным поездам прятался, а воевал в кавалерии...

Слухи, сплетни, фальшивые дневники и фальшивые «свидетельства очевидцев», разнообразные карикатуры, газетные статьи, да вдобавок истерические вопли с думской трибуны и напечатанные без малейшего цензурного изъятия речи депутатов (они цензуре не подлежали). Это была *волна*, настоящий девятый вал, цунами. В сознании многомиллионных масс прочно угнездилась фигура монстра, чудовища, демона, супостата, виновного во всех неудачах, поражениях, невзгодах и нехватках, якобы единолично правившего Россией...

В Петербурге появился загадочный «черный автомобиль» – несколько ночей подряд он носился по Марсову полю, через Дворцовый мост, из него стреляли в прохожих, и были раненые.

Он действительно был, этот автомобиль. И тут же распустили слухи, что это Распутин окаянствует, ради каких-то своих злых целей сея смуту и панику... И поди разберись теперь, кто придумал новый фокус и претворил его в жизнь...

Во второй половине 1916 года появляется нечто новое – регулярно возникают слухи, что Распутина убили – в кабаке, в пьяном дебоше... Пробные шары? Очень похоже...

Распутин (уже никаких двойников, сплетен, выдумок!) *бросается* в кутежи. На его квартиру, на Гороховую, то и дело заявляются развеселые компании, где великосветские дамы вперемешку с проститутками: гитары, гармошки, пляски, песни...

Распутина спрашивают, почему он *вдруг* стал так кутить (значит, раньше это для него было нетипично?!). Он отвечает примечательно:

– Скучно. Затравили. *Чую беду*...

А он ведь и в самом деле умел чуять! И Столыпин, напоминаю, чуял, и эрцгерцог Франц-Фердинанд, а ведь они не обладали и десятой долей загадочного знания Григория Ефимовича. Человеку свойственно чуять притаившуюся поблизости смерть – тому есть масса достоверных свидетельств со всех концов света.

Распутин *бросается* к заведующему дворцовой охраной генералу Спиридовичу. И всерьез просит усилить его охрану. Он в таком состоянии, что Спиридович видит: это не пустые страхи, «старец» и в самом деле напуган. Но генерал ничем помочь не может: его команда охраняет только царя с семьей и вдовствующую императрицу. Даже великих князей *бережет* Петербургское охранное.

А впрочем, зная последующие события, понимаешь: не спасла бы никакая усиленная охрана, потому что Распутин сам, своими ногами, по своему желанию отправился туда, где его убили.

И вот наступает декабрь шестнадцатого...

Полное впечатление, что события *рванули* вперед, как пришпоренный конь!

Княгиня Васильчикова прислала царице резкое письмо с нападками на Распутина. Ей посоветовали отправиться в свое новгородское имение.

С письмом к царю обращается член Государственного совета, обер-егермейстер И. П. Балашев, внук министра полиции при Александре I. *Этот* советует отстранить от влияния на государственные дела не только Распутина, но и царицу.

Потом заявляется к царице ее сестра, великая княгиня Елизавета Федоровна, всячески поносит Распутина, причем дело заходит настолько далеко, что, уходя, Елизавета говорит сестре: «*Вспомни судьбу Людовика XVI и Марии-Антуанетты*». Согласитесь, это серьезно...

Четвертого царь с наследником уезжают в Ставку. Прощаясь, Николай хочет, чтобы Распутин перекрестил его, но тот отвечает «странной», по мнению свидетелей, фразой:

– Нет, сегодня ты меня благослови...

Больше Распутина царь живым не видел...

Главноуполномоченный Красного Креста, престарелый генерал Кауфман-Туркестанский, уже в Ставке, «взял на себя смелость доложить государю о пагубном влиянии Распутина».

В Петрограде – *бузит* «общественность»!

С 9-го по 11-е съезды земских и городских союзов пытаются провести собрания. Полиция им препятствует, но они все же принимают резолюции – требуют создания «нового правительства, ответственного перед народным представительством».

Вслед за ними похожую резолюцию оглашают представители военно-промышленных комитетов, московского биржевого комитета, хлебной биржи, кооперативов. Тут уже не «нового правительства» требуют, а принародно объявляют: «Отечество в опасности!» И далее: «Опираясь на организующий народ, Государственная Дума должна неуклонно довести начатое дело борьбы с нынешним политическим режимом до конца. Ни компромиссов, ни уступок. Пусть знает армия, что вся страна готова сплотиться для того, чтобы вывести Россию из переживаемого ею гибельного кризиса».

Откровенно взбунтовалось даже дворянство. На съезде делегатов от дворянских собраний заменен прежний председатель, и принята резолюция, где, в частности, говорится: «Необходимо решительно устранить влияние темных сил на дела государственные, создать правительство сильное, русское по мысли и чувству, пользующееся народным доверием и способное к совместной работе с законодательными учреждениями».

13–15 декабря. Депутаты Государственной Думы резко нападают на правительство.

14-е. Царица пишет мужу в Ставку, требуя распустить Думу, сослать в Сибирь не только думских главарей – Милюкова, Гучкова, князя Львова – но и военного министра Поливанова. По отношению к происходящему она уже употребляет термин «внутренняя война». И это не столь уж преувеличено: как стало впоследствии известно, в кабинете одного из правых журналистов собралась группа офицеров гвардейских полков и всерьез обсуждает, как убить императрицу. По Петербургу ползут слухи, что вот-вот убьют и Распутина, и Вырубову, и царицу... Обстановка накалена настолько, что 15-го императрица – факт небывалый, – не нашла времени принять Распутина...

События несутся на полном галопе. Первая половина декабря – дни, накаленные до предела. Явственно зреют *потрясения*.

Так в чем же, собственно, дело?

Почему всем этим горлопанам – сановным, титулованным – так не нравится «нынешнее правительство»? И что это за правительство, кстати? Чем оно занимается, чего хочет от жизни, что готовит России?

Ответ – интереснейший!

Дело вовсе не в Распутине, отнюдь. Он играет некоторую роль в событиях, но далеко не главную...

Оказывается, эта «внутренняя война» затеяна для того, чтобы противодействовать *новому* курсу, взятому российским кораблем. Этот *новый* курс, значительно отличающийся от прежнего, был взят во второй половине 1916 года. Вот против него-то и выступают великие князья и просто князья, дворянские представители, думские политики, военные и штатские...

А за их спинами явственно маячат *иностранные* фигуры родом из прекрасной Франции и туманного Альбиона...

Их-то недавние резкие перемены не устраивают в первую очередь. Они оберегают свои интересы, насквозь шкурные.

Мы до сих пор не вполне осознаем, какой курс взял российский корабль во второй половине 1916-го – за что корабль и был, по сути, потоплен частью экипажа...

2. На дороге к миру

«Патриотический угар», охвативший всю страну после начала войны, быстро схлынул. Уже в конце 1914 г. циркулировали упорные слухи, что группа правых депутатов Госдумы составила записку, в которой настаивала на скорейшем заключении мира с Германией «во избежание внутренних осложнений». В январе следующего года заключения мира требовали с трибуны и некоторые правые, и некоторые левые. Крикунов утихомирили простым и эффективным способом: ввели в особый правительственный комитет по распределению и выполнению военных заказов. *Этим* они оказались вполне удовлетворены – речь, таким образом, шла исключительно о легоньком шантаже, чтобы выбить для себя кусок пирога.

Однако в том же 14-м сложился интересный союз Витте–Распутин. Это уже было достаточно серьезно. Секретарь Распутина Симанович оставил подробные воспоминания, как оба несколько раз встречались и обсуждали планы на ближайшее будущее: Распутин должен был «протолкнуть» Витте на пост премьера, а тот приложить все силы для скорейшего заключения мира.

Вообще-то к мемуарам Симановича следует относиться с известной осторожностью. Историки его не раз уличали в буйной фантазии, преувеличениях – с конкретными примерами.

Однако *целиком* отвергать воспоминания Симановича все же нельзя. Еще и оттого, что рассказанное им крайне похоже на реальные мысли и действия как Витте, так и Распутина. Витте, подобно Столыпину, категорически был против любых серьезных войн России с кем бы то ни было, которые лишь мешают нормальному развитию страны. Распутин тоже не раз показал себя противником войны, он был и остался *мужиком*, крестьянином, а война – предприятие, крестьянину абсолютно чуждое...

Известны свидетельства близких Витте людей, например дипломата барона Розена: «Я никогда не забуду, как в первые недели войны он пришел... излить чувство гнева и отчаяния... беспомощный свидетель некомпетентности и глупости, ввергшей нацию в катастрофу мировой войны, которая могла привести только к уничтожению трудов всей его жизни и обрекала страну на разрушение и погибель».

Схожие воспоминания оставил и генерал Спиридович: «Витте не стеснялся говорить о безумии войны против Германии. Доказывал, что нужно с ней покончить. Это доходило до государя и очень его сердило».

Симанович уверял, будто Николай, получив предложения Витте, ответил Распутину так: «Ты должен знать, что, призывая опять графа Витте, я подвергаю себя большой опасности. Мои родственники поступят со мной таким же образом, как в свое время было поступлено с сербским королем Александром. Меня с женой убьют».

Эти строки вовсе не выглядят фантазией Симановича – учитывая, что через пару лет и многие родственники царя, и элита, и генералы выступили-таки сплоченным фронтом против царской четы – в конце концов действительно убитой...

Вспомните, как запугивала сестру великая княжна Елизавета: «Помните о судьбе Людовика и Марии-Антуанетты!»

Как бы там ни было, достоверно известно, что к зиме 1914 г. Витте отправил в Германию своему старому знакомому банкиру Мендельсону (тому самому, что выручил Россию займом в 1905 г., когда деньги внезапно отказалась дать Франция) оптимистическое письмо, в котором сообщал, что «есть мнение» назначить именно его, Витте, главой делегации на русско-германских переговорах о мире, которые предположительно состоятся в Стокгольме в начале 1915 г.

Витте был опытным, прожженным политиком, и романтическими фантазиями не увлекался...

Однако эти планы, если они в действительности существовали, сорвались из-за смерти Витте 25 февраля 1915 г. Вот и гадай теперь, последовала она из-за естественных причин, или с учетом вышеизложенного есть смысл питать *другие* подозрения...

Но в 1915 г. переговоры с Германией все же продолжились! Абсолютно неофициальные, глубоко засекреченные, не переговоры, а скорее *зондирование...*

Давно и достоверно установлено: весной 1915-го с ведома и согласия Николая II в Германию в качестве специального агента для переговоров с кайзеровским правительством послали В. Д. Думбадзе, племянника генерала Думбадзе, ялтинского градоначальника. Посланник встречался с представителями германской элиты, высшими чиновниками, разведчиками – а по возращении вполне официально написал рапорт начальнику Главного управления Генерального штаба генералу Беляеву. Чуть позже Думбадзе привлекли к «делу Сухомлинова» и приговорили к смертной казни (которую царь заменил каторгой).

Парой месяцев раньше, в феврале 15-го, княгиня Васильчикова передала царице письма от кайзера Вильгельма, австрийского императора Франца-Иосифа и брата царицы, великого герцога Гессенского. С *той* стороны границы опять-таки зондировали ситуацию. Российская контрразведка по инициативе генерала Бонч-Бруевича (брата ближайшего сотрудника Ленина, самого впоследствии перешедшего к красным) пытались сшить дело о «шпионаже», но не заладилось...

Летом 15-го министр иностранных дел Германии фон Ягов через своих доверенных лиц предлагал России (и Сербии) заключить сепаратный мир. Переговоры шли при посредничестве шведского и датского королей, банкиров нейтральных стран, рейхсканцлера Германии принца Макса Баденского, австрийского дипломата князя Гогенлоэ...

Все окончилось впустую. В России прочно сидели на своих постах и проантантовские дипломаты вроде Сазонова, и военачальники вроде великого князя Николая Николаевича. Первый преданно служил «друзьям» из Лондона и Парижа, а второй о мире и слышать не хотел – ему больше нравилось *блистать* в роли верховного военного вождя. Естественно, эта *клика* постаралась сорвать какие бы то ни было попытки заключить перемирие.

Однако в шестнадцатом году все меняется *резко*!

К тому времени очень и очень многим стало ясно, что война складывается для России крайне неудачно. Собственно, кроме кучки генералов и тех, кто наживался на военных заказах, она не была нужна никому. Миллионы мужиков, оторванных от привычных дел и заброшенных в окопы, совершенно не нуждались ни в Босфоре, ни в Дарданеллах. Офицеры военного времени энтузиазмом тоже не пылали. В тылу для тех, кто жил на жалованье, жизнь настала насквозь невеселая: цены взлетели до небес, началась нехватка продуктов, спекуляция.

И, наконец, резко *поплохело* российскому дворянству. Тысячи владельцев имений разорялись – две трети дворянских земель лежали необработанными из-за нехватки рабочих рук и общей дороговизны. По тем же причинам крестьяне-арендаторы не могли платить владельцам земли. Секретная агентура охранных отделений в то время фиксирует резкий всплеск оппозиционных настроений как раз среди дворян. Открыто высказывают недовольство союзом с Англией и Францией – особые русско-германские отношения были слишком долгими и тесными, чтобы о них забыли из-за начавшейся войны, а Франция с Англией слишком долго числились среди главных противников. К тому же за два года войны в России наконец разобрались, что собой эти союзнички представляют: Россия им интересна исключительно в качестве палочки-выручалочки. Две трети российского золотого запаса уже перекачано за границу в качестве платы за оружие. Союзники требуют от России наступать и наступать, не считаясь с реальным положением дел. Английский посол Бьюкенен откровенно *давит* на царя, требуя от него слепо принимать предложения Сазонова (о чем сам рассказывает в мемуарах).

По данным охранного отделения, на дворянских вечерах уже открыто читают стихи поэта Плетнева против сближения с Францией и Англией, антианглийские памфлеты распространяются во множестве – опять-таки не среди простого народа, а меж господ...

Снизу подпирает расширяющееся мнение: войну пора кончать!

И начинается *поворот*!

Вопреки открытым протестам английского и французского послов царь 7 июля 1916 г. снимает Сазонова с поста. В министерство иностранных дел назначается Борис Штюрмер, которого никак нельзя отнести к антантолюбам. Бьюкенен шлет в Лондон прямо-таки паническую депешу: «Никогда после начала войны я не чувствовал такого огорчения по поводу здешней ситуации, особенно в том, что касается будущих англо-русских отношений. Германское влияние усиливается после ухода Сазонова из Министерства иностранных дел».

Чуть позже Штюрмера назначают и премьер-министром. А министром внутренних дел становится А. Д. Протопопов, человек интересной и трагической судьбы, точно так же несправедливо оклеветанный и обвиненный в вымышленных смертных грехах...

Член ЦК партии кадетов (конституционных демократов), депутат II и IV Государственной Думы (в IV даже товарищ председателя). Казалось бы, обычный парламентский говорун – но когда ему предложили заниматься *реальным* государственным делом, он предложение принял.

А потому для всевозможной либеральной интеллигенции, привыкшей решать сложнейшие проблемы мироздания, но при этом ни за что не отвечать, для болтунов-политиков и прочей бездельной публики Протопопов мгновенно стал *предателем*. Еще вчера со всеми вместе толок воду в ступе, переливал из пустого в порожнее – и вдруг, вот ужас, становится министром, шефом жандармов! Да еще смеет говорить, что пустая болтовня ему надоела, и он попробует что-то изменить реальным делом на министерском посту...

Полное впечатление, что критики Протопопова уже не считали Россию *своей* страной. «Либеральная оппозиция» реагировала так буйно и слаженно, словно Протопопов не в министры пошел, а перебежал к германцам и оттуда палил из пушки по русским позициям.

Как это обычно случается (случалось и случается), вся российская «либеральная пресса» начала бешеную травлю Протопопова. С подачи вездесущего Гучкова газеты, от столичных до захолустных, наперебой стали писать, что Протопопова нужно срочно снять, поскольку он – сумасшедший. У него, изволите ли видеть, «разжижение мозга на почве наследственного сифилиса».

К Николаю пустились «ходоки». Царь ответил им резонно и не без ехидства: «С какого же времени Протопопов стал сумасшедшим? С того, как я назначил его министром? Но ведь в Государственную Думу выбирал его не я, а его губерния».

В самом деле, получалось очень уж занятно: еще вчера видный деятель «прогрессивной оппозиции» был вполне нормальным, и «общественность» его речам рукоплескала, а на другой день, став министром, он волшебным образом оказался психом и сифилитиком с разжиженными мозгами...

Забегая вперед, скажу, что Протопопову этого шага так и не простят. В февральские дни родится черная легенда о «пулеметах Протопопова» – якобы министр приказал разместить на чердаках в Петербурге превеликое множество пулеметов, чтобы полицейские из них косили поднявшийся против царизма народ.

Пулеметы, действительно, были. Но они были установлены на крышах из чисто военных соображений – чтобы отбивать возможные налеты германских дирижаблей. Стрельба из пулемета «Максим» с чердака тогдашнего дома по людям на улице, внизу, была чисто технически невозможна...

В первые же дни февраля Керенский будет биться в истерике, разглядывая арестованных и вопя:

– Где Протопопов? Пока здесь нет Протопопова, революция в опасности!

Его сразу же законопатят в Петропавловскую крепость, и большевики через год бывшего министра расстреляют – хотя на своем посту он пробыл всего два месяца и просто-напросто не успел ничего сделать для «притеснения трудового народа». Я видел фотографии Протопопова – умное, волевое лицо, ни следа сумасшествия или хотя бы глупости...

Но не будем забегать вперед. На дворе у нас пока что подходит к концу шестнадцатый год...

Так вот, Штюрмер и Протопопов начинают уже *серьезные* переговоры с Германией. Еще весной 16-го Протопопов встречался в Стокгольме с германскими представителями. *Теперь* все приобретает официальный характер: Штюрмер дает МИДу указание готовить проект секретного соглашения о сепаратном мире! Германия должна получить населенные немцами прибалтийские губернии. За это Россия получит часть Галиции, «весомую часть Турции», долю прибыли от эксплуатации Багдадской железной дороги и один из островов в Эгейском море, у входа в Дарданеллы – для строительства военно-морской базы.

Выигрышно ли это для России? Безусловно. Особенно если учесть, что война кончится, и в будущем Россия с Германией наверняка вновь будут выступать *вместе*.

Если и оставался единственный шанс спасти Российскую империю (а также Германскую и Австрийскую), то заключался он в подписании этого договора. Отвечавшего в первую очередь интересам самой России. А на «союзников», откровенно говоря, было бы наплевать. Хотя бы потому, что они в схожих ситуациях преспокойно заключали схожие договоры, наплевав на все клятвенные обещания, щедро раздаваемые союзниками. Пора было и России руководствоваться в первую очередь *своими* насущными интересами, позабыв слюнявую болтовню о «чести, долге и обязательствах». Какая честь была для России навечно укладывать лицом во фронтовую грязь многие тысячи сыновей исключительно ради того, чтобы Лондон разделался с конкурирующей германской экономикой, а Франция приросла спорными территориями? А сербы, добавлю, создали «Великую Сербию», где будут угнетать все прочие народы?

Шанс был. Зыбкий, не избавляющий от сложностей в будущем, но – был.

К слову, добавлю еще, что большевики в конце 1916 года вовсе не думали о взятии власти. Троцкий в декабре уехал в Америку, по его собственным словам, убежденный, что «видит Европу в последний раз». Там же, в США, уже обретался Бухарин и другие «видные теоретики». Ленин уныло попивал пивко в Швейцарии, вздыхая, что нынешнее поколение еще не застанет революции в России. От безнадежности он и сам собирался вслед за единомышленниками в Америку и хотел – исторический факт! – предложить американским товарищам-социалистам в качестве пробного шара мировой революции развернуть борьбу за независимость Гавайских островов. Это было...

Начинается откровенный саботаж. Чиновники МИД почти в полном составе встречают на вокзале возвратившегося со своей дачи Сазонова (почти как большевики вскоре – Ленина, только у дипломатов нет броневиков), устраивают в здании министерства общее собрание, на котором всячески превозносят заслуги бывшего министра перед... Антантой и «доблестными союзными войсками». О заслугах перед царем и Россией и речи не идет. Зато в голос поносят переставшее быть секретом готовящееся сепаратное соглашение.

Пошумев, поаплодировав и побузив, большая часть чиновников расходится по домам – а несколько старших начальников усаживаются за рюмкой чая. Там, в тесном кругу, в выражениях уже не стесняются: барон Нольде заявляет, что «через три месяца у нас будет республика» (она будет даже через два с половиной, как в воду глядел барон!). О царе говорят, «как о покойнике». По воспоминаниям очевидца, для этих людей «монархия уже не существовала».

Прикажете думать, что царская чета об этом *митинге* так и не узнала? Плохо вы знакомы с тогдашней полицией...

Тот же очевидец подметил главный источник злобы и раздражения господ дипломатов: «Власть над событиями от нас безвозвратно ушла». Высшие чины министерства оказались «в бессилии вести В ПРЕЖНЕМ РУСЛЕ (выделено мной. – *А. Б.*) политику России». Оттого и бесились. Россия выходила на новый курс, где «агентам влияния» Антанты вскоре не нашлось бы места. А ремесло было доходное, чего там...

И все же прогерманским силам пришлось временно отступить. Английский и французский послы предприняли невероятный *нажим* на императора. До сих пор неизвестно (и никогда уже, наверное, не станет известно), какие угрозы там звучали.

Но без угроз и прямых ультиматумов наверняка не обошлось – об этом можно прочесть меж строк даже в «причесанных», благостных мемуарах Бьюкенена. Они давно опубликованы у нас, чтение занимательное...

И Штюрмера снимают со всех постов. Императрица в ярости, но пока что ничего не может изменить. Премьером назначают Трепова, а министром иностранных дел – некоего Покровского (поскольку обоих, захлебываясь от восторга, аттестует как умнейших и честнейших людей тот же Бьюкенен, с ними определенно нечисто).

Французский посол Палеолог обедает с несколькими своими русскими друзьями. Все наперебой радуются снятию Штюрмера и поражению «германской клики», один только господин по фамилии Безак (мне пока что не удалось ничего найти об этом человеке) мрачен. Оказывается, Штюрмера он полагает «великим гражданином», который пытался удержать страну от скольжения по «наклонной плоскости, до которой ее безумно довели и в конце которой ее ожидают поражение, позор, гибель и революция».

Французский придурок, мосье Палеолог, изумленно восклицает:

– Вы в самом деле такой пессимист?

И Безак ему отвечает (мне почему-то представляется, тихо, грустно, безнадежно):

– Мы погибли, господин посол...

А может быть, все не так мрачно? Напоминаю: императрица Александра Федоровна не в истерике бьется, она в *холодной* ярости. А ума, воли и энергии у нее в сто раз больше, нежели у «мужа Александры Федоровны»...

И вот тут-то перед нами возникает одна из самых темных, непроясненных загадок уходящего шестнадцатого года...

Из самых разных источников, от самых несхожих людей известно, что как раз в то время, в дни, когда оказалось похороненным соглашение о сепаратном мире, рождается план *нового* переворота.

«Мозговой центр» – Распутин, Протопопов, генерал Хабалов (начальник Петроградского военного округа), генерал Никитин (комендант Петропавловской крепости), генерал Глобачев (начальник Петроградского охранного отделения), генерал Курлов. Среди фигур помельче называют Манасевича-Мануйлова и директора департамента полиции Белецкого. Самое интересное – это *план* заговора. Предполагалось сначала организовать «хлебные бунты», якобы стихийные «народные выступления», а потом быстренько их подавить – эффектно, зрелищно, с пальбой и кавалерией на улицах. А потом под лозунгом «Отечество в опасности!» Николай II распускает Думу (она все равно на рождественском отдыхе, так что пройдет легко), вводит чрезвычайное положение и заключает сепаратный мир с Германией и Австро-Венгрией...

Если бы об этом перевороте писал *один* Симанович, можно было бы решить, что это его очередная фантазия. Но в том-то и дело, что о подобном плане упоминает и Керенский, знаток всех и всяческих подковерных интриг. На допросе в Чрезвычайной следственной комиссии о том же самом (и не только!) говорил и Манасевич-Мануйлов, а человек этот – безусловно серьезный. С чьей-то легкой руки его принято считать «мошенником» и «авантюристом», но на самом деле это был толковый и дельный агент русской разведки – именно он в 1905 г. провел в Европе несколько удачных операций против японской агентуры.

Собственно говоря, в этом плане – под лозунгом борьбы с мнимыми беспорядками добиться *других* целей – нет ничего ни фантастического, ни даже нового. Многочисленные примеры истории известны. Классический – переворот в Швеции во второй половине XVIII в., организованный королем Густавом III. Вся власть была в руках парламента, но королю не хотелось быть декоративной фигурой. А потому он с помощью собственных денег и своих агентов организовал в провинции крестьянский мятеж, с согласия парламента возглавил войска, якобы для усмирения бунтовщиков – но повел гвардейцев не на крестьян, а на парламент, который быстренько сдался и отдал власть...

Для чего понадобился именно «народный бунт»? Да как раз для того, чтобы продемонстрировать англичанам и французам «совершеннейшую нестабильность в России», которая, дескать, перед лицом таких потрясений более не способна воевать и, как это ни горько, вынуждена со скрежетом зубовным заключить мир...

Да и председатель Думы Родзянко писал в мемуарах, что указ о роспуске Госдумы все же существовал, и «заложил» его думцам не кто иной, как премьер-министр Трепов, который по трусости побоялся во всем этом участвовать, *сдал* думцам заговор и быстренько ушел в отставку...

Более того! Есть сведения, что в рамках этого заговора существовал другой, для еще более узкого круга посвященных. По *этому* плану предполагалось каким-то образом изолировать от дел и самого Николая, назначив регентшей Александру Федоровну!

Это опять-таки чрезвычайно похоже на правду – учитывая вялость и бесхарактерность царя и волю и энергию царицы. Тот же Манасевич-Мануйлов на следствии говорил, что Распутин не раз отзывался о деловых качествах царя с крайним пренебрежением, в последний год прямо называл его недееспособным – и как раз мечтал о том, чтобы вся власть сконцентрировалась в руках царицы... И не один Манасевич об этом проговорился...

Конечно, нет стопроцентной уверенности, что все именно так и обстояло. Но, повторяю, все это чрезвычайно похоже на правду. Как бы там ни было, в декабре 16-го страсти накалились настолько, что великая княгиня Мария Павловна предложила Родзянко убить императрицу – отчего даже этот прожженный политикан пришел в ужас и поспешил откланяться.

В декабре 16-го – январе 17-го что-то определенно происходило *внутри* императорской фамилии. Детали так и останутся тайной – но царь отчего-то находился в состоянии тяжелейшего нервного кризиса, едва ли не безумия. Об этом повторяют в воспоминаниях самые разные свидетели. Министр финансов Коковцов открыто говорит лейб-медику Боткину, что царь «на грани душевной болезни, если уж ею не поражен». Французский посол Палеолог находит царя совершенно неузнаваемым. По мнению офицеров, видевших самодержца на фронте в то же время, он «превратился в некий бесчувственный, ничего не видящий автомат». Решительно все, кто с Николаем близко соприкасался, отмечают болезненное, ненормальное его состояние.

Что причиной? Неудачи на фронтах и политический кризис в стране? Но обычно такие «мелочи» царя не волновали совершенно, и он проявлял поразительную душевную черствость. Исторический факт: когда один из генералов докладывал о многочисленных, в десятки тысяч, русских потерях, Николай... рассматривал карикатуру в английском журнале. И тут же показал ее генералу со словами: «Не правда ли, очень мило?» Потом, правда, опомнился, пробормотал какие-то дежурные сожаления... И это не единственный пример. Зато когда дело касалось его самого — вот тут самодержец реагировал крайне болезненно...

Самое интересное, что *потом*, уже после отречения, под арестом, царь словно бы мгновенно выздоравливает, он бодр, а иногда откровенно весел, ни следа угнетенности, апатии, душевного расстройства...

Быть может, «заговор Распутина» все же был? Точнее, «заговор Александры Федоровны»?

Манасевич-Мануйлов и Белецкий были расстреляны большевиками и воспоминаний написать не смогли, как и Протопопов. Хабалов, Никитин и Глобачев оказались в эмиграции — но мемуаров не писали. Курлов... Вот с Курловым обстоит и вовсе интересно. Он-то как раз воспоминания опубликовал. Но подробное изложение событий, ясный слог, свойственные его книгам, вдруг моментально исчезают, едва речь заходит о декабре 16-го. Курлов вопреки своему обычному стилю откровенно *крутит* и подпускает тумана, так что решительно невозможно понять, что же, собственно, тогда происходило, чему он был свидетелем, как складывались его отношения с главными фигурантами заговора. А это опять-таки выглядит крайне подозрительно — словно сбой безукоризненно четко работавшего механизма – и заставляет думать, что разговоры о заговоре имели под собой все основания...

Если он все же существовал, понятно, *что именно* останавливали убийством Распутина. Это было и устранение одного из влиятельных игроков, и предостережение другим, в первую очередь царской чете. Не зря же умевший держать нос по ветру Трепов моментально *юркнул* в отставку, подальше от сложностей жизни, а царь, такое впечатление, *засел* в Ставке под охраной Собственного его величества конвоя...

Кстати, все обстоятельства падения Штюрмера далеко не исчерпываются его попытками заключить сепаратный мир...

Кроме роспуска Думы, планировалось нанести серьезный удар по наживавшимся на войне спекулянтам и казнокрадам. Штюрмер провел ряд закрытых заседаний Совета министров, на которых вплотную занялись Земгором и Военно-промышленным комитетом. Комитет, как уже говорилось, *рулил* выгодными военными заказами, направляя их мимо казенных заводов к частным, которые безбожно завышали цены.

С «земгусарами» обстояло и того хуже. Достоверно выяснилось, что из потраченных на «снабжение фронта» 562 миллионов рублей только *девять* были собраны в виде народных пожертвований, а остальные, более чем полмиллиарда, были получены из государственного бюджета – причем большая часть этих громадных денег была потрачена не на реальное снабжение фронта, а ухнула неизвестно куда.

Пора было возбуждать уголовные дела. Штюрмер поставил вопрос о расформировании Земгора и ВПК и передаче их функций государственным органам.

Ну, а поскольку, по случайному стечению обстоятельств, лидеры думской «оппозиции» по совместительству занимали видные посты в Земгоре и ВПК, то ничего удивительного в том, что Госдума начала вовсе уж бешеный *наезд* на Штюрмера и работавшего под его началом Манасевича-Мануйлова. Премьера прямо обвинили с думской трибуны в измене и шпионаже, в том, что он выдавал государственные тайны немцам, покровительствовал шпионам, изменникам и взяточникам... И накат был таким, что премьер слетел с поста. И возникает интереснейший вопрос: не возьмись Штюрмер прижимать «либеральное» ворье, быть может, ему и удалось бы провести заключение сепаратного мира? Как знать... Вполне возможно.

Штюрмера сняли. Но если информация о «заговоре Распутина» была правдой, то его осуществление обязательно привело бы к тому, что продолжилась бы «линия Штюрмера» – на сепаратный мир, на роспуск Земгора и ВПК. Протопопов оставался министром внутренних дел и шефом жандармов, он твердо намеревался *поправить дела*, и царица, и Распутин ему вполне доверяли...

А вокруг стоит уже откровенный *бардак*! Дошло до того, что Протопопов, одна из видных фигур государственной власти в суверенной Российской империи, поехал к британскому послу Бьюкенену и просил того... повлиять на Думу, сделать так, чтобы она отказалась от конфронтации с правительством! Ясно теперь, под чью дудку плясала «оппозиция»?

Одна из последних записок Распутина царице: «Все страхи ничто время крепости воля человека должна быть камнем божья милость завсегда на вас вся слава и терпенье только крепость своих поддержите Григорий».

Распутин в эти последние дни, хотя и явственно одержимый предчувствием беды, *действует*. Пишет царю, прося не мешать Протопопову – а Протопопов с генералом Хабаловым уже начинают готовить *нечто*, так и оставшееся незаконченным, неизвестным в деталях. Чертовски трудно разобраться в хитросплетениях этих дней, свидетели противоречат друг другу, виляют, недоговаривают, но переворот, похоже, *готовится*...

16-е декабря. Царица поручает Вырубовой отвезти Распутину икону, не оборотной стороне которой она, все ее дочери и Вырубова написали свои имена. Вырубова, выпив у Распутина чаю, вернулась в Царское Село, передала царице благодарность Распутина и рассказала, что он говорил: вечером приглашен к князю Юсупову, где познакомится с его женой Ириной. Царица удивилась: как же так, тут какое-то недоразумение – Ирина Юсупова в Крыму!

Но больше об этом не говорили – недоразумение какое-то, и все тут...

Поздно вечером к Распутину ненадолго заехал епископ Исидор, затем – Протопопов. То ли около полуночи, то ли около часу ночи на автомобиле, «на моторе», как тогда говорили, приехал князь Феликс Юсупов, к которому Распутин, как уже знали его домашние, собирался в гости.

А ведь его *отговаривали*!

Протопопов для того и приехал. Дочь Распутина Матрена подробно передала впоследствии их разговор.

– Григорий Ефимович, тебя хотят убить.

– Знаю.

– Я советовал бы тебе несколько дней не выходить из дома. Здесь ты в безопасности.

– Не могу.

– Отмени все встречи.

– Поздно.

– Ну так скажи мне, по крайней мере, куда ты собрался?

– Нет. Это не моя тайна.

– Ты не понимаешь, насколько серьезно твое положение. Весьма влиятельные особы замыслили посадить на трон царевича и назначить регентом великого князя Николая Николаевича. А тебя либо сошлют в Сибирь, либо казнят. Я знаю заговорщиков, но сейчас не могу назвать. Все, что я могу – удвоить охрану в Царском Селе...

Когда Протопопов ушел, Распутин произнес, ни к кому не обращаясь:

– Я умру, когда Богу будет угодно...

Потом приезжает Феликс. Распутин в вышитой царицей шелковой рубахе, надевает шубу и выходит черным ходом, через кухню. Все в доме спят, на кухне только дальняя родственника Распутина Анна.

Последняя из *обычных* людей, кто видит Григория Ефимовича живым.

Автомобиль Юсупова отъезжает до дома 64 на Гороховой и едет по холодному ночному Петербургу к Мойке.

Всё! Уже ничего нельзя изменить.

3. Самый последний день

Доверял ли Распутин Феликсу, даже гадать не приходится. Раз в эти невероятно тяжелые для него дни, когда уже не оставалось сомнений, что его собираются убить, когда готовится тот самый переворот, когда доверять вроде бы нельзя никому и ничему, Распутин, ускользнув от охраны через черный ход, отправляется к Юсупову, значит, ему-то должен безоговорочно доверять.

Вопрос естественным образом возникает совершенно другой: а *зачем*, собственно, Распутин отправился к Феликсу в полночь? Для обычной вечеринки с вином и гитарой вроде бы не самое подходящее время. К тому же Вырубовой Распутин как раз и говорил, что едет познакомиться с Ириной Юсуповой (если только это была не умышленная ложь, маскирующая подлинные цели ночной встречи).

Тогда? В рамках «черной легенды» о половом разбойнике Гришке вроде бы никаких недомолвок не остается. Развратно-эротический подтекст лежит на поверхности: мол, обуреваемый похотью кобель, забыв всякую осторожность, помчался к очередному предмету своей мимолетной страсти...

Но данная книга написана, исходя из той точки зрения, что «черная легенда» как раз и есть раздутая до небес ложь. И если отказаться от образа «грязного похотливца», вознамерившегося заполучить в свою коллекцию «брыльянт» в виде красавицы Ирины, то слишком многое повисает в воздухе.

Реальный Распутин наверняка был не так сексуально озабочен, примитивен и туп, как об этом плели. Весьма неглупый был человек. А следовательно, понимал, что час ночи (пока доехали на тогдашней машине по тогдашним дорогам, вот вам и час ночи) – не самое подходящее время для визита в гости к даме. К тому же Ирина Юсупова как-никак – *Романова*. Дочь великого князя Александра Михайловича. Распутин за одиннадцать лет жизни в столице достаточно *пообтесался* и должен был понимать азы этикета. Не рассчитывал же он всерьез, что муж Феликс на цыпочках удалится, как воспитанный джентльмен, а дочь великого князя вульгарно плюхнется на диван и раздвинет ножки, как обычная горничная или, того хуже, княгиня Долли Кочубей? А для простого *знакомства* время, повторяю, самое неподходящее – очень солидный дом, очень солидные люди...

Нет, эротическую подоплеку следует решительно исключить. Вариантов, собственно, только два. Либо Распутину предстоял очередной сеанс лечения, либо дело было в какой-то политической интриге.

Вообще-то Феликса Юсупова Распутин как раз и лечил в свое время от целой кучи сексуальных *вывертов*. То, что Юсупов баловал гомосексуализмом – факт в те времена общеизвестный. А вдобавок любил по молодости, нарядившись женщиной, изображать из себя где-нибудь на людях доступную красотку – так хорошо, что на это однажды купился английский король Эдуард и всерьез заинтересовался «юной прелестницей»...

Что до политики – то давно уже выдвинута версия, что именно оба убийцы Распутина, Юсупов и Пуришкевич, как раз и состояли поначалу в том самом «немецком заговоре», но потом переметнулись к англичанам, всех заложили, все выдали – но Распутин-то им по старой памяти верил...

Так ли это, совершенно точно уже не установить. Но, повторяю, если отбросить эротические мотивы (а эту версию, судя по всему, отбросить следует безоговорочно), то *реальных*, убедительных версий останется только две: либо речь шла о некоем сеансе лечения, которое мог провести только Распутин, либо Распутин ехал к Юсупову в полной уверенности, что там состоится очередное тайное совещание по поводу грядущих событий – переворота и заключения сепаратного мира.

(Версию о якобы имевшей место гомосексуальной связи меж Юсуповым и Распутиным рассматривать не будем, потому что это не версия, а бред сивой кобылы.)

Одним словом, в *этом* случае, по-моему, нет возможности выдвигать обоснованные версии: «классическая» не внушает ни малейшего доверия, а для других недостаточно оснований, чтобы говорить с уверенностью...

Поэтому перейдем к пятерке убийц Распутина – или, выражаясь гораздо осторожнее (поскольку *здесь* простор для логически непротиворечивых версий), к пятерым, которые считаются убийцами Распутина. Не исключено, что они тут ни при чем – или, по крайней мере, эту сомнительную честь с ними разделял кто-то еще, из скромности оставшийся неизвестным...

Сразу скажу, все они нисколько не напоминают «идейных юношей», молодых людей с набитой благородными помыслами головой и браунингом в кармане. Общего – разве что браунинг. Можно по-разному относиться к террористам, пролившим немало крови не только в России, но и по всей Европе, но одного у них невозможно отнять: почти поголовно они и в самом деле были идейными фанатиками, идущими на смерть ради «революционного дела».

Меж тем наша пятерка, вроде бы вдохновленная благородной целью избавить Россию от «монстра», при ближайшем рассмотрении выглядит... как-то не особенно белоснежно и возвышенно, скажем так. Этакие герои второй свежести.

Князь Феликс Юсупов. Классический светский бездельник высшей марки, представитель богатейшего семейства, чье состояние оценивается примерно в *миллиард* золотых рублей. Окончил Оксфорд, заядлый англоман – что немаловажно для более ясного понимания ситуации.

Двадцатидевятилетний «патриот», скорбевший о судьбе Родины, меж тем откровенно *косил* от армии. Патриотизм он предпочитал лелеять в безопасном тылу. А чтобы отвертеться от фронта, он придумал довольно оригинальный способ: сослался на закон «о единственном сыне».

Дело в том, что по тогдашнему закону даже во времена масштабнейшей войны нельзя было призвать в армию единственного сына в семье, считавшегося «незаменимым кормильцем». Закон этот, правда, использовался исключительно в отношении крестьян (кстати, это доказывает, что Распутину не было нужды добиваться отмены призыва ратников исключительно из-за своего сына – его сын и так, как единственный в семье, отправке на фронт не подлежал). Однако имелась лазейка: нигде в законе *прямо* не указано было, что он касается *только* крестьянских детей. В эту-то лазейку Феликс и проскользнул. В конце концов дошло до того, что сама царица его упрекнула за нежелание служить Отечеству в столь тяжкую пору.

Феликс и тут извернулся – записался в Пажеский корпус, где выпускники получали офицерский чин (в корпусе, как мы сказали бы теперь, имелась «военная кафедра»). Большинство из соучеников были подростками, так что князь среди них смотрелся перестарком. Однако самому ему там чертовски нравилось: Пажеский был одним из тех элитных заведений, где процветали «греческие нравы», и Феликс, по воспоминаниям современников, резвился, как рыбка в воде.

Между прочим, мотив у него был. И не имевший ничего общего с «идейностью». Юсупов-папенька в 1915 г. был снят с поста начальника Московского военного округа – за причастность к одному из «проантантовских» заговоров, согласно которому планировалось свергнуть царя, заточить царицу в монастырь, а Распутина выслать в Сибирь... Именно после этого события Феликс начинает *носиться* по близким знакомым с идеей убить Распутина. Великий князь Николай Михайлович (крепко подозреваемый в соучастии в убийстве) пишет откровенно: «К концу декабря было решено подписать сепаратный мир с Германией. Это вызвало у Юсупова желание, а вскоре и твердое решение покончить с ним (Распутиным. – *А. Б.*) во что бы то ни стало».

Великий князь Дмитрий Павлович – еще один светский бездельник. Числился офицером Преображенского полка, но на фронт, как и друг Феликс, опять-таки не торопился. Между тем несколько сыновей других великих князей участвовали в боях простыми офицерами с первых дней войны, и один из них пал смертью храбрых. На фоне этого Дмитрия смело можно назвать «уклонистом».

Кое-какая идея у друзей-приятелей все же имелась. Юсупов ее формулировал так: «Если убить сегодня Распутина, через две недели императрицу придется поместить в больницу для душевнобольных. Ее душевное равновесие держится исключительно на Распутине: оно развалится тотчас, когда его не станет. А когда император освободится от влияния Распутина и своей жены, все переменится: он сделается хорошим конституционным монархом».

Либо передавший эти слова князя думец Маклаков врет, как нанятый, либо Феликс откровенно *дурковал:* уж он-то, человек свой в царском дворце, родственник императорской фамилии, обязан был прекрасно знать, что нарисованная им картина не имела ничего общего с реальной царской четой и действительности никак не соответствовала...

Бессарабский помещик Владимир Пуришкевич. Личность не просто темная, а предельно темная. С одной стороны, он вроде бы числился ярым черносотенцем, таким правым, что правее него могли быть разве что людоеды с острова Борнео. С другой же... Вдумчивые исследователи давным-давно обратили внимание, что наметившееся с началом войны объединение всех правых партий и организаций сорвалось как раз... из-за закулисных интриг Пуришкевича! Точно так же обстояло и с внешнеполитической ориентацией Пуришкевича. До войны у него была репутация прямо-таки ярого германофила – но потом он совершил поворот на сто восемьдесят градусов и превратился в «рупор Антанты».

Что касаемо «монархизма» – то же самое. *Сначала* Пуришкевич, и точно, был среди заядлых монархистов – особенно если учесть, что ежегодно получал от дворцового коменданта генерала Дедюлина 15 тысяч рублей «субсидии». Пришедший на смену Дедюлину генерал Войеков, должно быть, решил, что чересчур жирно будет платить этакие казенные деньжищи исключительно за убеждения. Патриотом и монархистом, мол, следует быть не ради денег, а по долгу сердца. И отменил «пенсион».

Пуришкевич моментально вышел из думской фракции правых монархистов, с трибуны обрушился на «темные силы», якобы плотным кольцом обступившие государя – а в качестве примера сослался на генерала Войекова. Который, по утверждениям Пуришкевича, самым нахальным образом выцыганил у министерства путей сообщения миллион рублей казенных денег, чтобы построить частную железную дорогу и вывозить из своего имения добывавшуюся там минеральную воду.

Шум поднялся страшный – вот только официальное расследование тут же установило, что Войеков в жизни не взял копеечки казенных денег. Не великого ума и способностей, конечно, человек – но в казнокрадстве не замечен. Тем не менее (ложечки нашлись, а неприятный осадок остался!) брехня о растратах Войекова пережила монархию надолго...

Такой вот у нас Пуришкевич. В завершение портрета необходимо упомянуть, что наш герой в сентябре 16-го, когда освободилось кресло министра внутренних дел, вопреки своим публичным воплям о «засилье темных сил» вообще и кознях Распутина в частности, чуть ли не каждый день бегал к Распутину и клянчил у него означенный министерский пост. Распутину он категорически *не глянулся*, и Григорий Ефимович отослал назойливого ходока восвояси. Вот тогда-то Пуришкевич по своему всегдашнему обыкновению стал с думской трибуны громогласно обвинять Распутина во всех смертных грехах. Озлился настолько, что неустанно строчил корявые сатирические стишки, опять-таки супротив Распутина. Стишки, честно, корявейшие, на их фоне даже какой-нибудь Дмитрий Быков смотрится светилом русской поэзии...

Остальные двое – фигуры малозначительные. Чистой воды технические исполнители. Военный врач Станислав Лазоверт, сотрудник военно-санитарного поезда Пуришкевича. Единственный фронтовик в этой компании, награжден двумя Георгиями. Поручик Сухотин – личность и вовсе мелкая. Приятель Юсупова – вот и все, что удалось о нем раздобыть. Шестерка, одним словом.

Такая вот пятерка «идейных». На чистых душой рыцарей в сияющей броне и с белоснежными крыльями за спиной не тянут при ближайшем рассмотрении.

А вот доброй старой Англией в этом деле *смердит* за версту.

Руководитель английской военно-разведывательной миссии Сэмюэл Хор (считавший, что опасность сепаратного мира сохраняется, пока влияние на императрицу оказывают «Распутин и его компания») впоследствии признавал, что Пуришкевич еще за две недели предупредил его о готовящемся убийстве Распутина (интересного для себя выбрал Пуришкевич исповедника, не правда ли?). Англичанин, естественно, и не подумал уведомить о том, что узнал, русские соответствующие органы.

Через два дня после убийства Распутина английский посол Бьюкенен вместо обычного ежегодного приема устроил в одном из фешенебельных ресторанов банкет для британских подданных, где присутствовали и видные англолюбы Родзянко с Сазоновым. Шампанское лилось рекой, тосты были главным образом за войну до победного конца. Прямо это не называли праздником в честь кончины Распутина, но именно на это было чертовски похоже... Ничего удивительного, если знать, что и Бьюкенен проговорился впоследствии: об убийстве Распутина он знал за неделю...

В те же дни в Петрограде обретался одноклассник Юсупова по Оксфорду Освальд Райнер, ныне – офицер британской разведки. Уже в эмиграции сам Юсупов не раз признавался, что Райнер был причастен к заговору. Райнер – подчиненный помянутого Хора. А Хор лет через двадцать после смерти Распутина жаловался, что в окружении царя именно его считали организатором убийства: ах, эта извечная русская шпиономания...

И наконец, российский историк О. Шишкин, выдвинувший обоснованную версию о том, что за «пятеркой» стояла британская разведка, получил подтверждение своим догадкам из-за Ла-Манша – когда английский исследователь Э. Кук обнаружил так называемый «архив капитана Скейла». Джон Скейл, кадровый британский разведчик, знакомый Юсупова, опять-таки рассказывал своим дочерям о причастности к убийству Распутина, судя по материалам Кука, откровенно организованному британцами.

Кстати, и великого князя Дмитрия именовал «самым большим англофилом из всех великих князей» не кто иной, как британский разведчик Роберт Локкарт. Да и Лазоверта отдельные циники отчего-то упорно именовали английским агентом.

Истины ради стоит уточнить, что никаких сплетен о работе пятого (Сухонина) на британцев не существует – но наверняка исключительно оттого, что персона была очень уж мелкая. Даже какого он был полка, невозможно доискаться, даже воинское звание толком неизвестно, одни именуют его поручиком, другие капитаном, третьи, на кавалерийский лад, ротмистром...

Вообще-то попытки убить Распутина предпринимались и раньше. Не всем рассказам о них следует верить безоговорочно. Симанович подробно описывает случай, когда якобы несколько молодых людей, военных и штатских, проникли к Распутину с револьверами наголо, но Распутин парализовал их своим магнетическим взглядом, *осилил* и отправил восвояси. Было ли это на самом деле, судить трудно. Хотя... История не столь уж сказочная. Сильный духом человек – да еще вдобавок Распутин – и в самом деле мог чисто волевым усилием *сломать* кодлу слабохарактерных сопляков... Примерно так, как шукшинский Егор Прокудин, пальцем не шевельнув, *переломил* кучку деревенских обалдуев, вознамерившихся ему накостылять...

Упоминают и случай, когда вхожей в дом Распутина певице Беллини некий незнакомец в маске предложил убрать Распутина. Увы, *декорации* этого разговора, как они описаны, больше похожи на дешевый авантюрный роман...

Гораздо более достоверна попытка кастрации, когда Илиодор с шайкой своих приверженцев пытался лишить Распутина кое-каких дорогих для мужчины деталей организма – но Григорий Ефимович, мужик жилистый, отбился, раздавая оплеухи направо и налево, а там и на улицу вырвался...

Ялтинский градоначальник генерал Думбадзе, опять-таки по достоверной информации, настырно *доставал* тогдашнее руководство МВД планами устранения Распутина. Варианты он предлагал опять-таки несколько авантюрные, в стиле горячего кавказского человека: со скалы сбросить, с катера столкнуть во время морской прогулки, послать замаскированных абреков, чтобы зарезали. В МВД, поразмыслив, не стали связываться...

Всерьез, похоже, готовил убийство Распутина и министр внутренних дел Хвостов – вот только человек был бездарный во всех смыслах, а потому и планы у него получались какие-то *корявые*. Сначала планировали, что некий игумен Мартемьян столкнет Распутина с поезда в поездке по святым местам – но Распутин (быть может, что-то прослышав) от путешествия уклонился. Хотели подсыпать яд в вино – не получилось. Намеревались выманить Распутина из дома записочкой от какой-нибудь томящейся дамы, подстеречь на улице, оглушить и бросить в реку. Не нашлось дельных исполнителей. В бессильной злобе Хвостов согласен был уже на минимум – послать молодчиков, чтобы хотя бы набили Распутину физиономию в темном переулочке. Но и для столь незатейливой акции у главы МВД не нашлось дельных мордоворотов. В конце концов, Хвостов сообразил, что для такого дела нужен специалист – и послал своего доверенного человечка к обретавшемуся за границей Илиодору. *Этот* как раз мог (вспомним покушение Гусевой) в два счета организовать грамотную «мокруху». Вот только подчиненный Хвостова, директор департамента полиции Белецкий, решив переиграть и свалить шефа, принял свои меры. Доверенного взяли на границе, в два счета раскололи и предъявили свеженький компромат царице. Хвостов слетел – а вслед за ним и вовсе уж заигравшийся Белецкий... Долго потом ходили слухи, что разобиженный Хвостов, уходя из министерства, прихватил на память чуть ли не миллион казенных рубликов. Расследование провести так и не успели, грянул февраль, а там и октябрь, большевики шлепнули и Хвостова, и Белецкого — вот эту парочку лично мне нисколечко не жалко...

В общем, убить не раз пытались и прежде — и однажды едва не достигли цели, когда с ножом в рукаве объявилась Гусева. Но это, по большому счету, была самодеятельность, театральный кружок при Доме культуры текстильщиков. Когда за дело взялись англичане, большие специалисты по несчастным случаям и роковым умертвиям, все пошло совершенно иначе...

Теперь — о самом убийстве. О нем вроде бы известно практически все, порою до мельчайших деталей. Юсупов и Пуришкевич в те времена, когда никакого Голливуда еще не существовало, создали классический голливудский ужастик о борьбе отважных смельчаков с восставшим из ада дьяволом. Предвосхитили многие кинематографические приемы, эпизоды, заштампованные ныне сцены.

Классическая версия (которую кое-кто до сих пор некритически полагает истинной) такова.

Сначала Юсупов привел Распутина в подвал, соврав, что наверху-де, «в хоромах», идет шумная вечеринка — каковую имитировали остальные сообщники, беспрестанно гоняя на патефоне американскую пластинку с разухабистой песенкой «Янки-Дудль». В подвале Юсупов потчевал «монстра» вином и пирожными — и Распутин слопал невероятное количество начиненных цианистым калием сладостей, но, поскольку он был не обычным человеком, а дьяволом во плоти, смертельный яд не оказал на него никакого вредного воздействия. Тогда Юсупов шарахнул в Распутина из пистолета. Распутин упал и вроде бы умер, но, по сатанинской природе своей, очнулся, вскочил и кинулся бежать во двор, так что едва не ускользнул. К счастью, великолепный стрелок Пуришкевич, забрав пистолет у растерявшегося князя, побежал следом и несколькими выстрелами *завалил* «монстра» окончательно. После чего тело увезли на автомобиле и сбросили в прорубь – но потом оказалось, что дьявольский «старец» дышал еще и под водой, так что захлебнулся только на дне холодной декабрьской речки...

Это – классическая версия. Но очень многое в ней, почти все, крайне мало общего имеет с действительностью...

Начнем с яда. Откуда он взялся, решительно неизвестно, и опять-таки его происхождение окружено ворохом несообразностей. Юсупов потом уверял, что скляночка со смертоносным порошком «стояла у него в шкафу». Вот просто так стояла себе, хотя совершенно непонятно, зачем держать в доме такую отраву.

Юсупов, что интересно, по поводу планируемого убийства ходил советоваться к видному либералу, депутату Госдумы Маклакову. Без всяких недомолвок и колебаний запросто пришел и сказал что-то вроде: мы тут с друзьями хотим грохнуть Распутина, а умения не хватает, не подскажете ли чего толкового? Маклаков, тоже нимало не удивившись, дал несколько полезных советов.

«Я сказал, что убить лучше всего ударом: можно будет потом привезти труп в парк, переехать автомобилем и симулировать несчастный случай. Говоря об оружии, которым можно было бы покончить с человеком без шума и без улик, я указал ему для примера на лежащий на моем столе кистень».

Этот кистень – или нечто вроде гантели – Маклаков тут же Феликсу преподнес, именно этой штукой князь потом будет в совершеннейшей истерике дубасить труп. Между прочим, по профессии Маклаков... адвокат. Интересные либеральные адвокаты обитали тогда в Российской империи: на столе среди бумаг запросто держали кистень, консультации касаемо убийства давали весьма квалифицированные...

Пуришкевич утверждал, что яд Феликсу дал как раз Маклаков. Тот, пребывая в эмиграции, поначалу от этого отпирался – мол, кистень дал, не отрицаю, консультацию тоже давал, а вот цианистого калия в глаза не видел. Правда, чуть позже, должно быть, решив сшибить немного денег на сенсационных мемуарах, Маклаков утверждал, что давал все же – но не цианистый калий, а порошок безобидного аспирина.

Откровенная брехня. Доктор Лазоверт был медиком квалифицированным, и подобное фуфло определил бы без труда. Я консультировался у фармацевтов: специалист цианистый калий от аспирина отличит так же быстро и легко, как мы с вами – сахар от перца.

Бывший директор Департамента полиции Васильев в своих написанных в эмиграции мемуарах полагал, что доктор Лазоверт, вспомнив, должно быть, о клятве Гиппократа, заменил яд каким-то безобидным порошком, быть может, тем же аспирином. Версия, вообще-то, имеющая право на жизнь: из пятерки один Лазоверт был специалистом, остальные наверняка раньше цианистого калия в жизни не видели и вряд ли отличили бы его от какой-нибудь безобидной соды...

Однако версию о подмене решительно опровергал успевший написать свои «Записки» великий князь Николай Михайлович, хотя и не медик, но цветовод-любитель, имевший большой опыт работы с цианидом (для чего-то он в цветоводстве использовался, видимо, от каких-нибудь тлей). Он свидетельствовал: «Тот же раствор яда был дан большой старой собаке, которая тут же околела, проглотив его. Вероятнее всего, отсутствие быстрого эффекта от действия цианистого калия было связано с технической ошибкой при его разведении: раствор был слаб и, конечно, произвел бы действие, но позже».

Эти строки моментально вызывают законный вопрос: а откуда вообще великий князь знал, что раствор предварительно пробовали на собаке? *Тот* же раствор? Убийцы потом рассказали? А не могло ли оказаться так, что яд как раз и дал великий князь? И не он ли наряду с британцами был тем, кто стоял за кулисами и дергал за ниточки?

Основания для таких подозрений имеются веские. Николай Михайлович, ненавистник Распутина и «германофилов», в своем дневнике оставил примечательные строки: «Снова у меня мелькают замыслы убийств, не вполне еще определенные, но логически необходимые, иначе может быть хуже, чем было... а с отъездом Пуришкевича я других исполнителей не вижу и не знаю». И не кто иной, как Николай Михайлович, засветился в «перевороте генерала Крымова» — не зря, когда после убийства Распутина виновных высылали куда подальше, царь особым указом предписал и Николаю Михайловичу немедленно отбыть в свое имение... А это событие, как ныне говорится, знаковое: подобная «ссылка в имение» – признак высочайшей немилости и серьезных прегрешений...

Но главное не в этом. Главное в том, что Распутин... никогда не ел сладкого! Никаких сластей – ни конфет, ни пирожных, ни прочих кондитерских изысков. *Вообще* сладкого не ел. По его собственному выражению, относящемуся к сладостям: «Я этой сволочи не ем». Подтверждений этому – масса. Превеликое множество свидетелей, от родной дочери и секретаря, от светских людей до случайных распутинских попутчиков. Такое количество самого разного народа в жизни не смогло бы сговориться – а они свидетельствуют одинаково: не ел сладкого Распутин, никакого, и точка! Вообще, он всю жизнь придерживался некоего подобия диеты на свой собственный лад: как можно больше рыбы, капусты и хлеба, как можно меньше мяса. Даже изрядно выпив, этой своей диеты не нарушал: по воспоминаниям некоторых близких к нему, Распутин считал, что именно этой диетой поддерживаются его чудотворные способности.

Следовательно, Юсупов, расписывавший, как Распутин за обе щеки уплетал начиненные отравой пирожные-птифуры... Ну, не будем употреблять вульгарное «брешет»: как-никак князь, муж племянницы императора. Скажем деликатнее, со всем нашим политесом: сообщаемые его сиятельством сведения имеют очень мало общего с правдой. Точнее, совсем ничего общего.

Ну а поскольку г-н Пуришкевич далеко не столь знатен и блестящ по своему происхождению, с ним можно и попроще. Брешет г-н Пуришкевич, как сивый мерин, описывая свою героическую погоню за убегающим монстром по заснеженному двору и свои меткие выстрелы...

Вот его воспоминания: «Я бросился за ним вдогонку и выстрелил. В ночной тишине чрезвычайно громкий звук моего револьвера пронесся в воздухе – промах. Распутин поддал ходу: я выстрелил вторично на бегу – и... опять промахнулся. Распутин подбегал уже к воротам, тогда я остановился, изо всех сил укусил себя за кисть левой руки, чтобы заставить себя сосредоточиться, и выстрелом (в третий раз) попал ему в спину. Он остановился, тогда я, уже тщательно прицелившись, стоя на том же месте, дал четвертый выстрел, попавший ему, как кажется, в голову, ибо он снопом упал ничком в снег и задергал головой...»

Напоминаю для тех, кто запамятовал: слово «ничком» означает, что человек падает лицом вперед. Если он падает на затылок, это именуется «навзничь». Теперь проведем маленький мысленный эксперимент. Еще раз перечитайте показания Пуришкевича и представьте себе все происходящее.

Представили? Идем дальше. Во-первых, Пуришкевич путается... в своем оружии. Собственно говоря, его пистолет назывался не «Соваж», а «Сэвидж», поскольку эта марка – американская. Пуришкевич пишет: «Я выхватил из кармана мой "Соваж". Поставил его (рычажок предохранителя. – *А. Б.*) на "feu" (огонь) и бегом спустился по лестнице».

На фотоснимках пистолетов «Сэвидж» четко видно, что возле рычажка не было никакого «feu», по французски «фо» – одна-единственная буква «F». Ладно, в конце концов, это может оказаться мелочной придиркой: Пуришкевич оговорился, была какая-нибудь французская лицензионная модель (португальские-то были), где слово «огонь» французы написали целиком, и именно эта модель Пуришкевичу в руки и попала...

Есть гораздо более весомые: «во-вторых» и «в-третьих»...

Еще раз представьте себе сцену убийства – но теперь прикиньте *время*, которое она занимала. И вы, быть может, согласитесь со мной, что в описании Пуришкевича события во дворе заняли, самое малое, от двадцати до тридцати секунд. Возможно, и около минуты – но никак не меньше двадцати секунд. Я проводил самый натуральный следственный эксперимент с участием ассистента и применением заряженного холостыми пистолета. Даже если учитывать, что Пуришкевич палил, как скорохват Таманцев, в его собственноручном описании вся сцена просто обязана занять *не менее* двадцати секунд. Любые погрешности – исключительно в сторону увеличения.

А теперь возьмем рапорт дежурившего той ночью городового Власюка, стоявшего на посту на углу Прачечного и Максимилиановского переулков. Его практически целиком приводит в своих воспоминаниях Васильев: «Около 4 часов утра я услыхал 3–4 *быстро* последовавших друг за другом выстрела».

В показаниях Пуришкевича есть *интервалы* меж выстрелами: за руку себя кусал, потом «тщательно целился» – в рапорте Власюка выстрелы следуют «быстро», «друг за другом». А второй городовой, Ефимов, находившийся гораздо ближе к дому Юсупова, пишет в рапорте еще определеннее: «Я услыхал выстрел, а через 3–5 секунд последовали еще три выстрела, быстро, один за другим». 3–5 секунд – это для Ефимова и есть *интервал*, обратите внимание, как точно городовой *отсекает* секунды. Последующие три выстрела для него явно «шли» без всяких интервалов, один за другим, практически непрерывно. С описанием Пуришкевича это категорически не совпадает. Пуришкевич описывает совсем другой процесс стрельбы... если только стрелял он. А если нет, тогда и нестыковки понятны...

И опять-таки решительно противоречит описанию Пуришкевича... протокол вскрытия!

Составлен он не зауряд-врачом военного времени (была такая непрестижная квалификация, означавшая кое-как подученного фельдшера), а профессором Косоротовым: «Смерть последовала от обильного кровотечения вследствие огнестрельной раны в живот. Выстрел произведен был, по моему заключению, почти в упор, слева направо, через желудок и печень с раздроблением этой последней в правой половине. Кровотечение было весьма обильное. На трупе имелась также огнестрельная рана в спину, в области позвоночника, с раздроблением правой почки, и еще рана в упор, в лоб (вероятно, уже умиравшему или умершему)».

Такие дела... Три пули – в живот спереди, в спину сзади и в лоб, в упор...

Первая – это явно выстрел Юсупова в подвале. То, что Распутин с ранением, квалифицированным как «смертельное», все же сумел выбраться из подвала и бежать к воротам, даже не стоит относить на счет *особых* способностей Григория Ефимовича: самые обыкновенные люди в подобных ситуациях демонстрировали поразительные примеры выносливости при смертельном ранении.

Вторая – в общем подходит под описание Пуришкевича – вслед убегающему, в спину...

Но третья-то в лоб! А ведь Пуришкевич описывает, как Распутин падал *ничком*. Ни словечком не упоминает, что тот повернулся к стрелявшему лицом. И в любом случае пуля-то – *в упор*! Классический контрольный выстрел, по мнению составителей протокола вскрытия, «когда тело уже лежало».

И, между прочим, имелась на трупе четвертая рана, «в области спины», нанесенная каким-то острым, режущим предметом, быть может, ножом, быть может, офицерской шпорой...

Убийство Распутина во дворе – *вообще* под большим вопросом. Собственно говоря, нет никаких свидетельств, что его тело лежало во дворе. Потому что здесь снова нестыковки. Юсупов вспоминал: «От ворот к тому месту, где лежал труп, направлялся городовой. Городового я задержал на пути. Разговаривая с ним, я нарочно повернулся лицом к сугробу, так что городовой вынужден был стоять спиной к тому месту, где лежал Распутин.

– Ваше сиятельство, тут были выстрелы. Не случилось ли чего?

– Ничего серьезного... у меня сегодня была вечеринка... один из моих товарищей, выпив лишнее, стал стрелять.

И городовой ушел».

В рапорте городового Власюка рисуется *совсем* иная картина!

«Дворник, фамилии его не знаю, но лицо его мне известно, ответил, что никаких выстрелов не слыхал. В это время я увидел через забор, что по двору этого дома идут по направлению к калитке два человека в кителях и без фуражек. Когда они подошли, то я узнал в них князя Юсупова и его дворецкого Бужинского. Последнего я тоже спросил, кто стрелял: на это Бужинский заявил, что он никаких выстрелов не слыхал, но, возможно, что кто-либо "из баловства мог выстрелить из пугача". Кажется, что и князь сказал, что он не слыхал выстрелов. После этого они ушли, а я, оставшись здесь и осмотрев двор через забор и улицу и не найдя ничего подозрительного, отправился на свой пост».

Как видим, совсем иная картина. Никто не «разворачивал» городового лицом от трупа, более того, он сам внимательно осмотрел двор... и ничего не увидел! Не такая уж темень кромешная стояла, повсюду лежал белый, чистый снег, даже сугробы имелись. Отчего же городовой так и не увидел трупа, который, по версии Пуришкевича–Юсупова, просто обязан там быть?

Может, потому и не увидел, что не было во дворе никакого трупа?

Однако на этом дело не кончилось... Слово Власюку.

«О происшедшем я никому пока не заявлял, так как и ранее неоднократно мне приходилось слышать подобные звуки от лопавшихся автомобильных шин. Минут через 15–20, как я возвратился на пост, ко мне подошел упомянутый выше Бужинский и заявил, что меня требует к себе князь Юсупов. Я пошел за ним, и он привел меня через парадный подъезд дома № 94 в кабинет князя. Едва я переступил порог кабинета (находится влево от парадной, вход с Мойки), как ко мне подошел навстречу князь Юсупов и неизвестный мне человек, одетый в китель защитного цвета, с погонами действительного статского советника, с небольшой русой бородкой и усами... Этот неизвестный обратился ко мне с вопросами:

– Ты человек православный?

– Так точно.

– Русский человек?

– Так точно.

– Любишь государя и родину?

– Так точно.

– Ты меня знаешь?

– Нет, не знаю.

– А про Пуришкевича слышал что-либо?

– Слышал.

– Вот я сам и есть. А про Распутина слышал и знаешь?

– Не знаю, но слышал о нем.

– Вот он погиб, и если ты любишь царя и родину, то должен об этом молчать и никому ничего не говорить.

– Слушаю.

– Теперь можешь идти.

Я повернулся и пошел на свой пост. В доме была полная тишина, и кроме князя, неизвестного и Бужинского, я никого не видел. Пуришкевича я не знаю и никогда раньше не видел, но неизвестный несколько был похож на снимок Пуришкевича, который мне вчера (17 декабря) показывал начальник сыскной полиции в каком-то журнале».

Вот такие показания – без сомнения, данные опытным полицейским, не новичком, неглупым, с правильной речью, наблюдательным. Отчего же он не увидел трупа? И был ли вообще «неизвестный» Пуришкевичем или только назвался таковым? Строго говоря, нет ни одного *постороннего* свидетеля, который мог бы утверждать, что Пуришкевич там был – Власюк ведь не зря уточнил: «*Несколько* был похож». А не сказал точно, что это один и тот же человек. Столичных полицейских в те времена готовили неплохо, и они мало общего имеют с карикатурными персонажами из советских комедий и боевиков...

Задумайтесь хорошенько: ведь если бы городовой Власюк, вернувшись на пост, продолжал спокойно нести службу, никто ничего и не узнал бы! Никто не поднял тревогу: приняли выстрелы за звук лопнувшей шины. Но убийцы сами зазывают городового во дворец и сами сообщают ему об убийстве, да вдобавок Пуришкевич, чтобы не было недомолвок, еще и фамилию свою называет! С чего бы вдруг самим себя уличать?!

Объяснение выдвинуто давно: потому так демонстративно они сами на себя и доносили, что прикрывали великого князя Дмитрия. Который, возможно, и стрелял... Причины ненавидеть Распутина у него были. Распутин расстроил его женитьбу на одной из царских дочерей – ничего такого не выдумывая, а просто-напросто рассказав царской чете всю правдочку про Дмитрия, который, выражаясь политкорректно, придерживался иной сексуальной ориентации...

Совершеннейший туман окружает и простой, казалось бы, вопрос: когда и как тело Распутина увезли на автомобиле, чтобы сбросить в реку? По «классической» версии, «городовой», то бишь Власюк, после разговора с Пуришкевичем пошел докладывать начальству – и в этот промежуток труп увезли...

Но Власюк с поста не уходил! Он и не собирался никому докладывать, поскольку, как сам пишет: «Признаков какого-либо убийства я за все это время не заметил, а разговор в кабинете князя с неизвестным я объяснил себе как бы некоторым испытанием с их стороны знания моей службы, т. е. как я поступлю, получив такое заявление». Ну конечно же, городовой не смог поверить, что в доме князя, одного из богатейших и знатнейших людей России, он и депутат Госдумы, всему Питеру известный Пуришкевич, могли и в самом деле кого-то убить, тем более знаменитого Распутина... И он остался на посту. *Снова* осмотрел двор, но ничего подозрительного не увидел. В шестом часу утра из дворца на автомобиле уехал Юсупов – от парадного входа, *один.*

А второй городовой, Ефимов, также показал: до 5–6 часов утра по Мойке не проезжал ни один автомобиль, кроме одного, показавшегося на улице через 20–30 минут после выстрелов в доме. В то самое время, когда и Юсупов, и Пуришкевич еще в доме, как раз беседуют с Власюком, да и труп Распутина должен, согласно канонической версии, все еще лежать во дворе...

Что мы имеем? Строго говоря, никаких доказательств, что Распутина *вообще* убивали в Юсуповском дворце, с которого до шести часов утра не спускал глаз Власюк...

Можно еще добавить, что «убийцы», Юсупов и Пуришкевич, неправильно описали одежду Распутина – столь заметную и существенную ее часть, как рубаха: длинная, навыпуск. Юсупов: рубаха была белая, вышитая васильками. Пуришкевич: рубаха была кремовая, расшитая шелком. Меж тем принимавший участие в осмотре тела Распутина прокурор судебной палаты Завадский засвидетельствовал: рубаха была *голубая*, вышитая золотыми колосьями. Да вдобавок на руке у Распутина был золотой браслет с царской монограммой, на шее – большой золотой крест, о чем ни Юсупов, ни Пуришкевич не упоминают вообще.

Можно ли в здравом уме перепутать белую рубаху и голубую, васильки и колосья? А что, если Распутин вообще не снимал шубу в доме Юсупова, и никакого чаепития с отравленными пирожными не было?

Но даже если Распутин у Юсупова все же был, кто еще находился в доме? Можно ли имитировать «шумную вечеринку» с помощью только лишь граммофона, бесконечно наяривающего одну и ту же пластинку? И городовой Ефимов упоминает о «как бы женском» крике после выстрелов. Может, убивали все же и в доме, но только *сразу*, не дав даже шубы снять, и там были еще и *другие*? Создававшие видимость вечеринки?

Французский посол Палеолог пересказывает ходивший по Петербургу слух: якобы при убийстве присутствовала переодетая поручиком кавалергардов дочь императора Татьяна, ненавидевшая Распутина из-за того, что он однажды пытался ее изнасиловать. И якобы для того, чтобы дать бедной девушке моральное удовлетворение, на ее глазах мертвого Распутина кастрировали.

Даже в рамках «черной легенды» этакая сказочка выглядит перебором. Но эти слухи, быть может, попросту являются до предела искаженным молвой отображением некоей реальности? В том смысле, что какая-то женщина во дворце все же была?

Радзинский ее *нашел*: Марианна Пистолькорс, по мужу Делферден, дама из высшего света, ненавистница Распутина (по свидетельствам Вырубовой). Другие источники называют Веру Коралли, балерину, кинозвезду, любовницу Дмитрия Павловича, субъекта бисексуального.

Марианну, между прочим, после убийства полиция даже задерживала на основании некой так и оставшейся тайной информации – но вскоре отступила. Так что были там дамы, были, слишком упорно об этом и молва твердит, и полиция осведомлена была явно...

Уже известный нам Симанович излагал *свою* версию убийства. В доме находились Дмитрий Павлович, оба сына великого князя Александра Михайловича, братья Ирины Юсуповой и Пуришкевич, а также Юсупов-старший, Вера Коралли и бывший министр внутренних дел Хвостов. *Сразу*, как только Распутин вошел в дом, из-за портьеры в передней в него выстрелил один из братьев Ирины – а потом, в упавшего, стреляли и остальные. Только Вера Коралли вопила что есть мочи, что стрелять не будет. Приняв за мертвого, Распутина унесли в подвал. Там он пришел в себя и попытался бежать, но убийцы его догнали, связали, увезли к Неве и сбросили в прорубь.

Симанович по своему обыкновению присочинил эффектную концовку: якобы Распутин под водой очнулся, освободился от веревок, вылез на лед и прополз несколько метров, пока не умер. Вот *это* – чистой воды фантазия. Но это еще не значит, что рассказ Симановича вымышлен *целиком*!

Как бы к версии Симановича ни относиться, она во многом ближе к реальности, чем версии Юсупова и Пуришкевича, вот ведь какая штука... Никто не видел трупа во дворе. Лихая погоня Пуришкевича за Распутиным ничем не подтверждается. Раны на трупе гораздо больше соответствуют как раз версии Симановича...

В любом случае не выглядит надуманным предположение, что круг участников, да и просто знавших заранее был гораздо шире, чем пытаются представить *назначенные* убийцами Юсупов и Пуришкевич. Помянутая великая княгиня Елизавета, пугавшая царскую чету печальным примером Людовика и Марии-Антуанетты, накануне убийства по очередному совпадению уехала молиться в Саровский монастырь. Вообще-то дама была религиозная, но вот телеграммы в Питер она слала оч-чень интересные...

Восемнадцатое декабря, великому князю Дмитрию: «Только что вернулась вчера поздно вечером, проведя неделю в Сарове и Дивееве, молясь *за вас всех дорогих*. Прошу дать мне письмом подробности событий. Да укрепит бог Феликса после патриотического акта, им исполненного».

Это значит, еще одиннадцатого она начала молиться «за вас всех дорогих»? Нет ли тут *подтекста*? Как-никак, несмотря на богомольность, активнейшим образом участвовала во всех интригах вокруг трона, причем, опять-таки по странной случайности, сугубо на стороне «антантовской» партии.

Телеграмма княгине Юсуповой: «Все мои глубокие и горячие молитвы окружают вас всех за патриотический акт вашего дорогого сына».

Елизавету Федоровну в последнее время кое-кто считает чуть ли не «святой» – исключительно на том основании, что ее убили большевики. Но христианка, горячо молящаяся за убийц, с точки зрения христианской морали выглядит... скажем так, не очень приглядно. Странноватое у нее было какое-то христианство... Откровенно идущее вразрез с канонами.

Между прочим, то, что Распутин якобы умер только на дне реки, захлебнувшись, – очередная ложь из «черной легенды». Из протокола вскрытия: «Грудные органы были целы и исследовались поверхностно, но никаких следов смерти от утопления не было. Легкие не были вздуты, и в дыхательных путях не было ни воды, ни пенистой жидкости. В воду Распутин был брошен уже мертвым».

Впрочем, слух о том, что Распутин перестал дышать только под водой – уже не сплетня, а чья-то предусмотрительность. Сказочку эту запустили с практическими целями...

Дело в том, что по старинной русской традиции, утопленник не может быть канонизирован, то есть объявлен святым. Очень похоже, кто-то неглупый заранее пытался заблокировать возможные попытки Распутина канонизировать: он же утопленник! Неуместно, никак нельзя...

И очень похоже, что планы заговорщиков (которых, полное впечатление, было гораздо больше, чем явленная широкому зрителю пятерка) простирались гораздо дальше убийства одного Распутина. В дневнике Феликса Юсупова мелькают любопытнейшие фразы: «Участию великого князя Дмитрия Павловича в заговоре против Распутина в силу целого ряда причин я придавал большое значение. Я считал, что нужно быть готовым к самым печальным возможностям, к самым роковым событиям».

Это что же за «причины» такие? Что за «печальные возможности» и «роковые события»?

Должно быть, те же самые, о которых великий князь Николай Михайлович писал в дневнике: «Надо обязательно покончить и с Александрой Федоровной, и с Протопоповым». И сожалел, что убийцы Распутина «не докончили начатого истребления, и результаты – только отрицательные – уже налицо».

Да это ж они переворот готовили! Как еще прикажете понимать? Другого смысла у всего этого просто нет!

Николай Михайлович сам чуть позже назвал вещи своими именами: «Шульгин (видный думский политик и публицист), вот он бы пригодился, но, конечно, не для убийства, а для переворота».

Комментарии не требуются.

Вот что пишет сам Феликс о событиях вскоре после убийства: «Несколько офицеров пришли сказать нам, что их полки готовы нас защищать. Даже предложили Дмитрию поддержать политическое выступление».

Как называются «политические выступления» с участием гвардейских полков, читатель и сам догадается. Тем более что Феликс тайны из сути предложений не делал: «Иные из великих князей считали, что спасенье России – в перемене монарха. С помощью гвардейцев решили затеять ночью поход на Царское Село. Царя убедят отречься, царицу принять постриг, а царевича посадят на престол при регентстве великого князя Николая Николаевича. Дмитрий участвовал в убийстве Распутина, стало быть, пусть возглавит поход и продолжит дело спасения отечества. Лояльность Дмитрия заставила его отказаться от подобных предложений».

Не «лояльность», а простая трусость – наш герой, старательно косивший от фронта, и тут оплошал. Все определенно происходило в полном соответствии со строчками Высоцкого: «Настоящих буйных мало – вот и нету вожаков».

Не нашлось *вожака*, энергичного и решительного. Николай Михайлович, несмотря на всю умственную кровожадность – чистой воды теоретик, кабинетный историк. Николай Николаевич планы всевозможных путчей строил с удовольствием, но когда доходило до реального дела – «трусоват был Ваня бедный». Династия окончательно выродилась, не нашлось *личности* наполеоновского полета...

И Николай II нанес ответный удар. Разумеется, никого не посадили, вообще не судили – ну что поделать, не выносить же сор из избы... Однако «великосветскую оппозицию» царь разогнал подальше от Петрограда. Когда двенадцать членов императорского дома обратились к царю с просьбой не высылать из города Дмитрия Павловича (мечтательный юноша с идеалами в голове, это понимать надо!), Николай ответил примечательной резолюцией: «Никому не дано права заниматься убийством, знаю, что совесть многим не дает покоя, так как не один Дмитрий Павлович в этом замешан. Удивляюсь вашему обращению ко мне».

Вряд ли слова «не один замешан» относились к такой *мелюзге*, какой были Пуришкевич, Лазоверт с Сухотиным, да и сам, собственно, Феликс Юсупов. Интересно, что первых трех не наказали *вообще*, Юсупова отправили в его имение – а вот Дмитрия Павловича как раз загнали к черту на рога, в русский корпус в Персии, где не было элементарных бытовых удобств, а людей косили разнообразнейшие эпидемии. Быть может, это и есть свидетельство того, что питерские асы политического сыска представили Николаю *подлинную* картину происшедшего и четко указали, кто был подставными фигурами, а кто – *кукловодом?*

Ликование в народе по поводу убийства «монстра» вообще-то имело место – слишком многие поддались массированному воздействию «черной легенды». Но были и *другие* мнения...

Вот одно – далеко не единственное! – из писем, полученных Феликсом Юсуповым: «Крестьяне и теперь уже стремятся выяснить виновность крестьянина Григория Распутина, убитого в вашем доме вопреки всем обычаям гостеприимства. Многие вожди крестьянства высказываются в том смысле, что в лице Распутина символически выброшено все русское крестьянство под мост, посему находят желательное всестороннее освещение этого дела, по сию пору для многих загадочнос. И буде явится возможность установить невиновность Распутина в чем-либо, то крестьяне имеют в виду требовать суда над убийцами и сообщниками».

Обратите внимание: авторы письма не угрожают, не смертью грозят, а ведут речь о расследовании и суде. Но, должно быть, были и другие письма, покруче – Юсупов в своем имении обзавелся десятью личными охранниками...

Точно так же жандармы в штатском круглосуточно охраняли дворец Дмитрия Павловича, когда он там обитал до высылки в Персию. Часовые стояли у каждой двери – положительно, не вся Россия видела в убийцах героев...

Сестра Дмитрия, великая княгиня Мария Павловна, в своих воспоминаниях приводит любопытнейший факт!

Внезапно вошел камердинер с «небольшой квадратной коробочкой из некрашеного дерева». И сообщил, что это только что принесли для Дмитрия. Поначалу боялись, что там бомба. Камердинер в соседней комнате со всеми предосторожностями открыл загадочную посылочку...

«На дне коробочки, аккуратно упакованный в вату и салфетки, сверкал голубой эмалью сербский орден».

Я наткнулся на эти мемуары чисто случайно. И долго не мог отойти от изумления. Сербский след в «деле Распутина», кто бы мог подумать!

Это, конечно же, орден Святого Саввы – только он один из всех сербских орденов покрыт голубой эмалью. Какая именно степень, из рассказа Марии Павловны неясно (у ордена было несколько степеней).

Как это прикажете понимать? Если орден прислали сами сербы, то почему столь будничным образом – по почте, по сути, тайно, без прилагающейся грамоты о награждении? Опасались открыто продемонстрировать свою радость по поводу столь выгодного для них события, каким безусловно была смерть Распутина для сербов? Или кто-то хотел таким образом *уязвить* Дмитрия, на что-то намекая? Но на какие именно обстоятельства? И перед нами – след какой-то интриги, связывавшей Дмитрия с сербами?

Неизвестно. Но орден святого Саввы *был*...

Вообще-то Дмитрий Павлович по требованию отца поклялся ему на иконе и портрете покойной матери ее именем, что у него самого на руках крови нет. То, что это не очередная байка, подтверждают и воспоминания Марии Павловны. Но это, строго говоря, еще ничего не доказывает. Во-первых, многочисленные примеры клятвопреступлений в истории человечества прекрасно известны. А во-вторых, вовсе и не обязательно, что стрелял именно Дмитрий. Я и не собираюсь непременно доказывать, что стрелял он. Он просто-напросто должен был знать *реальную* картину убийства, а не тот дешевый лубок, что предъявили «почтеннейшей публике»: Распутин горстями мечет в рот начиненные смертоносным ядом пирожные, но не умирает, штатский человек Пуришкевич, стрелявший прежде исключительно в тире, гонится за ним по снегу, попутно кусая себя за свободную от оружия конечность, пуля, презрев законы баллистики и всемирного тяготения, летит в затылок, но, совершив немыслимый финт, попадает в лоб... И прочее, и прочее, и прочее, на дурачка рассчитанное, категорически не сочетающееся с тем же рапортом городовых и много чем еще...

Прошло много лет, но *от Дмитрия* ни одна живая душа так и не услышала ни словечка о случившемся когда-то в Юсуповском дворце. Он молчал глухо и мрачно, как молчат люди, в подробностях знакомые с грязными тайнами...

О британском соучастии, по-моему, на основании вышеизложенного можно уже говорить не как о версии, а о реальном факте. По большому счету, англичане здесь повторили то, что с их подачи произошло 11 марта 1801 г. – только жертва на сей раз была простым мужиком, а не самодержцем всероссийским. Ну, так даже проще для джентльмена...

У Англии, повторяю, никогда не было ни постоянных друзей, ни постоянных врагов – одни постоянные интересы. Проверено временем. «Старейшая в Европе монархия», как любит себя именовать Британия, могла заключать союзы с любыми живорезами, висельниками, чуть ли не людоедами – лишь бы это было выгодно для их уютного зеленого острова. Блестящий пример – Французская революция. Принято считать, что британское золото, тайком направляемое во Францию, предназначалось исключительно эмигрантам-роялистам, пытавшимся восстановить монархию.

Однако выясняется: англичане щедро субсидировали еще и... французских революционеров, причем не каких-нибудь там умеренных, решавших дела чинными парламентскими дискуссиями, а самых что ни на есть экстремистов, кровожадных и лютых. Знаменитый Жан-Поль Марат, крупнейший представитель «бешеных», был, полное впечатление, платным агентом английской разведки.

Это прослеживается четко. Жизнь Марата известна во всех подробностях. Был он классическим неудачником, не способным заработать честным трудом более-менее нормальные деньги. Ученый – несостоявшийся. Писатель – графоманистый. Врач – никуда не годный. И тем не менее, прожив в Англии двенадцать лет в состоянии совершеннейшего прозябания, он, вернувшись во Францию, неведомо на какие приличные деньги купил нешуточную должность – врача лейб-гвардии графа д'Артуа, брата Людовика XVI. И старательно *гнал* в Англию конфиденциальную информацию, которой благодаря месту работы собирал предостаточно.

На английские денежки он издавал и свою газету «Друг народа», кое в чем перещеголявшую гитлеровскую «Фелькишер беобахтер». Марат вообще-то цедил сквозь зубы, что это ему приходят «пожертвования английских революционных кружков», но никогда благоразумно не уточнял детали...

Получали английские денежки и другие видные деятели революции – Дантон, Эбер. Самое интересное, что каких-либо реальных услуг они при этом не оказывали ни эмигрантам, ни англичанам. И тем не менее немалые деньги им *капали*. Революционное бытие Франции было настолько пронизано английскими агентами и английским золотом, что еще один вождь революции Камилл Демулен незадолго до того, как товарищи по партии оттяпали ему голову на гильотине, в своей газете высказался вовсе уж шокирующе: «Наша революция в 1789 г. была делом, устроенным британским правительством».

Разгадка проста: за свои немалые деньги британцы вовсе не требовали предоставлять им секретную информацию, какую обычно требуют от шпионов, тем более высокопоставленных. Выгоды для Англии были гораздо более внушительные: англичане просто-напросто старательно финансировали состояние долгого, непрекращающегося, абсолютного *хаоса* в бывшем Французском королевстве. Снова все упиралось в скучную экономику. Таким образом бритты гробили конкурента. Чем больше экстремизма любых оттенков, тем сильнее неразбериха. Революция, например, в числе прочих «нелепостей старого режима» разогнала и таможни, все до единой. И несколько лет английские купцы ввозили во Францию массу разнообразного товара, не платя ни гроша пошлины – а раньше, при королях, ввозные пошлины были весьма велики. Новые порядки сулили – и принесли в реальности – такой доход, что *всерьез* англичане и не помышляли о восстановлении французской монархии. Им было хорошо как раз в хаосе, чертовски денежно. Через сто двадцать лет, кстати, они под маской «борьбы с большевиками» будут в точности так же поддерживать хаос в охваченной гражданской войной России – нет в этом мире ничего нового...

Кстати, британцы внесли свой вклад и в раздувание в России той самой шпиономании. Пока русская контрразведка шила из ничего насквозь дутые дела Мясоедова, Сухомлинова и прочих бедолаг, англичане старательно пытались состряпать дело против полковника Некрасова, главного инспектора закупочной комиссии при Артиллерийском управлении. Всерьез говорили, что Некрасов не только шпионит для Германии, но и пытается *размещать* военные заказы не в Англии и США, а в Германии – это в шестнадцатом-то году!

Шума и обвинений было много, но ни одно из них не подтвердилось.

И еще. О том, что с «делом Распутина» обстояло крайне нечисто, свидетельствует *молчание* Милюкова. Именно что молчание, а не какие-то сенсационные признания. П. Н. Милюков, политик крупный, обладал одной примечательной способностью: в своих обширных, обстоятельных, подробнейших мемуарах он попросту *умалчивал* о каком-либо событии или факте, который мог выставить в неприглядном свете «прогрессивную оппозицию» и спровоцировать неудобные вопросы...

Именно так случилось с так называемой «Конференцией представителей оппозиционных и революционных организаций Российского государства». Это весьма многолюдное сборище состоялось в сентябре 1904 г. И было там, по Библии, всякой твари по паре – и либералы Милюков со Струве, и два эсеровских лидера,

Чернов и Азеф, и парочка революционеров-экстремистов Шаховской и Долгорукий (оба, между прочим, князья, из Рюриковичей).

Пикантность в том, что это мероприятие устроено было на японские денежки, которые через своего агента, финского социалиста Кони Цилиакуса выделил известный всем и каждому как разведчик военный атташе Японии в Лондоне полковник Акаши. И все участники об этом обстоятельстве знали заранее. А потому от участия в проплаченном японцами революционном шабаше уклонились социал-демократы – и большевики Ленина, и меньшевики Плеханова. Не хотели себя лишний раз компрометировать – выгоды мало, а неприятностей много...

Так вот, Милюков об этом совещании умолчал вообще. Логика поведения понятна: если врать или писать полуправду, есть риск, что нарвешься на кого-то осведомленного, который и на лжи поймает, и более точной информацией дополнит. Проще промолчать, как будто ничего и не было...

(Иногда мне приходит в голову, что именно из-за этой конференции, компрометировавшей немалое число «оппозиционеров», и расстался с жизнью Манасевич-Мануйлов. Он, как я уже писал, именно за Акаши присматривал в то время и наверняка накопал немало интересного на оппозицию. Манасевича как-то очень кстати расстреляли в первые дни Октября некие «моментально его опознавшие» революционные матросы, вроде бы балтийские братишечки. Учитывая, что Манасевич по роду своей деятельности не стремился к известности и снимков своих в светской хронике не публиковал, остается загадкой, почему это его «моментально» опознали в немалой толпе никогда его прежде не видевшие балтийцы...)

Так вот, в обширных мемуарах Милюкова о Распутине всего... несколько строчек. Буквально, да и то исключительно в связи с убийством – о всей *прошлой* деятельности Распутина Милюков ни словом не упомянул, как будто в светской и политической жизни России такой фигуры, как Распутин, не существовало вообще. Есть в этом некая искусственная неправильность. Плох Распутин или хорош, святой он или черт, но несколько лет занимал достаточно заметное место, и любой, кто писал историю России предреволюционных лет, просто не мог мимо этой фигуры пройти, неважно, хваля или ругая. А Милюков о Распутине молчит. Но, повторяю, если Милюков о чем-то хранит гробовое молчание, то дело тут весьма нечисто...

И наконец, люди, о которых мы как-то позабыли – наши «ястребы» в эполетах и в цивильном. Уж без них *такое* просто не могло обойтись – Распутин, стоявший за идею сепаратного мира, был им категорически поперек горла, и они наверняка не упустили возможности повторить то, что не удалось Гусевой в 14-м году...

Точных данных, понятное дело, нет. Потому что бумаг не писалось и планов не чертилось. Но устранение Распутина просто не могло не обойтись без военных. Которые даже в «классической» версии теснятся на первом плане. Дмитрий, Лазоверт, Сухотин – офицеры. Пуришкевич с военными теснейшим образом связан через свои военно-санитарные дела. Да и г-н Гучков признавался в своих мемуарах, что сотрудничество у всей и всяческой оппозиции с военными было теснейшее – просто штатские играли роли на переднем плане, а обладатели генеральских погон ради соблюдения приличий держались в глубине сцены, предпочитая не светиться...

За год до революции полковник Генштаба Энгельгардт в разговорах с единомышленниками не скрывал, что намерен бороться против «распутинско-сухомлиновской клики». А когда у него поинтересовались, каким способом, ответил: «Да, пожалуй, придется революционным. Только как бы "слева" не захлестнуло».

Полковник был не простой – собственно, военный во вторую очередь, а в первую – политик, думский депутат, член партии кадетов. В отставку он вышел еще в 1905-м и с тех пор сотрясал воздух в Думе – как впоследствии сотрясал его в Париже, куда удалось унести ноги, когда «слева» все же захлестнуло...

Уинстон Черчилль, деятель незауряднейший, но, как и подобает британскому политику, невероятно подлый, в одной из своих книг, не моргнув глазом, написал, будто Российскую империю-де уничтожил «страшный враг» в лице Германии. Сэр Уинни, разумеется, перекладывал с больной головы на здоровую. Что бы там ни было с пресловутыми «германскими деньгами на революцию», *февраль* был делом рук никоим образом не германцев, а поддержанной англичанами русской военно-политической элиты, решившей наконец сбросить царя с «корабля современности». Командующие фронтами и флотами в компании с думской верхушкой *вынудили* царя отречься. Это был заговор, это был переворот. Кстати, бунты в Петрограде стали возможными исключительно благодаря одному из участников путча генералу Гурко. Протопопов, обеспокоенный *надвигавшимся*, как раз и убеждал царя усилить петроградский гарнизон надежными частями с фронта. Царь, прислушавшись, приказал генералу Гурко передислоцировать в столицу четыре надежных кавалерийских полка. Эта сила быстренько покончила бы со всеми бунтами при минимальной идеологической обработке, что-нибудь вроде: «Драгуны-молодцы! Вы в окопах кровь проливали, а эти тыловые засранцы бунтуют, чтобы на фронт не идти!» Примерно с теми же мыслями французские полки в 1871-м в два счета нанизали на штыки парижских коммунаров...

Однако Гурко приказа своего верховного главнокомандующего не выполнил – вместо надежных кавалеристов прислал три экипажа... матросов, из тех же тыловиков, всю войну без дела просидевших у причалов на линкорах. А потом события развернулись так, что царь уже не успел уволить Гурко – его самого уволили...

Англичане, разумеется, не хотели очень уж масштабных революционных потрясений. Они просто-напросто, высосав досуха золотой запас России и вдосталь использовав русское «пушечное мясо» в своих и французских интересах, решили заменить Николая более послушной и управляемой марионеткой. Николай все же проявлял известную самостоятельность — по настоянию супруги, но какая разница? Требовалась вовсе уж откровенная марионетка. Чтобы и слова поперек пискнуть не смела. Вполне возможно, что эта роль как раз и предназначалась Дмитрию Павловичу.

Французские разведчики, действовавшие в Петрограде, в своих донесениях на родину подробно изложили, что, как и почему (англичане, конечно, были союзниками, но еще и исконными конкурентами). Представитель разведки Генштаба Франции капитан де Малейси так и писал в Париж: Февральская революция произошла благодаря заговору англичан и либеральной буржуазии. Вдохновителем был британский посол Бьюкенен, «техническим директором» — Гучков. Они планировали именно что возвести на трон монарха-марионетку, но лодка раскачалась, ситуация вышла из-под контроля.

Генерал Жанен уточнял информацию младшего коллеги: англичане рассчитывали, приведя к власти либералов из оппозиции, получить в России крупные концессии: северные леса, нефть и т. д.

Но Временное правительство оказалось скопищем ничтожеств, власть валялась на дороге, как пьяный в канаве, и ее рискнули поднять большевики, которых никто не принимал всерьез...

В общем, хотели, как лучше, а получилось, как всегда.

Ну а потом англичане хладнокровнейшим образом, трезво и осмысленно *угробили* царскую чету вместе с детьми. То, что императорское семейство расстреляли большевики в Екатеринбурге, не должно никого вводить в заблуждение: в расстрельном подвале Николай, Александра и их дети оказались как раз потому, что английский король *отказался* их принять у себя.

Сначала Лондон соглашался. Царскую семью должны были отправить в Англию морем, причем германское командование открытым текстом сообщило, что препятствовать не будет: «Ни одна боевая единица германского флота не нападет на какое-либо судно, перевозящее государя и его семью». Но потом британский король передумал, он был хозяином своего слова, хотел – давал, хотел – брал обратно. Принято считать, будто на такой шаг короля подтолкнуло «лейбористское правительство»: лейбористы – сущие революционеры, едва не марксисты, вот они и настояли...

Однако из работ в первую очередь английских историков недвусмысленно следует: правительство отказалось принять царскую семью, получив на то прямые указания короля. Английские монархи даже теперь никоим образом не являются чисто декоративными фигурами, держат в руках немаленькие рычаги влияния (другое дело, что особо это не афишируется). Ну а уж в первой половине XX века и вовсе нельзя говорить о «марионетке на троне», о бедном бессильном короле, вынужденном подчиняться чумазым, от станка, лейбористам...

Вздор. Установлено точно: *сам* король надавил на министра. И они, как добрые верноподданные, выполнили приказ...

Видимо, все дело в том, что Георг V, потомок германских Ганноверов, хотел быть в данной ситуации большим католиком, чем сам папа римский. Ему никак не нужен был кузен Ники, покрытый родимыми пятнами легкого германофильства – и уж тем более не нужна была Александра, в глубине души скорее германофилка, нежели «проантантовская» особа.

Гораздо больше сил, энергии и трудов англичане приложили для спасения «германофобской» ветви российского императорского дома, начиная со вдовствующей императрицы Марии Федоровны и кончая ее родней. Вот *тут* англичане старались всерьез и со всем усердием. Помянутая ветвь как-то ухитрилась благополучно отсидеться в Крыму, пережив без всяких для себя последствий красный террор – нам объясняют, будто все оттого, что нашелся некий дружелюбно настроенный красный комиссар, в одиночку героически противостоявший и крымским коллегам, и красной Москве. Исключительно из-за стараний этого светлого рыцаря-одиночки якобы и уцелела «германофобская ветвь». А потом приплыли английские военные корабли и увезли всех на свой уютный остров. Чует мое сердце, что за кулисами «чудесного спасения» происходило много интересного, нам пока неведомого...

Между прочим, и в связи с этой историей всех собак пытались вешать... на немцев. Немцев обвиняли в том, что они не проявили достаточной твердости, не нажали сразу и как следует на большевиков, чтобы те отправили в Лондон Марию Федоровну с ее *стаей.*

А почему, собственно, немцы должны были озабочиваться судьбой этой старой вороны? Напомню, датской принцессы, которая чуть ли не полсотни лет была в российском императорском доме главным поджигателем антигерманского пожара? В своих дневниках, кстати, лившей грязь на императрицу, которая, вот ужас, «посмела» после убийства Распутина взять под домашний арест невинного агнца Митеньку всего-то за соучастие в убийстве какого-то мужика...

Ну а поскольку Божий суд все же существует, что бы там ни думали атеисты, английский король Герцог V, двоюродный брат Николая II, похожий на него как две капли воды, был, как оказалось... *убит*!

Он не умер естественной смертью в 1936 г. Он был *убит.*

Правда, кинжал убийцы или бомба анархиста тут ни при чем.

Король умирал от бронхиального катара – точнее говоря, сердце у него было слабое, он впал в кому, и впереди была агония, которой суждено было растянуться на много часов.

Лорд Пенн: «Примерно в 23 ч стало очевидно, что последняя стадия может продлиться много часов, о чем сам пациент знать не мог, но что едва ли соответствовало тому достоинству и спокойствию, которыми он был так щедро одарен, и которые требовали краткой финальной сцены».

Другими словами, его величеству, королю английскому и прочая и прочая, владыке империи, над которой никогда не заходит солнце, было как-то и неприлично умирать много часов, корчась в агонии, словно какой-нибудь плотник из плебейского Сохо. Да и о чувствах родных следовало побеспокоиться: «Часы ожидания конца, который был бы чисто техническим (хороши термины у эскулапа! – *А. Б.*), поскольку вся реальная жизнь и так отлетела, только истощили бы силы присутствующих, держа их в таком напряжении, что они не смогли бы найти утешение в размышлениях, общении и молитве».

Дальнейшее произошло, боже упаси, не по инициативе самого медика-лорда – еще за день до смерти жена и сын умирающего прямо сказали Пену, что и они не против...

Вот и набрал лорд Пенн в шприц лошадиную дозу морфия и вкатил бесчувственному королю. А через пару минут ввел еще не менее убойную дозу. Минут через сорок король Георг V, так и не приходя в сознание, отошел в мир иной...

Плюрализм плюрализмом, но с христианской точки зрения насильственное прерывание жизни человека по каким бы то ни было мотивам считается как раз убийством, хоть ты тресни...

ЭПИЛОГ

За Февралем пришел Октябрь, но еще много десятилетий распутинская «черная легенда» торжествовала. Та же ложь, навороченная вокруг начала Первой мировой войны, преспокойным образом перекочевала из писаний «столпов империи» в советские исторические труды. Монархии не стало, но упорно продолжали сохраняться и лелеяться иные штампы, порожденные ею ради собственного обеления. По-прежнему считалось, что это злая Германия коварным образом напала в четырнадцатом году на беззащитную, белую и пушистую Россию.

Почему так было *сначала* – ответить легко. Очень многие из российских «ястребов», старательно, долгие годы разжигавших европейский пожар, уютно устроились и при большевиках, да не просто устроились – занимали серьезные посты. И генерал Поливанов, и генерал Бонч-Бруевич, и генерал Брусилов, и многие другие, которых просто невозможно перечислить. Вполне естественно, им никак не хотелось вспоминать о своей роли поджигателей войны, гораздо выгоднее было предстать жертвами тевтонской злобы. Да и собственную бездарность, собственные промахи и откровенное головотяпство очень удобно было сваливать и на тевтонов, и на черного монстра Распутина. Один-единственный пример: генерал Поливанов, еще будучи царским военным министром, приказал военному интендантству привезти из Сибири огромное количество мяса – но не позаботился предварительно выяснить, хватит ли в столице холодильников. Холодильников не хватило, чертова уйма необходимого фронту мяса протухла. Тогда Поливанов, чтобы не оказаться крайним, поднял адский шум: мол, во всем виноваты немецкие агенты, устроившие диверсию...

Ну а потом пришел сорок первый год – и после Отечественной стало даже как-то и неудобно говорить во всеуслышание, что в Первой мировой русские виноваты даже больше, чем немцы. Две войны поневоле *изменили* в русском массовом сознании образ немца, отныне «тевтон» представлялся вечным агрессором, историческим противником, якобы только и порывавшимся столетиями сокрушить Россию. И никто уже не старался специально поддерживать миф об «извечном враге» – люди и в самом деле забыли, что с немцами наши предки как раз и находились столетиями в особых отношениях добрососедства, что долго, очень долго не было у нас никого ближе немцев. И только в 1914 году, целенаправленными трудами «ястребов», обе монархии столкнулись в кровопролитной бойне, которая их и погубила. Столкнулись ради миражей, ради насквозь вымышленной идеи «славянского братства», ради шкурных целей Англии и Франции, ради мастерски наловчившихся эксплуатировать высокие словеса сербов-захребетников...

Ну а *правдочка* все же видела свет иногда, но малыми тиражами. Как это было с работой академика Тарле «Европа в эпоху империализма», где попадаются прямо-таки еретические фразы вроде «долгих и прямых сербских провокаций к войне» и проводится абсолютно правильная мысль: *Все* виноваты», нет ни безвинных страдальцев, ни злых агрессоров...

Правда, вплоть до недавнего времени у нас не издавались воспоминания великого князя Александра Михайловича. Человек как раз из тех, кого принято называть «неоднозначными». Казнокрад, прямо скажем, был фантастический, даже на тогдашнем общем фоне миллионы из казны военно-морского ведомства присвоил. Но, с другой стороны, был, пожалуй, самым трезвым и не поддававшимся штампам исследователем. Именно он, кстати, категорически выступал против сказочки о «кучке большевиков», якобы разваливших сытую, веселую и довольную жизнью Российскую империю. Главную вину великий князь возлагал как раз на «элиту», «образованное общество», дворянство российское. Себя, правда, к виновникам не причислял и про забавы с казной умалчивал – ну, все мы люди, все человеки.

Великий князь о причинах Первой мировой:

«1. Причиной мирового конфликта являлись соперничество Великобритании и Германии в борьбе за преобладание на морях и совокупные усилия "военных партий" Берлина, Вены, Парижа, Лондона и С.-Петербурга. Если бы Принцип не покушался на жизнь австрийского эрцгерцога Франца-Фердинанда, международные сторонники войны изобрели бы другой повод. Вильгельму II было необходимо, чтобы война началась до выполнения русской военной программы, намеченной на 1917 г.

2. Император Николай II сделал все, что было в его силах, чтобы предотвратить военные действия, но не встретил никакой поддержки в своих миротворческих стремлениях в лице своих ближайших сподвижников – военного министра и начальника Генерального штаба.

3. До полуночи 31 июля 1914 г. британское правительство могло предотвратить мировую катастрофу, если бы ясно и определенно заявило о своем твердом намерении вступить в войну на стороне России и Франции».

И в заключение – о Распутине. Даже в самые что ни на есть оголтело-большевистские времена, в 1924 г., появилась книга, явно отклонявшаяся от могучих штампов «черной легенды».

«И Распутин, при всем своем распутстве, был не хуже, а лучше, даже честнее и умнее тех, которые толпились в его передней, всячески унижались и заискивали у него... Этот темный мужик своим немудреным крестьянским умом понял, что за мразь эти сановники и министры, все эти дамы и государственные люди. И он по праву презирал и третировал их, видя, какая гниль скрывается за всем этим блеском и треском чинов, положений, родовитости, внешней культуры и «образованности». Презирал он, надо думать, и Николая, и Александру Федоровну. Ибо он все же был умнее».

Собственно говоря, что же мы наблюдаем в случае Григория Ефимовича Распутина?

Да просто-напросто очередную не особенно оригинальную, немудреную историю о том, как пахнувший разложением мегаполис, столица догнивающей империи, набитая вовсе уж сгнившей «элитой», *сожрал*, погубил и после смерти ославил потоками лжи очередного приезжего из провинции, вначале преисполненного самых благих намерений...

До самого конца Распутин не был ни святым, ни демоном. *Сначала* в его характере и душе вообще не было ни малейшей червоточинки: классический деревенский «ходок за правду», хлопотавший и о «мирских делишках», и о «притесняемых жидках». В юности нагрешивший, но после искренне обратившийся к Богу.

Огромный город его *сломал*. Его пытались использовать в своих целях прохвосты и политические авантюристы, казнокрады и великосветские мистики. Распутин, конечно, не стал тем монстром, каким его до сих пор малюют, но вся эта поганая коловерть, в которую он оказался затянут, не могла не впустить изрядно гнили в его душу. Он не отверг нахлынувшей на него камарильи, наседавшей, как нечистая сила на Хому Брута – он *поддался*. С одной стороны, явно сопротивлялся в душе «городской гнили», с другой – стал ее частичкой.

Он сломался и в чем-то изменился. В этом и только в этом заключается реальная, а не мнимая трагедия Григория Ефимовича Распутина – он *поддался* дьяволу, как Фауст поддался Мефистофелю. Дьяволу в лице холодного Санкт-Петербурга последнего десятилетия российской монархии, и тех мелких бесов, что щеголяли в раззолоченных мундирах, бальных платьях и безукоризненных фраках. Ну, а выиграть у дьявола нельзя изначально, во что бы ни играли. И, когда Распутин в последний раз попытался стряхнуть этот морок, совершить что-то доброе, прекратить войну, было уже поздно. Дьявол пересилил. Игра, вдобавок ко всему прочему, шла не только собственными картами дьявола, но и в его обиталище. Так что шансов не было ни малейших, перехитрили и переиграли. А напоследок еще и оклеветали безмерно.

Вот и вся разгадка, если не обращать внимания на «черную легенду»: трагедия незаурядной личности, оказавшейся *не в том месте и не в то время* – и не нашедшей в себе сил уйти.

И потому мне Григория Ефимовича Распутина по-человечески жаль.

И что-то, подозреваю, осталось недосказанным, но мы не знаем что...

Красноярск, август 2005

ПРИЛОЖЕНИЯ

ИЗ ВОСПОМИНАНИЙ О ГРИГОРИИ ЕФИМОВИЧЕ РАСПУТИНЕ

А. А. Вырубова
«ЗА ВСЕ ГОДЫ НИЧЕГО НЕПРИСТОЙНОГО НЕ ВИДЕЛА И НЕ СЛЫХАЛА О НЕМ»

Два дня после нашего возвращения из Новгорода, именно 17 декабря, началась «бескровная революция» убийством Распутина. 16 декабря государыня послала меня к Григорию Ефимовичу отвезти ему икону, привезенную ею из Новгорода. Я не особенно любила ездить в его квартиру, зная, что моя поездка будет лишний раз фальшиво истолкована клеветниками. Оставалось минут пятнадцать, слышала от него, что он собирается очень поздно ехать к Феликсу Юсупову знакомиться с его женой Ириной Александровной. Хотя я знала, что Распутин часто виделся с Феликсом Юсуповым, однако же мне показалось странным, что он едет к ним так поздно, но он ответил мне, что Феликс не хочет, чтобы об этом узнали его родители. Когда я уезжала, Григорий Ефимович сказал мне странную фразу: «Что еще тебе нужно от меня? Ты уже все получила...»

Вечером я рассказывала государыне, что Распутин собирается к Юсуповым знакомиться с Ириной Александровной. «Должно быть, какая-нибудь ошибка, – ответила государыня, – так как Ирина в Крыму и родителей Юсуповых нет в городе». Потом мы начали говорить о другом. Утром 17 декабря ко мне позвонила одна из дочерей Распутина (которая училась в Петрограде и жила с отцом). Она сообщила мне с некоторым беспокойством, что отец их не вернулся домой, уехав поздно вечером с Феликсом Юсуповым. Известие это меня удивило, но в данную минуту особого значения я ему не придала. Приехав во дворец, я рассказала об этом государыне. Выслушав меня, она выразила свое недоумение. Через час или два позвонили во дворец от министра внутренних дел Протопопова, который сообщал, что ночью полицейский, стоявший на посту около дома Юсуповых, услышав выстрел в доме, позвонил. К нему выбежал пьяный Пуришкевич и заявил, что Распутин убит. Тот же полицейский видел военный мотор без огней, который отъехал от дома вскоре после выстрелов. Государыня приказала вызвать Лили Ден (жену морского офицера, с которой я была очень дружна и которую государыня очень любила). Мы сидели вместе в кабинете императрицы, очень расстроенные, ожидая дальнейших известий. Сперва звонил великий князь Дмитрий Павлович, прося позволения приехать к чаю в пять часов. Императрица, бледная и задумчивая, отказала ему. Затем звонил Феликс Юсупов и просил позволения приехать с объяснением – то к государыне, то ко мне, – звал меня несколько раз по телефону, но государыня не позволила мне подойти, а ему приказала передать, что объяснения он может прислать ей письменно. Вечером принесли государыне знаменитое письмо от Феликса Юсупова, где он именем князей Юсуповых клянется, что Распутин в этот вечер не был у них. Распутина он действительно видал-де несколько раз, но не в этот вечер. Вчера же у него была вечеринка – справляли новоселье и перепились, а, уходя, великий князь Дмитрий Павлович убил во дворе собаку. Государыня сейчас же послала это письмо министру юстиции. Кроме того, государыня приказала Протопопову продолжать расследование дела и вызвала военного министра, генерала Беляева (убитого впоследствии большевиками), с которым совещалась по этому делу.

На другой день государыня и я причащались Святых Тайн в походной церкви Александровского дворца, где по этому случаю была отслужена литургия. Государыня не пустила меня вернуться к себе, и я ночевала в одной из комнат на 4-м подъезде Александровского дворца.

Жуткие были дни. 19-го утром Протопопов дал знать, что тело Распутина найдено. Полиция, войдя в дом Юсуповых на следующее утро после убийства, напала на широкий кровяной след у входа и на лестнице и на признаки того, что здесь происходило что-то необычайное. На дворе в самом деле нашли убитую собаку, но рана на голове не могла дать такого количества крови... Вся полиция в Петрограде была поставлена на ноги. Сперва в проруби на Крестовском острове нашли голову Распутина, а потом водолазы наткнулись и на его тело: руки и ноги были запутаны веревкой; правую руку он, вероятно, высвободил, когда его кидали в воду, пальцы были сложены крестом. Тело было перевезено в Чесменскую богадельню, где было произведено вскрытие. Несмотря на многочисленные огнестрельные раны и огромную рваную рану на левом боку, сделанную ножом или шпорой, Григорий Ефимович, вероятно, был еще жив, когда его кинули в прорубь, так как легкие были полны водой. Когда в столице узнали об убийстве Распутина, все сходили с ума от радости; ликованию общества не было пределов, друг друга поздравляли. «Зверь был раздавлен, – как выражались, – злого духа не стало». От восторга впадали в истерику. Во время этих манифестаций по поводу убийства Распутина Протопопов спрашивал совета Ее Величества по телефону, где его похоронить. Впоследствии он надеялся отправить тело в Сибирь, но сейчас же делать этого не советовал, указывая на возможность по дороге беспорядков. Решили временно похоронить в Царском Селе, весной же перевезти на родину. Отпевали в Чесменской богадельне, и в девять часов утра в тот же день (кажется, 21 декабря) сестра милосердия привезла на моторе гроб Распутина. Его похоронили около парка, на земле, где я намеревалась построить убежище для инвалидов. Приехали Их Величества с княжнами и я и два или три человека посторонних. Гроб был уже опущен в могилу, когда мы пришли; духовник Их Величеств отслужил короткую панихиду, и стали засыпать могилу. Стояло туманное холодное утро, и вся обстановка была ужасно тяжелая: хоронили даже не на кладбище. Сразу после короткой панихиды уехали. Дочери Распутина, которые одни присутствовали на отпевании, положили на грудь убитого икону, которую государыня привезла из Новгорода. Вот правда о похоронах Распутина, о которых столько говорилось и писалось. Государыня не плакала часами над его телом, и никто не дежурил у гроба из его поклонниц. Ужас и отвращение к совершившемуся объяли сердца Их Величеств. Государь, вернувшись из Ставки 20-го числа, все повторял:

«Мне стыдно перед Россией, что руки моих родственников обагрены кровью этого мужика».

Их Величества были глубоко оскорблены злодеянием, и если они раньше чуждались великих князей, расходясь с ними во взглядах, то теперь их отношения совсем оборвались. Их Величества ушли как бы в себя, не желая ни слышать о них, ни их видеть.

Но Юсуповы и компания не окончили своего дела. Теперь, когда все их превозносили, они чувствовали себя героями. Великий князь Александр Михайлович отправился к министру юстиции Добровольскому и, накричав на него, стал требовать от имени великих князей, чтобы дело это было прекращено. Затем, в день приезда Государя в Царское Село, великий князь заявился со старшим сыном во дворец. Оставив сына в приемной, он вошел в кабинет Государя и также от имени семьи требовал прекращения следствия по делу убийства Распутина; в противном случае он грозил чуть ли не крушением Престола, великий князь говорил так громко и дерзко, что голос его слышали посторонние, так как он почему-то и дверь не притворил в соседнюю комнату, где ожидал его сын. Государь говорил после, что он не мог сам оставаться спокойным – до такой степени его возмутило поведение великого князя, – но в минуту разговора он безмолвствовал. Государь выслал великих князей Дмитрия Павловича и Николая Михайловича, а также Феликса Юсупова из Петрограда. Несмотря на мягкость наказания, среди великих князей поднялась целая буря озлобления. Государь получил письмо, подписанное всеми членами императорского Дома, с просьбой оставить великого князя Дмитрия Павловича в Петрограде по причине его слабого здоровья... Государь написал на нем только одну фразу: «Никому не дано право убивать». До этого Государь получил письмо от великого князя Дмитрия Павловича, в котором он, вроде Феликса Юсупова, клялся, что он ничего не имел общего с убийством.

Расстроенный, бледный и молчаливый, Государь эти дни почти не разговаривал, и никто из нас не смел беспокоить его. Через несколько дней Государь принес в комнату императрицы перехваченное Министерством внутренних дел письмо княгини Юсуповой, адресованное великой княгине Ксении Александровне. Вкратце содержание письма было следующее: «Она (Юсупова), как мать, конечно, грустит о положении своего сына, но "Сандро" (великий князь Александр Михайлович) спас все положение; она только сожалела, что в этот день они не довели своего дела до конца и не убрали всех, кого следует... теперь остается только "ее" запереть. По окончании этого дела, вероятно, вышлют Николашу и Стану (великого князя Николая Николаевича и Стану Николаевну) в Першино (их имение)... Как глупо, что выслали бедного Николая Михайловича!» Государь сказал, что все это так низко, что ему противно этим заниматься. Императрица же все поняла. Она сидела бледная, смотря перед собой широко раскрытыми глазами... Принесли еще две телеграммы Их Величествам. Близкая их родственница «благословляла» Феликса Юсупова на патриотическое дело. Это постыдное сообщение совсем убило государыню; она плакала горько и безутешно, и я ничем не могла успокоить ее.

Я ежедневно получала грязные, анонимные письма, грозившие мне убийством и тому подобное. Императрица, которая лучше нас всех понимала данные обстоятельства, как я уже писала, немедленно велела мне переехать во дворец, и я с грустью покинула свой домик, не зная, что уже никогда туда не вернусь. По приказанию Их Величеств с этого дня каждый шаг мой оберегался. При выездах в лазарет всегда сопутствовал мне санитар Жук; даже по дворцу меня не пускали ходить одну, не разрешили присутствовать и на свадьбе дорогого брата.

Мало-помалу жизнь во дворце вошла в свою колею. Государь читал по вечерам нам вслух. На Рождество были обычные елки во дворце и в лазаретах. Их Величества дарили подарки окружающей свите и прислуге, но великим князьям в этот год они не посылали подарков. Несмотря на праздник, Их Величества были очень грустны: они переживали глубокое разочарование в близких и родственниках, которым ранее доверяли и которых любили, и никогда, кажется, Государь и Государыня Всероссийские не были так одиноки, как теперь. Преданные родственниками, оклеветанные людьми, которые в глазах всего мира назывались представителями России, Их Величества имели около себя только нескольких верных друзей да министров, ими назначенных, которые все были осуждены общественным мнением. Всем им ставилось в вину, что они назначены Распутиным. Но это сущая неправда.

Прерываю свой рассказ, который вела в строго хронологическом порядке, чтобы посвятить несколько страниц человеку, имя которого до сих пор вызывает всеобщий ужас, злобу и отвращение. Распутин! Сколько написано книг, брошюр, статей о нем! Кажется, всякий, кто умел владеть пером, изливал свою ненависть против этого ужасного имени! Те, кто ожидает от меня секретных и интересных разоблачений, вероятно, будут глубоко разочарованы, потому что то, что я расскажу, даже малоинтересно. Да что могу сказать я, глупая женщина, когда весь мир осудил его, и все, кто писал, всё «видели своими глазами» или знали из «достоверных источников»? Весь мир осудил его, подобно тому, как осудил раньше Нерона, Иуду или Пилата. Значит, писать уже более нечего, и для какой цели буду я стараться переменить мнение людей?

Но ради исторической правды я должна сказать, как и почему он имел некоторое влияние в жизни Государя и государыни. Сперва надо объяснить, кто был Распутин. Ни монах, ни священник, а простой странник, которых немало на Руси. Их Величества принадлежали к разряду людей, верящих в силу молитвы подобных странников. Григория Ефимовича ввел в дом великих княгинь Милицы и Станы Николаевн епископ Феофан, который был очень заинтересован этим необыкновенным странником. Их Величества в то время находились в тесной дружбе с этими великими княгинями. По рассказам государыни, их поражали ум и начитанность великой княгини Милицы Николаевны, которую близкие считали чуть ли не пророчицей. У нее Их Величества познакомились с Распутиным, и там же они стали с ним изредка видеться. Ее Величество рассказывала мне о глубоком впечатлении, которое произвел на них сибирский странник, – да и не только на них одних. Она рассказывала о том, что Столыпин позвал его к себе после взрыва в его доме – помолиться над его больной дочерью...

Распутиным воспользовались как поводом для разрушения всех прежних устоев; он как бы олицетворял собой все то, что стало ненавистно русскому обществу, которое, как я уже писала, утратило всякое равновесие; он стал символом их ненависти. И на эту удочку словили всех – и мудрых и глупых, и бедных и богатых. Но громче всех кричала аристократия и великие князья, и рубили сук, на котором сидели. Как пишет английский писатель Dillon в своей книге Eclipse of Russia (p. 196): «It is my belief that though his friends were influential G. Rasputin was a symbol» («Я убежден, что, хотя его друзья были влиятельны, сам Распутин был лишь символом»). Россия, как и Франция XVIII столетия, прошла через период полного сумасшествия, и только теперь через страдания и слезы начинает поправляться от своего тяжелого заболевания. Плачут и проклинают большевиков. Большевики большевиками, но рука Господня страшна. На людях можно казаться добрым и благочестивым и легко обижать и клеветать невинных, но есть Бог. И если кто теперь потерял близких или родных, или голодает, или томится на чужбине и мы видим, что погибает дорогая Родина и миллионы наших соотечественников от голода и террора, то не надо забывать, что Богу не было трудно сохранить их жизнь и дать все потребное, так как у Бога

невозможного нет. Но чем скорее каждый пороется в своей совести и сознает свою вину перед Богом, царем и Россией, тем скорее Господь прострет свою крепкую руку и избавит нас от тяж-
ких испытаний. «Мне есть отмщение и Аз воздам».

Все книги полны рассказами о влиянии Распутина на государственные дела и утверждают, что Распутин постоянно находился при Их Величествах. Вероятно, если бы я стала это опро-
вергать, то никто бы не поверил. Обращу только внимание на то,
что каждый его шаг, со времени знакомства Их Величеств у великой княгини Милицы Николаевны до его убийства в юсуповском доме, записывался полицией. О так называемой охранке читатель, вероятно, слыхал, но об организованной охране Их Величеств трудно себе составить представление, не зная ее. У Их Величеств были три рода охраны: дворцовая полиция, конвой и свод-
ный полк. Всем этим заведовал дворцовый комендант. Последним
до 1917 года был генерал Воейков. Никто не мог быть принятым
Их Величествами или даже подойти ко дворцу без ведома дворцовой полиции. Каждый из них, а также все солдаты сводного
полка на главных постах вели точную запись лиц, проходивших
и проезжавших. Кроме того, они были обязаны сообщать по телефону дежурному офицеру сводного полка о каждом человеке,
проходившем во дворец. Каждый шаг Их Величеств записывался. Если государыня заказывала экипаж к известному часу, камердинер передавал по телефону на конюшню, о чем сейчас же
докладывалось дворцовому коменданту, который передавал при-
казание быть начеку всей полиции: что-де экипаж заказан к двум
часам. Это значило, что везде выходила полиция тайная и явная,
со своими записями, следя за каждым шагом государыни. Стоило ей остановиться где или поговорить со знакомыми, чтобы
этих несчастных сразу обступала после полиция, спрашивая фамилию и повод их разговора с государыней.

Всем сердцем государыня ненавидела эту охрану, которую она
называла шпионажем, но была бессильна изменить раз заведен-
ные порядки. Если я говорю, что Распутин приезжал два или три

раза в год к Их Величествам, а последнее время они, может быть, видели его четыре или пять раз в год, то можно проверить по точным записям этих полицейских книг, говорю ли я правду. В 1916 году лично Государь видел его только два раза. Но Их Величества делали ошибку, окружая посещения Григория Ефимовича тайной. Это послужило поводом к разговорам. Каждый человек любит иметь некоторую интимность и хочет иногда остаться один со своими мыслями или молитвами, закрыть двери своей комнаты. То же было у Их Величеств по отношению к Распутину, который был для них олицетворением надежд и молитв. Они на час позабывали о земном, слушая рассказы о его странствованиях и так далее. Проводили его каким-нибудь боковым ходом по маленькой лестнице, принимали не в большой приемной, а в кабинете Ее Величества, предварительно пройдя по крайней мере десять постов полиции и охраны с записями. Эта часовая беседа наделывала шуму на год среди придворных. Я несколько раз указывала Ее Величеству, что подобный прием вызывает гораздо больше разговоров. Императрица соглашалась, но следующий раз повторялось то же самое. Секретов потому во дворце не существовало. Принимали его обыкновенно вечером, но это не из-за тайны, а потому, что это было единственное время, что Государь был свободен.

Алексей Николаевич приходил до сна в голубом халатике посидеть с родителями и повидать Григория Ефимовича. Все они, по русскому обычаю, три раза целовались и потом садились беседовать. Он им рассказывал про Сибирь и нужды крестьян, о своих странствованиях. Их Величества всегда говорили о здоровье наследника и о заботах, которые в ту минуту их беспокоили. Когда после часовой беседы с Семьей он уходил, он всегда оставлял Их Величества веселыми, с радостными упованиями и надеждой в душе; до последней минуты они верили в его молитву и еще из Тобольска мне писали, что Россия страдает за его убийство. Никто никогда не мог поколебать их доверия, хотя все враждебные газетные статьи им приносились, и все старались им доказать, что он дурной человек. Ответ был один: «Его ненавидят, потому что мы его любим». Так что «заступаться» за него, как обо мне писали, мне, очевидно, не приходилось...

Самое сильное озлобление на Распутина поднялось в два или три последних года его жизни. Его квартира в Петрограде, где он проводил всего больше времени, была переполнена всевозможной беднотой и разными просителями, которые, воображая себе, что он имеет огромную власть и влияние при Дворе, приходили к нему со своими нуждами. Григорий Ефимович, перебегая от одного к другому, безграмотной рукой писал на бумажках разным влиятельным лицам записки всегда почти одного содержания: «милый, дорогой, прими»; или: «милый, дорогой, выслушай». Несчастные не знали, что менее всего могли рассчитывать на успех, прося через него, так как все относились к нему отрицательно. Одно из самых трудных поручений государыни – большей частью из-за болезни Алексея Николаевича – это было ездить на квартиру Григория Ефимовича, всегда полную просителями и часто – проходимцами, которые сейчас же обступали меня и не верили, что я в чем-либо помочь им не могу, так как я считалась чуть ли не всемогущей. Все эти прошения, которые шли через Григория Ефимовича и которые он привозил в последние годы в карманах к Их Величествам, только их сердили; они складывали их в общий пакет на имя графа Ростовцева*, который рассматривал их и давал им законный ход. Но, конечно, это создавало массу разговоров, и я помню, как благомыслящие люди просили Их Величества дать Григорию Ефимовичу келью в Александро-Невской лавре или другом монастыре, дабы там оградить его от толпы, газетных репортеров и всяких проходимцев, которые впоследствии, чтобы очернить Их Величества, пользовались его простотой, увозили с собой и напаивали его; но Их Величества тогда не обратили внимания на эти советы. Как-то раз, идя к нему, я встретила на лестнице бедного студента, который просил меня

---

* Секретарь государыни императрицы Александры Федоровны.

купить ему пальто. Единственное письмо, полученное мной по почте в Петропавловской крепости, было от этого студента, который молился о моем освобождении. Это было одно из немногих лиц, приходивших в квартиру Распутина, которое оставило после себя приятное воспоминание.

Существует фотография, которая была воспроизведена в России, а также в Европе и Америке. Фотография эта представляет Распутина сидящим в виде оракула среди дам-аристократок своего «гарема» и как бы подтверждает огромное влияние, которое будто бы имел он в придворных кругах. Но я думаю, что никакая женщина, если бы даже и захотела, не могла бы им увлечься; ни я, и никто, кто знал его близко, не слыхали о таковой, хотя его постоянно обвиняли в разврате. Странным кажется еще тот факт, что, когда после революции начала действовать следственная комиссия, не оказалось ни одной женщины в Петрограде или в России, которая выступила бы с обвинениями против него; сведения черпались из записей охранников, которые были приставлены к нему.

Я могу дать объяснение этого снимка, так как сама изображена на нем. В первые годы к Григорию Ефимовичу приходили только те люди, которые, как и Их Величества, искали разъяснения по разным религиозным вопросам; после ранней обедни в каком-нибудь монастыре, причастившись Святых Тайн, богомольцы собирались вокруг него, слушая его беседы, и я, всегда «искавшая» религиозное настроение и утешение после вечных интриг и зла придворной обстановки, с интересом слушала необыкновенные беседы человека, совсем не ученого, но говорившего так, что и ученые профессора и священники находили интересным его слушать. Несмотря на то что он был человек безграмотный, он знал все Священное Писание и его беседы отличались оригинальностью, так что, повторяю, привлекали немало людей образованных и начитанных, каковыми были, бесспорно, епископы Феофан и Гермоген, великая княгиня Милица Николаевна и другие. Приходили к нему и с разными горями и нуждами. Нужде всякой он помогал, то есть отдавал все, если что получал, и утешал советами и объяснениями тех, кто приходил к нему со своими заботами. Терпеливо выслушивал разных дам, которые являлись с сердечными вопросами, всегда строго порицая греховные дела...

Трудно также объяснить себе, как он помогал больным. Следующий факт из жизни наследника тронет сердце каждой матери. Все знают, что во время постоянных заболеваний Алексея Николаевича Их Величества всегда обращались к Распутину, веря, что его молитва поможет бедному мальчику. В 1915 году, когда Государь встал во главе армии, он уехал в Ставку, взяв Алексея Николаевича с собой. В расстоянии нескольких часов пути от Царского Села у Алексея Николаевича началось кровоизлияние носом. Доктор Деревенко, который постоянно его сопровождал, старался остановить кровь, но ничто не помогало, и положение становилось настолько грозным, что Деревенко решился просить Государя вернуть поезд обратно, так как Алексей Николаевич истекает кровью. Какие мучительные часы провела императрица, ожидая их возвращения, так как подобного кровоизлияния больше всего опасались. С огромными предосторожностями перенесли его из поезда. Я видела его, когда он лежал в детской: маленькое, восковое лицо, в ноздрях окровавленная вата. Профессор Федоров и доктор Деревенко возились около него, но кровь не унималась. Федоров сказал мне, что он хочет попробовать последнее средство – это достать какую-то железу из морских свинок. Императрица стояла на коленях около кровати, ломая голову, что дальше предпринять. Вернувшись домой, я получила от нее записку с приказанием вызвать Григория Ефимовича. Он приехал во дворец и с родителями прошел к Алексею Николаевичу. По их рассказам, он, подойдя к кровати, перекрестил наследника, сказав родителям, что серьезного ничего нет и им нечего беспокоиться, повернулся и ушел. Кровотечение прекратилось. Государь на следующий день уехал в Ставку. Доктора говорили, что они совершенно не понимают, как это произошло. Но это – факт. Поняв душевное состояние родителей, можно было бы им простить Распутина; у каждого человека есть свои предрассудки, или назовите их как хотите, – и когда наступают тяжелые минуты в жизни, каждый переживает по-своему; но самые близкие не хотели понять положения и, поняв, объяснить тем, кого заведомо вводили в заблуждение.

Что касается денег, то Распутин никаких денег от Их Величеств не принимал, никогда от них никаких денежных сумм не получал, за исключением сотни рублей, которые посылали ему иногда на извозчика. Вообще деньги в его жизни не играли роли: если ему давали, он сразу же их раздавал. Семья его после его смерти осталась в полной нищете.

Вспоминаю также эпизод с одним из знаменитых врагов Распутина, монахом Илиодором. О нем, вероятно, много слышал читатель: как он в конце всех своих приключений снял рясу, женился и жил за границей. По моему мнению, он, безусловно, был ненормальный человек. Этот самый Илиодор затеял два покушения на Распутина. Первое ему удалось, когда некая женщина Гусева ранила его ножом в живот – в Покровском. Это было в 1914 году за несколько недель до начала войны. Второе покушение было устроено министром Хвостовым с этим же Илиодором, но последний послал свою жену в Петроград со всеми документами и выдал заговор. Все эти личности вроде Хвостова смотрели на Распутина как на орудие к осуществлению их заветных желаний, воображая через него получить те или иные милости. В случае неудачи они становились его врагами. Так было с великими князьями, епископами Гермогеном, Феофаном и другими. Я уверена, что Илиодор также ненавидел государыню и написал одну из самых грязных книг о царской семье. Прежде чем издать ее, он сделал государыне письменное предложение – купить эту книгу за шестьдесят тысяч рублей, грозя в противном случае издать ее в Америке. Помню, это было в Ставке, в 1916 году. Государыня возмутилась этим предложением, заявив, что пусть Илиодор пишет, что он хочет, и на бумаге написала: «отклонить». В последнее время Илиодор живет в России и, кажется, в прекрасных отношениях с коммунистами, зарекомендовав себя нападками на Церковь и духовенство. При Временном правительстве много говорили, что брат его занимался выдачей заграничных паспортов.

Но какое же влияние имел Распутин на политику? Ведь те, кто убил его, если верить им, освобождали Россию от «германского агента», который-де втягивал Их Величества и Россию в сепаратный мир и так далее... Письма государыни доказывают, как Их Величества смотрели на вопрос о мире... И если я пишу, то пишу для выяснения правды и для будущего суда истории, а потому пишу все, как было. Последние годы всевозможные министры, журналисты и так далее ездили к Распутину, и если бы он хотел, то ему, конечно, немало представлялось случаев вмешиваться в политику, но теперь и судебное расследование Чрезвычайной следственной комиссии Временного правительства доказало, что политикой он не занимался. Точно так же и у Их Величеств разговоры с ним были всегда на отвлеченные темы и о здоровье маленького наследника. Вспоминаю только один случай, когда действительно Григорий Ефимович оказал влияние на внешнюю политику. Это было в 1912 году, когда великий князь Николай Николаевич и его супруга старались склонить Государя принять участие в Балканской войне. Распутин, чуть ли не на коленях перед государыней умолял его этого не делать, говоря, что враги России только и ждут того, чтобы Россия ввязалась в эту войну и что Россию постигнет неминуемое несчастье.

Как я уже писала, в начале войны с Германией Григорий Ефимович лежал, раненный Гусевой, в Покровском. Он тогда послал две телеграммы Его Величеству, умоляя «не затевать войны». Он и ранее часто говорил Их Величествам, что с войной все будет кончено для России и для них. Государь, уверенный в победоносном окончании войны, тогда разорвал телеграмму, и с началом войны, как мне лично казалось, относился холодно к Григорию Ефимовичу. Последний раз Государь видел Распутина у меня в доме в Царском Селе, куда, по приказанию Их Величеств, я вызвала его. Это было приблизительно за месяц до его убийства. Здесь я убедилась лишний раз, каким пустым вымыслом был пресловутый разговор о желании сепаратного мира, о котором клеветники распространяли молву, указывая, что это желание – то Государя, то Распутина – Штюрмера или других. Государь приехал озабоченный и, сев, сказал:

«Ну, Григорий, помолись хорошенько; мне кажется, что сама природа идет против нас сейчас». Он рассказывал, что из-за снежных заносов не успевают подвозить хлеб в Петроград. Григорий Ефимович ободрил его и сказал, что главное – не надо заключать мира, так как та страна победит, которая покажет более стойкости и терпения. Государь согласился с этим, заметив, что у него есть сведения, что и в Германии сейчас плохо с продовольствием. Затем Григорий Ефимович указал, что надо думать о том, как бы обеспечить всех сирот и инвалидов после войны, чтобы «никто не остался обиженным: ведь каждый отдал тебе все, что имел самого дорогого». Их Величества встали, чтобы проститься с ним. Государь сказал, как всегда: «Григорий, перекрести нас всех». «Сегодня ты благослови меня», – ответил Григорий Ефимович, что Государь и сделал. Чувствовал ли Распутин, что он видит их в последний раз, не знаю: утверждать, что он предчувствовал события, не могу, хотя то, что он говорил, сбылось. Я лично описываю только то, что слышала и каким видела его. Со своей смертью Распутин ставил в связь большие бедствия для Их Величеств. Последние месяцы он все ожидал, что его скоро убьют.

Свидетельствую страданиями, которые я переживала, что я лично за все годы ничего непристойного не видела и не слыхала о нем, а наоборот, многое из сказанного во время этих бесед помогло мне нести крест поруганья и клеветы, Господом на меня возложенный. Распутина считали и считают злодеем без доказательства его злодеяний. За его бесчисленные злодеяния его убили – без суда, несмотря на то что самым большим преступникам во всех государствах полагается арест и суд, а уж после – казнь...

Ю. Л. Ден
О ГРИГОРИИ РАСПУТИНЕ

Я расскажу о Григории Распутине, каким я его знала. Мое знакомство с ним продолжалось с 1910 по 1916 год, но попытаться сказать хотя бы одно слово в его защиту – это все равно что попробовать в одиночку расчистить Авгиевы конюшни. Зная, насколько предубеждено против него общественное мнение, сначала я не хотела упоминать его имени на страницах этой книги, однако меня вынудили к этому. Мне указали, что молчание может быть истолковано как признание вины не только старца, но и Ее Величества. Последнее соображение заставило меня отказаться от первоначального решения и представить правдивый рассказ о человеке, который якобы играл столь важную роль в последние годы существования Российской империи.

Если я заявлю, что не видела ничего дурного в Григории Распутине, то меня назовут лгуньей или же недалекой женщиной. Причем последнее определение будет более мягким по отношению ко мне. И тем не менее это истинная правда. Мы никогда не видели в нем чего-либо отрицательного. Возможно, объясняется это двойственностью его натуры. Мне приходилось слышать о людях, которые в домашней обстановке были ангелами во плоти, но стоило им шагнуть за порог дома, как они пускались в такой разврат, что современный французский роман покажется вам сущим пустяком. Однако их родные и близкие даже не догадывались об этом. Порой темная сторона их натуры так и оставалась никому не известной, и в глазах общества они оканчивали свои дни как истинные христиане. Но если даже, вследствие каких-то непредвиденных обстоятельств, становилось известно о тайных пороках этого лица, о его преступных наклонностях, то люди, знавшие такого человека близко в течение многих лет, почти наверняка усомнились бы в их существовании.

Ее Величество отказывалось верить сплетням о Распутине, потому что никогда не видела ничего плохого с его стороны.

К тому же они с Государем сами протянули ему руку дружбы. В нежелании императрицы отвернуться от Распутина не было ни следа той чувственности, которая отличала Екатерину II и которую столь великодушно прощали в ней ее подданные. Ее Величество унаследовала от своей знаменитой бабушки – королевы Виктории – целеустремленность и независимость и не допускала, чтобы кто-то указывал ей, как она должна поступать. Своим сильным характером она напоминала английскую королеву. Не буду сравнивать Распутина с Джоном Брауном – они так же далеки друг от друга, как Южный и Северный полюсы, – но хочу отметить, что как английская королева называла Джона Брауна своим другом, так и русская императрица называла тем же именем Григория Распутина. В глазах как той, так и другой ни косые взгляды родственников, ни враждебность толпы не были убедительным основанием для того, чтобы пожертвовать другом. Но на этом параллель и заканчивается.

В Петербург Григорий Распутин пришел как паломник, пешком. Весь путь он проделал с веригами на теле – чтобы странствие оказалось трудным и причиняло ему страдания. Если бы какой-то пилигрим решил совершить такое же путешествие из Эдинбурга в Лондон, его бы осудили за бродяжничество или отправили в сумасшедший дом. Случаи такого рода в Англии – неслыханное явление, но в России подобное происходило сплошь и рядом. Мы так привыкли ко всему необыкновенному, что, полагаю, русский обыватель ничуть бы не удивился, если бы встретил на улице Архангела Гавриила!

Распутина познакомили с Гермогеном, иерархом православной Церкви, другом монаха Илиодора, который пользовался большой популярностью среди жителей Поволжья. Главная идея Илиодора состояла в том, чтобы создать собственную секту, но ему это не удалось, и впоследствии он был отрешен от сана священнослужителя. По какой-то причине он приписал свое падение стараниям Распутина. Гермоген был твердо убежден, что Распутин наделен особой духовностью; он с интересом отнесся и к его самоотверженному паломничеству. Распутин произвел на него такое сильное впечатление, что епископ решил представить «старца» *(здесь и далее так в источнике)* великой княгине Милице Николаевне, черногорской княжне, вышедшей замуж за великого князя Петра Николаевича, а также ее сестре, Анастасии Николаевне, супруге великого князя Николая Николаевича (младшего).

Обе эти великие княгини увлекались мистицизмом, особенно оккультизмом. На них Распутин произвел не меньшее впечатление, чем на епископа Гермогена, и обе на каждом шагу принялись расхваливать своего нового знакомца.

В тот период великие княгини находились в очень хороших отношениях с Ее Величеством, и нет ничего удивительного, что они мало-помалу вызвали в ней интерес к сибирскому паломнику. Кончилось тем, что Государь и императрица выразили желание встретиться с Распутиным.

Вскоре «старец» был представлен Их Величествам. Я еще раз подчеркиваю, что подобные вещи могли происходить только в России, поэтому не следует подходить к делу Распутина с английской точки зрения. Этот неотесанный крестьянин, появившийся в обществе Их Величеств босым, в тяжелых веригах, нисколько не был поражен дворцовой роскошью, с Государем говорил не заискивая. Как и многие другие, император был поражен простотой и откровенностью Распутина. Никаких заметных перемен в жизни сибирского крестьянина эта встреча не принесла. Для Их Величеств это было всего лишь любопытное знакомство. Когда я впервые встретила государыню, она ни разу не упомянула при мне о Распутине.

По моему убеждению – а я говорю с полной откровенностью, Распутин был, сам того не ведая, орудием в руках революционеров. Если бы в период с 1910 по 1916 год был жив Иоанн Кронштадтский, то из него сделали бы второго Распутина. Революционерам надо было найти кого-то, чье имя можно было бы связать с императрицей и, следовательно, с царской семьей, что подорвало бы престиж Их Величеств среди высших слоев общества и свело на нет преклонение пред царским именем класса крестьян. Один из членов Государственной Думы как-то прервал оратора-революционера, громившего Распутина, такими словами:

«Если вы так настроены против Распутина, то почему же вы его не убьете?»

И получил поразительный, но правдивый ответ:

«Убить Распутина? Да пусть он живет вечно! В нем наше спасение!»

На положение Распутина смотрели по-разному. Одна часть общества видела в нем провидца. Не сомневаюсь, что это был в определенной мере патологический интерес. Другая группа составила о нем представление как об «учителе», придавая ему некое мистическое значение. А более предприимчивые заискивали перед ним корысти ради, рассчитывая с его помощью приобрести влияние на Ее Величество. Стыдиться следовало не Распутину, а тем, кто использовал его в собственных эгоистических целях.

Как-то раз Распутин был приглашен в гости одним известным генералом, но когда этот господин понял, что своим радушием никаких выгод не добьется, то отвернулся от прежнего своего друга. Распутину пришлось перебраться в тесную скромную квартирку, где он существовал за счет добровольных пожертвований его почитателей. Жилье «старца» было весьма скромным, питался он довольно скудно, а вино ему приносили в качестве дара лишь в последний год его жизни.

Анна Вырубова впервые встретилась с Распутиным после того, как решилась развестись со своим мужем. Как я уже упоминала, брак ее с лейтенантом Вырубовым оказался неудачным, и их отношения прервались весьма прискорбным образом. Однажды, когда Анна потчевала пришедших к ней в гости государыню и генерала Орлова, неожиданно из плавания вернулся лейтенант Вырубов. Полицейские его не узнали и не впустили офицера в собственный дом. После того как Ее Величество уехала, между Вырубовым и его женой произошла отвратительная сцена, и Анна была жестоко избита. Она отказалась продолжать супружескую жизнь и вернулась к родителям. История эта получила огласку, и для того чтобы утешить Анну, «черногорки» отвели ее к Распутину.

Была ли в их действиях ошибка или же нет, сказать не решаюсь. На мой взгляд, они оказали ей медвежью услугу, поскольку Анна Вырубова была чрезвычайно впечатлительной, неврастенической особой, на воображение которой было нетрудно воздействовать с помощью удачной мизансцены. И такая мизансцена была налицо. Униженную и оскорбленную молодую женщину приняли во дворце великой княгини Анастасии Николаевны с невероятной помпой. Происходившее во дворце напоминало собрание сторонников какой-то религиозной секты.

Неожиданно дверь открылась, и появился Григорий Распутин. Он оказался в самом центре смотревших на него с обожанием поклонниц, не обращая внимания на их восторг. Он излучал мир и покой, символизируя Сильного Мужчину. Для Анны, лишившейся иллюзий, чьи чувства были растоптаны, Распутин олицетворял штиль, который наступает после штурма. Вместе с ней он молился, утешал ее. Она решила, что может ему довериться. Она совсем забыла о той социальной пропасти, которая их разделяла. Распутин представлялся ей некой опорой, а Анне всегда был нужен кто-то, на кого она могла бы опереться. Это слабое, милое, доверчивое существо не могло обходиться собственными силами. С этого-то и началось их сближение. Я уверена, что Анна не любила его как мужчину (хотя она всегда была в кого-нибудь влюблена), однако он оказывал на нее влияние – главным образом как духовный наставник.

Я полагаю, что в тот период времени Ее Величество встречала Распутина лишь изредка, зато «старца» можно было видеть в обществе обеих «черногорок», которые «открыли» его и заявляли всем и каждому, что сибирский крестьянин, несомненно, «провидец». Это раздражало императора, и, встретившись с Распутиным в следующий раз, он спросил, каким тот видит будущее.

«Царь-батюшка, да не умею я в будущее-то заглядывать», – взмолился Распутин.

«Отчего же Их Высочества утверждают, что вы умеете предсказывать будущее?» – осадил его император.

И когда Ее Величество задала ему тот же вопрос, то получила от крестьянина аналогичный ответ.

Зачем «черногоркам» понадобилось утверждать, будто бы Распутин наделен даром прорицания, никто никогда не узнает. Возможно, тут были какие-то политические мотивы, однако после того как Распутин опроверг их заявление, обе великие княгини отреклись от своего прежнего протеже и ополчились против него вместе с Гермогеном. Именно к этому периоду восходит начало бесконечных интриг против сибирского крестьянина, поскольку Илиодор и Гермоген испугались, что Распутин может приобрести большее, чем они, влияние при Дворе.

Теперь я должна коснуться мнимого влияния Распутина на Ее Величество. Несомненно, ее подсознательная вера в то, что он наделен сверхъестественными способностями, была основана на целом ряде обстоятельств. Цесаревич заболел, приступ недуга угрожал его жизни, и родители были в отчаянии. Всякая мать, имеющая единственного сына, читая эти строки, согласится, что слово «отчаяние» как нельзя точнее определяет состояние родительницы, оказавшейся в подобном положении. Государыня в буквальном смысле была сама не своя; именно тогда кто-то предложил послать за Распутиным. Когда он появился во дворце, бедные родители воспряли духом. Сибирский крестьянин молился у постели больного, и ребенку, казалось, становилось лучше. В придуманных позднее версиях фильма и романа нет ни доли правды. Совпадение, одно лишь совпадение может объяснить улучшение здоровья цесаревича именно в те моменты, когда Распутин возносил к Господу свои жаркие молитвы.

Я познакомилась с Распутиным незадолго до его стычек с епископом Гермогеном. Муж мой, сопровождая вдовствующую императрицу Марию Федоровну, отправился на яхте «Полярная звезда» в Копенгаген и с нетерпением ждал меня в Дании. Если бы я поехала к нему, мне бы пришлось оставить Тити у моей мамы, и хотя я готова была пойти навстречу пожеланиям супруга, покидать ребенка мне не хотелось. Я была в некоторой растерянности. Анна заметила, что я чем-то встревожена.

«Послушайте, Лили, я знаю одного человека, который может вам помочь», – произнесла она.

«Кто же этот человек?» – спросила я.

«Григорий Распутин», – ответила Анна.

Я не стремилась познакомиться с Распутиным – во мне не было безграничной веры в него, свойственной Вырубовой, но, чтобы доставить ей удовольствие, я согласилась. И она повела меня в его «орлиное гнездо» – его квартира была под самой крышей. Затем Анна оставила меня.

Некоторое время я сидела в ожидании в небольшом кабинете и не заметила, как в него вошли – настолько бесшумными были шаги. Это был Распутин. Наши взоры встретились. Я была поражена его жутковатой внешностью. На первый взгляд он был простым русским крестьянином, но его глаза цепко держали в своей власти. Сверкающие стальные глаза, которые, казалось, видят тебя насквозь. Лицо бледное, худое, длинные волосы, темно-русая борода. Роста небольшого, а казался высоким. Одет по-мужицки: русские сапоги, рубаха навыпуск, длинная черная поддевка. Шагнув вперед, он взял меня за руку.

«Дело ясное. Тебя что-то тревожит (он всем говорил «ты»). Только нет в жизни ничего такого, из-за чего стоит беспокоиться. Все проходит, как сказано в Писании. Вот так-то. – Потом он посерьезнел. – Надобно верить. Господь – один твой Пастырь. Ты разрываешься между мужем и ребенком. Кто из них слабее? Ты думаешь, дите слабее. Вовсе нет. Дите слабое ничего не натворит, а мужчина может наделать делов».

Распутин посоветовал мне ехать в Копенгаген, но я его совету не вняла. На следующий день я уехала из столицы в провинцию – пожалуй, назло ему! Однако впечатление, которое произвел на меня Распутин, было очень ярким. Он одновременно притягивал к себе и отталкивал, тревожил и успокаивал. Глаза его вызывали ужас и отвращение. И когда Ее Величество поприветствовала меня со словами: «Значит, Лили, вы видели нашего друга? Он всегда вам поможет», – я промолчала.

Вторая наша встреча с Распутиным состоялась зимой. Тити серьезно захворал, опасались, что у него дифтерит.

Бедный мальчуган метался в горячке. Анна, то и дело справлявшаяся о его здоровье, позвонила мне и сказала: «Лили! Мой тебе совет: попроси Григория прийти и помолиться». Я колебалась, зная, как не любил муж все, что граничит со сверхъестественным. Но, увидев, как страдает малыш, я решилась. Что предосудительного в том, чтобы молиться об исцелении больного ребенка? Распутин обещал прийти тотчас же. И он действительно пришел скоро. Не один, а в обществе пожилой женщины в монашеском одеянии. Это странное существо отказалось войти в детскую, женщина села на ступеньки и начала молиться.

«Не надо будить Тити», – прошептала я, входя вместе с Распутиным в спальню ребенка: я боялась, что неожиданное появление незнакомого крестьянина может испугать малыша. Ничего не ответив, Распутин сел рядом с постелью ребенка и стал пристально смотреть на спящего. Затем опустился на колени и начал молиться. Поднявшись с колен, он наклонился над Тити. «Не надо его будить, – повторила я. – Молчи. Так нужно».

Распутин коснулся пальцами краев носика Тити. Мальчуган тотчас проснулся, без страха посмотрел на незнакомого человека и назвал его дедушкой. Распутин стал его расспрашивать, и Тити пожаловался ему, что у него «сильно болит головка». «Ничего, – отозвался Распутин, в стальных глазах которого горели странные огоньки. Затем обратился ко мне: – Завтра твое дите поправится. Дай мне знать, если что не так».

Попрощавшись с нами, он ушел в сопровождении своей странной спутницы.

Едва он ушел, мальчуган уснул. Наутро исчезли опасные симптомы, температура спала. Через несколько дней, к изумлению доктора, малыш окончательно поправился. Могла ли я сомневаться в необыкновенных способностях Распутина после этого случая? Всякий раз, когда он появлялся во дворце – а происходило это раз в месяц, – я непременно навещала его.

К чести Распутина надо заметить, что такого рода визиты не приносили ему никакой материальной выгоды.

Однажды в разговоре со мной он даже посетовал, что ему никогда не оплачивают расходы на извозчика!

Влияние Распутина на императрицу существовало лишь в воображении ее недоброжелателей. Ее Величество всегда верила в силу молитвы. Распутин же лишь укрепил в ней эту веру, а его способность успокаивать людей вносила мир в ее мятущуюся душу. Ни о каком плотском влечении не могло быть и речи. Касаясь этой темы, я испытываю невыносимую боль, но я не вправе уйти от ответа на вопрос. До меня доходили самые отвратительные сплетни, касающиеся Ее Величества, якобы в порыве жертвенности, она сама отдавалась Распутину и отдавала ему своих милых девочек для того, чтобы доказать, что плотская жертва угодна Богу. О таких чудовищных вещах не могло быть и речи. Но когда я выступала в защиту государыни и заявляла, что Распутин – ничем не примечательный человек с неприятной внешностью, неопрятными манерами и отталкивающий во всех отношениях, мне возражали, что такого рода дефекты ничего не значат в глазах некоторых чувственных особ. Я указывала на тот бесспорный факт, что Ее Величество была крайне брезгливой женщиной, что «животное» начало было ей чуждо, что моральные ее устои были чрезвычайно строги – столь же строги, как у ее бабушки, королевы Виктории. И что же я слышала в ответ? Что многие брезгливые и чересчур нравственные женщины часто бывают повинны в невероятных грехах именно благодаря их брезгливости и высокой нравственности. Если подобные примеры существуют, то почему бы не причислить к таким женщинам и императрицу?

На каждом шагу я слышу отвратительные россказни, и при этом сплетники с сочувствием добавляют: «Но ведь Вы любили императрицу». Да, это так. Но я еще и знала императрицу. Отношение Государя к распутинскому скандалу было основанием для того, чтобы в корне пресечь эти гнусные сплетни, поскольку Ее Величество никогда не встречалась с Распутиным без ведома и согласия своего супруга. Даже если допустить, что Николай II был слабовольной личностью, целиком находившимся под каблуком у жены, он был в достаточной степени мужчиной, мужем и отцом, чтобы не допустить аморальные отношения между Распутиным и его близкими. Прежде всего Государь был христианином и порядочным человеком. К тому же он был представителем Дома Романовых и императором. Произойди подобное преступление, о котором заявляли сплетники, наказание последовало бы незамедлительно. Когда Государю рассказывали о безобразиях, которые творит Распутин «на стороне», он не хотел им верить. Почему? Да по очень простой причине: **слишком уж черными были краски, рисующие Распутина.** Если бы «доброжелатели» не перестарались, то, возможно, Государь и прислушивался бы к их словам. Всякий, кто задался целью поссорить двух друзей, совершает большую ошибку, когда изображает человека, которого собирается погубить, как совершенно никчемную личность. Желаемый результат можно получить гораздо легче, если, осуждая его или ее, вы их слегка похвалите.

Когда укоряли государыню тем, что она дружит с простым мужиком, который в ее глазах еще и наделен святостью, она отвечала, что Господь наш Иисус Христос не выбирал Себе учеников из представителей знатных еврейских семейств. Все Его ученики, кроме апостола Луки, были людьми низкого происхождения. Я склонна думать, что Ее Величество уподобляла Распутина св. Иоанну. По ее мнению, оба они были мистически настроенными людьми.

Ее Величество была убеждена, что Распутин наделен даром исцелять больных. Она верила, что существуют такие люди, которым этот дар ниспослан свыше, что Распутин – один из них. Когда ее уговаривали обратиться к помощи самых знаменитых докторов, Ее Величество неизменно отвечала: «Я верю в Распутина». Что же касается сплетни о том, будто Распутин и Анна Вырубова «притравливали» цесаревича, я с негодованием отметаю их прочь – рассказы эти из области чтива, предназначенного вызвать сенсацию. Анна Вырубова побоялась бы дать дозу лекарства даже котенку, не говоря уже о каких-то манипуляциях со снадобьями, предназначавшимися цесаревичу.

Первый крупный скандал, разразившийся над головой Ее Величества, произошел после опубликования ее письма к Распутину, в котором она писала: «Какое счастье даже чувствовать одно твое присутствие». Враги Распутина знали, что у него была роковая привычка носить с собой интересные письма, поэтому сибирского крестьянина приглашали на встречи с отдельными влиятельными людьми (Распутин жаждал популярности), а по дороге к ним на простака нападали и грабили. Так была похищена вся корреспонденция, которая была при нем.

Когда содержание письма государыни стало известно публике, это нанесло ей огромный вред. Даже Дума придала часто цитируемой фразе «Какое счастье даже чувствовать одно твое присутствие» наихудший смысл. Но ведь речь-то шла не о физическом контакте! Государыня просто хотела сообщить, что ее душа нуждается в утешении наставника.

В течение того времени, что я живу в Англии, я постоянно встречаю женщин, которые опираются на помощь духовных руководителей и обыкновенных консультантов. У большинства католиков имеется исповедник, к которому они неизменно обращаются, подобно тому как большинство людей прибегают к помощи определенного доктора, которому они особенно доверяют. У многих специалистов того или иного рода есть своя клиентура. Разница лишь в том, какие потребности удовлетворяют эти специалисты.

Нападки на Ее Величество очень беспокоили императора. Но и у него, и у Ее Величества было ложное чувство ответственности перед Распутиным; вот эта-то ложная ответственность и привела в конечном счете к гибели и Распутина, и их самих. Императорская чета решительно отказалась выбросить своего друга за борт. В этом император был заодно с государыней. Возможно, они из гуманных соображений не захотели, чтобы кто-то диктовал им свою волю, но как бы то ни было, положение Распутина оставалось прочным.

Хорошо известно, что Распутин осуждал войну, но не все знают, что он пытался помешать объявлению войны. Когда началась мобилизация, Распутин телеграфировал Анне из Сибири. В телеграмме он умолял императора «не затевать войну», что «с войной будет конец России и им самим» и что «положат до последнего человека». На эту телеграмму не обратили никакого внимания по той простой причине, что Распутин не имел политического влияния, как не имел его и при решении других вопросов вопреки широко распространенному мнению.

Однажды генерал Белецкий попросил Распутина походатайствовать перед Государем, чтобы его назначили на пост генерал-губернатора Великого княжества Финляндского. Распутин обещал выполнить его просьбу и завел об этом речь перед императором в присутствии государыни. Император внимательно выслушал Распутина, но ничего не ответил. Назначение генерала Белецкого не состоялось.

По-видимому, так и не удастся беспристрастно рассмотреть все обстоятельства, связанные с императрицей и Распутиным. Каких только слухов о его пьянстве и дебошах не пускали в оборот! Возможно, в частной жизни Распутин и не был безупречен, но я должна торжественно заявить, что когда он находился в нашем обществе в Царском Селе, то ни словами, ни манерами, ни поведением ни разу не скомпрометировал себя.

Князь Орлов, начальник военно-походной канцелярии, никогда не скрывал, что недолюбливает и даже не переносит Ее Величество. При встречах с ней он испытывал что-то вроде нервного потрясения. Всем было известно, что он принимал в больших количествах валериановые капли, если ему требовалось встретиться с нею. Императрице было об этом хорошо известно.

«Сегодня я видела князя Орлова, – заметила она мне однажды. – От него просто несло валерьянкой. Бедняга, каких усилий ему стоят встречи со мною».

Князь не стеснялся в выражениях, когда заходила речь об императрице и Распутине. Казалось, он задался целью вывести ее из себя – ненависть его принимала форму некоторой фобии. В конце концов Государь потерял терпение и отправил Орлова на Кавказ.

Вскоре после этого княгиня Орлова была принята Ее Величеством. Государыня очень любила Ольгу, но аудиенция оказалась очень неприятной для Ее Величества, поскольку княгиня пыталась убедить ее, будто князя жестоко оклеветали. После встречи государыня поделилась со мной впечатлениями.

«Это было нечто жуткое, Лили, – проговорила она. – У меня только что побывала Ольга Орлова. Мне очень, очень жаль ее, она в ужасном состоянии. Когда я поднялась, она запаниковала, стала уверять меня, что ее муж предан мне и нашим интересам. Я знала: стоило бы мне сесть, как я сразу бы разрыдалась. Поэтому я продолжала стоять. Это был кошмарный момент».

Распутин всегда предчувствовал, что умрет насильственной смертью. Он часто говорил с глубоким убеждением в голосе: «Пока я жив, все будет путем, но после моей смерти потекут реки крови. Но с Папой и Мамой (так он называл Государя и государыню) ничего не случится».

Однажды вечером к Распутину пришла одна из почитательниц монаха Илиодора. Это была старая женщина в белом платье, отделанном множеством красных лент. Распутин пожурил ее за такой наряд.

«Зачем ты нацепила эти страшные красные ленты?» – спросил он старуху.

«Так надо, – ответила гостья. – Я знаю, зачем я надела красное».

«Она в самом деле знала, что делает, – с мрачным видом рассказывал мне об этой встрече Распутин. – Красное – это цвет крови. А крови скоро будет столько, сколько кумачовых лент на ее платье».

Все, кто любил императорскую семью, приходили в ужас от учащавшихся скандалов; ходили самые нелепые слухи, главным образом лживые, где была лишь частица правды. Доходило до того, что заявили, будто бы Распутин развратничает в столице, в то время как на самом деле он находился в Сибири. Убедить императрицу в том, что общественное мнение против нее, было невозможно. Правда, она слышала, что о ней говорят, и читала о том, в чем ее обвиняют, но обращала мало внимания на сплетни и статьи продажных писак. Она всем своим существом погрузилась в религию и летом 1916 года отправила нас с Анной Вырубовой в паломничество в Тобольск. Незадолго перед этим был канонизирован новый святой – Иоанн Тобольский, и Ее Величество дала обет, что она или сама поедет на торжества, или кого-нибудь пошлет вместо себя. Анна попросила меня согласиться на просьбу государыни, потому что боялась ехать одна. Я дала себя уговорить, чтобы проявить свою преданность императрице.

Когда я приехала в Петроград, то узнала, что с нами должен ехать Распутин. Мне невольно пришло в голову, что, поскольку общество враждебно настроено против сибирского крестьянина, вряд ли целесообразно давать огласку нашей поездке, но я не посмела высказать свои сомнения вслух. К поезду был прицеплен специальный салон-вагон, по всем станциям железной дороги были отправлены телеграммы, оповещающие о нашем прибытии, и на станциях толпились зеваки, чтобы взглянуть на нас.

Наконец поздно вечером мы прибыли в Тюмень, а оттуда пароходом отправились в Тобольск. Разве могла я подумать тогда, что год спустя членам царской семьи предстоит совершить тот же путь, который станет для них путем к русской Голгофе! Они тоже увидят черные воды быстрой реки, заброшенные татарские села по ее берегам; как и мне, им суждено будет узреть город на холме, его храмы и дома, четко вырисовывающиеся на фоне вечернего, быстро темнеющего неба.

В Тобольске нас встретил губернатор, главные чиновники и иерарх православной Церкви Варнава. Затем нас отвезли в дом губернатора, где я спала в небольшой комнате, год спустя ставшей кабинетом Государя императора.

На следующий день мы посетили могилу святого и присутствовали в соборе на богослужении, которое произвело большое впечатление своей торжественностью. Распутин ночевал у священника, но, к сожалению, поссорился с Варнавой. Обстановка стала несколько напряженной, и я ничуть не огорчилась, когда, два дня спустя, наш визит завершился.

Во время возвращения в Тюмень Распутин настоял на том, чтобы мы остановились в Покровском и познакомились с его женой. Предложение меня очень заинтриговало: мне давно хотелось узнать, где и как он живет. Я с интересом разглядывала темно-серый деревянный дом с резными наличниками, принадлежавший Распутину. Село представляло собой ряд небольших деревянных изб в два этажа. Дом Распутина был лишь немногим больше остальных. «Старец» выразил надежду, что когда-нибудь Их Величества приедут к нему в гости.

«Но ведь это так далеко», – возразила я, изумленная его словами.

«Они должны приехать, – сердито проговорил крестьянин. Спустя несколько минут он произнес пророческие слова: – Волей или неволей они приедут в Тобольск и, прежде чем умереть, увидят мою родную деревню».

День мы провели в гостях у Распутина. Жена его оказалась милой, доброй женщиной. Славными людьми оказались и крестьяне – это были честные, простые люди. Они обрабатывали землю, принадлежавшую Распутину, не требуя никакой платы – как добрые христиане.

Распутин имел троих детей. Две дочери учились в Петрограде, мальчик крестьянствовал. Селяне были очень дружелюбны к нам, однако большинство были против того, чтобы Распутин возвращался в Петроград.

Поскольку мы решили ехать дальше в Екатеринбург, чтобы оттуда последовать в Верхотурский монастырь, я подумала, что лучше бы Распутину остаться со своей семьей. Однако он отказался последовать моему совету. Я сказала Анне, что с нас хватит сплетен и что она должна уговорить Распутина покинуть нас. Она обещала поговорить с ним, но в последний момент он все-таки поехал с нами в Екатеринбург.

Никогда не забуду своих первых впечатлений от этого рокового города. Как только мы ступили на перрон, меня охватило предчувствие беды – такое ощущение было и у остальных. Распутину тоже было не по себе. Анна заметно нервничала. Я искренне обрадовалась, когда мы добрались до Верхотурского монастыря, расположенного на левом берегу реки Туры. Ночь мы провели в странноприимном доме при монастыре, потом Распутин предложил нам отправиться с ним в лесную келью отшельника, которого местные жители почитали за святого.

В глазах английских читателей паломничество это должно показаться совершенно глупой затеей. Я пытаюсь поставить себя на их место и представить, что бы подумали англичане, если бы в газете «Дейли мейл» появилось сообщение о том, что королева Мария отправила двух своих подруг в подобное путешествие.

«Этого не может произойти – королева Мария достаточно здравомыслящий человек», – заявили бы вы.

Несомненно, королева Мария **чересчур** здравомыслящий человек. Вещи такого рода никогда бы не смогли произойти в Англии, и я привожу подобное сравнение лишь для того, чтобы еще раз объяснить читателям, что о России невозможно судить с английской точки зрения.

Оказалось, что отшельник живет в самой глубине леса и его келью вполне можно принять за птичий двор. Он был окружен домашними птицами всех пород и размеров. Возможно, он считал птицеводство чем-то сродни миссии святого. Он снабжал монастырь множеством яиц, но мы поужинали весьма скромно: нам предложили холодную воду и черный хлеб. Что такое кровать, отшельник не имел представления, так что нам пришлось спать на жестком глиняном полу. Должна признаться, что я несказанно обрадовалась, когда мы вернулись в Верхотурье и смогли принять ванну и лечь в мягкую постель.

В Верхотурском монастыре Распутин решил с нами расстаться, а мы с Анной поехали в Пермь, где наш салон-вагон прицепили к другому поезду. Приходили толпы зевак, чтобы поглазеть на Анну, некоторые их замечания привели меня в замешательство. Толпа была настроена весьма враждебно. Когда наш вагон отцепляли, сделано это было так резко, что он едва не сошел с рельсов, а меня отбросило из одного конца вагона в другой. Однако в Петроград мы добрались благополучно, государыня нас встретила и поблагодарила.

«В конечном счете, Лили, – проговорила Анна, приходя в себя после нервного срыва и сердечного приступа, – мы должны верить: Господу угодно, чтобы мы страдали».

Не знаю, относилось ли ее замечание к нашему посещению отшельника или же к путешествию в салон-вагоне, но я искренне благодарила Бога за то, что мы вновь оказались в цивилизованных местах.

В своем селе Распутин пробыл недолго; он вернулся в Петроград, и снова зазвучали злобные голоса клеветников. Однажды – дело было в 1916 году, когда я находилась в Ревеле, – я получила телеграмму от Ее Величества с просьбой приехать.

Я повиновалась и нашла ее в одиночестве, грустной и явно встревоженной. Она не сразу перешла к делу, которое больше всего ее волновало. Потом ее словно прорвало, и она заговорила о жестокости людей, которые злобно нападают на нее.

«Я знаю все, Лили, – произнесла она. – Почему Григорий не уезжает из Петрограда? Государь не желает, чтобы он оставался здесь. Я тоже. Но мы не можем выгнать его – он не сделал ничего плохого. Ну почему он сам не хочет нас понять?»

«Я сделаю все, что в моих силах, Ваше Величество, чтобы объяснить ему обстановку», – отозвалась я. Сердце мое было переполнено любовью к государыне, которая показалась мне такой убитой, такой невыносимо печальной.

«Я уже пожурила Анну за то, что она не помогла мне в этом деле», – продолжала Ее Величество. Она разрешила мне тотчас же отправиться на Гороховую, где жил Распутин. Поехали мы к нему вместе с Анной.

Было около пяти часов, Распутина окружала стайка поклонниц. Рядом с ним сидела его «ame damnee»*, Акилина Лаптинская, тайный агент, под умелым руководством которой Распутин невольно участвовал в игре, разработанной революционерами. Акилина изображала из себя сестру милосердия, и многие ей верили. Она имела большое влияние на Распутина, и он, забыв об осторожности, сделал ряд имевших печальные последствия признаний Акилине, которая все услышанное использовала во вред императорской семье.

Акилина тотчас невзлюбила меня. Анну она считала безвольной и глупой, во мне же, по-видимому, она увидела противника, более достойного ее железного характера. Поздоровавшись с ней, я спросила Распутина, нельзя ли поговорить с ним наедине.

«Отчего же нельзя», – ответил «старец», и мы вышли в соседнюю комнату. Акилина последовала за нами.

«Ну, что скажешь?» – спросил Распутин, усаживаясь.

Я тотчас же взяла быка за рога.

«Григорий, – без обиняков начала я. – Вы должны немедленно покинуть Петроград. Вы с таким же успехом можете молиться за Их Величества и в Сибири. Вы должны уехать – ради них. Я вас умоляю. Уезжайте... Вы знаете, что говорят кругом. Если вы не уедете, положение станет опасным для нас всех».

Распутин внимательно, серьезно смотрел на меня, но не произносил ни слова. Я заметила на лице Анны выражение обиженного

---

* Потерянная душа *(франц.)*.

ребенка, почувствовала на себе зловещий и пристальный взгляд Акилины. Распутин совершенно неожиданно для меня произнес:

«Пожалуй, ты права. Надоела мне вся эта бодяга. Я уезжаю».

Но тут произошло нечто поразительное. Ударив кулаком по столу, Акилина злобно впилась в меня взглядом.

«Как ты смеешь противиться духу отца Григория? – воскликнула она. – А я говорю, он должен остаться. Да кто ты такая? Ты пустое место, и не тебе судить, для кого что лучше!»

В комнате воцарилось тяжелое молчание. Анна плакала, Распутин молчал. Я не собиралась уступать Акилине, силы мне придавала мысль о государыне.

«Что же, вы станете слушать эту женщину?» – спросила я холодно.

Акилина снова принялась стучать по столу.

«Если ты уедешь из Петрограда, отец, тебе несдобровать. Ты не должен никуда ехать».

«Ну, что же, может, так оно и есть. Я остаюсь», – беспомощно проговорил Распутин.

Все мои старания оказались безуспешными. Распутин уперся, как осел. Страшно расстроенная, я вернулась во дворец. Ее Величество была очень разочарована. «Не понимаю, почему сестра так противится моим пожеланиям», – проговорила государыня.

Полагаю, что, несмотря на ее козни и хитрости, Акилина все же была привязана к Григорию Ефимовичу, и подчас ей было стыдно за свою предательскую роль. Помню, однажды, когда он уезжал из Петрограда, чтобы повидаться с семьей, я пошла на вокзал проводить его и там, естественно, встретила Акилину. Поезд тронулся, и она расплакалась. Это были подлинные слезы, я видела, что горе ее было искренним. Хотя Акилину я недолюбливала, мне стало жаль ее.

«Разрешите, я отвезу вас домой», – предложила я.

Она охотно согласилась, но в автомобиле снова разрыдалась. «Что случилось? – спросила я. – Ведь вы снова увидите отца Григория».

Акилина вскинула на меня заплаканные глаза.

«Ничего-то вы не знаете. Если бы вы знали, если бы вы только знали то, что знаю я!»

Очевидно, она имела в виду нечто такое, что лежало страшным грузом на ее душе и, верно, тревожило ее нечистую совесть.

Когда Анна заболела корью, то Акилина ухаживала за нею в Царском Селе, однако на второй день революции прислала мне записку с просьбой прийти в левое крыло дворца. Тут она мне сообщила, что у Анны горячка: «Однако я мало чем могу ей помочь. Прошу вас, сообщите Ее Величеству, что мне нужно съездить на день в Петроград. Я должна повидаться с родными Григория».

Я пообещала выполнить ее просьбу, но после этого мы Акилину больше не видели. Две недели спустя мы узнали, что она живет в семье одного из самых главных революционеров.

Другая «сестра милосердия», Воскобойникова, также связанная с Распутиным, была старшей сестрой-хозяйкой лазарета Анны Вырубовой. Кроме того, она была в приятельских отношениях с Протопоповым, царским министром внутренних дел, который часами пропадал в ее обществе. Воскобойникова обладала располагающей к себе внешностью, но очень уж была любопытной, и мы с нею невзлюбили друг друга. Как и Акилина, она исчезла из Царского на второй день революции, а вечером, прежде чем оставить свою должность в лазарете, устроила обед в честь выздоравливающих солдат, во время которого лилось рекой вино и произносились разного рода подстрекательские речи. Солдатам заявили, что свободу следует ждать из Петрограда и что револьверы и патроны – вещь полезная. Поистине революция умела использовать женщин в своих целях!

Однако вернемся к Распутину. Злобная кампания, направленная против него, усиливалась изо дня в день. Илиодор однажды послал к Распутину женщину, велев ей убить Григория Ефимовича. Старец получил тяжелое ранение в живот. Неправда, что Анна Вырубова ухаживала за ним после покушения. Она даже не пыталась сделать это.

Князь Феликс Юсупов, имя которого будет навсегда связано с убийством Распутина, познакомился с ним в доме госпожи Головиной, невестки великого князя Павла Александровича. Головина восхищалась Феликсом Юсуповым, более того, ее страсть к нему была известна всем.

После первой встречи князя и Григория Ефимовича прошло достаточно много времени: последующие два года я жила в основном в Ревеле, но регулярно приезжала на две недели, чтобы повидаться с Ее Величеством. А после того как мой муж получил назначение в Англию, я перебралась в Петроград и виделась с государыней каждый день. Я чрезвычайно удивилась, когда узнала от нее, что Феликс Юсупов – частый гость в доме Распутина. Известие показалось мне настолько невероятным, что я спросила у Григория Ефимовича, правда ли это.

«Правда, как не правда, – ответил он. – Очень уж мне полюбился князь Юсупов. Иначе как "Маленьким" я его и не кличу».

Мария («Маня») Головина, которой я тоже выразила свое удивление, сказала, что, по словам князя Юсупова, молитвы Распутина очень ему помогают. Больше нам не о чем с ней было говорить.

16 декабря, находясь в Царском Селе, я уведомила Ее Величество, что завтра хочу встретиться с Григорием Ефимовичем. Но 17 декабря, около пяти вечера (я уже собиралась выходить из дома), мне позвонили из Царского Села. Ее Величеству было благоугодно поговорить со мной. Мне почему-то показалось, что государыня чем-то взволнована.

«Лили, – произнесла государыня. – Не ходите сегодня к отцу Григорию. Произошло что-то странное. Вчера вечером он исчез, и с тех пор о нем ничего не известно, но я уверена, что все обойдется. Не сможете ли вы сейчас же приехать во дворец?»

Не на шутку расстроенная этим тревожным известием, я, не теряя времени, села в поезд и отправилась в Царское. На станции меня ждала императорская карета, и вскоре я очутилась во дворце.

Государыня находилась в лиловом будуаре. Меня снова охватило предчувствие беды. Усилием воли я попыталась подавить в себе это чувство. Никогда еще в лиловой гостиной Ее Величества не было так по-домашнему уютно. Воздух был пронизан ароматом цветов и запахом пылающих дров. Ее Величество лежала на кушетке, рядом с нею сидели великие княжны. На скамеечке возле кушетки устроилась Анна Вырубова. Государыня была очень бледна, в глазах тревога. Их Высочества молчали, было видно, что Анна плакала перед моим приходом. Я услышала то, что мне уже было известно. Григорий Ефимович исчез, однако, как мне кажется, государыня ни на секунду не допускала мысли, что его нет в живых. Она отвергала все мрачные предположения, утешала продолжавшую плакать Анну, а потом обратилась ко мне.

«Сегодня вы переночуете в домике Анны, – сказала она. – А завтра прошу вас вместо меня заняться приемом посетителей. Мне советуют не заниматься этим самой».

Я ответила, что буду счастлива оказать ей такую услугу, и после обеда пошла в дом Анны. К моему удивлению, он был занят агентами тайной полиции.

Уютная столовая была битком набита полицейскими, которые встретили меня чрезвычайно учтиво, объяснив свое появление тем, что совсем недавно раскрыт заговор с целью убить государыню и Анну Вырубову. Новость была не очень-то утешительная, но я решила не нервничать и, пожелав полицейским офицерам покойной ночи, отправилась в спальню Анны Александровны.

Знакомая комната показалась мне какой-то чужой. В темных углах ее мерещилось что-то жуткое – казалось, сам воздух пропитан запахом смерти. По своей натуре я не суеверна, но, признаюсь, мне стало не по себе, когда с грохотом упала икона, сбив при падении портрет Распутина. Я поспешно разделась и легла в кровать, но уснуть не могла. Лежала с открытыми глазами несколько часов и, лишь под утро задремав, была внезапно разбужена страшным шумом. Откуда-то издалека до меня доносился грохот бесчисленного множества сапог. Огромная толпа двигалась к Царскому Селу. В голове мелькнула кошмарная мысль: должно быть, в Петрограде произошел мятеж. Я выпрыгнула из постели, накинула на плечи плед и кинулась в столовую. А там было тихо, полицейские офицеры спали прямо на полу. Мое появление разбудило их.

«Что случилось, мадам?»

«А разве вы сами не слышите? – нетерпеливо ответила я. – Шум... толпа... Я уверена, что в Петрограде произошло что-то ужасное».

Полицейские открыли ставни, затем окна. Вокруг стояла глубокая тишина, какая бывает лишь зимой. Ничего не сказав, офицеры закрыли окна.

«Вам, видно, что-то приснилось, мадам, – произнес один из них сочувственно. – Расшалились нервы, и есть с чего».

Но я была иного мнения. Разумеется, я много пережила в тот день, однако то, что я слышала, не было сном или обманом слуха. Когда я снова вошла в спальню, где на полу валялись икона и портрет старца, я содрогнулась. Я еще не все поняла до конца, но для меня приподнялась завеса, и я услышала быстро приближающиеся шаги мятежа и убийств.

Хотя во дворец я пришла рано, Ее Величество была уже на ногах и очень приветливо поздоровалась со мной. Она сообщила мне, что Протопопов настоятельно рекомендовал ей никого не принимать: раскрыт заговор с целью убить ее. И тут она впервые призналась, что у нее дурные предчувствия относительно судьбы Григория Ефимовича. За себя она не испытывала ни малейшего страха. Я была так этим поражена, что невольно воскликнула:

«Ваше Величество, вижу, вы совсем не боитесь смерти. А я всегда боюсь умереть, – я ужасная трусиха».

Ее Величество удивленно посмотрела на меня:

«Неужели, Лили, вы в самом деле боитесь смерти?»

«В самом деле, Ваше Величество».

«Не могу понять людей, которые страшатся умереть, – проговорила она спокойно. – Я всегда смотрела на смерть как на избавление от земных страданий. Вы не должны ее бояться, Лили».

Утро было полно забот и волнений. Меня осаждали посетители, желавшие повидаться с Ее Величеством и с Анной Александровной. Я полагаю, что роль, которая мне была поручена, вызвала зависть со стороны придворных, поскольку на этот раз государыня поручила мне одной принимать за нее решения, причем официальный этикет не соблюдался.

О Распутине не было никаких точных известий, до нас доходили лишь всякого рода тревожные слухи. Некое лицо в течение одного дня двадцать два раза попыталось проникнуть во дворец, чтобы встретиться с Ее Величеством. Однако, следуя совету Протопопова, государыня неизменно отклоняла его просьбы.

Два дня спустя из-подо льда извлекли труп Распутина. Его отвезли в ближайший госпиталь, где и было произведено вскрытие. Григорий Ефимович был ранен в лицо и в бок, на спине у него было пулевое отверстие. Выражение лица умиротворенное, окоченевшие пальцы правой руки подняты для крестного знамения; опустить руку в естественное положение оказалось невозможным! Вскрытие показало, что, когда старца бросили в Неву, он был еще жив!

Известие об убийстве привело в неописуемый ужас всех обитателей дворца. Анна Вырубова лежала пластом, убитая горем. Вся императорская семья была страшно расстроена. Сплетни о том, будто весть об убийстве Григория Ефимовича вызвала у Ее Величества приступ истерики, не соответствует действительности. Было бы неверным сказать, что государыня не была потрясена и огорчена, однако она держала себя в руках. Государь был встревожен, но тревога эта объяснялась не просто убийством знакомого ему человека, а тем, что убит именно Распутин. Он понял, что это не обыкновенное убийство, а удар, направленный против власти царя, которая до сих пор была непререкаемой!

Сразу после вскрытия во дворец прибыла Акилина Лаптинская. По ее словам, она хотела обсудить вопрос о погребении Григория Ефимовича. Ее величество приняла Акилину, при их встрече присутствовали и мы с Анной Вырубовой. «Сестра милосердия» сначала поинтересовалась у Ее Величества, не угодно ли ей будет взглянуть на труп.

«Разумеется, нет», – ответила государыня.

«Но остается открытым вопрос о погребении, – продолжала Акилина. – Григорий Ефимович всегда хотел, чтобы его похоронили в Царском Селе».

«Это невозможно, невозможно! – вскричала государыня. – Пусть тело отвезут в Сибирь и похоронят в родной деревне отца Григория!»

Акилина заплакала. Она стала утверждать, что дух Григория Ефимовича не найдет покоя, если его тело будет погребено так далеко от дворца. Императрица заколебалась. Я понимала ее. Она подумала о том, что отречься от мертвого друга так же недостойно, как и от живого. Анна уладила вопрос, предложив похоронить Распутина в центральной части часовни рядом с ее лазаретом для выздоравливающих. Часовня и лазарет строились на земле, приобретенной Анной на ее собственные средства.

Поэтому имя императорской семьи не будет затронуто, если разгорится скандал. Недоброжелатели лишь получат возможность еще раз бросить камень в огород Анны Александровны.

«Ну и пусть, – проговорила Анна, обиженно выпятив губы, как капризный ребенок. – Меня мало заботит мнение света».

Так и порешили. И поскольку я присутствовала на похоронах, могу поведать, как и где это происходило. Судя по рассказам и различным совершенно не соответствующим действительности отчетам репортеров, Григория Ефимовича похоронили глубокой ночью, втайне, в парке Царского Села. Ничего подобного. Похороны Распутина состоялись в 8 утра 22 декабря. Накануне вечером Ее Величество обратилось ко мне с просьбой встретить их семью возле могилы, что я ей и пообещала.

Утро выдалось чудное. Ярко-голубое небо, сверкающее солнце, блестящий, словно алмазная россыпь, снежный наст. Кругом царили мир и покой. Я с трудом могла поверить, что мне предстоит присутствовать при заключительном акте одной из величайших и скандальных трагедий в истории человечества. Моя карета остановилась на дороге неподалеку от обсерватории, и меня провели по покрытому ледяной коркой полю к недостроенной часовне. На снег были брошены доски. Когда я приблизилась к часовне, то заметила полицейский фургон, стоявший у свежевырытой могилы. Минуту спустя я услышала звон бубенчиков и затем увидела Анну Вырубову, с трудом пробиравшуюся по полю. Почти тотчас же подъехал закрытый автомобиль, и к нам подошли члены императорской семьи. Они были в трауре, в руках у Ее Величества – белые цветы. Государыня была бледна, но совершенно спокойна. Однако когда из фургона вынули дубовый гроб, на глазах ее появились слезы. Гроб был самый простой. Лишь православный крест на крышке свидетельствовал о религиозной принадлежности покойного.

Началась церемония. Священник из лазарета Анны Вырубовой прочитал отходную молитву, и после того, как Их Величества бросили на крышку гроба по горсти земли, государыня раздала цветы великим княжнам и всем остальным. Мы бросили их на гроб. Были произнесены последние слова молитвы, и члены императорской семьи покинули часовню. Мы с Анной последовали за ними... Анна Александровна села в свои сани, я – в карету. Было около девяти часов.

Я оглянулась на заснеженные поля, на голые стены недостроенной часовни и подумала об убиенном рабе Божием, нашедшем там последний покой. Я испытывала огромную жалость к нему. Но еще сильней были моя жалость и любовь к тем, кто верил в него и одарил его своей дружбой, бросив вызов враждебному миру, к тем, на чьи невинные плечи легло тяжкое бремя его безрассудств.

В своем рассказе о погребении Распутина я не стала приводить никаких живописных подробностей. Я изложила факты в точном соответствии с действительностью. Теперь же мне предстоит опровергнуть одно из самых несправедливых обвинений, выдвинутых против Ее Величества в связи с похоронами Распутина.

Некоторые авторы утверждают, что после революции, когда останки Распутина были извлечены из могилы, под щекой мертвеца нашли образок с автографами государыни и великих княжон. Заявляют, будто бы Ее Величество сама положила этот образок в гроб, но это неправда. Этот образок был одной из многих списков чудотворной иконы Божией Матери Псковской, которые государыня привезла из Пскова, куда ездила вместе с Их Высочествами, чтобы посетить один из своих лазаретов. Ее Величество купила эти образки так же, как делают это паломники в Лурде, приобретая сувениры с изображением Божией Матери Лурдской. На оборотной стороне всех этих образков члены императорской семьи написали карандашом свои имена и дату и раздали их друзьям. Один из образков получил и Григорий Ефимович, и, когда его тело положили в гроб, Акилина, движимая недобрым чувством, настояла на том, чтобы образок сунули под щеку покойнику. Без сомнения, именно она и распустила слух, будто бы это было сделано по распоряжению Ее Величества.

После смерти Распутина в Царское Село приехали его сын и дочери, которых встретила государыня. Они рассказали, что вечером накануне убийства их отец получил записку от князя Юсупова, в которой тот просил Григория Ефимовича прийти к нему. Похоже, что у дочерей было какое-то недоброе предчувствие, и они стали умолять отца остаться дома. Однако «старец» захотел навестить «Маленького». Когда же обнаружили мужской ботик — один из тех, которые надел Распутин из-за глубокого снега на улице, — возникло подозрение, что приключилась беда.

Дети Григория Ефимовича просили государыню отомстить убийцам за смерть их отца. Ее Величество ответила: «Я не могу вам ничего обещать. Все в руках правосудия. Мы не вправе вмешиваться в действия должностных лиц».

Таковы были ее слова. Таким образом, заявления о том, будто бы князь Юсупов и великий князь Дмитрий Павлович стали жертвами мстительного нрава Ее Величества, беспочвенны.

Повторяю, что Распутин, каким я его знала, совершенно не похож на того мужлана, каким его изображают в романе и фильмах. В моих глазах это был малограмотный крестьянин, наделенный свыше редкими способностями; говорил он на малопонятном сибирском диалекте, с трудом читал, писал, как четырехлетний ребенок, а о манерах и говорить нечего. Но он обладал гипнотическим воздействием и духовной силой, он верил в себя и заставлял верить других. Мне известно, что говорили о его животных наклонностях, о страстности сатира, о бесчисленных оргиях, во время которых молодые женщины и девушки отдавались ему, становясь жертвами его похоти. Существует поговорка: «Нет дыма без огня». Возможно, она применима и к личной жизни Распутина, но не в такой степени, как это утверждают злые языки. Лишь одна женщина из двадцати в состоянии забыть о приличиях и пожелать вступить в интимные отношения с мужчиной низкого звания. Рассказы о том, как он одевался и сорил деньгами, также не соответствуют действительности. Григорий Ефимович жил и умер бедняком. Одевался он обычно по-крестьянски, а его чудный крест, усыпанный бриллиантами, существует лишь в воображении лживых писателей и журналистов. Сначала Распутин носил простой медный крест, затем – золотой, который он впоследствии послал Его Величеству в царскую Ставку. Дарить крест в России не принято, поскольку это означает, что вы вместе с крестом одаряете данное лицо печалями и страданиями, с которыми в нашем сознании связан крест. Сочтя, что крест Распутина не принесет ему удачи, Государь отдал его мне с просьбой передать крест Анне Вырубовой. Но та упорно отказывалась принять его, и я не знала, что мне делать. Сообщить императору о том, что Анна не захотела взять распутинский крест, я не посмела, поэтому куда-то его спрятала. Куда он потом исчез, не знаю.

Я видела лишь моральную сторону этого человека, которого почему-то называли аморальным. И я была не одинока в своей оценке характера сибирского крестьянина. Мне известно наверняка, что многие женщины моего круга, имевшие интрижки на стороне, а также дамы из полусвета именно благодаря влиянию Распутина вылезли из той грязи, в которую погружались.

Помню, что однажды, прогуливаясь по Морской с офицером, сослуживцем моего мужа, капитана 1-го ранга Дена, я встретила Распутина. Он строго посмотрел на меня, а когда я вернулась домой, то нашла записку, в которой старец велел зайти к нему. Отчасти из любопытства я повиновалась. Когда я увидела Григория Ефимовича, он потребовал от меня объяснений.

«А что я должна объяснить?» – спросила я.

«Сама знаешь, не хуже моего. Ты что же это, хочешь походить на этих распутных светских барынек? Почто со своим мужем не гуляешь?»

Женщинам, искавшим у него совета, он неизменно повторял:

«Вздумается тебе сделать что-то нехорошее, приди ко мне и все расскажи, как на духу».

О Распутине я могу поведать только то, что я видела в нем. Будь я распутинианкой или жертвой низменной страсти, я бы не жила счастливо со своим супругом, и капитан 1-го ранга Императорского Российского флота Ден не допустил бы, чтобы я встречалась с Распутиным, если бы он вел себя непозволительно в Царском Селе. Его долг мужа превозмог бы преданность императорской семье.

Не могу целиком оправдать отношение к Распутину Ее Величества. Я люблю ее, чту ее память, но полагаю, что во многих отношениях она придерживалась ошибочной точки зрения. Императрица вполне справедливо считала, что хотя сама она и служит России, но душа ее принадлежит Богу, и она имеет полное право почитать Его так, как требует ее натура. Я уже упоминала о ее безропотном преклонении перед волей Всевышнего. В глазах общества это было немыслимо, особенно в России, где покорность судьбе чужда как крестьянам, так и знати. Религиозный «коммунизм» государыни выходил за рамки их представлений о приличиях... Крестьяне не могли понять, что простой мужик – такой же, как они, – держится запанибрата с императором и императрицей. Светское общество смотрело на это свысока.

Зная религиозные убеждения государыни и присущие обоим классам особенности, революционеры нашли в лице Распутина подходящее орудие для разрушения Империи.

Православная религия наиболее консервативная. Она совершенно безобидна, если не вносить в ее обиход элементов современности. Современность же – исстари роковое начало для любой религии – особенно фатальна для православия. Государыня не понимала этого. Ее вера учила ее тому, что старцы, отшельники, провидцы существуют на самом деле. И когда Распутин предстал перед нею в обличье одного из таких лиц, она не была удивлена и сочла, что он ниспослан ей свыше – в полном соответствии с ее религиозным мировоззрением.

Как я уже отмечала, вера императрицы в то, что Распутин обладает даром исцеления, основана, главным образом, на совпадениях. Его молитвы совпадали с моментом, когда поправлялся цесаревич – ее сын, вымоленный ею у Всевышнего. В своей любви к ребенку государыня становилась «более матерью, чем мать». Я также убеждена, что в дружбе Распутина с Анной Вырубовой не было ничего такого, что работало бы на публику. Если бы Анна была наделена умом Акилины, я не стала бы этого утверждать. Но Анна Александровна отнюдь не была интриганкой. Предвидя обвинения в адрес Вырубовой как сообщницы Распутина, я еще раз заявляю, что она была сущим ребенком по натуре – безвредным и слабым.

Если отметить в характере государыни какой-то особенно бросающийся в глаза недостаток, то, как это ни парадоксально, это было ее упрямство. Она не позволяла никому вмешиваться в те области, которые принадлежали лишь ей одной. Такой же нетерпимостью была наделена ее бабушка, королева Виктория и принц Альберт. Дальняя ее родственница, принцесса Клементина Саксен-Кобургская, отличалась сверхъестественным упрямством. Фердинанд Болгарский, находившийся с нею в родстве, также демонстрировал эту особенность рода Кобургов. Если провести психологический анализ, то можно заметить, что у одних представителей этого семейства подобная черта проявляется в непомерном честолюбии, у других – в нравственных вопросах. Предметами, где Ее Величество не допускала ничьего вмешательства, были мораль, семейные отношения и религия.

Имя Распутина также связано с войной. Ведь утверждали, будто он – немецкий агент, будто поощрял прогерманские настроения в императрице. Хотя я по-прежнему придерживаюсь своего первоначального мнения, что сибирский крестьянин был невольным орудием в руках революционеров, не стану отрицать, что он выступал против войны и всегда жаждал мира, но эти взгляды были продиктованы ему собственными желаниями и убеждениями. В 1915 году я спросила у Григория Ефимовича, когда, по его мнению, окончится война. «Еще не скоро, – ответил он. – Неча думать, будто она скоро кончится». Вернувшись из Ревеля в 1916 году, я задала государыне тот же самый вопрос. «Конца пока не видно, Лили», – ответила Ее Величество. Оба эти ответа указывают, на мой взгляд, сколь незначительным было влияние государыни или Распутина на политику.

Если бы император был наделен менее глубоким религиозным чувством, то он смог бы (если мы встанем на точку зрения обывателя) убедить свою супругу реже видеться с Распутиным. Но он не пытался вмешиваться в вопросы, имеющие отношение к религии, возможно, помня, с какой самоотверженностью она отказалась от веры своих отцов, приняв святое православие – религию своего нареченного. Государыню обвиняли в том, что она способствовала крушению Императорской России благодаря общению с Распутиным, с презрением и ненавистью указывали на нее пальцем, чуть ли не единодушно восклицая при этом: «Се жена!» Но история если не всегда справедлива, то, по крайней мере, великодушна.

И вполне вероятно, что настанет день, когда сомнение будет истолковано в пользу государыни императрицы Александры Федоровны и станет возможно опротестовать приговор, вынесенный ей. За много лет до того, как она стала государыней всероссийской,– медленно, но верно раковая опухоль «освободительного движения» проникала во все части России, а создание Думы лишь усилило антимонархические настроения. Однако революционерам этого было мало. Некоторые из них столь же жестокие, как и их французские прототипы, – не гнушались прибегать к подлым людям, с тем чтобы достичь своих низких целей. Люди эти использовали Распутина. Результат их интриг налицо. Но разве зверские убийства Распутина и императрицы очистили Россию от грехов и позволили ей стать новой утопией?

Прах Распутина развеян по ветру, кровь невинных вопиет к Небесам об отмщении, однако Россия – пьяная от кровавых расправ, освобожденная от древнего ярма и освободившаяся от своих повелителей – плодила все новых и новых Робеспьеров.

СВИДЕТЕЛЬСТВА НАЧАЛЬНИКА ОХРАННОЙ АГЕНТУРЫ, ПОДВЕДОМСТВЕННОЙ ДВОРЦОВОМУ КОМЕНДАНТУ, ГЕНЕРАЛА А. И. СПИРИДОВИЧА

В царском дворце «Александрия», где жил тогда Государь с семьей, был принят впервые Их Величествами скромный на вид сибирский мужичок, странник, человек Божий – Григорий. То был Григорий Ефимович Распутин, крестьянин Тобольской губернии, села Покровского, что раскинулось привольно на берегу реки Туры, в 150 верстах от Тобольска. Там у Распутина был дом и хорошее хозяйство. Он считался зажиточным мужиком. Занимался он хозяйством, извозом и ямщиной. И поставлял дрова на пристань известного по всей Сибири пароходовладельца и богача Ивана Ивановича Корнилова.

Имел жену Прасковью Федоровну и малолетних детей: Марфу*, Варвару и Димитрия.

Еще в детстве, когда Григорию было лет 15, он исчез из дому и попал на богомолье в знаменитый в Сибири Верхотурский монастырь, где покоятся мощи Св. Симеона Праведника. С годами Григорий стал проявлять особый интерес к религиозным вопросам и любил беседовать на божественные темы с то и дело заходившими к нему богомольцами и странниками.

Однажды, везя в Абалакский монастырь одного монаха, Распутин разговорился с ним на любимые темы, и беседа произвела на него такое сильное впечатление, что после нее он стал еще более размышлять на религиозные темы, больше молиться и горячее разговаривать с паломниками. Когда же у него умерла первая дочь, он, удрученный, пошел на богомолье в Верхотурский монастырь и долго беседовал там с блаженным Макарием...

В этот период он сдружился с неким Дмитрием Печеркиным, искавшим путей к спасению и ушедшим впоследствии на Афон. Тогда, как рассказывала мне одна из дочерей Распутина, вернулся он однажды с поля очень взволнованный и рассказал домашним, что ему только что было в поле видение. Явилась Богородица, благословила его и исчезла. Распутин отыскал Дмитрия, рассказал и ему о видении, и оба они решили идти в Верхотурье, поведать о случившемся блаженному Макарию. Вернувшись, Распутин передал семье, что блаженный Макарий объяснил явление Богородицы как указание на то, что Григорий создан для большого дела и, дабы укрепиться духовно, он должен сходить на богомолье на Афон. Распутин и Почеркин решили идти на Афон. Сборы были не долги, и скоро два друга, с котомками за плечами и посохами в руках, отправились в дальний путь.

Три года странствовал Распутин. Много тысяч верст исходил по матушке Руси. Побывал в Троице-Сергиевской лавре и по другим святым местам, побывал и на Афоне...

---

* Правильно – Матрену.

Окрепший в вере, много повидавший и много чему научившийся, Распутин вернулся в родное Покровское... Распутин как бы весь ушел в религию. В маленьком подвале устроил себе Распутин небольшую молельню. Иконами были увешаны стены, памятки странствований по святым местам виднелись повсюду: теплились лампадки, мерцали восковые свечи.

«Только там и было хорошо молиться», – говорила позже дочь старца. И там молился Распутин. В избе же у него, после возвращения из паломничества, всегда было много народу, с интересом слушавшего Распутина...

В деревне же пошли слухи, что у Распутина делается что-то неладное, что там вместе в бане моются, балуются. Местный священник о. Петр, не пользующийся, правда, любовью односельчан, обращает внимание на то, что творится кругом Распутина. От о. Петра поступило первое заявление в полицию и по начальству на то, что у Распутина происходят недопустимые сборища, что у него в подвале устраиваются хлыстовские радения и что там есть какой-то чан-купель, вокруг которого радеют. Докладу, дошедшему до епископа Тобольского Антония, был дан обычный для сектантских дел ход. Одному из священников-миссионеров было поручено произвести расследование, которое при наличии действительных улик, должно было быть направлено к судебному следователю.

Однажды в отсутствие Распутина полиция нагрянула в избу, произвела тщательный обыск, но, кроме крохотной молельни, ничего не нашла. Искали все чана. Перерыли все в подвале, но все было напрасно... На расспросы домочадцы отвечали, что чан есть только один, что стоит на дворе с водой, больше же нет никакого. Ничего не обнаружив подозрительного, полиция ушла, но немного спустя нагрянула еще раз, невзначай, и тоже ничего не обнаружила. Но молельню полиция посоветовала уничтожить, и вернувшийся Распутин перенес иконы в горницу.

Дело с доносом, за неимением достаточных оснований к возбуждению против Распутина уголовного преследования за сектантство, заглохло, оставшись в папках соответствующих духовных учреждений. Произошло это естественным путем, а не по протекции, т. к. тогда Распутин еще нигде никаких влиятельных знакомств не имел.

Вскоре он отправился на богомолье в Киев и сравнительно долго жил на обратном пути в Казани, где познакомился с о. Михаилом, имевшим какое-то отношение к Духовной академии. О. Михаил очень заинтересовался необычайным странником Григорием. Он увидел в нем человека сильной веры. Покровительствуя Григорию, о. Михаил посоветовал ему отправиться в Петербург и снабдил его рекомендательным письмом к инспектору Духовной академии епископу Феофану. Епископ был выдающийся богослов, человек необыкновенно хороших душевных качеств, аскет, не от мира сего. Он принял летом 1904 года радушно Распутина и, познакомившись с ним поближе, посчитал его за человека хорошего, человека веры и правды. Познакомился с Распутиным и сам ректор Академии епископ Сергий. Ему также Распутин понравился. Немного спустя познакомился с Распутиным и епископ Гермоген, столп православия, выдающийся по характеру и силе воли человек; аскет, дошедший в борьбе духа с плотью до исключительных пределов. Он увлекся Григорием и признал в нем человека высоких качеств и сделался едва ли не самым горячим его поклонником.

Слух же о том, что будто бы сам о. Иоанн Кронштадтский отметил его в толпе молящихся в храме, о чем любил рассказывать Распутин, еще более увеличивал его популярность.

Религиозный экстаз, искренность, непосредственность, какое-то особенное, нутром, понимание вопросов веры и религии, а главное – дар прозорливости, покоряли в Распутине сталкивавшихся с ним на религиозной почве людей. Побыв некоторое время в Петербурге, Распутин вернулся на родину. Он рассказывал домашним про внимание, с которым отнесся к нему о. Иоанн Кронштадтский, и говорил, что последний предсказал, что ему суждено совершить что-то особенное, что он, Григорий, – избранник Божий...

Распутин никакого видимого значения во дворце не имел. Но в этот период случилось однажды у царевича кровотечение. И Распутин прекратил его. Это произвело большое впечатление. Происшедшее приписали силе молитвы старца... И вера в то, что Григорий угодный Богу человек, что его молитвы помогают, еще более укрепилась в царской семье...

Много говорили тогда о г-же Лахтиной, едва ли не первой из дам общества, его религиозной поклоннице, изменившей под его влиянием свою жизнь самым радикальным образом. Распутин вылечил ее от самой тяжкой болезни, над которой беспомощно бились доктора. Под влиянием старца она, любившая жизнь, бросила «свет», ушла в религию и кончила впоследствии тем, что поселилась в Верхотурском монастыре. Желая знать подробнее, кто такой старец, царица обратилась к одному почтенному, лично ей известному, вне всяких подозрений, человеку, которого просила съездить на родину Распутина и познакомиться с ним на месте. Избранный царицею человек съездил и провел несколько времени у Распутина, беседовал о нем с местным архиереем, с верхотурским блаженным Макарием и привез Их Величествам самые лучшие о Распутине сведения. Это мнение о Распутине было для царицы самым авторитетным и решающим.

В. Д. Бонч-Бруевич
О РАСПУТИНЕ

– Восторг души – вот счастье человека! Слышь, друг, – верно тебе говорю, как загорится душа пламенем восторга – значит, поймал ты свое счастье, – скороговоркой говорил мне Григорий Ефимович, быстро ходя из угла в угол.

– А это кто? А это кто? – переходит он тут же от портрета к портрету, пристально всматриваясь в лица неизвестных ему людей и как бы желая заглянуть в душу, разгадать тех, кто был здесь перед ним на фотографиях.

– Ишь ты, говоришь, – одна община, а это вождь их? Да? – указывал он на портрет выдающегося сектанта юга России, ныне умершего, и действительно лет 20–25 тому назад гремевшего среди духовных христиан.

– А сила-то не в нем! Нет, брат, он не от себя силу имеет! – Нет – он плакать, да страдать готов, да на подвиг звать, – разгадывал Распутин неизвестного ему человека, впиваясь в карточку своими интересными, то потухающими, то вспыхивающими глазами, – нет, нет, сила не в нем, а вся сила в ней, – и он торжествующе попирал пальцем карточку спутницы – по-нашему, жены – этого сектантского вождя, портрет которой, этой просто одетой, в платочке, действительно сильной, особенной женщины, правительницы большой сектантской общины, – был перед нами.

– А это кто? Скажи, кто это? – стремительно метнулся он к большому стенному портрету, откуда выделялось гордое, умное лицо старика.

– Ну и человек!.. Ах ты, Боже мой! Самсон, друг ты мой, вот он Самсон-то где... Познакомь меня с ним! Кто это? Где он живет? Поедем сейчас к нему. Вот за кем народ полками идти должен. – И он торопливо зажигал соседнюю электрическую лампочку, желая лучше и пристально рассмотреть лицо этого поразившего его старика.

Я объяснил ему, что это Карл Маркс, ученый, давно уже умерший... Фамилия не произвела на него решительно никакого впечатления. Было совершенно очевидно, что слышал он ее впервые... Потужив и пожалев, что нельзя сейчас же побывать у хорошего человека и побеседовать с ним, он заходил, заволновался и вдруг заявил:

– Вот у этакого-то души хватит на тысячи и на миллионы людей, а мы что? И на себя припасти не можем. Все киснем, да хныкаем, да делать ничего не умеем. Тут нас бьют, тут колят, здесь обворовывают... Эх-ма! – и он безнадежно махнул рукой.

Много мне приходилось видеть восторженных людей из народной среды, ищущих чего-то, мятущихся, «взыскующих града», куда-то стремящихся, что-то строящих и разрушающих, но Г. Е. Распутин был какой-то другой, на них не похожий. Не имея никакой политической точки зрения, он что-то стремился сделать. Для кого?..

— Для народушка жить нужно, о нем помыслить, – любил говорить он. И он смотрел на себя, пришельца из далекой Сибири, как на человека, на которого пал жребий идти и идти, куда-то все дальше и все выше, и представительствовать за «крестьянский мир честной»... Вот, в сущности, содержание всей его «политической» мысли, которую он только мог собрать и полусловами, полунамеками высказать, когда у него спрашивали, что он, собственно, хочет, к чему стремится. Отсюда такая воистину пламенная ненависть к малейшему признаку войны, к малейшему намеку, что вновь и вновь забряцает оружие на поле брани.

— Тебе хорошо говорить-то, – как-то разносил он при мне, полный действительно гнева, одну особу с большим положением, – тебя убьют, там похоронят под музыку, газеты во-о какие похвалы напишут, а вдове твоей сейчас тридцать тысяч пенсии, а детей твоих замуж за князей, за графов выдадут. А ты там посмотри: пошли в кусочки побираться, землю взяли, хата раскрыта, слезы и горе; а жив остался, ноги тебе отхватили, – гуляй на руках по Невскому или на клюшках ковыляй, да слушай, как тебя всякий дворник честит: ах ты такой-сякой сын, пошел отсюда вон! Марш в переулок! – и он топал ногами, изображая гонителя-дворника. – Видал: вот японских-то героев как по Невскому пужают? А? Вот она война! Тебе что? Платочком помахаешь, когда поезд солдатиков повезет, корпию щипать будешь, пять платьев новых сошьешь: сегодня на завтрак, завтра на обед, тут на базар, а там еще куда – и все в пользу раненых, и все в пользу семей убитых, – распекал он возразившую что-то было ему даму, – а ты вот посмотри, какой вой в деревнях стоял, как на войну-то брали мужей да сыновей... Вспомнишь, так вот сейчас аж вот здесь, тоскует и печет, – и он жал, точно стараясь вывернуть из груди свое сердце...

— Нет войны, не будет, не будет, не будет! — И он заходил, забегал, шатаясь по комнате, встряхивая насыпающимися на глаза длинными волосами, тревожно смотря вверх вдруг потускневшими, белесоватыми закатывающимися глазами.

— Святость, святость напускаете на себя, а все зря, притворно... Вон она у тебя, монашенька-то стоит, смотри: ручки сложила, глазки опустила, а сама злая-презлая, раздавит человека и не заметит... И все вы злые, — вдруг распалялся он, принимая какой-то боевой вид... Потом вдруг радостно и виновато улыбался.

— Ах, грех, грех... Ишь как распалил-то я себя... А ты знай-поминай, мужик-то ведь всех вас кормит, а вы у него где? Вот тут, на горбушке сидите, — он похлопывал себя по загривку. — Смотри ты чего навесила у себя на стенах-то? Одной стеной три года три деревни прокормить можно. А для чего тебе? Умрешь — все равно что тебе, что мне — одну сажень дадут, больше не полага-ат-ца!... Иль ты и за смертью оттягаешь земли-то больше и там расширишься?! А?

И вот я думаю, эта-то воодушевленная защита «крестьянской нужды», неожиданные раскрытия ужасов бюрократического хозяйничанья там, на местах, — припоминаю историю с сеном в последний голодный год, о которой подробно говорить сейчас неудобно, — все это, а также некоторые, несомненно, привлекательные черты характера, делали то, что заставляли многих, никогда не живших среди народа, не видевших ни его нужду, ни его горе, ни его сильных и прямых сынов, искренно увлекаться Григорием Ефимовичем как бескорыстным ходатаем за «крестьянский мир честной».

Его весьма красочная биография, его превращение из сибирского «челдона», грубияна и отчаянного человека, в ищущего и к чему-то стремящегося, совершенно переменившего свой образ жизни еще до начала своей славы, — еще тогда, когда он вел покаянный образ жизни, странствуя по России, конечно, еще более укрепляла почву для того искреннего увлечения им, которое мы несомненно наблюдаем среди известного круга петербургского общества...

Трагическая развязка, столь неожиданно постигшая его, конечно, удалит бесконечную злобу и зависть, кипевшую вокруг него столько лет, и заставит многих собрать материалы о все-таки удивительной жизни этого человека, так ярко оттенявшего нашу странную эпоху, полную противоречий и замысловатостей.

В. М. Руднев
ПРАВДА О ЦАРСКОЙ СЕМЬЕ, Г. Е. РАСПУТИНЕ И «ТЕМНЫХ СИЛАХ»

Состоя товарищем прокурора Екатеринославского Окружного суда, 11 марта 1917 года ордером министра юстиции Керенского я был командирован в Петроград, в Чрезвычайную комиссию по расследованию злоупотреблений бывших министров, главноуправляющих и других высших должностных лиц.

В Петрограде, работая в этой комиссии, я получил специальное поручение обследовать источник «безответственных» влияний при Дворе, причем этому отделу комиссии было присвоено наименование: «Обследование деятельности темных сил». Занятия комиссии продолжались до последних чисел августа 1917 года, когда я подал рапорт об отчислении ввиду попыток со стороны председателя комиссии присяжного поверенного Муравьева побудить меня на явно пристрастные действия. Мне, как лицу командированному с правами судебного следователя, было предоставлено производство выемок, осмотров, допрос свидетелей и т. д. В целях всестороннего и беспристрастного освещения деятельности всех лиц, относительно которых в периодической печати и обществе составилось представление как о людях, имевших исключительное влияние на направление внутренней и внешней политики, мною были рассмотрены и разобраны архивы Зимнего дворца, Царскосельского и Петергофского дворцов, а равно и личная переписка Государя, императрицы, некоторых великих князей, а также и переписка, отобранная при обыске у епископа Варнавы, графини С. С. Игнатьевой, доктора Бадмаева, В. Н. Воейкова и других высокопоставленных лиц.

При производстве расследования было обращено особое внимание на личность и характер деятельности Г. Е. Распутина и А. А. Вырубовой, а также на отношение царской семьи к германской императорской фамилии.

Считая, что задача моего обследования имеет громадное значение в смысле освещения событий, предшествовавших и сопровождающих революцию, я снимал копии со всех протоколов осмотров, проходивших через мои руки документов, а равно и со свидетельских показаний.

Уезжая из Петрограда, я захватил с собой все эти копии в Екатеринослав, где они хранились в моей квартире, но теперь, вероятно, разграблены при разгроме моей квартиры большевиками. Если же, сверх ожидания, копии этих документов не уничтожены и я доживу до того времени, когда получу их в свои руки, то я предполагаю опубликовать их в печати полностью, не делая никаких выводов и заключений.

Теперь же я считаю необходимым представить краткий очерк характеристики главных деятелей той области, которая называлась печатью и общественностью «областью темных сил», причем, так как этот очерк составляется мною по памяти, в нем, конечно, будет упущено много, быть может, интересных подробностей.

Прибыв в Петроград в следственную комиссию, я приступил к исполнению моей задачи с невольным предубеждением относительно причин влияния Распутина, вследствие читанных мною отдельных брошюр, газетных заметок и слухов, циркулировавших в обществе, но тщательное и беспристрастное расследование заставило меня убедиться, насколько все эти слухи и газетные сообщения были далеки от истины.

Наиболее интересной личностью, которой приписывалось влияние на внутреннюю политику, был Григорий Распутин, а поэтому естественно, что его фигура явилась центральной при выполнении возложенной на меня задачи. Одним из самых ценных материалов для освещения личности Распутина послужил журнал наблюдений негласного надзора, установленного за ним охранным отделением и введенного до самой его смерти. Наблюдение за Распутиным велось двоякое: наружное и внутреннее. Наружное сводилось к тщательной слежке при выездах его из квартиры, а внутреннее осуществлялось при посредстве специальных агентов, исполнявших обязанности охранителей и лакеев.

Журнал этих наблюдений велся с поразительной точностью изо дня в день, и в нем отмечались даже кратковременные отлучки, хотя бы на два-три часа, причем обозначалось как время выездов и возвращений, так и все встречи по дороге. Что касается внутренней агентуры, то последняя отмечала фамилии лиц, посещавших Распутина, и все посетители аккуратно вносились в журнал; при этом, так как фамилии некоторых из них не были известны агентам, то в этих случаях описывались подробно приметы посетителей. Познакомившись с этими документами, а также допросив ряд свидетелей, фамилии которых в документах упоминались, и сопоставив эти показания, я пришел к заключению, что личность Распутина, в смысле своего душевного склада, не была так проста, как об этом говорили и писали.

Исследуя нравственный облик Распутина, я, естественно, обратил внимание на историческую последовательность тех событий и фактов, которые в конце концов открыли ему доступ ко Двору, и я выяснил, что первым этапом в этом постепенном продвижении вперед было его знакомство с известными глубоко религиозно настроенными и несомненно умными архиепископами Феофаном и Гермогеном. Убедившись, на основании тех же документов, что тот же Григорий Распутин сыграл роковую роль в жизни этих столпов православной Церкви, будучи причиной удаления Гермогена в один из монастырей Саратовской епархии на покой и низведение Феофана на роль провинциального епископа, тогда, когда эти истинно православные епископы, заметив проснувшиеся в Григории Распутине темные инстинкты, открыто вступили с ним в борьбу, я пришел к заключению, что несомненно в жизни Распутина, простого крестьянина Тобольской губернии, имело место какое-то большое и глубокое душевное переживание, совершенно изменившее его психику и заставившее обратиться ко Христу, так как только наличностью этого искреннего Богоискания у Распутина в тот период времени и может быть объяснено сближение его с указанными выдающимися пастырями. Это мое предположение, основанное на сопоставлении фактов, нашло себе подтверждение в безграмотно составленных Распутиным воспоминаниях о хождении по святым местам. От этой книги, написанной Григорием Распутиным, дышит наивной простотой и задушевной искренностью. Опираясь на содействие и авторитетность указанных архиепископов, Григорий Распутин был принят во дворцах великих княгинь Анастасии и Милицы Николаевен, а затем, через посредство последних, знакомится с г-жой Вырубовой, тогда еще фрейлиной, и производит на нее, женщину истинно религиозно настроенную, огромнейшее впечатление; наконец, он попадает и в царский Двор. Здесь у него пробуждаются заглохшие низкие инстинкты, и он превращается в тонкого эксплуататора доверия высоких особ к его святости.

При этом надо заметить, что он свою роль выдерживает с удивительно простодушной последовательностью. Как показало обследование переписки по сему поводу, а затем как подтвердили и свидетели, Распутин категорически отказывался от каких-либо денежных пособий, наград и почестей, несмотря на прямые, обращенные со стороны Их Величеств, предложения, как бы тем самым подчеркивая свою неподкупность, бессребреность и глубокую преданность Престолу, предупреждая в то же время царскую семью, что он – единственный предстатель за нее перед Престолом Всевышнего, что все завидуют его положению, все интригуют против него, все клевещут на него и что поэтому к таким доносам надо относиться отрицательно. Единственно, что позволял себе Распутин, это оплату его квартиры из средств Собственной Его Величества канцелярии, а также принимал подарки: собственной работы царской семьи рубашки, пояса и прочее.

Входил Распутин в царский дом всегда с молитвою на устах, обращаясь к Государю и императрице на «ты» и трижды с ними лобызаясь по сибирскому обычаю. Известно, что он говорил Государю: «моя смерть будет и твоей смертью», и при этом установлено, что при Дворе он пользовался репутацией человека, обладающего даром предсказания событий, облекая свои предсказания в загадочные формы, по примеру древней Пифии.

Источником средств для Распутина служили те прошения разных лиц по поводу перемещений, назначений, помилований, которые составлялись на высочайшее имя и передавались во дворец через его руки. В целях большей авторитетности своего голоса Распутин поддерживал такие ходатайства при беседе с Их Величеством, облекая их в особые формы предсказаний и подчеркивая, что удовлетворение этих просьб ниспошлет особые дары и счастье царской семье и стране.

К сказанному выше необходимо добавить, что Распутин несомненно обладал в сильной степени какой-то непонятной внутренней силой в смысле воздействия на чужую психику, представлявшей род гипноза. Так, между прочим, мной был установлен несомненный факт излечения им припадков пляски св. Витта у сына близкого знакомого Распутина – Симановича, студента Коммерческого института, причем все явления болезни исчезли навсегда после двух сеансов, когда Распутин усыплял больного.

Запечатлен мною и другой яркий случай проявления этой особенной психической силы Распутина, когда он был вызван зимой 1914–1915 года в будку железнодорожного сторожа царскосельской дороги, где после крушения поезда лежала в совершенно бессознательном состоянии, с раздробленными ногами и тазобедренной костью и с трещинами черепа Анна Александровна Вырубова. Около нее в то время находились Государь и императрица. Распутин, подняв руки кверху, обратился к лежащей Вырубовой со словами: «Аннушка, открой глаза». И тотчас она открыла глаза и обвела ту комнату, в которой лежала. Конечно, это произвело сильное впечатление на окружающих, а в частности на Их Величества, и, естественно, содействовало укреплению его авторитета.

Вообще надо сказать, что Распутин, несмотря на свою малограмотность, был далеко не заурядным человеком и отличался от природы острым умом, большой находчивостью, наблюдательностью и способностью иногда удивительно метко выражаться, особенно давая характеристики отдельным лицам. Его внешняя грубость и простота обращения, напоминавшие порою юродивого, были, несомненно, искусственны; ими он старался подчеркнуть свое крестьянское происхождение и свою неинтеллигентность.

Ввиду того что в периодической прессе уделялось много места разнузданности Распутина, ставшей синонимом его фамилии, на это обстоятельство при производстве следствия было также обращено надлежащее внимание, и богатейший материал для освещения его личности с этой стороны оказался в данных того самого негласного наблюдения за ним, которое велось охранным отделением. При этом выяснилось, что амурные похождения Распутина не выходили из рамок ночных оргий с девицами легкого поведения и шансонетными певицами, а также иногда и с некоторыми из его просительниц. Что же касается его близости к дамам высшего общества, то в этом отношении никаких положительных материалов наблюдением и следствием добыто не было.

Но имеются указания, что в пьяном виде он старался создать иллюзию своей интимной близости к высшим кругам, в особенности перед теми, с которыми он был в приятельских отношениях и которым он был обязан своим повышением. Так, например, при обыске у епископа Варнавы была найдена телеграмма Распутина на его имя: «милой, дорогой, приехать не могу, плачут мои дуры, не пущают». Ввиду сведений, что Распутин в Сибири мылся в бане вместе с женщинами, родилось предположение о его принадлежности к секте хлыстов. С целью выявить этот вопрос Верховной Следственной комиссией был приглашен профессор по кафедре сектантства Московской Духовной академии Громогласов; последний ознакомился со всем следственным материалом и, считаясь с тем, что совместное мытье мужчин с женщинами в банях является в некоторых местах Сибири общепринятым обычаем, не нашел никаких указаний на принадлежность его к хлыстам. Вместе с тем, изучив все написанное Распутиным по религиозным вопросам, Громогласов также не усмотрел никаких признаков хлыстовства.

Вообще Распутин по природе был человек широкого размаха; двери его дома были всегда открыты; там толпилась самая разнообразная публика, кормясь за его счет; в целях создания вокруг себя ореола благотворителя по слову Евангелия: «Рука дающего не оскудеет», Распутин, постоянно получая деньги от просителей за удовлетворение их ходатайств, широко раздавал эти деньги нуждающимся и вообще лицам бедных классов, к нему обращавшимся тоже с какими-либо просьбами, даже и не материального характера. Этим он создал себе популярность благотворителя и бессребреника; кроме того, большие суммы Распутин сорил по ресторанам и загородным садам, вследствие чего никаких особенных средств после его смерти семье его, проживавшей в Сибири, оставлено не было.

Следствием был собран многочисленный материал относительно просьб, проводимых Распутиным при Дворе; все эти просьбы касались, как было выше указано, назначений, перемещений, помилований, пожалований, проведения железнодорожных концессий и других дел, но решительно не было добыто никаких указаний о вмешательстве Распутина в политические дела, несмотря на то что влияние его при Дворе, несомненно, было велико. Примеры этого влияния очень многочисленны: так, между прочим, при обыске в канцелярии дворцового коменданта, генерала Воейкова, было обнаружено несколько писем на его имя такого содержания: «Енералу Фавейку. Милой, дорогой, устрой ее. Григорий». На подобных письмах оказались отметки, сделанные рукой Воейкова, сводившиеся к указанию имени, отчества и фамилии просителей, их места жительства, содержания просьбы, отметки об удовлетворении просьбы и об оповещении просителей; тождественного содержания были обнаружены письма и у бывшего председателя Совета Министров Штюрмера, а равно и у других высокопоставленных лиц. Но все эти письма касались исключительно просьб об оказании личных протекций по поводу разных случаев из жизни лиц, о которых ходатайствовал Распутин.

Распутин всем лицам, с которыми ему приходилось сталкиваться более или менее часто, давал прозвища, некоторые из них получали права гражданства и при Дворе; так, например: Штюрмера он называл Стариком, архиепископа Варнаву – Мотыльком, Государя – Папой, государыню – Мамой. Прозвище Варнавы «Мотылек» было обнаружено и в одном из писем императрицы к Вырубовой.

Следственный материал приводит к несомненному заключению, что источником влияния Распутина при Дворе была наличность высокого религиозного настроения Их Величеств и вместе с тем их искреннего убеждения в святости Распутина, единственного действительного предстателя и молитвенника за Государя, его семью и Россию перед Богом, причем наличность этой святости усматривалась царской семьей в отдельных случаях исключительно в воздействии Распутина на психику приближенных ко Двору лиц, как, например (о чем указано выше), приведение в сознание г-жи Вырубовой, затем благотворное влияние на здоровье наследника и ряд удачных предсказаний; при этом, конечно, указанное воздействие на психику должно быть объяснено наличностью необыкновенной гипнотической силы Распутина, а верность предсказаний – всесторонним знанием им условий придворной жизни и его большим практическим умом.

Этим влиянием Распутина на царскую семью старались, конечно, пользоваться ловкие люди, способствуя тем самым развитию в нем низких инстинктов. Особенно ярко это сказалось в деятельности бывшего министра внутренних дел А. Н. Хвостова и директора Департамента полиции Белецкого, которые, чтобы упрочить свое положение при Дворе, вошли в соглашение с Распутиным и предложили ему такие условия: выдавать из секретного фонда Департамента полиции ежемесячно по 3000 руб. и единовременные пособия в различных суммах, по мере надобности, за то, чтобы Распутин проводил при Дворе тех кандидатов, которых они будут указывать на желательные для них посты. Распутин согласился и действительно первые два-три месяца выполнял принятые на себя обязательства, но затем, убедившись, что такое соглашение для него невыгодно как значительно сокращавшее круг его клиентуры, он, не предупреждая об этом Хвостова и Белецкого, стал действовать самостоятельно, на свой страх и риск. Хвостов, удостоверившись в неискренности Распутина и опасаясь, что в конце концов Распутин может начать действовать против него, решил открыто вступить с ним в борьбу, учитывая, с одной стороны, доброе к себе расположение царской семьи, а с другой – рассчитывая на содействие Государственной Думы, членом которой он был и которая относилась к Распутину с крайней ненавистью. При создавшемся положении вещей в крайне тяжелом положении оказался Белецкий, не веривший в обаяние и мощь Хвостова при Дворе и, наоборот, надлежаще расценивавший исключительное влияние Распутина на царскую семью. После недолгого раздумья Белецкий решил изменить своему начальнику и покровителю Хвостову, перейдя всецело на сторону Распутина. Заняв такую позицию, Белецкий, выражаясь языком Распутина, поставил себе целью «свалить министра Хвостова». В конечном результате борьбы Распутина и Белецкого против Хвостова и явился так много нашумевший в газетах пресловутый заговор на жизнь старца. Инсценировка этого заговора была организована Белецким следующим образом. Он привлек для этой цели совершенно опустившегося в нравственном отношении «бывшего человека» инженера Гейне, содержателя игорных притонов в Петрограде, и тайно командировал его в Христианию, также к «бывшему человеку» расстриге-монаху, известному Илиодору – Сергею Труфанову, бывшему прежде другом Распутина. Результатом этой поездки была посылка ряда телеграмм из Христиании к Гейне в Петроград за подписью Илиодора, в которых очень прозрачно говорилось о будто бы готовившемся ими покушении на жизнь Распутина. Так, например, в одной из телеграмм Илиодора к Гейне говорилось почти дословно следующее: «Нанятые 40 человек ждут, ропщут, переведите 30 000». Все эти телеграммы, как поступившие из нейтральной страны во время войны, до выдачи их адресатам в копиях сообщались в Департамент полиции, но затем, без надлежащего обследования, как это полагалось согласно законам военного времени, прямо вручались инженеру Гейне. Наконец в один прекрасный день Гейне, имея в руках эти телеграммы, является в виде раскаявшегося грешника в приемную Распутина и, представляя доказательства наличности заговора принесенными с собой телеграммами, чистосердечно сознается старцу, что участвовал в заговоре на его жизнь, передает все подробности этого заговора и кончает заявлением, что во главе его стоит министр внутренних дел А. Н. Хвостов. Все эти данные были сообщены Распутиным царской семье и повлекли за собой отставку Хвостова. Как подробность инсценировки этого заговора интересен следующий факт: в телеграммах, поступивших Гейне из Христиании, помещался ряд фамилий лиц, проживавших в Царицыне и входивших будто бы в сношения с Илиодором и даже приезжавших к нему в Христианию для заговора. Однако произведенное по этому поводу по горячим следам расследование через жандармскую полицию не только не подтвердило правдивости этих указаний, но доказало, что означенные лица из Царицына никуда не уезжали, как о том свидетельствовали акты осмотра домовых книг и других документов.

Следует заметить, что А. Н. Хвостов был лично очень ценим и уважаем Государем, а в особенности императрицей, которые, по свидетельским показаниям личностей, близко стоявших ко

Двору, считали его религиозно настроенным и в высшей степени преданным царской семье и России. Следующий, однако, эпизод показывает, насколько Хвостов прежде всего заботился и оберегал свои личные интересы: однажды он пригласил к себе жандармского генерала Комиссарова и предложил ему немедленно, переодевшись в штатское, поехать к Распутину и привезти его к митрополиту Питириму, что тот и исполнил. Исполняя поручение Хвостова, Комиссаров вместе с Распутиным прошел в покои Питирима, где в одной из комнат их встретил служка Питирима, который, приняв их, удалился во внутренние покои с докладом к Его Высокопреосвященству. Вскоре после этого в ту же комнату вошел сам Питирим и здесь, когда ему Распутин представил генерала Комиссарова, последний заметил, как Питириму было неприятно на этот раз появление в его покоях жандармского генерала. Тем не менее Питирим пригласил их следовать с собой, и когда они вошли в гостиную, то увидели сидевшего здесь на диване Хвостова. При виде Распутина Хвостов стал нервно смеяться и переговариваться с Питиримом, а затем, пробыв недолгое время, попросил Комиссарова сопровождать себя домой. Комиссаров, оказавшись в крайне неловком положении, совершенно не понимал происшедшего. Проезжая в автомобиле, Хвостов спросил Комиссарова: «Вы что-нибудь, генерал, понимаете?» и, получив отрицательный ответ, заявил: «Знаем теперь, в каких отношениях состоит Питирим с Распутиным, а ведь когда вы с ним приехали в покои митрополита и служка доложил о вашем приезде, то этот человек, не имеющий, по его словам, ничего общего с Распутиным, сказал мне: «Разрешите отлучиться на несколько минут, так как ко мне приехал именитый грузин», а теперь мы знаем, какие грузины ездят к Вашему Преосвященству». Этот эпизод мне стал известен из допроса ген. Комиссарова.

Из всех государственных деятелей Хвостов был ближе всего к Распутину, что же касается до столь нашумевших отношений его со Штюрмером, то в действительности отношения эти не выходили из области обмена любезностями. Штюрмер, считаясь с влиянием Распутина, исполнял его просьбы относительно устройства отдельных лиц, посылал иногда фрукты, вино и закуски, но данных о влиянии Распутина на направление внешней политики Штюрмера следствием не было добыто решительно никаких.

Не больше была связь с Распутиным и у министра внутренних дел Протопопова, которого Распутин почему-то называет «Калинин», хотя надо сказать, что Распутин относился к Протопопову с большой симпатией и всячески старался защищать его, хвалить и выгораживать перед Государем в тех случаях, когда почему-либо положение Протопопова колебалось. Происходило это почти всегда в отсутствие Государя из Царского Села путем предсказаний Императрице, имевших характер изречений Пифии, где сначала говорилось о других, а затем уже переходилось к восхвалению личности Протопопова как преданного и верного царской семье человека.

Подобное отношение Распутина к Протопопову создало для последнего благоприятное отношение со стороны императрицы. При осмотре бумаг Протопопова было найдено несколько типичных писем Распутина, начинавшихся словами «милой, дорогой», но всегда говоривших только о каких-либо интересах частных лиц, за которых Распутин хлопотал. Среди бумаг Протопопова, так же как и среди бумаг всех остальных высокопоставленных лиц, не было найдено ни одного документа, указывающего на влияние Распутина на внешнюю и внутреннюю политику.

Протопопов отличался, можно сказать, удивительной слабостью воли, хотя всю свою длинную карьеру до министра внутренних дел проходил в качестве выборного лица разных общественных групп, вплоть до должности товарища председателя Государственной Думы. Так как периодической печатью Протопопову приписывалась жестокая попытка подавления народных волнений в первые дни революции, якобы выразившаяся в установке на крышах домов пулеметов для расстрелов безоружных толп манифестантов, то на предварительном следствии на это обстоятельство было обращено особое внимание председателем комиссии, пр. пов. Муравьевым, поручившим обследование этих событий специальному следователю Ювжику Компанейцу, установившему путем допроса нескольких лиц и проверки отобранных войсками пулеметов, найденных на улицах Петрограда в первые дни революции, что все эти пулеметы принадлежали войсковым частям и что ни одного полицейского пулемета не было не только на крышах домов, но и на улицах, причем вообще никаких пулеметов на крышах домов не стояло, кроме ограниченного числа пулеметов, поставленных с самого начала войны на некоторых высоких домах для защиты от налета неприятельских воздушных машин.

Вообще нужно сказать, что в критические дни февраля 1917 года Протопопов проявил полную нераспорядительность, с точки зрения действовавшего закона – преступную слабость.

Несомненно, в прессе и в петроградском обществе создалось мнение о близких отношениях Распутина к двум политическим авантюристам – доктору Бадмаеву и князю Андронникову, будто бы имевшим через него влияние на политику.

Следствие показало полное несоответствие этих слухов с действительностью. Однако можно сказать, что оба эти лица всячески старались быть прихвостнями Распутина, пользуясь крохами, падающими с его стола, и стараясь преувеличить перед своими клиентами свое влияние на Распутина, на которого они такового вовсе не имели, и через это поддержать мнение о своем якобы при Дворе влиянии.

Из этих двух лиц наиболее интересным по времени своей деятельности является князь Андронников, так как сколько-нибудь значительные связи Бадмаева с руководящими кругами относятся к царствованию императора Александра III.

Личность и характер деятельности кн. Андронникова с поразительной яркостью были освещены на следствии огромным количеством разных документов, отобранных мною при обыске в его квартире, отнявшем у меня целых два дня в марте 1917 года.

Из квартиры Андронникова я привез в Зимний дворец в помещение комиссии на двух автомобилях колоссальный архив. При этом надо отдать полную справедливость князю Андронникову в том, что канцелярская часть была поставлена у него безукоризненно. Все делопроизводство его разбиралось по папкам на определенные министерства, которые, в свою очередь, распадались на департаменты.

Дела оказались вложенными в обложки с соответствующими надписями, подшитыми, занумерованными и свидетельствовали о тщательном наблюдении со стороны кн. Андронникова за их движением. При изучении их выяснилось, что кн. Андронников за определенную мзду не гнушался никакими ходатайствами и представительствами. Так, одновременно кн. Андронников ходатайствовал о выдаче пенсии какой-либо вдове чиновника, не выслужившего срок на эту пенсию, как равно проводил через министерства финансов и земледелия весьма сложный проект акционерной компании, в которой, судя по договору, он лично играл одну из видных ролей: об орошении Мургабской степи, насколько помню.

Система, принятая кн. Андронниковым, занимавшим скромный пост чиновника особых поручений Святейшего Синода, для проведения своих ходатайств, была очень проста. Согласно его признанию, получая сведения о назначении совершенно ему неизвестного лица на должность хотя бы директора департамента в каком-нибудь министерстве, он посылал этому лицу поздравительное письмо, трафаретно его начиная: «наконец-то воссияло солнце над Россией, и высокий ответственный пост отныне вверен вашему превосходительству», после чего следовал ряд самых лестных эпитетов, украшающих это лицо талантами, добродетелями и прочее, а иногда к такому письму прилагался кн. Андронниковым и образ в виде его благословения.

Естественно, что получение такого письма обязывало данное должностное лицо из чувства деликатности и благодарности ответом, а результатом этого являлся личный визит князя к означенному сановнику в его служебный кабинет в департамент, чем и завязывалось знакомство. Такие посещения князем административных лиц сравнительно высокого ранга создавали у чиновников, служивших в канцелярии последнего, представление о добрых отношениях князя с их начальниками, отсюда вытекало и более внимательное отношение к бумагам, поступившим в департамент через посредство князя. Кн. Андронников, при стремлении своем увеличить представление об авторитетности своего влияния при Дворе, не гнушался никакими средствами, вплоть до дружбы с гофкурьерами, которые, развозя высочайшие приказы о пожалованиях, неукоснительно заезжали к другу-князю, а последний, не стесняясь в угощении их вином и яствами, тем временем осторожно вскрывал пакеты и, узнав таким образом содержание рескрипта о неожиданно высоком пожаловании, задерживая загулявшего гофкурьера у себя в столовой, спешил по телефону поздравить с высоким отличием не ожидавшего или ожидавшего его сановника, давая ему понять, что ему известно об этом непосредственно из «высочайшего» источника, и тем, конечно, создавал у сановника, когда к нему действительно приезжал через полчаса курьер с наградою, представление об исключительных связях князя при Дворе.

Угождая петроградским сановникам, кн. Андронников, конечно, лез из кожи, чтобы угождать Распутину. Так, известно из показаний прислуги Андронникова, что он предоставлял свою квартиру для секретных свиданий Распутина с Хвостовым и Белецким, а также с епископом Варнавою.

В то же время кн. Андронников, желая попасть в тон царившему при Дворе религиозному настроению и создать этим же слух о своей религиозности, в своей спальне за особой ширмой устроил подобие часовни, поставил большое распятие, аналой, столик с чашей для освящения воды, кропило, ряд икон, подсвечников, полное священническое облачение, терновый венец, хранившийся в ящике аналоя, и прочее. Достойно примечания, как это мною лично установлено при осмотре его квартиры и при допросе его прислуги, что кн. Андронников в той же самой спальне, по другую сторону ширмы, на своей двуспальной постели предавался самому гнусному... с молодыми людьми, дарившими его ласками за обещание составить протекцию. Последнее обстоятельство нашло себе подтверждение в ряде отобранных мною при обыске у кн. Андронникова писем от таких обольщенных им молодых людей, которые жаловались в этих письмах на то, что он их обманул в своих обещаниях.

При допросе кн. Андронников старался о многом умолчать или извратить фактическую сторону данных обстоятельств, но, будучи уличен мною на основании письменных документов в заведомо ложном освещении событий, заявил мне: «Вы моя совесть» и дал мне клятвенное обещание в дальнейшем не лгать. Однако через несколько минут допроса он был мною вновь изобличен в том же искажении истины; тогда князь обратился ко мне с просьбой сообщить ему мое имя; я исполнил его просьбу и при следующем его допросе князь мне заявил, что спрашивал мое имя для того, «чтобы записать в воспоминаньице и молиться как за святого человека».

Из допроса лиц, близко стоявших ко Двору, как, например, Танеевых, Воейкова и других, я выяснил, что кн. Андронников не только не пользовался каким-либо авторитетом при Дворе в царской семье, но отношение ее к нему было критически-ироническое.

Доктор тибетской медицины Бадмаев водил знакомство с Распутиным, но их личные отношения не выходили из рамок отдельных услуг со стороны Распутина по проведению очень немногочисленных ходатайств. Бадмаев, будучи бурятом, составил несколько брошюр о своем крае и по этому поводу имел несколько аудиенций у Государя, но эти аудиенции не выходили из ряда обычных и отнюдь не носили интимного характера.

Хотя Бадмаев и был врачом министра внутренних дел Протопопова, однако царская семья относилась критически к способам его врачевания; Григорий Распутин тоже не был поклонником тибетских медицинских средств Бадмаева, а допросом дворцовой прислуги царской семьи было несомненно установлено, что Бадмаев в покоях царских детей в качестве врача никогда не появлялся.

Дворцовый комендант Воейков допрашивался мною несколько раз в Центральной крепости, где он был заключен. Особым авторитетом и влиянием при Дворе, – судя по переписке, найденной у него при обыске, и главным образом по письмам его жены, дочери министра Двора, графа Фредерикса, относящимся к 1914–1916 годам, – он не пользовался, но был ценим как преданный человек, по крайней мере царская семья его считала таковым, хотя лично я из целого ряда бесед с ним такого впечатления не вынес. Отношение Воейкова к Распутину, насколько это отношение вылилось в письмах первого к жене, было отрицательным. В некоторых из этих писем Воейков называл его злым гением императорского дома и России, находя, что он дискредитирует Трон и дает богатую пищу для всякого рода самых невероятных слухов, толков и разговоров, которые могут быть всегда использованы антиправительственными группами. Вместе с тем, считаясь с несомненным влиянием Распутина на царскую семью, Воейков не находил в себе достаточно гражданского мужества отказывать Распутину в удовлетворении отдельных частных просьб о назначениях, повышениях, выдаче пособий и т. д., как это видно из пометок Воейкова на вышеупомянутых мною письмах к нему Распутина, найденных при следствии. Вообще Воейков произвел на меня впечатление карьериста, дорожившего своим постом и неспособного ценить то внимание и искреннее расположение, которое к нему питали как Государь, так и императрица. В своих письмах к нему от 1915 года жена Воейкова умоляла его оставить службу ввиду нараставшего революционного движения, причем она предостерегала мужа, что при крушении государственного аппарата его постигнет ужасная участь. Эти письма Воейковой все проникнуты болезненной ненавистью к Распутину как к несомненному виновнику грядущих, по ее словам, кошмарных событий. Вполне разделяя взгляды жены на этот счет, Воейков тем не менее оставался на своем посту, чтобы разоблачить Распутина и выяснить его настоящую физиономию перед царской семьей.

Много наслышавшись об исключительном влиянии Вырубовой при Дворе и об отношениях ее с Распутиным, сведения о которых помещались в нашей прессе и циркулировали в обществе, я шел на допрос к Вырубовой в Петропавловскую крепость, откровенно говоря, настроенный к ней враждебно. Это недружелюбное чувство не оставляло меня и в канцелярии Петропавловской крепости, вплоть до момента появления Вырубовой под конвоем двух солдат. Когда же вошла г-жа Вырубова, то меня сразу поразило особое выражение ее глаз: выражение это было полно неземной кротости. Это первое благоприятное впечатление в дальнейших беседах моих с нею вполне подтвердилось. После первой же недолгой беседы я убедился в том, что она, в силу своих индивидуальных качеств, не могла иметь абсолютно никакого влияния, и не только на внешнюю, но и на внутреннюю политику государства, с одной стороны, вследствие чисто женского отношения ко всем тем политическим событиям, о которых мне приходилось с ней беседовать, а с другой – вследствие чрезмерной ее словоохотливости и полной неспособности удерживать в секрете даже такие эпизоды, которые вне достаточного анализа, при поверхностной оценке, могли бы набрасывать тень на нее самое. В дальнейших беседах я убедился, что просьба, обращенная к г-же Вырубовой, удержать что-либо в секрете, была равносильна просьбе об этом секрете объявить всенародно, так как она, узнав что-либо такое, чему она придавала значение, тотчас же рассказывала об этом не только своим близким, но даже малознакомым людям.

Достаточно ознакомившись за время этих бесед с интеллектуальными особенностями г-жи Вырубовой, я невольно остановился на двух основных вопросах: 1) о причинах ее нравственного сближения с Распутиным и 2) о причинах сближения ее с царской семьей.

При разрешении первого вопроса я натолкнулся случайно в разговоре с ее родителями, гг. Танеевыми (статс-секретарь Александр Сергеевич Танеев, управляющий собственной Его Величества канцелярией, женатый на графине Толстой), на один эпизод из жизни их дочери, который, по моему мнению, сыграл роковую роль в подчинении ее воли влиянию Распутина. Оказалось, что г-жа Вырубова, будучи еще 16-летним подростком, заболела брюшным тифом в тяжелой форме. Болезнь эта вскоре осложнилась местным воспалением брюшины, и врачами положение ее было признано почти безнадежным. Тогда гг. Танеевы, большие почитатели гремевшего на всю Россию протоиерея отца Иоанна Кронштадтского, пригласили его отслужить молебен у постели болящей дочери. После этого молебна в состоянии больной наступил благоприятный кризис, и она стала быстро поправляться.

Этот эпизод произвел, несомненно, огромнейшее впечатление на психику религиозной девушки-подростка, и с этой минуты ее религиозное чувство получило преобладающее значение при решении всех вопросов, которые возникали у нее по различным поводам.

Г-жа Вырубова познакомилась с Распутиным во дворце вел. кн. Милицы Николаевны, причем знакомство это не носило случайного характера, а великая княгиня Милица Николаевна подготовляла к нему г-жу Вырубову путем бесед с ней на религиозные темы, снабжая ее в то же время соответствующей французской оккультистической литературой; затем однажды великая княгиня пригласила к себе Вырубову, предупредив, что в ее доме она встретится с великим молитвенником земли русской, одаренным способностью врачевания.

Эта первая встреча г-жи Вырубовой, тогда еще девицы Танеевой, произвела на нее большое впечатление, в особенности в силу того, что она тогда намеревалась вступить в брак с лейтенантом Вырубовым. При этой встрече Распутин много говорил на религиозные темы, а затем на вопрос своей собеседницы, благословляет ли он ее намерение вступить в брак, ответил иносказательно, заметив, что жизненный путь усеян не розами, а терниями, что он очень тяжел и что в испытаниях и при ударах судьбы человек совершенствуется.

Вскоре последовавший брак этот был совершенно неудачным: по словам г-жи Танеевой, муж ее дочери оказался полным импотентом, но притом с крайне извращенной половой психикой, выражавшейся в различных проявлениях садизма, чем он причинял своей жене неописуемые нравственные страдания и вызывал к себе чувство полного отвращения. Однако г-жа Вырубова, памятуя слова Евангелия: «Еже Бог сочетал, человек да не разлучает», долгое время скрывала свои нравственные переживания от всех, и только после одного случая, когда она была на волос от смерти на почве садических половых извращений своего супруга, она решила открыть матери свою ужасную семейную драму. Результатом такого признания г-жи Вырубовой было расторжение брака в установленной законной форме. При дальнейшем производстве следствия эти объяснения г-жи Танеевой о болезни супруга ее дочери нашли полное подтверждение в данных медицинского освидетельствования г-жи Вырубовой, произведенного в мае 1917 года по распоряжению Чрезвычайной следственной комиссии: данные эти установили с полной несомненностью, что г-жа Вырубова девственница.

Вследствие неудачно сложившейся семейной жизни, религиозное чувство А. А. Вырубовой развивалось все сильнее и, можно сказать, стало принимать характер религиозной мании, при этом предсказание Распутина о терниях жизненного пути явилось для Вырубовой истинным пророчеством. Благодаря этому она стала самой чистой и самой искренней поклонницей Распутина, который до последних дней своей жизни рисовался ей в виде святого человека, бессребреника и чудотворца.

При разрешении второго из поставленных мною выше вопросов, уяснив себе нравственный облик Вырубовой, а также детально изучив во время следствия жизнь царской семьи и нравственный облик императрицы Александры Федоровны, я невольно остановился на признанном психологией положении, что противоположности часто сходятся и, дополняя друг друга, придают друг другу устойчивое равновесие. Неглубокий ум Вырубовой и часто философский склад мышления императрицы были двумя противоположностями, друг друга дополнявшими; разбитая семейная жизнь Вырубовой заставила ее искать нравственного удовлетворения в удивительно дружной, можно сказать, идеальной семейной обстановке императорской семьи. Общительная и бесхитростная натура Вырубовой вносила ту искреннюю преданность и ласку, которой не хватало в тесно замкнутой царской семье со стороны царедворцев, ее окружавших. А общее у этих столь различных женщин нашлось тоже – это любовь к музыке. Императрица обладала приятным сопрано, а у Вырубовой было хорошее контральто, и они часто в минуты отдохновения пели дуэты.

Вот те условия, которые у непосвященных в тайны близких отношений между императрицей и Вырубовой должны были породить слухи о каком-то исключительном влиянии Вырубовой на царскую семью. Но, как раньше сказано, влиянием при Дворе Вырубова не пользовалась и пользоваться не могла; слишком большой был перевес умственных и волевых данных императрицы над умственно ограниченной, но беззаветно преданной и горячо любящей сначала фрейлиной Танеевой, а потом сделавшейся домашним человеком в царской семье г-жой Вырубовой.

Отношения императрицы к Вырубовой можно определить отношением матери к дочери, но не больше того. Дальнейшим связывающим звеном этих двух женщин было одинаково сильно развитое, как у одной, так и у другой, религиозное чувство, которое привело их к трагическому поклонению личности Распутина.

Мои предположения о нравственных качествах г-жи Вырубовой, вынесенные из продолжительных бесед с нею в Петропавловской крепости, в арестном помещении и, наконец, в Зимнем дворце, куда она являлась по моим вызовам, вполне подтверждались проявлением ею чисто христианского всепрощения в отношении тех, от кого ей много пришлось пережить в стенах Петропавловской крепости. И здесь необходимо отметить, что об этих издевательствах над г-жой Вырубовой со стороны крепостной стражи я узнал не от нее, а от г-жи Танеевой; только лишь после этого г-жа Вырубова подтвердила все сказанное матерью, с удивительным спокойствием и незлобливостью заявив: «Они не виноваты, не ведают бо, что творят». По правде сказать, эти печальные эпизоды издевательства над личностью Вырубовой тюремной стражи, выражавшиеся в форме плевания в лицо, снимания с нее одежды и белья, сопровождаемого битьем по лицу и по другим частям тела больной, едва двигавшейся на костылях женщины и угроз лишить жизни «наложницу Государя и Григория» побудили следственную комиссию перевести г-жу Вырубову в арестное помещение при бывшем Губернском жандармском управлении.

В смысле освещения интересовавших меня событий г-жа Вырубова являлась полной противоположностью кн. Андронникова: все ее объяснения на допросах в дальнейшем, при проверке на основании подлежащих документов, всегда находили себе полное подтверждение и дышали правдой и искренностью; единственным недостатком показаний г-жи Вырубовой являлось чрезвычайное многословие, можно сказать, болтливость и поразительная способность перескакивать с одной мысли на другую, не отдавая себе в том отчета, т. е. опять-таки качества, которые не могли создать из нее политическую фигуру. Г-жа Вырубова всегда просила за всех, поэтому к ее просьбам при Дворе и было соответствующее осторожное отношение, как бы учитывались ее простодушие и простота.

Нравственный облик императрицы Александры Федоровны достаточно ярко выяснился для меня из переписки ее с А. А. Вырубовой и с Государем. Эта переписка, веденная на французском и английском языке, была вся проникнута чувством горячей любви к мужу и детям. Воспитанием и образованием своих детей императрица заведовала сама лично, почти по всем предметам, кроме узкоспециальных. В помянутой переписке императрицы неоднократно указывалось на то, что детей не надо баловать игрушками и пробуждать у них страсть к роскоши. Вместе с тем переписка явила печать глубокой религиозности. Государыня в письмах к мужу часто описывает свои переживания во время прослушанных ею богослужений и часто говорит о чувстве полного удовлетворения и нравственного покоя, который она испытывала после горячей молитвы.

Вообще надо заметить, что во всей этой обширной переписке почти нет никаких указаний или рассуждений на политическую тему: переписка эта носила чисто интимный, семейный характер. Те места переписки, в которых говорится о Распутине, именуемом в ней старцем, достаточно освещают отношение императрицы к этому человеку как к проповеднику Слова Божия, к прорицателю и искреннейшему печальнику за царскую семью.

Во всей этой переписке на протяжении почти десяти лет мне не попадалось ни одного письма на немецком языке, а допросом приближенных ко Двору лиц я установил, что немецкий язык еще задолго до последней войны при Дворе не применялся. В связи с упорными слухами об исключительной симпатии императрицы к немцам и о существовании в царских покоях прямого провода в Берлин, мною были произведены осмотры помещений императорской семьи, причем никаких указаний на сношение императорского дома с немецким во время войны установлено не было. При проверке же мною слухов об исключительно благожелательном отношении императрицы к раненым военнопленным немцам выяснилось, что отношение ее к раненым немцам было таким же одинаково теплым, как и к раненым русским воинам, причем такое свое отношение к раненым императрица объясняла выполнением лишь Завета Спасителя, говорившего, что, кто посетит больного, тот посетит Его Самого.

В силу обстоятельств, в том числе и постоянно болезненного состояния императрицы, вследствие болезни ее сердца, царская семья вела удивительно замкнутый образ жизни, что естественно способствовало самоуглублению и развитию религиозного чувства, принявшего у государыни совершенно исключительный, преобладающий характер. На почве этой религиозности Александра Федоровна вводила монастырский устав богослужения в некоторых придворных церквах и с особым наслаждением, несмотря на болезненное состояние, выстаивала до конца длившиеся долгими часами службы. Это исключительно религиозное настроение императрицы Александры Федоровны и послужило единственной причиной преклонения ее перед личностью Григория Распутина, который, несомненно, как уже было объяснено, обладал способностью внушения, благотворно действовал в некоторых случаях на состояние здоровья тяжело больного наследника. При этом, вследствие своей религиозной настроенности, императрица не могла объективно оценивать источник несомненно поразительного влияния Распутина на состояние здоровья наследника·и искала этот источник не в гипнотической силе, а в тех высших небесных силах, которыми был наделен, по ее глубокому убеждению, за свою святую жизнь Распутин. Года за полтора до переворота 1917 года известный бывший монах Илиодор Труфанов, о котором было уже выше упомянуто, прислал в Петроград из Христиании свою жену с поручением предложить царской семье купить у него в рукописи написанную им книгу, выпущенную впоследствии под названием «Святой черт», где он описывает отношение Распутина к царской семье, набрасывая на эти отношения тени скабрезности. Этим вопросом заинтересовался Департамент полиции и на свой страх и риск вступил в переговоры с женою Илиодора о приобретении этой книги, за которую Илиодор просил, насколько помню, 60 000 рублей. В конце концов дело это было предоставлено на усмотрение императрицы Александры Федоровны, которая с негодованием отвергла гнусное предложение Илиодора, заявив, что «белое не сделаешь черным, а чистого человека не очернишь».

Считаю нужным обратить внимание, заканчивая этот очерк, что в деле выдвижения Распутина ко Двору принимали в свое время особо горячее участие великие княгини Анастасия и Милица Николаевны, духовник Их Величеств епископ Феофан и епископ Гермоген. Поэтому отношение императрицы Александры Федоровны к Распутину было с первых же шагов доверчиво благожелательным, и с течением времени оно только усиливалось, вследствие причин, уже нами указанных.

Подлинная подпись:

Бывший командированный в Чрезвычайную следственную комиссию по расследованию злоупотреблений министров, главноуправляющих и других должностных лиц, с правом производства следственных действий, товарищ прокурора Екатеринославского Окружного суда Владимир Михайлович Руднев.

СВИДЕТЕЛЬСТВО ЕПИСКОПА ГЕРМОГЕНА*

— Я знаю, — говорил он, — что великий крест ты на себя взял, женившись на дочери Григория в такое время. Но верю, что ты будешь для нас верной и крепкой защитой... Слушай, ты отлично знаешь историю моих отношений с покойным Григорием. Я его любил и верил в него, вернее в его миссию внести что-то новое в жизнь России, что должно было укрепить ослабевшие связи между царем и народом на пользу и благо последнего. Но его самовольное отступление от нашей программы, противоположный моему путь, по которому он пошел, его нападки на аристократию и на таких людей, как великий князь Николай Николаевич, которых я всегда считал опорою Трона, заставили вначале меня отвернуться от него, а затем, видя его усилившееся влияние при Дворе и учитывая, что при этом условии его идеи будут еще вредоноснее, я начал энергичную кампанию против него. В азарте этой борьбы я многого не замечал.

---

* Сделано в начале 1919 г. в беседе с мужем дочери Г. Е. Распутина Б. Н. Соловьевым.

Я не видел, например, что моя борьба усиливает вредные элементы среди оппозиции Государственной Думы. Я не видел, что, словно сатана, искушавший Христа, вокруг меня вертится, неустанно внушая мне ненависть, упорство и злобу, это подлинно презренное существо, Илиодор! Результаты ты помнишь? Громкий скандал: побежден и отправлен в ссылку в Жировецкий монастырь, где, когда волнения души улеглись и я обрел возможность спокойно размышлять, я с ужасом увидел итог моего выступления. Борясь за Трон, я своей борьбой только скомпрометировал его лишний раз! Сколько мук и терзаний пережил я потом! И вот 1916 год, декабрь месяц, Григорий убит!.. Тебе расскажу я, как узнал эту новость.

Я служил обедню в монастыре. Богомольцев было мало, и службу я окончил сравнительно рано. Благословив присутствовавших, я разоблачился, одел шубу и в сопровождении своего келейника пошел к себе в келью. На пути, как обычно, меня встретил о. гостинник с отобранной для меня корреспонденцией, немногими письмами и газетами, которые я регулярно выписывал. Поблагодарив о. гостинника, я прошел к себе, где келейник раздел меня, дал домашний подрясник и туфли. Так как время близилось к обеду, то я тут же благословил его идти на монастырскую кухню, что он и исполнил.

Я остался один. Одев туфли, вооружившись очками, принялся за чтение газет. Первое, что мне бросилось в глаза, было сообщение о смерти Григория Распутина... Я невольно подумал: вот, он гнал меня, из-за него нахожусь сейчас на положении ссыльного, но возмездие было близко, и кара Божья обрушилась на него, он убит!

Вдруг, я никогда не забуду этого момента, я ясно услышал громкий голос Григория за спиной: «Чему обрадовался?.. Не радоваться надо, а плакать надо! Посмотри, что надвигается!»

Я обомлел в первую минуту от ужаса... Уронив газету и очки, я боялся повернуться, да и не мог сделать этого... Словно остолбенел. Наконец, перекрестившись, я быстро встал, оглядел келью – никого! В прихожей тоже никого! Опустившись на кресло, я не знал, что предпринять! В это время раздался стук в дверь и обычная молитва: «Господи Иисусе!..» – «Аминь!» – с трудом ответил я. Вошел с едой мой келейник. Не успел он переступить порога, как я его осыпал вопросами, не встречал ли он кого-либо по дороге и в коридоре и не разговаривал ли он с кем-нибудь, на что получил отрицательный ответ.

Я не мог ничего есть, тщетно стараясь объяснить себе этот странный случай... Наконец я задал себе вопрос: «Чей голос слышал я?» Ответ был один: «Григория!» Я не мог в этом ошибиться.

Не мне тебе рассказывать, ты это не хуже меня знаешь, что Григорий был особенным человеком, и много чудесного связано с его личностью. Одно скажу, я с трудом дождался вечерни, после которой я совершил по нем панихиду, духовно примирившись с ним...

ПРОЕКТ П. А. СТОЛЫПИНА О ПРЕОБРАЗОВАНИИ ГОСУДАРСТВЕННОГО УПРАВЛЕНИЯ РОССИИ (СОГЛАСНО ЗАПИСЯМ ПРОФЕССОРА А. В. ЗЕНЬКОВСКОГО, ПОД ДИКТОВКУ П. А. СТОЛЫПИНА в мае 1911 года)

РЕФОРМЫ В ОБЛАСТИ ВНУТРЕННЕГО УПРАВЛЕНИЯ РОССИИ

1) ОБРАЗОВАНИЕ НОВЫХ МИНИСТЕРСТВ, КОТОРЫЕ П. А. СТОЛЫПИН ПРЕДПОЛАГАЛ СОЗДАТЬ ЕЩЕ В 1912 ГОДУ

а) Министерство труда

Создание такого Министерства являлось тогда особенно необходимым; положение рабочих и России тогда находилось в сравнительно неудовлетворительном состоянии – недопустимо, чтобы рабочий класс и в дальнейшем оставался тем беспочвенным пролетариатом, каким он был все годы, включая 1911 г. Ясно показал 1905 г., какую величайшую угрозу для государства представлял собою рабочий класс в силу внутренних осложнений в России.

Министерство труда должно выяснить в срочном порядке положение рабочего класса в государствах Западной Европы и Америки и все, что найдут лучшего в других государствах в этом отношении, доложить Совету министров; затем, в полном контакте с Министерствами торговли и промышленности, социального обеспечения, Министерством местных самоуправлений, а также со всеми земствами, разработать соответствующий законопроект об улучшении материального и культурного положения рабочего класса и через Совет министров внести на рассмотрение Государственной Думы и Государственного Совета; по этому законопроекту все промышленные и сельскохозяйственные предприятия, а также все земства, связанные с вопросами улучшения положения рабочих, должны быть поставлены, по новому закону, в своей деятельности под контроль Министерства труда. Бесспорный факт, что после удовлетворения культурных и экономических нужд рабочих они не будут тем революционным пролетариатом, каковым они были в 1905 г., а явятся равноправными и сознательными гражданами и мелкобуржуазным классом; как участники государственного и земского строительства, таковые уже не будут поддаваться пропаганде внутренних врагов России, а, наоборот, явятся защитниками существующего вновь преобразованного государственного строя России.

б) Министерство местных самоуправлений

П. А. Столыпин имел в виду в своем проекте передать в ведение местных самоуправлений постепенно несколько тех отраслей государственной деятельности, каковые в то время выполнялись на местах всевозможными казенными учреждениями. П. А. Столыпин считал необходимым создание специального Министерства местных самоуправлений для установления более полного контакта между Правительством, земствами и городами; к новому Министерству должны были бы перейти все дела, находившиеся тогда в Министерстве внутренних дел по отделу местного хозяйства, и новое Министерство местных самоуправлений должно было бы немедленно заняться разработкой нового закона о земствах.

1-го января 1864 г. закон о земских учреждениях был одной из величайших реформ Государя Александра II; по этому закону земствам были предоставлены широкие права, каких не было дано органам местного самоуправления ни в одном из западных государств, но, к большому сожалению, несколькими последующими законами, начиная с 1866 г. и в особенности при Государе Александре III, права земств были настолько урезаны, что земства были не в состоянии проводить в жизнь те мероприятия в интересах населения и государства, какие были намечены законом 1864 г. Поэтому новое Министерство местных самоуправлений при разработке нового закона о земствах, в интересах не только населения, но и самого государства, должно было бы принять во внимание не только закон 1864 г., но еще значительно больше расширить права земств, в особенности губернских, применяясь, насколько возможно, к штатным управлениям Соединенных Штатов Северной Америки. Далее, новое Министерство должно было бы разработать законопроект о введении земских учреждений на той территории России, где еще земства не введены. В некоторых местах на первое время земские учреждения могут быть введены применительно к закону от 2 апреля 1903 г. «О введении земских учреждений в юго-западных и западных губерниях»; также должен был быть разработан законопроект о введении в России волостных земств.

Имущественный ценз для участия в деятельности земств должен быть понижен по возможности в 10 раз, с таким расчетом, чтобы владельцы хуторских хозяйств и рабочие, владеющие небольшой недвижимостью, имели бы право участия в земских выборах. Все лица, за исключением умалишенных и уголовно преследуемых, достигшие 21 года, независимо от национальности и вероисповедания, владеющие хотя бы небольшой недвижимостью, облагаемой земским сбором, и прожившие в данном районе не менее двух лет, должны обладать правом голоса в земских выборах; число гласных волостных земств должно быть определено законом в зависимости от количества лиц, располагающих правом участия в выборах.

Каждое волостное земское собрание избирает определенное законом число уездных гласных из числа лиц, располагающих правом участия в выборах в пределах волости.

В свою очередь каждое уездное земское собрание избирает определенное законное число губернских гласных из состава лиц, располагающих правом участия в земских выборах в пределах уезда.

Волостные земства, по проекту П. А. Столыпина, получали бы от уездных земств в свое ведение заведование в пределах волости земскими школами, больницами, санитарными, ветеринарными и агрономическими пунктами. На волостные земства возлагались постройки, ремонт и содержание дорог, а также заведование всеми другими нуждами населения в пределах волости.

На уездные земства возлагались обязанности по ведению всех земских мероприятий, имеющих значение для нужд населения в пределах уезда, а также и содержание средних учебных заведений; кроме того, уездные земства должны принять на себя координацию земских мероприятий по отдельным волостям.

Губернские земства должны принять на себя обязанности по страхованию, как обязательному, так и добровольному, в пределах губернии как всех сельских построек, так равно и всех земских, рабочих и крестьян от несчастных случаев. Губернские земства должны также принять на себя обязанность страховки скота от падежа при эпидемических заболеваниях; кроме того, губернские земства проводят те земские мероприятия, которые затрагивают интересы населения не отдельных, а нескольких уездов. Губернские земства проводят те мероприятия, которые по финансовым соображениям являются непосильными для волостных и уездных земств; губернские земства координируют земские мероприятия между отдельными уездами. Затем губернские земства должны принимать меры к устройству и содержанию высших учебных заведений, как университетов, так и институтов: коммерческих, путей сообщения, технологических и пр.

Губернские земства обязаны организовать статистическое бюро для выяснения всех нужд населения и произвести переоценку всех недвижимых имуществ, а также выяснить их фактическую доходность для более правильного обложения как государственными, так равно и земскими сборами.

На губернские земства должна быть возложена, в полном контакте с волостными и уездными земствами, а также с Министерствами труда, торговли и промышленности и социального обеспечения, помощь рабочим в их культурных и экономических нуждах, а также по постройке и устройству их домов. Губернские земства обязаны устраивать периодические съезды врачей, ветеринаров, агрономов, инженеров, юрисконсультов, бухгалтеров, страховых агентов и пр. лиц, работающих в волостных и уездных земствах; особенное внимание Министерство местных самоуправлений должно обратить на то, чтобы губернские земства, вместе с волостными и уездными, вели борьбу со всеми эпидемиями; равным образом Министерство местных самоуправлений всячески обязано стремиться к тому, чтобы помогать земствам в расширении их деятельности в полном контакте с другими министерствами и стремиться к тому, чтобы по государственному бюджету регулярно проводились суммы в виде дотаций по тем мероприятиям, которые по финансовым соображениям являются непосильными для волостных, уездных и губернских земств. Равным образом Министерство по делам местных самоуправлений обязано устраивать периодически Всероссийские съезды земских специалистов по всем отраслям земского хозяйства в целях координирования земских мероприятий в разных губерниях; особое должно обратить внимание Министерство по делам местных самоуправлений, в полном контакте с Министерством финансов, на изыскание всех необходимых источников, которые дали бы возможность земствам и городам располагать доходами, необходимыми для удовлетворения всех нужд населения.

в) Министерство национальностей

Россия, как великое государство, в составе своего населения кроме русских имеет много разных национальностей, как-то: поляков, малороссов, латышей, литовцев, эстонцев, евреев, грузин, армян, татар, киргизов и пр. и пр.

В целях удовлетворения религиозных и культурных нужд каждой национальности П. А. Столыпин имел в виду создание специального Министерства национальностей России, которое должно было бы тщательно изучить культурную, религиозную и социальную жизнь каждой национальности и создать все условия к тому, чтобы они были не врагами России, а ее верноподданными.

Все эти лица, населяющие Россию, независимо от их национальности и вероисповедания, должны быть совершенно равноправными гражданами России. Недопустимы никакие ограничения. Существующие ныне ограничения в отношении евреев должны быть отменены, так как являются исключительно позорными. Новое Министерство должно создать условия, при которых культурные и религиозные пожелания каждой нации должны быть по возможности полностью удовлетворены.

Во главе этого Министерства должен быть поставлен не бюрократ, а крупный общественный деятель, пользующийся определенным авторитетом в общественных кругах, как русских, так и не русских. Нынешние враги России всячески стремятся к тому, чтобы расчленить Россию. В частности, Австро-Венгрия все время подготавливает среди галичан пропагандистов, которые в случае каких-либо осложнений внутри России должны убеждать малороссов, что Российское государство угнетает их и что они должны стремиться к полной самостоятельности.

Как среди малороссов, так и среди поляков и некоторых других национальностей есть отдельные личности, которые стремятся к тому, чтобы отделиться от России. Но в массе ни в Польше, ни в Малороссии в данное время нет брожения; поэтому, пока не поздно, необходимо, чтобы новое Министерство национальностей очень внимательно изучило особенности и нужды каждой национальности и по возможности пошло бы по пути удовлетворения наиболее важных культурных, религиозных и экономических пожеланий всех народностей России.

Вопрос о национальностях, населяющих Россию, как Европейскую, так и Азиатскую, очень сложный и серьезный. С одной стороны, новое Министерство национальностей должно очень внимательно отнестись к социальным и политическим проблемам каждой национальности, но с другой стороны, Министерство должно не забывать о тех внешних и внутренних врагах России, которые всячески стремятся к расчленению России. Всякого рода неопределенности и колебания со стороны правительства по отношению к отдельным народностям, под влиянием пропаганды врагов России, легко могут создать осложнения внутри государства.

г) Министерство социального обеспечения

Создание такого нового Министерства П. А. Столыпин считал крайне необходимым. Как рабочие в промышленности и в сельском хозяйстве, так равно и служащие в промышленных, банковских, общественных, государственных и др. учреждениях совершенно не обеспечены в случае инвалидности, болезни, безработицы и пр.

Необходимо, чтобы новое Министерство после очень тщательного изучения вопроса о социальном обеспечении трудящихся в государствах Западной Европы и Америки разработало бы соответствующий законопроект о социальном обеспечении и представило бы Совету министров для дальнейшего утверждения в законодательных учреждениях.

д) Министерство исповеданий

Существовавшее в то время положение в Церкви, возглавляемой тогда Обер-Прокурором Святейшего Синода, П. А. Столыпин считал крайне неудовлетворительным. Необходимо создание специального Министерства исповеданий, которое ведало бы не только нашей Церковью, но и внимательно следило за деятельностью других исповеданий. В Министерстве исповеданий как министр, так равно и все сотрудники Министерства должны быть лица, полностью закончившие высшее духовное образование и глубоко преданные православной вере. При Министерстве должен быть Совет, нынешний Святейший Синод, состоящий из митрополитов, архиепископов и епископов. Министерство в полном контакте с Советом высших иерархов должно обсудить и разработать законопроект о восстановлении в России Патриаршества.

Министерство должно принять решительные меры к тому, чтобы не только значительно увеличить число духовных училищ, семинарий и академий, но главное, расширить программу духовных учебных заведений. Священники, в особенности в бедных деревнях, живут в исключительно тяжелых материальных условиях. Жалованье за преподавание священниками Закона Божия в земских школах установлено в размере 60 руб. в год, в то время как в земствах врачи, агрономы, инженеры, ветеринары, страховые агенты и др. земские интеллигентные работники получают от 1500 до 3000 руб. в год.

Такое отношение к священному сану в дальнейшем не должно продолжаться; так как священники в деревнях сплошь и рядом влачат нищенское существование, то не удивительно, что более даровитые и способные, окончившие духовную семинарию, не стремятся быть священниками, а по окончании духовной семинарии продолжают свое образование в других высших учебных заведениях или же стремятся устроиться куда-либо на службу. Между тем русский народ, будучи по природе верен православию, очень нуждается в хороших священниках, которые своими проповедями в церквах и постоянными беседами, преподаванием Закона Божия направили бы русский народ по тому христианскому пути, при котором не было бы места тем ужасным поступкам, которые были в 1905 г. во время революции.

Министерство исповеданий должно прежде всего озаботиться о лучшем вознаграждении священникам, которое было бы приравнено к ставкам, установленным для других интеллигентных работников.

Количество духовных академий должно быть настолько увеличено, чтобы была возможность назначать священников, только окончивших духовную академию.

Духовные семинарии должны быть теми средними учебными заведениями, которые подготовляют студентов для поступления в духовную академию так же, как гимназии подготовляют для поступления в университеты. Очень желательно, чтобы в духовных учебных заведениях было бы обращено особое внимание на умение студентов говорить проповеди. Внимание П. А. Столыпина было обращено на то, что как губернаторы, так равно и представители земств во время своих докладов указывали, какое исключительно большое значение в 1905–1906 гг. имели выступления образованных и умных священников в смысле успокоения крестьян; своими проповедями и назиданиями среди народа таковые священники пользовались большим авторитетом у крестьян и полностью предотвращали те зверские явления, происходившие в тех деревнях, где священники не отвечали своему назначению и абсолютно не пользовались авторитетом среди крестьян. Ни одна религия не в состоянии дать того душевного успокоения, того идеала стремления к христианскому образу жизни, как наша православная. Русский народ в массе религиозен, и необходимо, чтобы Министерство исповеданий создало те условия, при которых религиозная жизнь народов России была бы всегда на должной высоте. Восстановление в России Патриаршества может в этом отношении много помочь.

е) Министерство по обследованию, использованию и эксплуатации богатств недр России

Ни одно государство в мире не обладает такими богатствами в недрах земли, как Россия; в недрах земли, как Европейской, так особенно Азиатской, имеется бесконечное количество угля, нефти, железа, олова, цинка, вольфрама, никеля, меди, золота, серебра и пр. и пр. Недостаток железных дорог, а главное, недостаток финансовых средств, лишают возможности использовать богатства государства и создать промышленность, которая, при более чем достаточном количестве необходимого сырья, может дать многим миллионам людей хороший заработок и вместе с тем обогатить государство и поднять уровень жизни всего населения России. К большому несчастью России, в силу некоторых обстоятельств в составе правительства не было лиц, которые могли бы найти правильный подход к использованию природных богатств России. Граф С. Ю. Витте, по мнению П. А. Столыпина, хотя и являлся крупным государственным деятелем и Россия многим обязана ему, как бывшему министру финансов, в проведении им многих финансовых реформ, но все же он не нашел тех правильных путей, по которым давным-давно можно было бы обогатить государство и население и создать тот необходимый государственный бюджет, при котором можно было бы не только использовать все богатства недр земли России, но и полностью провести в жизнь все культурные и экономические нужды населения.

П. А. Столыпин был глубоко убежден в том, что как только евреям будут предоставлены все права, то сразу же образуется целый ряд крупных акционерных банков и предприятий для получения концессий по разработке и эксплуатации природных богатств России. Вновь образуемое Министерство по использованию и эксплуатации недр земли должно явиться тем государственным учреждением, которое сможет коренным образом изменить экономическую жизнь России.

ж) Министерство здравоохранения

Земская медицина в России, вне всякого сомнения, заслуживает большого уважения, но недостаток финансовых средств лишает земства возможности расширять медицинскую помощь населению так, как это было бы желательно. А в связи с намеченным планом оказания бесплатной медицинской помощи со стороны земств рабочим промышленных предприятий, земства, естественно, должны будут значительно больше увеличить свои ассигновки на медицинскую помощь населению.

Кроме того, в тех губерниях, где еще не введены земства, медицинская помощь населению находится в довольно плачевном состоянии.

Намечаемое Министерство здравоохранения, по примеру Министерства народного просвещения и Министерства земледелия, должно очень широко пойти на помощь земствам в развитии их деятельности. С той же целью Министерство здравоохранения должно вносить ежегодно, по государственному бюджету, очень значительные суммы на выдачу земствам пособий в виде дотаций на расширение их деятельности по постройке и содержанию земских больниц. Министерство здравоохранения обязано также принять необходимые меры к тому, чтобы в тех губерниях, где еще не введены земства, медицинская помощь населению была вполне обеспечена.

Особое внимание, в полном контакте со всеми земствами, новое Министерство должно обратить на борьбу с эпидемиями.

Новое Министерство должно, с одной стороны, координировать земскую медицинскую помощь населению, а с другой стороны, как можно чаще устраивать областные и всероссийские съезды как земских врачей, так равно врачей в неземских губерниях для выработки общей программы как по борьбе с эпидемиями, так и по оказанию бесплатной медицинской помощи населению.

Новое Министерство, в полном контакте со всеми губернскими земствами, должно обратить особенно большое внимание на психиатрические больницы в земских, а также и неземских губерниях.

Необходимо, чтобы новое Министерство в обязательном порядке вносило необходимые суммы по государственному бюджету для оказания помощи земствам по командировкам врачей за границу – для ознакомления с постановкой медицины в других государствах.

2) ПРОЕКТ П. А. СТОЛЫПИНА О НЕКОТОРОЙ РЕОРГАНИЗАЦИИ СУЩЕСТВОВАВШИХ ТОГДА МИНИСТЕРСТВ

а) Министерство финансов

П. А. Столыпин был того мнения, что в наибольшей реорганизации нуждается именно Министерство финансов, так как в зависимости от благотворной деятельности этого Министерства явится возможность не только провести в жизнь все необходимые реформы в интересах населения и государства, но и укрепить военную мощь России как в отношении армии, так равно и флота.

Министр финансов В. Н. Коковцов, по мнению П. А. Столыпина, был бесспорно очень трудолюбивым и честным государственным деятелем, искренно преданным России и Государю, но, вместе с тем, совершенно не подходящим Министром финансов для такого большого и безумно богатого государства, как Россия; главным же минусом В. Н. Коковцова, по мнению П. А. Столыпина, было его самомнение, упрямство и нежелание принять во внимание все те доводы, разработанные финансовыми специалистами, при непосредственном участии П. А. Столыпина, – проект увеличения государственного бюджета с 3 до 10 миллиардов рублей. Проект увеличения государственного бюджета был предложен весной 1911 г. первоначально самому В. Н. Коковцову, а затем на частном совещании Совета министров, но со стороны В. Н. Коковцова последовало настолько резкое и ничем не обоснованное возражение, что П. А. Столыпин пришел к заключению, что лишь при полном преобразовании государственного управления России может явиться возможность осуществить намеченный им план увеличения государственных доходов с 3 до 10 млрд рублей.

По плану П. А. Столыпина при Министерстве финансов должно быть образовано несколько специальных комиссий из выдающихся финансистов, как практиков, так и теоретиков, профессоров по финансовым вопросам. В эти комиссии должны быть привлечены также и выдающиеся земские деятели, обращавшие неоднократно внимание П. А. Столыпина на те источники обложения, которые в состоянии значительно увеличить бюджетные доходы как государства, так равно и органов местных самоуправлений. В числе мер, предложенных для увеличения государственного бюджета, П. А. Столыпиным были намечены следующие:

1) При содействии статистических бюро земств и городов должна быть произведена полная переоценка недвижимых имуществ, облагаемых государственным и местными налогами с определением как действительной ценности имущества, так равно и их действительной доходности. Почти во всей России действительная ценность недвижимых имуществ в 1911 г. была минимум в 10 раз больше той ценности, которая принималась тогда во внимание при обложении государством и местными самоуправлениями.

2) После выяснения действительных цен недвижимых имуществ и их доходности, естественно, появится значительное увеличение прямых налогов.

3) Должен быть значительно повышен акциз на водку и в особенности на вина, ликеры и шампанское. Повышение акциза на водку в большой степени могло бы способствовать уменьшению употребления водки населением; предлагаемая многими деятелями и организациями мера о полном прекращении продажи водки населению только лишь способствует выделке самогона, последствием чего явится отравление лиц, которые будут пить самогон взамен водки.

4) На все предметы производства должен быть установлен сравнительно небольшой налог с оборота как в пользу государственного бюджета, так равно и в пользу бюджетов местных самоуправлений; конечно, Министерство финансов, совместно с Министерством торговли и промышленности, должно следить за тем, чтобы цены на предметы производства не были увеличены в большей мере, чем то вызывается увеличением заработной платы и взиманием налога с оборота.

5) Должен быть установлен прогрессивный подоходный налог с таким расчетом, чтобы малоимущие классы были бы по возможности совершенно освобождены от всяких налогов. Главная тяжесть прогрессивного налога должна, естественно, падать на наиболее зажиточный класс и на крупную промышленность; чем выше доходность отдельных лиц или предприятий, тем, ес-

тественно, и проценты прогрессивного налога должны быть выше.

6) Для установления базы во всех Министерствах при определении сумм на содержание всех служащих как в самом Министерстве, так равно и в разных учреждениях на местах при Министерстве финансов должна быть образована особая комиссия из выдающихся специалистов-финансистов, которая должна установить минимальную оплату труда, представляющую собой прожиточный минимум для семьи из 3-х лиц; если же семья состоит более чем из 3-х лиц, то должна быть установлена дополнительная плата для каждого дополнительного члена семьи. Исходя из прожиточного минимума должны быть установлены оклады для более высокооплачиваемых чиновников. Установленные такой комиссией Министерства финансов оклады чиновников дадут возможность каждому Министерству точно определить сумму, потребную для оплаты чиновников как в центре, так равно и на местах. Такие же нормы оплаты труда той же комиссией должны быть установлены как для служащих местных самоуправлений, так и для рабочих в промышленности и сельском хозяйстве. Повышение окладов для лиц с высшей нормой оплаты труда должно быть проведено на первое время с большой осторожностью, чтобы не осложнять финансового положения государства. При исчислении прожиточного минимума комиссия должна принять во внимание последующее увеличение стоимости жизни, так как в связи с увеличением заработной платы рабочим и увеличением налогов по производству, естественно, должна увеличиться стоимость всех предметов и продуктов, употребляемых населением. Приняв во внимание новые оклады, установленные комиссией при Министерстве финансов, все Министерства составят свои сметы для включения в общую сумму Государственного бюджета. Министерство финансов после выяснения общей суммы расходов по государственному бюджету должно приступить к составлению сметы доходов по государственному бюджету. Прежде всего должны быть значительно увеличены

прямые налоги на недвижимые имущества в связи с новой переоценкой и определением действительной ценности и доходности недвижимых имуществ; разница между общей суммой доходов по отдельным Министерствам должна быть покрыта суммой косвенных налогов и неокладных сборов в виде акциза, налога с оборота по производству и пр. и пр.

7) Увеличение расходов по содержанию железнодорожных служащих должно быть покрыто за счет увеличения железнодорожного тарифа.

8) Увеличение расходов по содержанию почтово-телеграфных служащих должно быть покрыто за счет увеличения железнодорожного тарифа.

9) В связи с намеченным обследованием, использованием и эксплуатацией богатств недр земли должны быть произведены необходимые займы. Специальная комиссия при Министерстве финансов, состоящая из выдающихся специалистов по финансовым вопросам, должна разработать проект как в отношении внутренних, так и внешних займов; заключение займов крайне необходимо, с одной стороны, для обследования, использования и эксплуатации богатств недр земли России, а с другой стороны – для производства целого ряда тех расходов, которые на протяжении нескольких первоначальных лет трудно будет провести за счет государственного и земских бюджетов.

б) Министерство народного просвещения

Население России в те годы по сравнению с населением других больших государств, вне всякого сомнения, являлось недостаточно культурным. Если в отношении низших учебных заведений, так называемых земских школ, за последние годы, начиная в особенности с 1908 г., было, бесспорно, сделано сравнительно много и Министерство народного просвещения ежегодно вносит по государственному бюджету необходимые суммы в виде субсидий на постройку и содержание земских школ, и, согласно плану школьной сети в России, все дети школьного возраста должны получать бесплатно минимальное образование, то в отношении среднего и в особенности высшего образования чувствуется исключительно большой недостаток.

Министерством народного просвещения должны быть приняты энергичные меры, в полном контакте с местными самоуправлениями, для значительного увеличения средних и высших учебных заведений; организация и создание большого количества средних и высших учебных заведений должна заключаться не только в ассигновании необходимых сумм по государственному бюджету, но и принятие Министерством народного просвещения мер к тому, чтобы в срочном порядке подготовить необходимый персонал в виде преподавателей средних учебных заведений, в особенности профессоров для высших учебных заведений; для этого необходимо при каждом из существующих университетов и др. высших учебных заведений число стипендиатов для подготовки к профессорскому званию увеличить в 10 – 12 раз, для того чтобы подготовить профессоров, которые смогли бы читать лекции во вновь устраиваемых губернскими земствами высших учебных заведениях.

Министерство народного просвещения в полном контакте со всеми земствами должно также принять все меры к тому, чтобы в течение 20–25 лет, т. е. приблизительно к 1933–1938 гг., число средних учебных заведений на всей территории России было бы около 5000, а число высших учебных заведений 1000 – 1500. Плата за нравоучение как в средних, так и в высших учебных заведениях должна быть такова, чтобы и малоимущие классы имели возможность дать своим детям минимум среднее, а по возможности и высшее образование. Министерство народного просвещения, в полном контакте с другими Министерствами, должно также организовать академию для подготовки лиц, необходимых для занятия ими ответственных мест в разных Министерствах: занятия в такой академии должны продолжаться от 2 до 3 лет. Студентами такой академии могут быть лишь те, кто с отличием по первому разряду окончили высшее учебное заведение и во все время прохождения курса в высшем учебном заведении проявили себя как наиболее способные и выдающиеся. Необходимо также, чтобы каждый кандидат знал не менее двух иностранных языков.

В отделение академии по подготовке ответственных чиновников для Министерства народного просвещения должны приниматься лица, окончившие университет по историко-филологическому или физико-математическому факультету.

В отделение академии по Министерству земледелия – лица, окончившие Петровско-Разумовскую академию или же аналогичное высшее учебное заведение.

В отделение академии по Военному министерству – лица, окончившие Академию Генерального штаба или же другую военную академию.

В отделение академии по Морскому министерству – лица, окончившие специальное высшее морское заведение.

В отделение академии по Министерству путей сообщения – лица, окончившие Институт путей сообщения или аналогичное учебное заведение.

В отделение академии по Министерству изыскания и использования богатств недр земли – лица, окончившие Горный или Технологический институт.

В отделение академии по Министерству юстиции – лица, окончившие юридический факультет Университета или аналогичное высшее учебное заведение.

В отделение академии по Министерству финансов, по Государственному банку, Государственному контролю и по Министерству торговли и промышленности – лица, окончившие Коммерческий институт или экономическое отделение Петербургского Политехникума.

В отделение академии по Министерству иностранных дел – лица, окончившие специальные высшие учебные заведения.

В отделение академии по Министерствам труда, национальностей, социального обеспечения, местных самоуправлений, внутренних дел – лица, окончившие юридический факультет университета или же аналогичное высшее учебное заведение.

В отделение академии по Министерству исповеданий – лица, окончившие духовные академии.

После осуществления идеи об академиях явится возможность предоставлять ответственные места в Министерствах именно достойным лицам, могущим занимать таковые в соответственных Министерствах.

в) Министерство путей сообщения

Пути сообщения в России, в особенности шоссейные и фунтовые дороги, находятся в более чем неудовлетворительном состоянии. Главная причина такого печального явления – это недостаток сумм, ассигнованных как по государственному, так и в особенности по земским бюджетам. Помимо всех неудобств путешествия по дорогам России, такое состояние дорог может представлять собою большую опасность во время войны при передвижении войск и всего необходимого для снабжения армии. Большим минусом является также недостаточное число железнодорожных путей сообщения на такой огромной территории, как Россия. Недостаток железных дорог лишает государство возможности использовать все те богатства, что имеются как в недрах земли, так равно и на земле; каждая новая железнодорожная сеть, естественно, будет способствовать в экономическом отношении обогащению как государства, так и самого населения. Невольно бросается в глаза большая разница в ценах на продукты первой необходимости, такие как хлеб, масло, мясо, молоко и др. продукты продовольствия, между районами, где железнодорожное сообщение находится в более или менее удовлетворительном положении, и районами, где совершенно отсутствует железнодорожное или хотя бы находящееся в удовлетворительном состоянии шоссейное сообщение. Тяжелое и безотрадное впечатление производят наши пути сообщения на всех тех лиц, которые имели возможность ознакомиться с путями сообщения в Западной

Европе, в особенности в Германии. Необходимы не только очень крупные ассигнования по государственному, и в особенности по земским бюджетам, но и производство больших займов – как внешних, так и внутренних. Западные державы, которые во много, много раз беднее нашего русского государства, в состоянии были найти правильные пути для большого развития железнодорожной сети и постройки хороших дорог для всех видов передвижения по ним.

В России большинство шоссейных дорог, а в особенности земских грунтовых дорог, таково, что ездить по ним, даже в экипажах, на лошадях, исключительно трудно.

Граф С. Ю. Витте в свое время обратил внимание на плохое состояние дорог и тогда, в законодательном порядке, провел освобождение земских бюджетов от целого ряда обязательных расходов, с тем чтобы освободившиеся суммы были ассигнованы на образование дорожного капитала, для постройки и содержания земских дорог, но эти суммы были настолько сравнительно ничтожны, что, конечно, почти никакого улучшения в состоянии земских дорог не получилось.

В будущем, при реорганизации государственного управления России, при производстве значительных внешних и внутренних займов и при составлении государственного и в особенности земских бюджетов, должны быть ассигнованы настолько большие суммы, чтобы через 15–20 лет, т. е. приблизительно к 1930 г., как железнодорожная сеть, так равно и шоссейные дороги по всей территории России, в особенности ее Европейской части, не уступали дорогам центральных держав.

Министерством путей сообщения не позже 1912 г. должен быть разработан на период 1913–1930 гг. общий план по сооружению железнодорожных и шоссейных путей сообщения. Все железнодорожные и шоссейные дороги, соединяющие несколько губерний, а также дороги, имеющие стратегическое значение, должны быть отнесены на счет государственного бюджета. Все сооружения шоссейных, грунтовых и по возможности железнодорожных путей сообщения и их содержание в пределах каждой губернии должны быть отнесены на счет земских бюджетов. Министерство путей сообщения должно также обратить серьезное внимание на все водные пути. В Министерстве путей сообщения имеется целый ряд проектов по постройке каналов, при сооружении которых явится возможность соединить не только реки, но и моря. Но все эти проекты из-за нежелания Министра финансов В. Н. Коковцова найти необходимые источники остаются без всякого движения.

Государственный бюджет России, принимая во внимание ее территорию и все ее природные богатства, при желании давным-давно мог бы быть доведен до такой суммы, при которой явилась бы полная возможность как проведения всех необходимых путей сообщения, так и использования всех богатств России, а также удовлетворения экономических и культурных нужд в интересах как населения, так и самого государства.

Министерство путей сообщения не должно препятствовать тем предпринимателям, которые на концессионных условиях согласны взять на себя сооружение железных дорог.

г) Министерство торговли и промышленности

Ни одно из государств не располагает таким количеством всех видов сырья, необходимого для развития промышленности, как Россия. Вместе с тем, если сравнить промышленность таких Государств, как Германия, Австро-Венгрия, Англия и др., то получается более чем грустная картина: столь слабое развитие промышленности, в особенности металлургической и машиностроительной, по мнению П. А. Столыпина, является следствием, с одной стороны, режима экономии, проводимого Министерством финансов, а с другой стороны – ограничения прав в отношении евреев.

Нельзя отрицать того факта, что евреи являются способными финансистами и коммерсантами. В центральных державах промышленность и торговля, банковские операции широко развиты в силу предоставления евреям всех прав; вот почему П. А. Столыпин очень надеялся на то, что как только в России будут отменены все ограничения в отношении евреев, появится возможность образовать большое число новых акционерных предприятий, и таким образом промышленность России сразу же начнет широко развиваться. По мере развития в России промышленности появится спрос на большое количество рабочих, и целый ряд сельских рабочих, получающих ничтожное вознаграждение, сможет улучшить свое материальное положение, работая в промышленности, где плата всегда была выше, чем в сельском хозяйстве; кроме того, все работающие в промышленности будут опекаемы земствами и Министерствами труда, социального обеспечения, торговли и промышленности. Бесспорен тот факт, что всякое развитие отечественной промышленности дает возможность уменьшить импорт и тем самым сократить отлив золота и валюты за границу, и одновременно увеличить наш экспорт, тем самым увеличив прилив золота и валюты из-за границы.

д) Министерство земледелия – Главное управление земледелия и землеустройства

В полном контакте со всеми земствами и Крестьянским Банком Министерство земледелия по предполагавшемуся плану реорганизации должно все время стремиться к расширению земельной площади для крестьянских хозяйств. Одновременно Министерство земледелия должно сильно увеличить ассигнования по Государственному бюджету в виде пособий земствам для оказания самой широкой агрономической помощи тем крестьянам, которые вышли из общины и образовали собственные хозяйства. П. А. Столыпин был твердо убежден, что благодаря закону 9 ноября 1906 г. и энергичной деятельности Главноуправляющего земледелием и землеустройством А. В. Кривошеина, а также значительной помощи со стороны земств, стало возможным не только сильно увеличить площадь крестьянских хозяйств, но также поднять урожайность крестьянских полей с 30 – 35 пудов с десятины в среднем до 55 пудов с десятины. Средний ежегодный сбор всех хлебов поднялся с двух с половиной миллиардов пудов до четырех миллиардов пудов. При очень значительном повышении вывоза за границу, одновременно значительно возросло потребление хлеба на душу населения, несмотря на быстрый прирост населения. Главное управление земледелия и землеустройства должно продолжать политику развития крестьянских хозяйств в духе закона 9 ноября 1906 г. и принять еще более энергичные меры к тому, чтобы в полном контакте со всеми земствами не только увеличить площадь крестьянских хозяйств, но и повысить урожайность путем значительного увеличения агрономической помощи крестьянским хозяйствам.

Находящийся в ведении Главного управления земледелия и землеустройства Переселенческий отдел П. А. Столыпин имел в виду в будущем выделить в особое самостоятельное Министерство по переселению.

е) Государственный Банк

Имперский банк в Германии играет исключительно большую роль в развитии кредитных операций в отношении промышленности, сельского хозяйства, а также внутренней и внешней торговли. К большому сожалению, в этом отношении Государственный Банк в России очень и очень отстает. При реорганизации Государственный Банк, подобно Английскому, должен быть разделен на два департамента: первый должен быть чисто эмиссионным, для выпуска кредитных билетов под обеспечение золота, валюты и обязательств Государственного казначейства.

Второй департамент должен быть исключительно кредитным, т. е. вести все те операции, которые ведут во всех государствах Европы все крупные коммерческие банки. Имперский банк в Германии на сравнительно небольшой территории имеет около 500 отделений. Наш Государственный Банк на территории, во много раз большей, имеет всего лишь около 100 отделений. Отделения кредитного департамента должны быть на всей территории России открыты не только во всех губернских и уездных городах, но и в тех местечках, где заметно развитие торговли и промышленности. Отделения кредитного департамента должны выполнять по всей территории финансовые операции с таким расчетом, чтобы его операции по возможности превышали таковые частных коммерческих банков. Отделения кредитного департамента должны содействовать расширению промышленности, сельского хозяйства и торговли путем открытия больших кредитов на условиях более льготных по сравнению с частными коммерческими банками.

Во главе кредитного департамента Государственного Банка должен быть не чиновник-бюрократ, а выдающийся финансовый и банковский деятель, также и в отделениях кредитного департамента должны быть не чиновники, а финансовые банковские деятели. Россия не бедна способными и даровитыми торговыми, промышленными, финансовыми и банковскими специалистами. Способные и деятельные специалисты по финансовой и банковской отрасли предпочитали устраиваться не в Государственном Банке, а в частных коммерческих банках, где вознаграждение бывает в 5–10 раз больше, чем в Государственном Банке.

ж) Государственный контроль

Интересы государства требуют правильного контроля всех сумм, расходуемых по государственному бюджету, а между тем как в центре, так и во всех губерниях все чиновники строго придерживаются правил, созданных чуть ли не 100 лет тому назад; поэтому чиновники на местах заботились не о том, чтобы тщательно проконтролировать деятельность учреждений или отдельных подотчетных лиц, а лишь соблюсти правила, указанные устаревшим законом. В соответствии с этим Государственный контроль должен разработать и представить через Совет министров в законодательные учреждения те условия, которые давали бы уверенность в том, что соблюдены не только все счетные и бухгалтерские правила, но и сама проверка должна быть произведена таким образом, чтобы не могло быть злоупотреблений в отношении сумм, расходуемых по государственному бюджету.

з) Военное министерство

Еще в 1909 году, во время осложнений с иностранными державами по поводу аннексии Австро-Венгрией Боснии и Герцеговины, П. А. Столыпин, как председатель Совета министров, имел возможность довольно близко ознакомиться с Военным министерством и с положением в армии; ознакомившись с состоянием нашей армии, он настаивал перед Государем согласиться на эту аннексию, ибо в противном случае война между Россией, с одной стороны, Австро-Венгрией и Германией – с другой, явилась бы неизбежной и в силу неподготовленности нашей армии к войне легко могли бы наступить те осложнения, которые привели бы Россию к революции и даже к крушению монархии.

Поэтому П. А. Столыпин считал необходимым, чтобы Военное министерство представило в Совет министров план той полной реорганизации нашей армии, и в особенности снабжения ее вооружениями, при которых, в случае войны с центральными державами, победа России была бы обеспечена. Военное министерство обязано выяснить состояние армий центральных держав и в соответствии с этим добиться того, чтобы наша армия была обеспечена всеми боевыми снаряжениями выше, чем вместе взятые Германия и Австро-Венгрия.

Военное министерство обязано принять срочные меры по соглашению с Министром путей сообщения к проведению всех необходимых стратегических дорог на случай войны с центральными державами. Командный состав должен быть на той высоте, при которой не могли бы иметь места выступления членов Государственной Думы, подобные тому, когда А. И. Гучков с трибуны Думы, в присутствии Военного министра Редигера, указывал, что в силу неподготовленности нашей армии Россия вынуждена была уступить Австро-Венгрии, при ультимативной поддержке Германии, в вопросе об аннексии Боснии и Герцеговины. П. А. Столыпин считал недопустимым, чтобы и те сравнительно небольшие ассигнования, которые были проведены по государственному бюджету на предмет укрепления военного положения нашей армии, не были вовремя использованы Военным министерством.

и) Морское министерство

После тяжелого поражения русского военного флота во время войны 1904–1905 гг. с Японией было сделано сравнительно много в смысле увеличения боевых сил, но все это, по сравнению с боевой готовностью военного флота таких государств, как Англия, Германия, Япония и др., по мнению Столыпина, являлось более чем недостаточным. Крайне необходимы не только значительно более крупные ассигнования по государственному бюджету, но и производство для этой цели внутренних займов.

й) Военное интендантство

Во время войны 1904–1905 гг., в особенности во время всех позорных процессов против интендантов, выявилась настоятельная необходимость в серьезных реформах по интендантскому ведомству. Одна из причин позорного взяточничества со стороны интендантских чиновников – бесспорно очень низкие оклады содержания их. Необходим прежде всего пересмотр всех окладов содержания чиновников интендантства, в смысле увеличения их, что может способствовать привлечению в интендантское ведомство более культурных и более добросовестных лиц. Крайне необходимо, чтобы в дальнейшем снабжение армии всем необходимым было передано губернским земствам. При содействии третьего элемента губернских земств, в полном контакте с Военным интендантством, дело снабжения армии может быть поставлено на должную высоту.

На протяжении 47 лет существования в России земства жизнь показала, что в земствах, точно так же как и в судебных органах, взяточничество не имело места; вместе с тем земства, при полном содействии кооперации и касс мелкого кредита, смогут передать значительную часть снабжения армии кустарным артелям.

к) Министерство юстиции

Судебные учреждения, благодаря реформам Государя Александра Второго, показали исключительно много положительного, но в силу очень незначительных окладов наших следователей, товарищей прокуроров, судейского персонала судебных палат создалось то положение, что наиболее талантливые и способные судебные деятели часто переходят в адвокатуру, где заработки во много раз превышают оклады содержания чинов судебного ведомства. При реорганизации государственного управления, и тем самым при очень значительном увеличении государственного бюджета, должны быть очень значительно увеличены оклады содержания всех чинов судебного ведомства, после чего, надо надеяться, не будет уже такого бегства в адвокатуру среди наиболее способных судебных деятелей.

л) Министерство внутренних дел

Занимая на протяжении пяти лет пост Министра внутренних дел, П. А. Столыпин ясно видел, что в его Министерстве, так же как и в других Министерствах, есть целый ряд недостатков. Его Министерство является сложным аппаратом, ответственным за порядок внутри огромной Российской Империи. При реорганизации государственного управления в Министерстве внутренних дел должно остаться лишь то, что относится непосредственно к охране государства внутри страны и к наблюдению и руководству политической жизнью населения. Значительная часть народов России в культурном отношении очень отстала и легко поддается пропаганде со стороны тех внутренних врагов России, которые все время стремятся к крушению монархии и к свержению существующего государственного строя.

Министерство внутренних дел должно нести абсолютно полную ответственность за какие-либо происходящие внутри страны беспорядки; хотя еврейские погромы, которые имели место в прошлые годы, и пресекались на местах чинами полиции, тем не менее Министерство внутренних дел обязано принимать особенно суровые меры к недопущению каких-либо погромов или вообще беспорядков.

Все дела, связанные непосредственно с интересами населения, как, например, продовольственный вопрос и многие другие, которые находятся на местах в учреждениях Министерства внутренних дел, должны быть переданы земствам.

Все дела, связанные с органами местных самоуправлений и находящиеся в ведении Министерства внутренних дел, по отделу местного хозяйства, должны быть переданы Министерству местных самоуправлений. Министерство внутренних дел будет иметь больше возможности посвятить свое внимание охране порядка внутри государства.

В отношении целого ряда учреждений Министерства внутренних дел на местах, в особенности полиции, необходимо обратить особое внимание на значительное улучшение в культурном отношении ее личного состава. Но все это возможно лишь после того, когда в связи с преобразованием государственного управления и проведения в жизнь во много раз увеличенного государственного бюджета, оклады полицейских чинов будут настолько увеличены, что явится возможность предоставлять места ответственных чинов полиции интеллигентным лицам с высшим образованием и в крайнем случае со средним образованием. Необходимо увеличить оклады содержания младших чинов полиции, дабы не было оправдания в получении взяток ввиду недостаточного получаемого ими содержания.

Отношение полицейских чинов ко всем слоям населения должно быть корректное и внимательное. Взяточничество должно быть преследуемо в уголовном порядке.

м) Ведомство Управления государственными имуществами

В распоряжении государства имеется много лесов и земель; хотя значительная часть этих земель уже передана крестьянам, но все же крайне необходимо, чтобы в деле передачи государственных земель крестьянским хозяйствам были бы приняты еще более энергичные меры. Кроме того, среди земель, принадлежащих государству, имеется много таких, которые пока невозможно использовать для земледелия. Необходимо при содействии научных, агрономических и технических сил государства и земств найти пути, которые дали бы возможность использовать эти земли в интересах земледелия. В распоряжении государства имеется много лесов, не использованных для эксплуатации, в то время как ценность их очень велика; необходимо использовать эти богатства – путем предоставления концессии частным предпринимателям и проведения необходимых железных дорог. Одновременно с разработкой и эксплуатацией лесов необходимо создать там же, на местах, промышленность, могущую дать государству целый ряд изделий, для которых в виде сырья могли быть использованы лесные материалы. Но все это, конечно, со стороны Управления государственными имуществами требует, при помощи специалистов государства и земств, тщательного и внимательного изучения и исследования.

н) Управление Удельного ведомства

Земли и леса Удельного ведомства находятся почти в таком же положении, как земли и леса, принадлежащие государству; хотя по желанию Государя уже много земель, находившихся в ведении Удельного ведомства, передано для удовлетворения земельных нужд крестьянских хозяйств, но Государь неоднократно высказывал свое пожелание о принятии мер и в дальнейшем для дополнительной передачи крестьянам земель Удельного ведомства. Вместе с тем леса этого ведомства должны быть использованы на таких же началах, как и в Управлении государственными имуществами.

о) Министерство иностранных дел

Правительство каждого государства в своей внутренней политике обязано считаться не только с общим международным положением, но и с отношением к нему отдельных государств.

Министр иностранных дел России докладывал Государю как об общем международном положении, так равно и об отношении к России со стороны того или иного государства.

Вместе с тем Министр иностранных дел не обязан был ставить в известность о своих докладах Государю ни Совет министров, ни его Председателя.

В связи с намеченным новым положением о Совете министров, П. А. Столыпин имел в виду, в целях общего согласования внутренней и внешней политики Правительства, установить порядок, при котором Министр иностранных дел был бы обязан осведомлять Председателя Совета министров как об общем международном положении, так равно и об отношении к России со стороны отдельных государств.

п) Совет министров

П. А. Столыпин, принимая во внимание только лишь благо России и всех народов, ее населяющих, не мог не думать о составе Совета министров; как Председатель Совета министров, он, естественно, видел все те недостатки, что имели место в составе министров.

Россия является не только очень большим государством, но и состоящим из многих народностей. Чтобы монархия была сохранена, а Россия осталась бы не только великой, но единой и неделимой, П. А. Столыпин считал необходимым спокойно и разумно подойти к вопросу о составе Совета министров.

По мнению П. А. Столыпина, Государь, полностью ответственный перед Господом Богом и своим народом, должен назначить из среды наиболее выдающихся государственных деятелей Председателя Совета министров, который, будучи ответственным перед Государем, должен пригласить всех необходимых Министров и представить их для утверждения Государю. Конечно, если Государь не утвердит кого-либо из Министров, то Председатель Совета министров обязан немедленно предложить Государю другое лицо.

Каждый Министр, намеченный Председателем для утверждения его Государем в должности, обязан быть прежде всего выдающимся знатоком той отрасли государственного управления, которой он должен руководить. Председатель Совета министров должен быть ответственным за всех Министров, представленных им Государю. Доклады отдельных Министров Государю должны всегда делаться только лишь по предварительному соглашению с Председателем Совета министров.

Существовавшее тогда положение, когда назначенные верховной властью отдельные Министры, были не только иногда неудачными Министрами, но и, будучи независимыми, представляли доклады непосредственно Государю по своему Министерству, не считаясь с мнением Председателя Совета министров. Это создавало иногда ненужное осложнение в Совете министров.

П. А. Столыпин был уверен, что Государь, горячо любя родину – Россию, – и думая лишь о благе ее народов и самого государства, не будет возражать против нового положения о Совете министров.

В будущем, когда будут организованы те отделения Академии, намеченные реформой, постепенно могут быть подготовлены те лица, которые в состоянии будут руководить соответствующими Министерствами.

ПРОЕКТЫ П. А. СТОЛЫПИНА В ОБЛАСТИ ВНЕШНЕЙ ПОЛИТИКИ
МЕРЫ, НАМЕЧЕННЫЕ П. А. СТОЛЫПИНЫМ В 1911 г. ДЛЯ ПРЕДОТВРАЩЕНИЯ МИРОВОЙ ВОЙНЫ

Периодически возникающие международные осложнения всегда невольно вызывали тревогу как Государя, так равно и Правительства России. Помимо того, что Балканы представляют собою не потухший вулкан, но и в самой Европе возникают недоразумения между отдельными государствами. Несмотря на то что идея Государя о создании в Гааге Международного Трибунала для разрешения мирным путем недоразумений между отдельными государствами не встретила сочувствия со стороны некоторых больших государств, Государь просил П. А. Столыпина, как Председателя Совета министров совместно с Министром иностранных дел С. Д. Сазоновым, внимательно обдумать и предложить ему конкретный проект разрешения мирным путем недоразумений, возникающих между отдельными государствами.

После длительных переговоров с Министром иностранных дел С. Д. Сазоновым П. А. Столыпин в мае 1911г. разработал предварительный план создания Международного Парламента, в который входили бы все без исключения государства, как большие, так и малые. Такой Международный Парламент, состоящий из представителей всех государств, должен был бы пребывать постоянно в одном из небольших государств Европы. Сессии такого Международного Парламента должны происходить круглый год, за исключением небольших каникул; при этом Международном Парламенте, естественно, должен был быть целый ряд комиссий для предварительного обсуждения и рассмотрения разных вопросов. Членами таких комиссий должны быть также представители государств.

На рассмотрение Международного Парламента должны поступать обращения отдельных государств о тех или иных нуждах или недоразумениях с другими государствами. С такими же просьбами могли бы обращаться и отдельные страны, находящиеся под протекторатом того или иного государства.

При Международном Парламенте должно быть создано специальное статистическое бюро, которое собирало бы исчерпывающие сведения по каждому государству о количестве и движении населения, о прожиточном минимуме, о росте в каждом государстве промышленных и торговых предприятий и природных богатствах, о незаселенных землях, о возможностях переселения из одного государства в другое, о возможном расширении товарообмена между отдельными государствами, о целях более широкого удовлетворения экономических нужд отдельных государств, о социальном положении населения, о народном образовании, о системе преподавания в низших, средних и высших учебных заведениях, а также о числе этих учебных заведений, о числе рабочих, занятых в промышленности и сельском хозяйстве, о налогах на душу населения, как в пользу государственного бюджета, так и в пользу бюджетов местных самоуправлений, о среднем размере вознаграждения рабочих и служащих в государственных, промышленных и общественных предприятиях, о количестве безработных, о доходах средних групп населения и разных промышленных и сельскохозяйственных предприятий, о благосостоянии народного и государственного хозяйства, о задолженности отдельных групп населения государства, органов местного самоуправления, промышленности, сельского хозяйства, о народных сбережениях, о капиталах, вложенных в банки и в разные промышленные и сельскохозяйственные предприятия и пр. Если бы такого рода статистические данные, собранные по всем государствам по одному плану, издавались бы ежегодно, то эти данные давали бы возможность комиссиям и пленарным заседаниям Международного Парламента находить пути к тому, чтобы помочь отдельным государствам в их тяжелом экономическом положении. Ведь бесспорный факт, что войны между отдельными государствами очень часто имеют место в силу тех или иных неблагоприятных экономических условий, и своевременное принятие Международным Парламентом необходимых мер дало бы возможность предотвратить ту или иную войну.

В каждом государстве имеется бесконечное количество недостатков, но еще больше недостатков и трудностей имеется в международных отношениях. Ни существующее международное право, ни международные договоры не в состоянии предотвратить войны между отдельными государствами.

От имени Государя П. А. Столыпин намечал посылку особого меморандума главам всех государств. В меморандуме намечалась просьба к главам государств высказать свои соображения по существу проекта организации Международного Парламента.

В меморандуме от имени Государя имелось в виду указать, какие неисчислимые бедствия представляют собою войны; главное же – то, что чем дальше, тем, вне всякого сомнения, большие научные силы всего мира будут работать над изобретением новых видов ведения войны, которые давали бы возможность более мощным государствам уничтожать как можно больше не только вооруженных сил противника, но и массы населения, с целью заставить более слабое государство капитулировать перед более мощным государством. Авиация, начинающая теперь развиваться, вне всякого сомнения, в будущем, во время войны, может играть исключительно большую роль и с воздуха наносить большие бедствия не только фронту, но и населению; если до настоящего времени некоторые войны давали ту или иную победу воюющим государствам, то в будущем, при новых неизбежных, очень разрушительных изобретениях учеными всего мира, получится то, что чем дальше, тем все менее и менее будет победителей и в конце концов все воюющие государства будут находиться на положении побежденных.

В результате ведения войн в будущем неизбежны те бедствия, при которых, с одной стороны, системы государственного управления будут меняться легко во всех воюющих государствах на худшую форму, а с другой – в силу неизбежных разрушений в каждом из воюющих государств, потребуются не только многие и многие годы, но и колоссальные затраты денег лишь только на то, чтобы вновь восстановить все разрушенное войной.

Ни одно из существующих в мире даже больших государств не должно рассчитывать на то, что если оно задумает подчинить себе хотя бы при помощи угроз или войны более слабое государство, то это ему удастся.

Если в 1909 г. Австро-Венгрия, воспользовавшись, с одной стороны, миролюбием России, а с другой – неподготовленностью этой последней для ведения войны, в состоянии была аннексировать Боснию и Герцеговину, то при повторении со стороны Австро-Венгрии подобного рода незаконного действия по отношению к какому-либо слабому государству Россия уже, как ни тяжело ей будет выступать, вступит в тяжелую для нее войну, даже если бы ей пришлось воевать не только с Австро-Венгрией, но и с Германией. Конечно, если бы Австро-Венгрия вместе с Германией затеяли какую-нибудь авантюру против более слабого государства, то не только Россия, но и другие великие державы выступили бы против центральных держав; тогда, естественно, возникла бы мировая война, которая бы не принесла никому никакой пользы, а лишь бы причинила всем воюющим государствам величайшие разрушения. Поэтому надо надеяться, что большинство государств отнесется внимательно к меморандуму Государя, задумавшись над возможными величайшими бедствиями, которые неизбежны при войнах.

Кроме того, Международный Парламент мог бы взять на себя инициативу разрешения таких проблем, которые дали бы возможность улучшения экономического положения тех государств, которые в силу перенаселенности или в силу недостатка естественных богатств находятся в трудном положении. Как Государь, так и русское правительство совершенно озабочены тем, чтобы не было войн и чтобы можно было спокойно заняться мирным строительством.

Если бы был образован Международный Парламент, то Государь и русское правительство не только приняли бы большое участие в создании и работе такого Парламента, но и охотно бы сделали что только возможно для создания помощи тем государствам, которые почему-либо находятся в трудном положении.

Россия, обладая исключительно большой территорией и природными богатствами, не нуждается ни в расширении своей территории, ни в эксплуатации, подобно другим государствам, каких-либо колоний и их населения. Россия озабочена лишь тем, чтобы постепенно привести в полный порядок свое государственное управление и улучшить культурное и экономическое положение населения.

Правительства всех государств заинтересованы в том, чтобы найти правильные пути для обеспечения благополучного существования своих народов и избежания войны. Целый ряд государств, в особенности большие, затрачивают очень большие суммы на вооружение как армии, так и флота.

Международный Парламент легко мог бы, по общему соглашению, установить определенный предел вооружения для каждого государства в отдельности и тем самым сократить расходы по государственному бюджету. Но главная роль, которую мог бы сыграть Международный Парламент, – это полное запрещение изготовлять и применять те виды вооружения, цель которых – величайшее разрушение и массовое уничтожение населения, дабы заставить правительство своего противника капитулировать перед более мощным государством.

Нельзя не опасаться, что если только не представится возможным создать такой Международный Парламент для урегулирования возникающих до поры до времени споров и недоразумений между отдельными государствами, то в будущем не только отдельным государствам, но и всему миру смогут угрожать такие разрушения, которые в силу мировых войн и применения при помощи авиации новых изобретений, особенно разрушительных снарядов, принесут неисчислимые бедствия народам всего мира. И как-то более чем странно, что ни одна из могущественных держав не подымает даже вопроса о том, чтобы найти какие-то пути для решения мирным путем тех или иных международных осложнений.

Дипломаты всего мира думают, к большому сожалению, не об общем мировом благе, а лишь о том, чтобы обеспечить свое государство теми военными договорами и военными союзами, которые давали бы возможность поразить своего противника во время войны. Периодические встречи глав государств в большинстве случаев не приносят особенно благоприятных результатов. Каждая встреча Русского Государя с Германским Императором сейчас же вызывает всевозможные толки как в печати, так и в правительственных кругах Англии и Франции; какие-либо встречи или заключение чисто экономического договора между Россией и Англией или Францией немедленно вызывают тревожные толки в печати и в правительственных кругах Германии и Австро-Венгрии. При существовании Международного Парламента отпала бы тогда какая-либо надобность как в отдельных встречах Глав Государств, так и в заключении каких-либо сепаратных договоров и военных союзов.

Поскольку заботы каждого государства выражаются в соблюдении интересов населения в пределах своей страны, то постольку заботой Международного Парламента являлось бы соблюдение интересов населения всего мира.

Конечно, создание такой международной организации и урегулирование всех международных осложнений является делом необычайно сложным и трудным.

Возможно также, что и при существовании такой международной организации войны между отдельными государствами явятся неизбежными, но все же явится какая-то надежда на предотвращение тех военных столкновений, которые периодически происходят.

П. А. Столыпин намечал осенью 1911 г. выработать совместно с Министром иностранных дел меморандум от имени Государя на имя глав всех государств. После рассылки меморандума и ознакомления с ним на местах правительствами всех государств, могло бы состояться совещание Министров иностранных дел великих держав. После одобрения или изменения редакции положения о Международном Парламенте могло бы состояться совещание Министров иностранных дел всех государств, на котором могла быть выработана окончательная редакция положения о Международном Парламенте.

Каждому государству в отдельности периодически приходится переживать трудности финансового и экономического характера. Для разрешения этих проблем мог быть создан Международный Банк, акционерами которого состояли бы эмиссионные банки всех государств. Такой Международный Банк, капитал которого бы состоял из собранных вкладов всех государств, мог бы финансировать или же открывать кредиты как для развития промышленности, связанной с удовлетворением нужд населения, так и для благоустройства городов и путей сообщения. При Международном Банке мог быть создан экономический совет, который, пользуясь данными статистического бюро при Международном Парламенте, в состоянии был бы оказывать своим советом большую помощь отдельным государствам и предотвратить те экономические кризисы, которые неизбежны периодически то в одном, то в другом государстве, как в промышленности, так и в сельском хозяйстве.

Перепроизводство в промышленности или в сельском хозяйстве, за отсутствием благоприятных условий для экспорта, легко может вызвать не только экономический, но и финансовый крах. Точно так же в разных государствах может быть вызвано тяжелое экономическое положение в силу недостатка предметов первой необходимости.

Международный экономический совет, располагая необходимыми сведениями статистического бюро, имел бы полную возможность своевременно предупреждать то или иное государство о надвигающемся на него кризисе в промышленности или в сельском хозяйстве. Государство, получившее сведение из экономического совета о неблагоприятном положении в его стране в силу перепроизводства, приняло бы своевременно все необходимые меры, во-первых, к сокращению производства, а во-вторых, при помощи Международного Банка увеличило бы экспорт некоторых излишков в те государства, которые нуждаются в соответствующих предметах или продуктах, но не могут их приобрести за отсутствием необходимых денежных сумм. Международный

Банк мог бы помочь и первому и второму государству в их трудном экономическом или финансовом положении. П. А. Столыпин считал, что, конечно, трудно заранее предвидеть все то, что могла бы сделать такая международная организация в интересах всех государств. Трудно также рассчитывать, что на такую международную организацию согласятся все государства, в особенности наиболее могущественные державы.

Но, во всяком случае, такую попытку крайне необходимо сделать. Те государства, которые отказались бы войти в такой Международный Парламент, явно показали бы, что они не желают отказаться от войны и предпочитают, видимо, лишь путем войны улучшить нынешнее свое положение. Но если даже некоторые государства откажутся от участия в Международном Парламенте и какое-то значительное большинство государств примут участие, то создание такой международной организации могло бы сыграть все же очень большую роль в интересах сохранения мира.

Касаясь вопроса об отношении отдельных государств как к самой России, так и к существующему в России государственному строю, П. А. Столыпин не мог не отметить, что такие государства, как Англия и Германия, замечая, что Россия из года в год укрепляет свое экономическое и военное положение, не особенно этому радуются. Германия со своим большим населением, вне всякого сомнения, задыхается на своей сравнительно небольшой территории.

Ее стремление расширить свою территорию на восток легко может послужить поводом к войне против России. Один лишь Бисмарк, сравнительно хорошо знавший Россию, не раз предупреждал Германского Императора, что всякая война против России очень легко поведет к крушению Германской Монархии. Англия же, считая себя первой державой мира и стремясь к тому, чтобы всегда играть первую скрипку в международном концерте, вне всякого сомнения, боится того, чтобы Россия, постепенно улучшая свое экономическое и военное положение, не помешала бы ей в ее колониальной политике. Больше всего Англия боится того, чтобы Россия не проникла в Индию, хотя Россия абсолютно не имеет никаких желаний захватить Индию; Англия, все время стремящаяся к расширению своей колониальной территории с целью ее эксплуатации, после потери своих колониальных прав в Соединенных Штатах Северной Америки, естественно, боится потерять свое влияние и, главным образом, возможность дальнейшего своего обогащения путем эксплуатации таких стран, как Индия, Южная Африка, Австралия и др. Англичане, так же как, к большому сожалению, и многие наши аристократы, держатся того мнения, что они головою выше всех других и потому лишь они одни располагают правами на все лучшее в мире.

Россия, как, бесспорно, очень богатая экономически, в силу своей территории и неисчерпаемых богатств в недрах земли, страна, при благоприятных условиях и возможном значительном увеличении ее могущества, при единовременном улучшении культурного уровня всех народов, ее населяющих, легко может опередить Англию и ее влияние на международное положение во всем мире.

Англия не может не чувствовать, что ее эксплуатация таких, как Индия и др., рано или поздно может закончиться, и тогда она не только не будет играть роль первой скрипки в международном концерте мира, но и перестанет быть той великой империей, каковой является в данное время. Поэтому Англия больше всех ненавидит Россию и будет искренне радоваться, если когда-нибудь в России падет монархия, а сама Россия не будет больше великим государством и распадется на целый ряд самостоятельных республик. Что касается Франции, то прежде всего ей не по душе существовавший в России монархический государственный строй. Ни любви, ни уважения во Франции к России нет; но вместе с тем Франция, ненавидя и боясь Германию, совершенно естественно стремится к тому, чтобы быть связанной с Россией военными союзами и договорами.

В совершенно ином положении находятся Соединенные Штаты Северной Америки, которые, располагая, так же как Россия, величайшими богатствами в недрах своей земли, не стремятся, как и Россия, ни к расширению своей территории, ни к захвату каких-либо колоний, ни к эксплуатации народов, но вместе с тем, в силу пропаганды со стороны внутренних врагов России, Соединенные Штаты Северной Америки фактически имеют совершенно неправильное представление как о русском народе, так в особенности о режиме в самой России.

П. А. Столыпин, стремясь к тому, чтобы правительство и общественные круги Соединенных Штатов Северной Америки имели бы правильное представление о России и народах, ее населяющих, имел в виду, с согласия Государя, в непродолжительном времени лично выехать вместе с Министром иностранных дел в Вашингтон и в разговоре с Президентом и Государственным секретарем найти общие пути к более тесному и дружескому сближению России с Соединенными Штатами.

П. А. Столыпин имел в виду просить Президента и Государственного секретаря повлиять на прессу и общественные круги, чтобы путем личного посещения России большой группой представителей законодательных палат, корреспондентов и общественных деятелей Соединенные Штаты могли бы иметь возможность убедиться в том, что в России существует свобода и нет того угнетения национальностей, населяющих Россию, о котором распространяют слухи враги России.

П. А. Столыпин был того мнения, что Президент и правительство Соединенных Штатов так же, как Государь и русское правительство, не стремятся ни к какому-либо завоеванию и вообще не ищут благ для своего народа путем войны и лишь озабочены созданием благоприятных условий для широкого развития народного образования, благоустройства своих городов и создания условий жизни, которые в значительной степени могут улучшить положение населения.

Хотя Соединенные Штаты являются еще сравнительно молодым государством, тем не менее в развитии своей промышленности, использовании своих природных богатств, в проявлении исключительной энергии по обогащению своей страны и населения, а главное, по созданию очень значительного числа высших учебных заведений, в течение сравнительно небольшого периода времени, опередили уже ряд государств Западной Европы.

П. А. Столыпин был того мнения, что Англия постепенно будет терять свою первую роль в международном мире, а Соединенные Штаты систематически, благодаря своим богатствам и возрастающей мощности, постепенно будут завоевывать одно из первых мест в международном мире.

П. А. Столыпин возлагал большие надежды на то, что как Президент, так и правительство Соединенных Штатов, ближе ознакомившись с идеями Государя о создании международной организации в целях устранения в будущем войн и создания лучших экономических и культурных условий для народов всего мира, со своей стороны помогут в реализации идеи Государя.

Разговаривая с представителями Российского государства в Западной Европе и Америке, а также со всеми теми лицами, которые имели возможность ближе ознакомиться с отношениями к России и русскому народу со стороны общественных кругов Западной Европы и Америки, П. А. Столыпин пришел к полному убеждению, что если бы, в силу какой-либо тяжелой и затяжной войны, погибла монархия, а Россия, как единое и мощное государство, перестала бы существовать, то русский народ не мог рассчитывать на какую-либо помощь со стороны государств Западной Европы.

Считая вполне возможным, что в будущем в России, как и в каждом государстве, могут меняться формы управления государственного режима, но русский народ по своему характеру, по своим взглядам, в своем отношении к людям не будет меняться и лишь об одном не будет забывать, кто его враги и кто его друзья. Народы Западной Европы, безусловно, значительно культурнее русского народа, но его искренними друзьями никогда не будут; и может быть, только за океаном русский народ скорее в состоянии будет рассчитывать на то, что его поймут и пойдут ему навстречу. Равным образом народы Северной Америки всегда могут рассчитывать на то, что русский народ со своим русским радушием, со своей отзывчивостью и доброй душой, с искренним сердцем отзовется и во всем пойдет навстречу Америке, которой Россия и раньше помогала.

Может быть, в своей необузданности и недостаточности культурного развития, под влиянием той или иной пропаганды со стороны внутренних врагов России, русский народ иногда может превратиться в зверя, но этот звериный облик является лишь на небольшой период времени, а потом опять тот же русский человек – делается таким же отзывчивым и добродушным, каким сделала его русская природа.

ИЗ КНИГИ В. В. ШУЛЬГИНА «ДНИ»

«– Вы уезжаете?

Я уезжал в Киев. Пуришкевич остановил меня в Екатерининском зале Таврического дворца. Я ответил:

– Уезжаю.

– Ну, всего хорошего.

Мы разошлись, но он остановил меня снова.

– Послушайте, Шульгин. Вы уезжаете, но я хочу, чтобы вы знали. Запомните 16 декабря.

Я посмотрел на него. У него было такое лицо, какое у него уже раз было, когда он мне сказал одну тайну.

– Запомните 16 декабря...

– Зачем?

– Увидите, прощайте...

Но он вернулся еще раз.

– Я вам скажу... Вам можно... 16-го мы его убьем...

– Кого?

– Гришку.

Он заторопился и стал мне объяснять, как это будет. Затем:

– Как вы на это смотрите?

Я знал, что он меня не послушает. Но все же сказал:

– Не делайте...

– Как? Почему?

– Не знаю... Противно...

– Вы белоручка, Шульгин.

– Может быть... Но, может быть, и другое... Я не верю во влияние Распутина.

– Как?

– Да так... Все это вздор. Он просто молится за наследника. На назначения министров он не влияет. Он хитрый мужик...

– Так, по-вашему, Распутин не причиняет зла монархии?

– Не только причиняет, но он ее убивает.

– Тогда я вас не понимаю...

– Но ведь это ясно. Убив его, вы ничему не поможете... Тут две стороны. Первая – это то, что вы сами назвали "чехардой министров". Чехарда происходит или потому, что некого назначать, или кого ни назначишь, все равно никому не угодишь, потому что страна помешалась на людях "общественного доверия", а Государь как раз к ним доверия не имеет... Распутин тут ни при чем... Убьете его – ничего не изменится...

– Как не изменится?

– Да так... Будет все по-старому... Та же "чехарда министров". А другая сторона – это то, чем Распутин убивает, этого вы не можете убить, убив его... Поздно...

– Как не могу! Извините, пожалуйста... А что же, вот так сидеть. Терпеть этот позор. Ведь вы же понимаете, что это значит? Не мне говорить – не вам слушать. Монархия гибнет... Вы знаете, я не из трусливых. Меня не запугаешь... Помните Вторую Государственную Думу... Как тогда ни было скверно, а я знал, что мы выплывем... Но теперь я вам говорю, что монархия гибнет, а с ней мы все, а с нами Россия... Вы знаете, что происходит? В кинематографах запретили давать фильму, где показывалось, как Государь возлагает на себя Георгиевский крест. Почему? Потому что, как только начнут показывать – из темноты голос: "Царь-батюшка с Егорием, а царица-матушка с Григорием"...

Я хотел что-то сказать. Он не дал:

– Подождите. Я знаю, что вы скажете... Вы скажете, что все это неправда про царицу и Распутина... Знаю, знаю, знаю... Неправда, неправда, но не все ли равно? Я вас спрашиваю. Пойдите – доказывайте... Кто вам поверит? Вы знаете, Кай Юлий был не дурак: "И подозрение не должно касаться жены Цезаря". А тут не подозрение... тут...

Он вскочил:

— Так сидеть нельзя. Все равно. Мы идем к концу. Хуже не будет. Убью его, как собаку... Прощайте...»

Киев, февраль 17-го. Из разговора Шульгина с неким товарищем министра:

«— И вы знаете, еще хуже стало, когда Распутина убили... Раньше все валили на него... А теперь поняли, что дело вовсе не в Распутине. Его убили, а ничего не изменилось. И теперь все стрелы летят прямо, не застревая в Распутине...»

ИЛЛЮСТРАЦИИ

Григорий Распутин. *Петербург. 1904 г.*

А. А. Вырубова — фрейлина императрицы Александры Федоровны. *1904 г.*

Г. Е. Распутин за год до смерти. *1915 г.*

Император Николай II и императрица Александра Федоровна с детьми. *Слева направо:* великие княжны Мария, Татьяна, Ольга, Анастасия, впереди цесаревич Алексей. *1913 г.*

П. А. Столыпин. *1900-е гг.*

Граф С. Ю. Витте, министр финансов. *1905–1906 гг.*

Последний царский министр внутренних дел А. Д. Протопопов. *1916 г.*

А. Н. Хвостов — министр внутренних дел (1915–1916). *1915 г.*

П. А. Бадмаев в канун Первой мировой войны

Великий князь Дмитрий Павлович *(слева)* за рулем автомобиля. *1914 г.*

В. М. Пуришкевич. *1916 г.*

Князь Ф. Ф. Юсупов.
1915–1916 гг.

Тело Г. Е. Распутина, убитого в ночь с 16 на 17 декабря 1916 г.

Лица императорской России

Лица императорской России

Лица императорской России

Японский кадет, только что произведенный в первый офицерский чин (конец XIX века). Он еще не знает, что впереди у него — русско-японская война и Вторая мировая, советский плен...

Арка в Праге, воздвигнутая в честь визита императора Франца-Иосифа (1907)

Русский офицер. Судя по медали за турецкую кампанию и солдатскому Георгию, воевать начал рядовым

Сергей Сазонов, один из поджигателей Первой мировой. Интересно, что некоторые из видевших у меня это фото поначалу принимали его за редкий снимок Ленина...

Еще один «ястреб» — великий князь
Николай Николаевич

Полковник Мясоедов, оклеветанный и убитый «ястребами»

Член одного из чешских патриотических союзов при полном
параде

Австрийский   прапорщик
(хорватский пехотный полк)

Довоенный Париж. Елисейские поля

Любительский снимок Первой мировой — Николай Николаевич (третий слева). Точное время и место не известны, но, вероятнее всего, это военный аэродром (справа от великого князя — определенно офицер-авиатор)

Матросы с крейсера «Аскольд». Франция, Тулон, 1916 г.

Мой прадед, Бронислав Анатольевич Ковалевский, начальник вагонного депо, с семейством. Временами, признаюсь, я за своих предков испытываю нешуточную гордость: по одной линии — сплошь инженеры, железнодорожники, технари, одним словом. По другой — крепкие сибирские хозяева: земля, скот, торговля. Ни единого трепливого интеллигента в роду! Разве не повод для гордости? И, кстати, ни белых, ни красных...

Итальянский фронт. Австрийцы (точнее, чехи, судя по надписи на обороте). Фельдфебель, ефрейтор и унтер взяли военный трофей. Что в бочке, понять не трудно, достаточно присмотреться к предвкушающим физиономиям. На войне тоже выпадают порой маленькие радости. Очень мне нравится этот снимок — как будто и нет войны...

Германский трансатлантический лайнер

Schweres Geschütz in Erwartung des Feuerbefehls

Германское тяжелое орудие

Австрийские военные аудиторы
и интенданты. Жизнью определенно довольны

Западный фронт. Подбитый английский танк

Российские «земгусары». Тоже не выглядят удрученными войной

Писалъ Б. М. Кустодіевъ.   B. Koustodieff pinx.

Его Императорское Величество
Государь-Императоръ
НИКОЛАЙ АЛЕКСАНДРОВИЧЪ
Самодержецъ Всероссійскій.

Не зря говорится, что талантливый художник в своем творчестве беспощаден. Николай II здесь — урядник, и не более того. Прост как две копейки...

Русские геодезисты

Буровая установка на уральском руднике

Великая княжна Татьяна в платье медсестры Царскосельского лазарета

Красноярский интеллигент, офицер запаса собрался на войну. Картина примечательная: погоны пришиты клоунским способом, от которого любого кадрового военного удар хватит, пуговица на шинели отсутствует. И ведь по городу шел в таком виде, да еще и с дамою...

567

Немецкая юмористическая открытка (подобных сюжетов известно множество). Немец и выпивка — две вещи совместимые, и еще как

Фигурка каслинского литья — карикатура на императора Наполеона III

БИБЛИОГРАФИЯ

1. *Андриенко В.* До и после Наварина. М.: АСТ, 2002.
2. *Анисов Л.* Александр Иванов. М.: МГ, 2004.
3. *Антонов М.* Капитализму в России не бывать! М.: Яуза, 2004.
4. *Антрушин А., Успенский Л.* Спутник пятнадцатилетнего капитана. Л.: Госиздат дет. лит-ры, 1955.
5. *Аствацатурян Э.* Турецкое оружие. Атлант, 2002.
6. *Ахиезер А..* Россия: критика исторического опыта. Новосибирск: Сибирский хронограф, 1987.
7. *Баймухаметов С.* Ложь и правда русской истории. М.: Яуза, 2005.
8. *Барт И.* Незадачливая судьба кронпринца Рудольфа. М.: Радуга, 1988.
9. *Бегичева В.* Безмолвные хранители тайн. М.: Вече, 2005.
10. *Беспалов Ю, Беспалова Н., Носов К.* Революционеры Романовы и консерватор Ульянов. М.: АСТ, 2004.
11. *Бисмарк О.* Мысли и воспоминания. ТТ.1 - 3. ОГИЗ, 1941.
12. *Бок М.* О моем отце П. А. Столыпине. Мн.: Харвест, 2004.
13. *Бондаренко В.* Вяземский. М.: МГ, 2004.
14. *Бородин А.* Столыпин. М.: Вече, 2004.
15. *Боханов А.* Романовы. М.: АСТ, 2003.
16. *Брусилов А.* Мои воспоминания. Мн.: Харвест, 2003.
17. *Брусилов А.* Мои воспоминания. М.: Воениздат, 1983.
18. *Брюханов В.* Заговор против мира. М.: АСТ, 2005.
19. *Бьюкенен Д.* Мемуары дипломата. М.: АСТ, 2001.
20. *Вайсман Б.* Психиатрия – предательство, не знающее границ. М., 2002.
21. *Валянский С., Калюжный Д.* Русские горки: возвращение в начало. М.: АСТ, 2004.
22. Великий князь Александр Михайлович. Воспоминания. Мн.: Харвест, 2004.
23. *Виноградов А.* Тайные битвы XX столетия. М.: Олма-пресс, 1999.
24. *Витте С.* Воспоминания. ТТ.1 - 3. М.: АСТ, 2002.
25. *Власов Ю.* Временщики. М.: Алгоритм, 2005.
26. *Волкова И.* Русская армия в русской истории. М.: Эксмо, 2005.
27. Вопросы мировой войны. Сборник статей. Петроград, 1915.
28. *Воробьевский Ю.* Русский Голем. М.: Пресском, 2005.
29. В «пороховом погребе Европы» 1878-1914. М.: Индрик, 2003.
30. *Врангель П.* Главнокомандующий. М.: Вагриус, 2004.
31. *Выскочков Л.* Николай I. М.: МГ, 2003.
32. *Газелл С.* Убить, чтобы жить. М.: Центрполиграф, 2005.
33. *Герцен А.* Былое и думы. ТТ.1-3. М.: Худ. лит., 1967.
34. *Герасимов А.* На лезвии с террористами. М.: Товарищество русских художников, 1991.

35. *Герлиц В.* Германский генеральный штаб. История и структура. 1657-1945. М.: Центрполиграф, 2005.

36. *Гиппиус З.* Воспоминания. М.: Захаров, 2001.

37. *Головков Г.* Бунт по-русски: палачи и жертвы. М.: Детективпресс, 2005.

38. *Готлиб В.* Тайная дипломатия во время первой мировой войны. М., 1960.

39. *Грибовский В.* Российский флот Тихого океана 1898-1905. История создания и гибели. М., 2004.

40. *Данилевский Н.* Россия и Европа. М.: Книга, 1991.

41. Дворянские роды, прославившие Отечество. М.: Олма-пресс, 2004.

42. *Дебидур А.* Дипломатическая история Европы. 1814-1878.ТТ.1 - 2. Ростов-на-Дону: Феникс, 1995.

43. *Достоевский Ф.* Дневник писателя. СПб.: Азбука, 1999.

44. Дневник Д. А. Милютина 1873-1875. М., 1947.

45. Дневник Д. А. Милютина 1876-1877. М.,1949.

46. Дневники императрицы Марии Федоровны. М.: Вагриус, 2005.

47. *Духанов М.* Остзейцы. Рига: Лиесма, 1978.

48. *Енсен Б.* Среди цареубийц. М.: Русский путь, 2001.

49. *Задохин А., Низовский А.* Пороховой погреб Европы. М.: Вече, 2000.

50. *Ивашнев В.* Щепкин. М.: МГ, 2002.

51. *Игнатьев А.* Пятьдесят лет в строю. ТТ. 1 - 2. М.: ГИХЛ, 1955.

52. Из нашего прошлого. М., 1918.

53. Иллюстрированная история оружия. Мн.: Попурри, 1999.

54. *Исаев А.* Антисуворов. М.: Яуза, 2005.

55. История Болгарии. М.: Монолит, 2002.

56. История дипломатии. М.: АСТ, 2005.

57. История Путиловского завода. М.: ОГИЗ, 1939.

58. История Сербии и Черногории. М.: Монолит, 2002.

59. *Итенберг Б, Твардовская В.* Граф М. Т. Лорис-Меликов и его современники. М.: Центрполиграф, 2004.

60. *Кагарлицкий Б.* Периферийная империя. М.: Ультракультура, 2003.

61. *Казем – Заде Ф.* Борьба за влияние в Персии. М.: Центрполиграф, 2004.

62. *Капитанец И.* Флот в русско-японской войне и современность. М.: Вече, 2004.

63. *Касвинов М.* Двадцать три ступени вниз. М.: Мысль, 1987.

64. *Керенский А.* Русская революция, 1917. М.: Центрполиграф, 2005.

65. *Керенский А.* Трагедия династии Романовых. М.: Центрполиграф, 2005.

66. *Керенский А.* Россия на историческом повороте. М.: Республика, 1991.

67. *Киган Д.* первая мировая война. М.: АСТ, 2002.

68. *Кони А.* Собрание сочинений. ТТ. 2,5,8. М.: Юрид. лит., 1969.

69. *Корбетт Д.* Операции английского флота в первую мировую войну. Мн.: Харвест, 2003.

70. *Корнилов А.* Курс истории России XIX века. М.: АСТ, 2004.

71. *Костин Б.* Скобелев. М.: Патриот, 1990.

72. *Коцюбинский А, Коцюбинский Д.* Григорий Распутин: тайный и явный. М.- СПб.: Лимбус – пресс, 2003.

73. Княгиня Юрьевская. Воспоминания. М.: Захаров, 2004.
74. *Коковцев В.* Из моего прошлого /1903-1919/. Мн.: Харвест, 2004.
75. *Лопатников В.* Горчаков. М.: МГ, 2003.
76. *Керсновский А.* История русской армии. 1881-1916. М.: Русич, 2004.
77. *Коршунов Ю.* Россия, какой она не стала. СПб.: Нева, 2004.
78. *Кошель П.* История российского сыска. М.: МГ, 2005.
79. Князь Мещерский. Воспоминания. М.: Захаров, 2001.
80. *Кук Э.* Сидней Рейли. М.: Яуза, 2004.
81. Генерал Курлов. Воспоминания. М.: Захаров, 2002.
82. *Куропаткин А.* Русская армия. СПб.: Полигон, 2003.
83. *Кремлев С.* Россия и Германия: стравить! М.: АСТ, 2003.
84. Кто был кто в третьем рейхе. М.: Астрель, 2003.
85. Кто был кто в первой мировой войне. М.: Астрель, 2003.
86. *А. де Кюстин.* Россия в 1839 г. М.: Тера, 2000.
87. *Лемке М.* 250 дней в царской ставке. 1914-1915. Мн.: Харвест, 2003.
88. *Лемке М.* 250 дней в царской ставке. Мн.: Харвест, 2003.
89. *Лощиц Ю.* Гончаров. М.: Мг, 2004.
90. *Лурье Ф.* Нечаев. М.: Мг, 2001.
91. *Любош С.* Последние Романовы. СПб.: Полигон, 2003.
92. *Людендорф Э.* Мои воспоминания о войне 1914-1918 гг.М.: АСТ, 2005.
93. *Макдоно Д.* Последний кайзер. М.: АСТ, 2004.
94. Малые войны первой половины XX века. Балканы. М.: АСТ, 2003.
95. Мария Павловна. Мемуары. М.: Захаров, 2003.
96. *Масси Р.* Николай и Александра. СПб.: Нева, 2004.
97. *Милюков П.* Воспоминания. ТТ. 1–2. М.: Современник, 1990.
98. *Милюков П.* История второй русской революции. Минск: Харвест, 2002.
99. *Михайлов А.* Первый бросок на юг. М.: АСТ, 2003.
100. Монархи Европы. Судьбы династий. М.: Терра, 1997.
101. *Мурхед А.* Борьба за Дарданеллы. М.: Центрполиграф, 2004.
102. *Ненахов Ю.* Железом и кровью. Минск: Харвест, 2002.
103. Немцы в России. СПб.: Лики России. 2004.
104. *Нилланс Р.* Генералы великой войны. М.: АСТ, 2005.
105. *Островский А.* Кто стоял за спиной Сталина. СПб.: Нева, 2003.
106. Очерки истории южных славян. М.: Учпедгиз, 1957.
107. Охранка. Воспоминания руководителей политического сыска. М.: НЛО. 2004. ТТ. 1–2.
108. *Нарочницкая Н.* За что и с кем мы воевали. М.: Минувшее, 2005.
109. Николай I и его время. ТТ. 1–2. М.: Олма-Пресс, 2000.
110. *Пайпс Р.* Россия при старом режиме. М.: Захаров, 2004.
111. *Палеолог М.* Царская Россия накануне революции. М.: ИПЛ, 1991.
112. *Палеолог М.* Дневник посла. М.: Захаров, 2003.
113. *Пикуль В.* Нечистая сила. М.: Вече, 2005.
114. *Писарев Ю.* Тайны первой мировой войны: Россия и Сербия в 1914–1915 гг. М.: Наука, 1990.
115. *Плавильщиков Н.* Гомункулус. М.: Детская литература, 1971.

116. *Платонов О.* Григорий Распутин и «дети дьявола». М.: Алгоритм, 2005.
117. *Платонов О.* Покушение на русское царство. М.: Алгоритм, 2004.
118. *Платонов О.* Криминальная история масонства 1731–2004 гг. М.: Алгоритм, 2005.
119. *Платонов О.* Николай Второй в секретной переписке. М.: Алгоритм, 2005.
120. *Платонов О.* Заговор цареубийц. М.: Алгоритм, 2005.
121. *Покровский М.* Русская история. Т.3. СПб.: Полигон, 2002.
122. *Пчелов Е.* Романовы: история династии. М. Олма-Пресс, 2001.
123. *Радзинский Э.* Распутин: жизнь и смерть. М.: Вагриус, 2003.
124. Распутин и евреи. М.: Яуза, 2005.
125. *Распутина М.* Воспоминания дочери. М.: Захаров. 2005.
126. *Роуан Р.* Разведка и контрразведка. ОГИЗ, 1937.
127. *Роуз К.* Король Георг V.
128. *Рыбас С.* Столыпин. М.: МГ, 2004.
129. *Селезнев Ю.* Достоевский. М.: МГ, 2004.
130. *Семанов С.* Александр II. М.: Алгоритм, 2003.
131. *Сикорский Е. А.* Деньги на революцию: 1903–1920. Смоленск: Русич, 2004.
132. *Сироткин В.* Почему «слиняла» Россия? М.: Алгоритм, 2004.
133. *Сироткин В.* Зарубежные клондайки России. М.: Эксмо, 2003.
134. *Скатов Н.* Некрасов. М.: МГ, 2004.
135. *Соколов Б.* Третий рейх, мифы и действительность. М.: Яуза, 2005.
136. *Спиридович А.* Великая война и февральская революция. Минск: Харвест, 2004.
137. *Спиридович А.* Большевизм: от зарождения до прихода к власти. М.: Эксмо, 2005.
138. *Старосельская Н.* Сухово-Кобылин. М.: МГ, 2003.
139. *Столыпин П. А.* Переписка. М.: Росспэн, 2004.
140. *Стронгин В.* Керенский. М.: АСТ, 2004.
141. Судебные речи известных русских юристов. М.: Юриздат, 1957.
142. *Сухомлинов В.* Воспоминания. Минск: Харвест, 2004.
143. *Такман Б.* Первый блицкриг. Август 1914. М.: АСТ, 2002.
144. *Тарле Е.* Сочинения. ТТ. 4,5,6,7,9,11. М.: Изд-во академии наук, 1961.
145. *Телицын В.* Григорий Распутин. СПб.: Нева, 2004.
146. *Террейн Д.* Великая война. Первая мировая – предпосылки и развитие. М.: Центрполиграф, 2004.
147. *Тисдолл Э.* Вдовствующая императрица. СПб.: Нева, 2004.
148. *Троицкий И.* III-е отделение при Николае I. Л.: Лениздат, 1990.
149. *Труайя А.* Николай I. М.: Эксмо, 2005.
150. *Тыркова А* Вильямс. Пушкин. М.: МГ, 2004.
151. *Тютчева А.* Воспоминания. М.: Захаров, 2002.
152. *Улам А.* Большевики. М.: Центрполиграф, 2004.
153. *Уортман Р.* Сценарии власти. Мифы и церемонии русской монархии. ТТ.1–2. М.: ОГИ, 2004.
154. *Уткин А.* Русско-японская война. М.: Алгоритм, 2004.
155. *Уткин А.* Вызов запада и ответ России. М.: Алгоритм, 2003.

156. *Уткин А.* Первая мировая война. М.: Алгоритм, 2002.

157. Ушедшая Москва. М.: Московский рабочий, 1964.

158. *Хопкирк П.* Большая игра против России. Азиатский синдром. М.: Рипол классик.

159. *Чаадаев П.* Статьи и письма. М.: Современник, 1989.

160. *Черников И.* Гибель империи. М.: АСТ, 2002.

161. *Черяк Е.* Пять столетий тайной войны. М.: ИМО, 1972.

162. *Черяк Е.* Интриги старины глубокой. М.: Рипол классик, 2003.

163. *Черчилль У.* Мировой кризис. М.: Эксмо, 2004.

164. *Чубинский В.* Бисмарк. СПб.: Образование – культура, 1997.

165. *Шамбаров В.* За веру, царя и отечество. М.: Алгоритм, 2003.

166. *Шимов Я.* Австро-венгерская империя. М.: Эксмо, 2003.

167. *Широкорад А.* Падение Порт – Артура. М.: АСТ, 2003.

168. *Широкорад А.* Тевтонский меч и русская броня. М.: Вече, 2004.

169. *Широкорад А.* Россия выходит в мировой океан. М.: Вече, 2005.

170. *Широкорад А.* Тайны русской артиллерии. М.: Яуза, 2003.

171. *Широкорад А.* Тысячелетняя битва за Царьград. М.: Вече, 2005.

172. *Шишов А.* Неизвестные страницы русско-японской войны. М.: Вече, 2004.

173. *Шульгин В.* Дни. 1920. М.: Современник, 1989.

174. *Яковлев Н.* I августа 1914. М.: Алгоритм, 2002.

175. *Кони А. Ф.* Воспоминания о деле Веры Засулич. М.–Л., 1933.

СОДЕРЖАНИЕ

Александр Бушков

РАСПУТИН.
ВЫСТРЕЛЫ ИЗ ПРОШЛОГО

Ответственный за выпуск:
С. З. Кодзова
Корректор: *В. В. Саранчева*
Дизайн и оформление: *И. И. Кучма*
Иллюстрация на обложке: *С. А. Григорьев*
Верстка: *А. Б. Ирашин*

Подписано в печать 15.04.09
Формат 60×90$^1/_{16}$. Гарнитура «Times»
Печать офсетная. Бумага офсетная.
Уч.-изд. л. 36,0. Усл.-печ. л. 25,0
Изд. № ОП-07-0010-3ИБ. Доп. тираж 2000 экз. Заказ № 585.

ЗАО «ОЛМА Медиа Групп»
105062, Москва, ул. Макаренко, д. 3, стр. 1
*http://*www.olmamedia.ru

Отпечатано в ООО ПК «Зауралье»,
640022, г. Курган, ул. К. Маркса, 106
E-mail: zpress@zaural.ru

«ОЛМА Медиа Групп» представляет

проект

Александра ХИНШТЕЙНА

ЗАГАДКИ ИСТОРИИ

ЕЛЬЦИН. КРЕМЛЬ
ИСТОРИЯ БОЛЕЗНИ

А. ХИНШТЕЙН

Эксклюзивные фото
Ельцина, комментарии
его лечащего врача
и откровения
А. КОРЖАКОВА!

История болезни первого российского президента Бориса Николаевича Ельцина всегда оставалась одной из самых страшных тайн российской власти. Накануне выборов 1996 года оппозиция готова была выложить за нее 5 миллионов долларов. Но только сейчас у общества появилась, наконец, возможность раскрыть главный секрет новой России.

В этой книге нет ни слова выдумки. Она основана исключительно на свидетельствах очевидцев и документах, скрывавшихся Кремлем много лет.

История болезни Ельцина – это история болезни всей России. Уже хотя бы потому мы имеем право знать всю правду о первом президенте страны, какой бы шокирующей она ни была.